AF378081

El arte de la innovación militar

EDWARD N. LUTTWAK &
EITAN SHAMIR

El arte de la innovación militar

Tecnología y conocimiento de las Fuerzas de Defensa israelíes, las más avanzadas del mundo

THE ART OF MILITARY INNOVATION
LESSONS FROM THE ISRAEL DEFENSE FORCES

ALMUZARA

ALMUZARA • Colección SOCIEDAD ACTUAL
Dirección editorial: ANTONIO CUESTA
Edición de ÁNGELES LÓPEZ Y REBECA RUEDA

www.almuzaralibros.com
pedidos@almuzaralibros.com - info@almuzaralibros.com

Editorial Almuzara
Parque Logístico de Córdoba. Ctra. Palma del Río, km 4.
C/8, nave L2, n.º 3, 14005, Córdoba.

Imprime: Romanyà Valls
ISBN: 978-84-10520-10-3
Depósito legal: CO-2142-2023
Hecho e impreso en España - *Made and printed in Spain*

Índice

INTRODUCCIÓN

Ésta no es una historia del Ejército israelí, ni una historia de las guerras de Israel. Es el registro de una investigación que comenzó con una simple pregunta: ¿por qué las relativamente pequeñas y relativamente pobres Fuerzas Armadas israelíes han sido durante tanto tiempo excepcionalmente innovadoras?

Década tras década, tanto bajo las presiones urgentes de la guerra como cuando las amenazas estaban en calma, las Fuerzas de Defensa de Israel (FDI), como se traduce oficialmente en inglés, han seguido innovando, al principio en gran medida por sí mismas y, después, en conjunción con las nacientes industrias militares y los incipientes centros de investigación del país; ambos, inevitablemente poblados en su mayoría por veteranos de las FDI.[1] A lo largo de los años originaron nuevas tácticas en el aire, en el mar, para incursiones de comandos, y también para la guerra blindada —una batalla de tanques en particular de 1973 fue tomada como modelo para una defensa exitosa contra fuerzas blindadas numéricamente superiores («lucha en inferioridad numérica y gana») en posteriores manuales de campo del Ejército estadounidense—.[2]

En el nivel superior, operativo, de la guerra, los israelíes han ideado nuevos esquemas de acción combinada, a menudo para aprovechar alguna nueva tecnología, ya que con frecuencia fueron los primeros en adoptarla, pero a veces para sacar el máximo partido de fuerzas totalmente convencionales.[3] En una de las principales batallas de 1967, la de Abu-Ageila, también conocida como batalla de Umm Qatef (5-6 de junio de 1967), columnas de infantería a pie, batallones de tanques, artillería de campaña en masa y tropas aerotransportadas en descenso atacaron a un enemigo bien atrincherado y armado convergiendo desde distintas direcciones, lo que parecía una receta para un desastre de fuego amigo de proporciones épicas.

Fue un intento de victoria sinérgica al estilo piedra, papel o tijera: las tropas aerotransportadas llegaron en helicóptero en medio de las baterías de artillería egipcias, cuyas tripulaciones, por supuesto, no estaban preparadas para la lucha cuerpo a cuerpo, y la infantería a pie no atacó frontalmente las líneas de trincheras egipcias, sino que penetró en ellas arrastrándose primero por dunas de arena supuestamente infranqueables para llegar a sus puntos de partida desprotegidos. Mientras tanto, los tanques, mantenidos a raya por las minas antitanque que protegían las líneas de trincheras egipcias, obligaron sin embargo a los defensores a agachar la cabeza mediante fuego frontal y amenazas de asalto, distrayéndolos de la amenaza real de la infantería a pie israelí que descendía por sus propias líneas de trincheras. En lugar de una debacle por fuego amigo, fue el otro bando el que se desintegró.

El esfuerzo por sorprender al enemigo mediante novedosos esquemas de acción, inevitablemente aceptando riesgos importantes y a veces extravagantes, caracterizó las operaciones israelíes durante el periodo de grandes guerras convencionales, que comenzó en 1967 y terminó en 1973 con un alto el fuego que evolucionó hacia una «paz de los valientes» con Egipto en el Tratado de Paz de 1979. Se llevaron a cabo innovaciones tácticas de alto riesgo a lo grande y también a lo pequeño en muchas operaciones de comandos por tierra, mar y aire. (En una de ellas, los helicópteros Super-Frelon entregaron tropas y equipos a un objetivo distante más allá de su alcance máximo de ida y vuelta, regresando vacíos para repostar antes de salir de nuevo para recuperar a los soldados).[4] La alternativa a esa asunción de riesgos siempre ha sido inaceptable para los israelíes: los ataques frontales directos, de bajo riesgo, habrían costado decenas de miles de bajas durante los años en los que las FDI libraron las mayores batallas desde la Segunda Guerra Mundial, con tanques y piezas de artillería por millares y cazas a reacción por centenares. Se salvaron vidas gracias a innovaciones audaces y arriesgadas, no sólo en pequeñas incursiones de comandos, sino también a mayor escala. Quizás el ejemplo más extremo de asunción de riesgos fue el asalto-cruce del canal de Suez en octubre de 1973, que violó un principio elemental de la guerra: las fuerzas israelíes ni siquiera controlaban su propio lado del canal cuando cruzaron al lado egipcio para atacar a los invasores por la retaguardia. Su protagonista, el entonces comandante de división Ariel Sharon, fue debidamente denunciado como un temerario jugador por sus colegas…, hasta que salió victorioso.

Pero las innovaciones israelíes más conocidas no fueron tácticas ni operativas, sino tecnológicas, empezando en los años 60 con el Gabriel, el primer misil antibuque de Occidente desarrollado a bajo coste por la entonces minúscula Marina israelí, cuando Israel era todavía un país agrícola de dos millones de habitantes, con poco por el camino de la industria, nada de ella avanzada.[5] Llegado a tiempo para la guerra de octubre de 1973 tras un rápido proceso de desarrollo, el Gabriel decidió el resultado en el mar al hundir diecinueve buques egipcios y sirios, sin pérdida de ninguno.

Esa fue la primera de una secuencia de verdaderas innovaciones, o macroinnovaciones, que no eran meras versiones nuevas y mejoradas de lo que ya existía, sino armas o técnicas que no existían en absoluto hasta entonces. En la década de 1970, la macroinnovación tuvo una forma más bien micro con el primero de los pequeños vehículos pilotados a distancia (RPV), cuyos usos no han dejado de ampliarse desde entonces, desde la observación aérea a diferentes formas de ataque e incluso de transporte; pronto rebautizados como vehículos aéreos no tripulados (UAV), se convirtieron después en los omnipresentes drones de hoy en día. En lo que se ha convertido en una industria global, Israel sigue siendo un importante usuario y proveedor de drones, exportando una gran variedad de modelos, desde los más pequeños lanzados a mano hasta aparatos de gran tamaño capaces de ejecutar ataques aéreos de largo alcance con importantes cargas de armamento. También en la década de 1970, el carro de combate Merkava se desarrolló en sucesivas versiones, sin dejar de ser el único carro de combate principal que se aparta de la clásica configuración de motor trasero de todos los demás carros de combate principales (y con sesenta y cinco toneladas métricas es el más pesado, y aparentemente el mejor protegido).

En junio de 1982 Israel dio a conocer el primero de una variedad de señuelos armados lanzados desde el aire que magnificaron el poder aéreo israelí, y mientras un nuevo tipo de submarino táctico/estratégico sigue siendo un proyecto envuelto en el secreto, el sistema anticohetes y antimisiles Cúpula de Hierro se hizo mundialmente famoso en 2014, cuando logró índices de interceptación sin precedentes contra cohetes balísticos, consiguiendo resultados aún mejores en los combates de mayo de 2021 entre Israel y Hamás en Gaza, cuando redujo el impacto de unos cuatro mil cohetes de bombardeo a un puñado de bajas. Para entonces, el sistema de visualización montado en el casco desarrollado por Israel se había convertido en la innovación central de la familia de cazas F-35 multiservicio y multinacional (permite a los pilotos ver a través del avión que pilotan), mientras que otra innovación (no invención), el sistema de protección activa Trophy para vehículos blindados, detecta con radar los misiles antitanque y cohetes que se aproximan y los ataca con munición autofrenada.[6] Integrado ahora con un sistema israelí competidor (Iron Fist), Trophy ha sido adoptado por el Ejército estadounidense y otros para sus vehículos blindados. Entre esas grandes innovaciones, hubo muchas otras, que van desde las cajas de blindaje reactivo que pueden añadirse para proteger aún más a los vehículos blindados, hasta el concepto mismo del caza a reacción polivalente, inventado por la Fuerza Aérea israelí a finales de la década de 1950, cuando aún era insignificantemente pequeño para los estándares mundiales, y sus comandantes, meros jóvenes.

Esta notable capacidad de innovación rápida se ve facilitada por la peculiar estructura organizativa de las FDI y, aunque por supuesto está impulsada por los imperativos de seguridad de la situación de Israel, otro factor es el impacto educativo de las propias FDI, como institución educativa preeminente del país. Históricamente, los ejércitos nacionales que reclutan a todos los aptos y que, por tanto, no pueden ser selectivos han funcionado durante mucho tiempo como poderosas instituciones educativas, enseñando cosas tan básicas como la higiene personal y la diferencia entre el pie derecho y el izquierdo ya en la Segunda Guerra Mundial en el Ejército estadounidense, junto con una variedad cada vez mayor de habilidades no relacionadas con el combate, desde la conducción de vehículos a motor hasta el uso cada vez más avanzado de ordenadores.

Esto también es cierto en el caso de las FDI, desde la enseñanza de la alfabetización simple y la aritmética elemental (por razones sociales acepta reclutas analfabetos e innumerables) hasta la financiación de estudios avanzados de postgrado para sus oficiales. Pero las FDI añaden un elemento adicional peculiar de sí mismas: una cultura intensamente improvisadora y de «Sí, se puede» que puede degenerar en un exceso de confianza, pero que está excepcionalmente abierta a la innovación. Lo que eso significa en la práctica es que no se requieren cualificaciones formales ni posición de autoridad para obtener una audiencia para una nueva idea e incluso fondos para el desarrollo si está justificado, como han descubierto bastantes israelíes en general, y algunos no israelíes, a lo largo de los años.[7]

I.

LEVANTAR UN EJÉRCITO
BAJO EL FUEGO

Desde su nacimiento en mayo de 1948 las Fuerzas de Defensa israelíes (FDI) se diferenciaron de otras Fuerzas Armadas del mundo. Se establecieron desde el principio como un único servicio, con sus incipientes unidades terrestres, navales y aéreas bajo el mismo mando, en lugar de los ejércitos, armadas y fuerzas aéreas separados que existían en otros lugares y persisten hasta hoy (salvo la unificación de Canadá, mucho más tardía y en parte anulada), a veces con un cuarto servicio, como el Cuerpo de Marines de EE. UU. o los *carabinieri* de Italia.

Las FDI eran y son también únicas en reclutar mujeres, al igual que hombres (aunque con exenciones más fácilmente permitidas). Desde hace mucho tiempo cuentan con mujeres instructoras para todas las habilidades, incluido el entrenamiento de combate, desde el lanzamiento de granadas de mano hasta el disparo de fusiles, la artillería de tanques y el manejo de la artillería de tubos y misiles. Así pues, las mujeres desempeñan la función de instructoras de combate que prototípicamente realizan los tipos ultramasculinos de sargento instructor en otros ejércitos. Muchas mujeres soldado desempeñan funciones administrativas en el interior, ya que muchas son instructoras de combate. Otras se han presentado voluntarias para unirse a unidades de combate en lugar de limitarse a entrenar a otras para combatir, y algunas sirven como pilotos de las fuerzas aéreas y combatientes navales.

Originalmente, el reclutamiento de mujeres era simplemente una necesidad demográfica: un país que partía con una población de unos 650.000 civiles judíos cuando fue atacado por varios países árabes tenía que maximizar sus recursos humanos reclutando también a mujeres. Era una simple cuestión de asignar el mayor número posible de tareas no relacionadas con el combate a las mujeres, para liberar a más hombres para el combate. Pero, con el paso de los años, resultó que las mujeres aportaban no sólo números, sino también habilidades particulares, desde la reducción del factor miedo al mostrar a los nuevos reclutas cómo realizar acciones inherentemente peligrosas como lanzar granadas de mano, hasta la paciencia casi maternal al impartir habilidades difíciles de aprender; ambos, ejemplos de reconocer en lugar de ignorar las diferencias de género.

Otra innovación fundamental de las FDI se inspiró en la práctica militar suiza, pero fue mucho más allá: desde el principio, las FDI se establecieron como una fuerza militar centrada en las reservas.[1] Eso era sólo teoría en 1948, porque la guerra empezó antes de que ningún recluta se hubiera convertido en soldado entrenado. Éstos acabarían convirtiéndose en reservistas, que podían ser llamados al servicio activo, pero en el momento de la guerra de 1956 ya había suficientes exreclutas como para establecer formaciones de reserva que superaban en número a las unidades en servicio activo, y esa proporción aumentó aún más en 1967 y 1973.

Ésa es, por supuesto, la ventaja altamente deseable de las fuerzas centradas en la reserva: con cualquier población dada, pueden ser mucho mayores que un ejército convencional formado sólo por personal en servicio activo. Pero una consecuencia mucho menos deseable es que un ejército centrado en la reserva debe depender en gran medida del aviso previo para movilizar el grueso de sus fuerzas, un requisito muy delicado que ni siquiera los mejores servicios de inteligencia pueden asegurar.

De eso, el mejor ejemplo fue el fracaso de la inteligencia militar israelí en predecir los ataques sorpresa del 6 de octubre de 1973 por parte de Egipto y Siria que fueron el inicio de ofensivas a gran escala. En las amargas secuelas, se culpó de ese costoso fracaso a los responsables de la inteligencia militar israelí, que no revisaron sus certezas a medida que las fuerzas enemigas a las que se enfrentaban seguían creciendo. Pero la dependencia de Israel de un ejército centrado en las reservas estableció una tarea imposible para la inteligencia: en un momento dado, si se predice correctamente un ataque sorpresa, las FDI se movilizan y el enemigo avisa del ataque. En ese momento, los indicadores, tanto técnicos como humanos, incluyendo cualquier agente en el campo contrario, que predijeron (correctamente) el ataque enemigo quedan desacreditados, mientras que los indicadores engañosos que negaron el peligro de un ataque sorpresa quedan validados. Los repetidos casos de «grito del lobo» pueden cegar al sistema de inteligencia, mejorando la capacidad del enemigo para lograr la sorpresa en la siguiente ocasión.

Exactamente esa secuencia ocurrió en 1973. Había habido indicios de una guerra inminente, pero no se produjo ninguna; entonces, en mayo de 1973, hubo una gran acumulación de fuerzas en el canal de Suez frente a la península del Sinaí, controlada por Israel, lo que desencadenó una movilización a gran escala de formaciones de reserva de las FDI y de individuos. Eso paralizó gran parte de la economía israelí con un gran coste. Cuando no se materializaron los ataques egipcios día tras día, se planteó el dilema de la desmovilización: enviar a los reservistas a casa para que reanudaran sus vidas y volvieran al trabajo con el riesgo de que tuvieran que ser llamados de nuevo al servicio en medio de una gran confusión, o bien esperar un poco más mientras se acumulaban los costes. En otras palabras, una fuerza centrada en la reserva ofrece grandes beneficios y riesgos inherentes. Israel es una democracia: las críticas de los medios de comunicación por la «movilización superflua» de mayo fueron recordadas por los responsables de la toma de decisiones en octubre, al igual que las advertencias estadounidenses de no exacerbar la situación. No se movilizaron y el enemigo atacó.

De todas las innovaciones de las FDI, la estructura de servicio único es quizá la más importante. Sus ventajas económicas elementales son obvias pero quizá no muy significativas para unas Fuerzas Armadas bien financiadas: sí, es más barato tener una estructura de cuartel general, un conjunto de uniformes, un conjunto de estructuras y prácticas administrativas, etc., pero la ventaja real de unas fuerzas militares unificadas es que la unidad favorece la innovación, como veremos. En lugar de la tan controvertida y aún incompleta integración de ejércitos, fuerzas aéreas y armadas que ha avanzado lentamente en Estados Unidos como en la mayoría de los países desde el final de la Segunda Guerra Mundial, las FDI nacieron unidas desde el principio, sin servicios separados y, por supuesto, sin ministerios civiles separados con diferentes ministros políticos al mando. Esos ministros, sobre todo el secretario de Marina y el secretario del Ejército de Estados Unidos anteriores a 1947, o el primer lord del Almirantazgo británico, el secretario de Estado de Guerra y el secretario de Estado del Aire, al igual que sus equivalentes en otros lugares, tenían todos los motivos para oponerse a la creación de un Departamento de Defensa o Ministerio de Defensa global, que los convertiría en subordinados del único ministro (o secretario estadounidense) de Defensa.[2]

El gran aprieto de los judíos de Palestina, cuyo Estado fue atacado nada más proclamarse el 15 de mayo de 1948, fue que no tenían armadas en funcionamiento, ni Ejército, ni Marina, ni fuerzas aéreas con capacidad para la guerra y defender el nuevo Estado. Pero en décadas posteriores, resultó que había una ventaja oculta en esa peligrosísima ausencia de Ejército, Marina y fuerzas aéreas: permitió a las FDI empezar de nuevo como una estructura única, logrando una unificación aún no alcanzada en otros lugares.

Las instituciones militares no tienen ningún valor a menos que estén suficientemente cohesionadas para generar y mantener los altos niveles de lealtad y dedicación al deber necesarios para luchar en la guerra, pero esos mismos sentimientos hacen que las instituciones militares sean muy resistentes al cambio, e incluso si se les impone el cambio, puede haber retrocesos a medida que las mentalidades inalteradas se reafirman para restaurar lo que había antes del cambio. Eso es lo que ocurrió con las Fuerzas Armadas Canadienses, las únicas que intentaron adoptar la estructura de un solo servicio de las FDI. Hasta entonces tan separadas como sus modelos británicos originales, el Ejército, la Armada y la Fuerza Aérea de Canadá estaban unificados en virtud de la Ley de Defensa Nacional de 1968, que establecía firmemente que «las Fuerzas Armadas de Su Majestad levantadas por Canadá consisten en un solo Servicio llamado Fuerzas Armadas Canadienses o *Forces Armées Canadienne»*.[3]

Se esperaba que la unificación reduciría el coste de los calcetines al poder comprarlos de un solo color en lugar de tres, con un ahorro similar en un par de millones de otros artículos, y se esperaba que la planificación conjunta de la guerra y el mando conjunto en combate serían mucho más fáciles si todos los implicados pertenecían a la misma fraternidad uniformada con el mismo vocabulario, hábitos y procedimientos. También los canadienses tuvieron sus amargas experiencias de pérdidas en combate causadas por malentendidos interservicios. Al principio todo salió bien con todos vistiendo los mismos uniformes verde fusil de las Fuerzas Armadas Canadienses unificadas. Pero las identidades atávicas persistían bajo la superficie y, finalmente, se impusieron: el 16 de agosto de 2011, cuarenta y tres años después de su unificación, los tres mandos «ambientales» de las Fuerzas Armadas Canadienses volvieron a sus nombres originales: la Real Fuerza Aérea Canadiense en lugar de Mando Aéreo; la Real Armada Canadiense en lugar de Mando Marítimo, y el Ejército Canadiense (nunca fue «real») en lugar de Mando de Fuerzas Terrestres.

En mayor deferencia a la tradición, los uniformes volvieron a sus colores y patrones de 1968, completados con uniformes de gala en rojo o azul, galones dorados y todo lo demás.[4] Desde el punto de vista operativo, se supone que esta reversión no significa nada en absoluto y, de hecho, los servicios separados no se han restablecido formalmente, pero lo que ocurrió demostró que las fuertes lealtades institucionales pueden anular los fríos cálculos de coste-beneficio, y con razón: los recuerdos y las lealtades institucionales mantienen la moral y la cohesión (es decir, espíritu de equipo), los dos intangibles importantísimos, aunque no mensurables, que diferencian a las relativamente pocas Fuerzas Armadas que pueden luchar realmente contra enemigos armados de la gran mayoría que sólo puede salir a desfilar y atacar a civiles desarmados. La cuestión de los uniformes separados es meramente simbólica de las cuestiones verdaderamente problemáticas derivadas de los programas separados de desarrollo de armamento, las instalaciones separadas de entrenamiento y las administraciones separadas y parcialmente duplicadas.

Los recuerdos institucionales y las lealtades institucionales lo suficientemente poderosas como para sostener la moral de combate también impedirán la innovación con la misma fuerza, si la novedad concreta en cuestión choca con las misiones, el estatus, el *ethos* o la autoimagen de los implicados. Ahí es donde la estructura de servicio único de las FDI marca realmente la diferencia a la hora de favorecer la innovación, simplemente porque ningún *ethos* o autoimagen de un solo servicio se interpone en el camino. De esto el ejemplo más claro es el temprano liderazgo de Israel en la aviación no tripulada.

Aunque los pilotos dominaban el Cuerpo Aéreo de las FDI (Heyl Avir) tal y como era entonces, tanto como los pilotos dominan casi todas las fuerzas aéreas, no era un servicio separado.[5] Sus mandos están subordinados al único Estado Mayor de las FDI, y aunque los pilotos podrían haberse resistido a la introducción de aviones no tripulados, el Estado Mayor de las FDI no lo hizo. Fue ese factor organizativo el que permitió a Israel convertirse en el líder mundial en el diseño, desarrollo e introducción en servicio de aviones no tripulados, a partir de 1970, cuando aún era un país relativamente pobre y poco desarrollado industrialmente, con un total de tres millones de habitantes.[6]

En otros lugares, las fuerzas aéreas dominadas por los pilotos estrangularon eficazmente los proyectos de aviones no tripulados, a pesar de que las tecnologías necesarias estaban tan ampliamente disponibles que incluso los fabricantes de juguetes podían ofrecer y ofrecían aviones pilotados a distancia con suficiente alcance y carga útil para ser de cierta utilidad militar, nada más sacarlos de la caja. De hecho, incluso ahora, más de medio siglo después, con todo tipo de aeronaves no tripuladas volando, incluidas algunas muy grandes y con alcance intercontinental, las fuerzas aéreas de todo el mundo siguen resistiéndose a la adopción de aeronaves no tripuladas (drones) en funciones de caza y bombardero, esforzándose por reservarlas para los pilotos, mientras confinan las aeronaves no tripuladas a funciones de observación menos heroicas, salvo para algunos lanzamientos de misiles de vez en cuando. Y eso persiste a pesar de que todo el mundo comprende que eliminar a los humanos del diseño de los aviones de combate puede reducir drásticamente sus costes al tiempo que aumenta mucho su resistencia y maniobrabilidad (restando el control discrecional del piloto, por supuesto, pero eso sólo es importante de vez en cuando). Debido a que los límites de la fuerza g humana constriñen absolutamente el diseño de los aviones de combate, para evitar incidentes reversibles de visión gris, efecto túnel y apagón, así como descensos G-LOC hacia la inconsciencia y la muerte, los aviones de combate valorados por su agilidad y velocidad están severamente limitados precisamente en su agilidad y velocidad por límites de fuerza g que no molestarían en absoluto a los aviones robóticos, si sus fuselajes están mecánicamente a la altura de las circunstancias. A pesar de ello, no hay ni un solo cazabombardero no tripulado en producción, e incluso el futuro bombardero pesado estadounidense de alcance intercontinental B-21 Raider destinado al lanzamiento de armas nucleares y no nucleares va a ser tripulado, así como opcionalmente no tripulado, añadiendo así costes robóticos a los costes de tripulación y de regreso a casa, un precio muy alto a pagar para permitir que unos pocos oficiales de las fuerzas aéreas piloten esos aviones, una elección que sólo podría haber hecho una fuerza aérea dominada por pilotos.

Los impedimentos a la innovación causados por lealtades de servicio por lo demás loables y, de hecho, esenciales parecen afectar a las armadas incluso más que a las fuerzas aéreas, y eso es fácilmente comprensible, dados sus orígenes mucho más antiguos. Y los costes de las lealtades navales han aumentado vertiginosamente en los últimos tiempos, porque motivan el desarrollo y la producción continuos de buques de guerra de superficies grandes y muy grandes, a pesar de su vulnerabilidad cada vez mayor a todo tipo de armas drásticamente más baratas, incluidos los vehículos de reentrada maniobrables lanzados por misiles balísticos como los misiles chinos de alcance medio DF-21D y de alcance intermedio DF-26, que podrían destruir cualquier buque que logren alcanzar con una ojiva descendente, incluidos los portaaviones.

Todo esto estaba aún en un futuro inimaginable cuando se inauguró el Estado de Israel el 14 de mayo de 1948, el quinto día del mes de Iyar del año 5708 del calendario judío, enfrentándose a una guerra ya en marcha sin ejército, fuerza aérea ni naval para resistir a las Fuerzas Armadas de Egipto, Transjordania, Irak y Siria, así como a bandas armadas tanto pequeñas como muy grandes. Fue entonces cuando nacieron las FDI, totalmente nuevas y de servicio único, como un invento necesariamente original porque no existía nada parecido en ningún lugar del mundo.

En las Fuerzas Armadas británicas —las más conocidas por los judíos palestinos porque muchos se habían presentado voluntarios para alistarse en ellas durante la Segunda Guerra Mundial—, la Marina Real, el Ejército y la Fuerza Aérea Real tenían cada uno su existencia administrativa, cultural e incluso política completamente separada, y de hecho diferían no sólo en su apariencia, sino, lo que es más profundo, en sus mentalidades. No es de extrañar que la cooperación interservicios fuera difícil y a veces simplemente imposible, y que sólo mejorara lentamente durante los largos años de guerra, desde la desastrosa falta de comunicación al principio en la Campaña de Noruega de 1940 hasta las meras disputas en 1944, a pesar de que Winston Churchill había establecido el primer cargo de «ministro de Defensa» del mundo en 1940, nombrándose a sí mismo sabiamente para el puesto.[7] Aun así, los funcionarios y los presupuestos permanecieron durante toda la guerra en manos de los muy separados secretario de Estado de Guerra, primer lord del Almirantazgo y secretario de Estado del Aire; en otras palabras, había un ministro de Defensa, Churchill, nada menos, pero no existía un ministerio propiamente dicho con su propio personal ni un presupuesto ministerial único. En 1946 se creó un Estado Mayor ministerial, pero los tres secretarios de servicio mantuvieron firmemente el control hasta 1964, y sólo entonces pudo comenzar la integración, si no la unificación, sin que se hayan trazado planes para avanzar mucho por ese camino.

Por lo tanto, el modelo británico era irrelevante para las FDI de un solo servicio, al igual que el flamante modelo estadounidense establecido por la Ley de Seguridad Nacional de 1947, que, en lugar de impulsar la unificación de los servicios, convirtió a las fuerzas aéreas del Ejército de EE. UU. en un servicio separado como Fuerza Aérea de EE. UU., junto con el Ejército y la Armada, con su cada vez más independiente Cuerpo de Marines. Esta ley de 1947 también estableció un único Departamento de Defensa, pero no abolió las secretarías de servicio separadas, con sus secretarías y presupuestos. De ahí que los sucesivos secretarios de Defensa y sus cada vez más numerosos Estados Mayores tuvieran que esforzarse mucho a lo largo de las décadas para avanzar hacia una planificación y unas compras comunes, siendo la investigación y el desarrollo aún más difíciles de unificar.

En cuanto a la estructura estadounidense para el mando militar en la guerra —lo esencial para Israel en 1948 con una guerra ya en marcha en condiciones de falta de preparación potencialmente catastrófica—, también estaba dividida. El Joint Chiefs of Staf estadounidense, creado tardíamente en 1942 siguiendo el modelo del Comité de Jefes de Estado Mayor británico, como mucho podía intentar coordinar la planificación y el mando separados de cada servicio, porque literalmente no había nadie realmente al mando. Su jefe no era ni un comandante en jefe (eso era prerrogativa del presidente) ni un presidente ejecutivo —eso sólo llegaría cuarenta años más tarde con las amplias reformas de 1986—.[8] Sin personal operativo y sin oficialidad militar propia, el primer presidente del Estado Mayor Conjunto, William D. Leahy, tenía más influencia en la estrategia general como asesor personal del presidente que en la conducción directa de la guerra, porque no tenía autoridad efectiva sobre el jefe del Estado Mayor del Ejército de EE. UU., el jefe de operaciones navales de la Marina de EE. UU. o el general al mando de las fuerzas aéreas del Ejército de EE. UU. No parecía haber un modelo válido a seguir para las estructuras de mando: los propios estadounidenses y británicos seguían diciendo por aquel entonces que habían ganado la guerra a pesar de sus estructuras de mando, no gracias a ellas, mientras que se sabía demasiado poco del admirado Ejército Rojo.[9] De ahí que los israelíes de 1948 desoyeran audazmente toda práctica establecida e ignoraran todas las tradiciones para inventar su propia estructura: un servicio, un Estado Mayor, un comandante con el título de «jefe del Estado Mayor» (Rosh HaMateh HaKlali) bajo la autoridad inmediata del ministro de Defensa, bajo la autoridad general del primer ministro como jefe del gabinete, o del gabinete en su conjunto en los asuntos más graves. Mientras que todos los demás territorios exbritánicos siguieron el prestigioso modelo de las siempre gloriosas y recién victoriosas Fuerzas Armadas británicas.

Los dirigentes israelíes prefirieron lanzarse a lo desconocido con sus propias FDI de servicio único totalmente originales, algo nunca visto.[10] Así pues, los israelíes fueron los primeros en aventurarse por el camino de la integración de servicios que otros seguirían a su tiempo, por sus propias razones.

Una consecuencia importante, que se pasa por alto fácilmente porque es una ausencia silenciosa, es que las FDI nunca tuvieron que esforzarse por armonizar los diferentes servicios militares manteniendo cuarteles generales de mando conjunto, un proceso que absorbe energías mejor empleadas de otro modo en perpetuos esfuerzos por mantener un equilibrio adecuado de personal entre los servicios y una asignación justa de los puestos de mando. Por el contrario, las FDI tienen su «articularidad» institucional incorporada, lo que facilita que diferentes tipos de fuerzas cooperen logísticamente en tiempos de paz, aunque en la guerra los soldados en tierra, en los aviones de combate sobre ellos y en los barcos en tierra sigan teniendo campos de visión completamente diferentes, plazos operativos drásticamente distintos y armas cuyo alcance efectivo varía desde unos cientos de metros en línea de visión hasta miles de kilómetros.

De ahí que la lucha coordinada aire-tierra siga necesitando mucha planificación y mucho entrenamiento, pero al menos en las FDI esos esfuerzos no se ven obstaculizados por barreras disfuncionales entre instituciones diferentes. Es para evitar ese problema por lo que el Cuerpo de Marines de Estados Unidos se aferra ferozmente a sus propias «alas aéreas» con sus escuadrones de cazas Marineflown, para proporcionar apoyo aéreo cercano a los Marines que luchan en tierra, en lugar de depender de la Fuerza Aérea de EE. UU. o, de hecho, de los pilotos de la Armada para esa dificilísima tarea. Incluso entre compañeros infantes de Marina sigue existiendo la necesidad de coordinar diferentes perspectivas ambientales y plazos, pero las comunicaciones son más fáciles dentro de la misma familia militar y, lo que es más importante, es más probable que los riesgos del combate se compartan equitativamente entre los infantes de Marina de arriba y de abajo, con pilotos que asumen riesgos para reducir los riesgos en tierra y viceversa. Eso se demostró célebremente en la guerra de Corea, cuando unidades de la Primera División de Marines, ampliamente superadas en número, se abrieron camino hacia el sur desde el Embalse de Chosin del 27 de noviembre al 13 de diciembre de 1950, con pilotos del Cuerpo de Marines ignorando el fuego masivo de ametralladoras para lanzar sus municiones con la máxima precisión para apoyar a sus compañeros marines en tierra.

Algo muy parecido ocurrió del 6 al 10 de octubre de 1973, cuando las fuerzas aéreas israelíes enviaron sus cazabombarderos a atacar a las fuerzas sirias que avanzaban en los Altos del Golán a pesar de que estaban protegidas por una abundancia de misiles antiaéreos suministrados por los soviéticos que no pudieron ser suprimidos de antemano. Las fuerzas terrestres israelíes, enormemente superadas en número, pudieron así resistir, aunque sólo fuera por poco, al precio de muchos pilotos muertos en sus aviones destruidos. Como en el caso de los marines, no había ninguna separación institucional que disminuyera el impulso de los pilotos de ayudar a los soldados en tierra, a pesar del riesgo extremo.

ESTRUCTURA UNIFICADA E INNOVACIÓN

En lo que respecta a la innovación, los beneficios de la unidad institucional de las FDI son directos, simplemente porque sus fondos de investigación y desarrollo no se reparten entre los distintos servicios, que los utilizan sobre todo para mejorar los vehículos de armamento y los sensores existentes, y especialmente sus plataformas emblemáticas, como ocurre con los carros de combate del Ejército estadounidense, los portaaviones y submarinos de la Armada estadounidense, así como los cazas y bombarderos tripulados de las fuerzas aéreas estadounidenses. Este tipo de innovación incremental, basada sólidamente en la subsanación de deficiencias específicas que han ido surgiendo a lo largo de los años, o en la sustitución directa de subsistemas antiguos por otros nuevos (como cuando se sustituye un motor a reacción antiguo por uno nuevo que cabe en el mismo volumen), es mucho menos arriesgada que la macroinnovación, es decir, la investigación y el desarrollo de algo totalmente nuevo, que podría fracasar por completo debido a lagunas tecnológicas irremediables, o simplemente porque los costes no dejan de aumentar sin que haya un final a la vista.

Además, la macroinnovación tiene otra desventaja de peso: algo realmente nuevo requerirá la puesta a punto de las instalaciones de mantenimiento y el reciclaje de su personal, así como la formación de las tripulaciones operativas *ab initio*, lo que ya de por sí es costoso y lleva mucho tiempo. Pero la macroinnovación ofrece una ventaja muy grande sobre la innovación incremental que puede compensar todos sus riesgos y costes: si el arma o dispositivo es realmente nuevo, no habrá contramedidas ni contraarmas ya en servicio en las fuerzas enemigas para resistir, contrarrestar o superar la nueva capacidad. Esa ausencia suspende todo el predicamento de la guerra que hace tan difícil ganar batallas y guerras, a saber, la existencia de fuerzas contrarias y mentes opuestas listas y esperando para observar y negar cualquier cosa que se intente.

Tal «fiesta de las contramedidas» se produjo el 20 de noviembre de 1917, el primer día de la batalla de Cambrai en el frente occidental, cuando 378 carros Mark IV del Ejército británico marcaron la primera aparición del macrocarro de combate en números significativos. A falta de los cañones antitanque que aún no se habían desarrollado (cañones de poca altura, con proyectiles de alta velocidad para perforar el blindaje), y a falta de minas antitanque —por no hablar de los cohetes antitanque que llegaron en la siguiente guerra o de los misiles antitanque que llegaron más tarde aún—, esos 378 Mark IV arrasaron los bosques de alambre de espino que habían derrotado a tantos asaltos de infantería, pasaron justo por encima de las trincheras que habían albergado a los fusileros y ametralladores que previamente habían abatido a la infantería atacante, y anularon por completo tanto las balas disparadas contra ellos como las esquirlas de los proyectiles de artillería con su blindaje de chapa de acero. Desde la introducción en combate de los primeros tanques un año antes, durante la batalla del Somme, los ataques británicos sólo habían utilizado unas pocas docenas de tanques a la vez, y los alemanes habían estado intentando desarrollar una respuesta antitanque. De todas las contramedidas empleadas, el despliegue de cañones ligeros para disparar directamente contra los tanques había demostrado ser la más eficaz —y una batería antitanque de este tipo retrasó considerablemente a una fuerza de tanques británica en Cambrai—. Pero las pocas baterías disponibles en el frente no podían derrotar un ataque masivo de cientos de tanques.

Ésa es la recompensa de la macroinnovación, que puede ganar batallas, incluso campañas enteras, si se aplica a una escala lo suficientemente grande, por dirigentes militares dispuestos a asumir el riesgo de asignar recursos importantes a lo nuevo y no probado. La mayoría de las veces no lo hacen, porque el arma realmente nueva (como lo era el tanque) no mejorará las fuerzas existentes, no afirmará una forma de guerra ya existente.

Por eso se resistió la introducción de las primeras ametralladoras: ninguna de las fuerzas existentes podía utilizarlas. Eran demasiado pesadas para que la infantería las llevara a la batalla, demasiado torpes para montarlas a caballo y demasiado endebles para la artillería que disparaba potentes proyectiles explosivos y no simples balas. Lo mismo ocurría con el tanque, un concepto en el que el Ejército británico se negaba a invertir, esencialmente porque amenazaba con desplazar a la caballería a caballo, socialmente dominante, y estaba destinado a restar armas a la artillería, al tiempo que eclipsaba a la infantería. Siendo ésas las tres ramas que controlaban el Ejército británico, sus dirigentes rechazaron la idea, por lo que el primer tanque fue desarrollado por la Royal Navy ante la insistencia de Winston Churchill.

Simplemente porque las FDI no son un servicio militar o una federación de servicios militares, sino un cuerpo militar unificado, pueden aceptar macroinnovaciones y financiarlas, inevitablemente a expensas de las fuerzas que ya existen, porque esas fuerzas separadas con sus identidades separadas simplemente no tienen el control. Esa es la explicación última de la larga lista de innovaciones militares israelíes. Al principio, el 15 de mayo de 1948, unos 650.000 judíos con una pobre economía agrícola y apenas industria no podían desarrollar ni fabricar nada que superara el alcance de un modesto número de talleres de herrería, soldadura y mecánica, con sólo unas pocas fábricas reales, ninguna grande, para producir textiles y ropa, alimentos enlatados y herramientas agrícolas manuales y cosas por el estilo.

Pero al menos la elección de qué desarrollar y fabricar fue realmente fácil, porque todo lo que las FDI tenían al principio eran los escasos alijos de armas mal surtidas acumuladas en secreto por las milicias preestatales, la dominante Haganah y su rival mucho más pequeño, el Irgún, resultado de una escisión política de 1931. La Haganah («la Defensa») alistó a hombres y mujeres de todas las edades en su Heyl HaMishmar (cuerpo de guardia), a jóvenes aptos en su Heyl HaSadeh (cuerpo de campaña) y a unos cuantos miles en las selectas Plugot Maḥatz (unidades de golpe de Palmaj).[11] El Irgún Tsvai Leumi (Organización del Ejército Nacional), mucho más pequeño, sólo contaba con unas pocas unidades organizadas, mientras que Lohamei Herut Israel (o Lehi, Combatientes por la Libertad de Israel), alias la Banda Stern del poeta Yair Stern, no superaba los 300 efectivos. Aparte de extraños lotes de pistolas, revólveres, algunas metralletas, rifles de diferentes calibres, escopetas y un puñado de ametralladoras, había muy poco, salvo algunos camiones y autobuses protegidos con placas de acero atornilladas.

Los judíos no pudieron importar legalmente ningún arma hasta que terminó el dominio británico el 15 de mayo de 1948 y, debido a un embargo de la ONU, tampoco su nuevo Estado pudo importar armas después del 15 de mayo: incluso con la invasión de cuatro ejércitos árabes en marcha, fue sin embargo política británica, apoyada vigorosamente por el Gobierno estadounidense, impedir que llegara ningún arma a los beligerantes, aparentemente para limitar la violencia, pero en realidad para asegurar la victoria de los ejércitos árabes invasores que ya tenían su equipo. Eso se desprende muy claramente de la historia autorizada del Servicio Secreto de Inteligencia británico.[12] (Las acciones de los servicios de inteligencia rara vez tienen mucha trascendencia, pero reflejan los objetivos políticos reales con más precisión que las declaraciones diplomáticas).

Teniendo en cuenta lo que les había ocurrido muy recientemente a millones de correligionarios de los judíos en Europa, la postura británica hacia los judíos locales era más que dura, pero sus motivos no eran deliberadamente malévolos. Los británicos simplemente estaban siendo prácticos: en aquel momento, todavía tenían grandes bases militares en la zona del canal de Egipto que pretendían conservar y posesiones imperiales al este de Suez. Habían entrenado y equipado al Ejército egipcio del rey Faruk que en ese momento se disponía a conducir a Tel Aviv, y los británicos también habían financiado, entrenado y equipado a la Legión Árabe del Reino Hachemita de Transjordania, más pequeña, comandada por el LTG *sir* John Bagot Glubb (Glubb Pasha) y su ayudante Norman Oliver Lash; ambos, ciudadanos británicos, al igual que los treinta y cinco oficiales que comandaban las unidades de campo de la Legión que cruzaron el Jordán para invadir Palestina, atacar los asentamientos judíos e intentar conquistar Jerusalén.[13]

Irak, mucho más grande que Jordania y ya rico en petróleo, también estaba gobernado por un rey hachemita instalado por los británicos. Su ejército también había sido equipado y entrenado por los británicos, y su Gobierno estaba dominado por Nuri al-Said, firme aliado de los intereses británicos en Iraq hasta su asesinato una década después.

Con todos esos valiosos activos británicos por un lado y unos 650.000 judíos sin aceite por el otro, la decisión británica de apoyar a los árabes y negar las armas al nuevo Estado israelí fue bastante racional, como lo fue la decisión del secretario de Estado estadounidense, general de cinco estrellas, exjefe del Estado Mayor del Ejército y futuro ganador del Premio Nobel de la Paz George Catlett Marshall Jr. de respaldar a los funcionarios del Departamento de Estado que se pusieron del lado de los británicos en contra de la Casa Blanca al creer que el reconocimiento inmediato de Israel por parte del presidente Truman el 15 de mayo de 1948 era un gran error que la destrucción de Israel por los árabes victoriosos pronto corregiría.[14] El secretario de Asuntos Exteriores británico,

Ernest Bevin, ya había culpado preventivamente a los sueños sionistas poco prácticos de la inevitable masacre de los judíos.

Por eso fue muy desafortunado que el mandato de Marshall (enero de 1947-enero de 1949) coincidiera casi exactamente con la fase más crítica del surgimiento de Israel. Aunque desprovista de cualquier animadversión personal, por no hablar de antisemitismo, la oposición de Marshall fue absoluta e implacable.[15] Cuando el enviado de Israel le pidió una audiencia, se negó —estaba demasiado ocupado con la naciente Guerra Fría como para perder el tiempo con un efímero miniestado que pronto sería destruido—.

Ésa era la predicción de Marshall como experto estratega, en la que coincidía plenamente la recién creada Agencia Central de Inteligencia (CIA), y a la que él mismo contribuyó en gran medida porque los diplomáticos estadounidenses de todo el mundo se unieron enérgicamente a los británicos para evitar que llegara a Israel cualquier tipo de armamento.[16] Europa seguía entonces repleta de armas abandonadas pero todavía muy utilizables de diversa categoría, en todo tipo de depósitos o bajo lonas al aire libre, desde fusiles, artillería y tanques hasta aviones de combate en funcionamiento o reparables. Y los empobrecidos Gobiernos europeos de posguerra habrían vendido con entusiasmo cualquier arma que tuvieran al nuevo Estado israelí, que desde el 15 de mayo de 1948 tenía derecho legal a comprar todo lo que quisiera. Pero, en cuanto les llegaba la noticia de una venta, los diplomáticos británicos y estadounidenses intervenían, con su entonces inmenso prestigio, con éxito en todos los casos, menos en uno: Checoslovaquia, un pequeño país con fábricas de armas pequeñas de fama mundial ansiosas de negocio.

Eso era realmente importante porque el recién nacido Estado no podía esperar equipar unas Fuerzas Armadas eficaces con las chucherías que traían los contrabandistas: pequeños lotes de armas de diferentes calibres, a menudo viejas y desgastadas, o a las que les faltaban piezas. Los contrabandistas tampoco podían esperar traer aviones de combate, vehículos blindados o artillería de campaña, demasiado grandes para pasar desapercibidos. Tan extrema fue la necesidad de armas una vez que comenzaron las invasiones árabes el 15 de mayo de 1948, que dos antiguos obuses franceses de 65 mm (Canon de 65 M modelo 1906) con miras perdidas, que disparaban débiles proyectiles de diez libras (4,4 kg) a una lenta velocidad de boca de 330 m/s, fueron considerados armas de importancia estratégica reservadas para las tareas de mayor prioridad, empezando por la defensa del sector de Degania en el río Jordán contra las tropas invasoras del Ejército sirio del 15 al 21 de mayo de 1948.

La experta predicción de Marshall bien podría haber resultado acertada de no haber sido por el Gobierno de coalición de Checoslovaquia, que ignoró las presiones angloamericanas y vendió armas a Israel de sus amplios arsenales, tanto los producidos por sus considerables e innovadoras industrias militares antes de 1938, como los producidos bajo la dirección nazi en tiempos de guerra a partir de entonces.[17] Pronto, aviones de transporte fletados pilotados por intrépidos pilotos voluntarios entregaron 34.500 fusiles Mauser alemanes que los israelíes aún llaman Czehi, junto con 5515 ametralladoras medianas MG 34, 500 ametralladoras ligeras ZGB 33, 900 ametralladoras medianas ZB 53 y más de un millón de cartuchos de munición.

Los checos también tenían aviones de combate que vender, sesenta y un Spitfire Mk IX de fabricación británica que habían equipado a los escuadrones de las fuerzas aéreas checoslovacas libres de la Royal Air Force, y seguían siendo aviones de primera línea en 1948, y veinticinco Messerschmitt Bf 109 de fabricación local (que reunían a ambos protagonistas de la batalla de Inglaterra) y Avia S-199 más dudosos.[18] Además, los checos proporcionaron entrenamiento para ochenta y un pilotos y sesenta y nueve tripulantes de tierra, así como un aeródromo para los transbordos a Israel. No era mucho en comparación con los inventarios de las tropas árabes, y era imposible transportar por vía aérea alguno de los vehículos blindados que abundaban localmente en aviones de transporte ligeros, pero los envíos checos fueron suficientes para marcar la diferencia al proporcionar conjuntos homogéneos de armas pequeñas para las unidades de campo de las FDI, dejando las probabilidades y los extremos acumulados a lo largo de los años para las unidades de defensa locales.

No todos los aviones de combate sobrevivieron al peligroso tránsito (sólo posible en absoluto gracias a una pista secreta de reabastecimiento puesta a disposición por el Gobierno yugoslavo de Tito), pero sí los suficientes como para que los valientes pilotos pudieran pasar inmediatamente a la ofensiva contra las fuerzas aéreas egipcias. Equipados y entrenados por los británicos a lo largo de los años, los egipcios ya habían bombardeado la estación central de autobuses de Tel Aviv el 18 de mayo de 1948, matando a cuarenta y uno e hiriendo a sesenta, hasta el día de hoy un mayor número de víctimas que cualquier otro ataque aéreo árabe posterior en siete décadas de guerras intermitentes.[19]

Por muy importantes que fueran, los envíos checos no incluían artillería ni vehículos blindados; ambos, imprescindibles para resistir a las fuerzas árabes invasoras y pasar después a la ofensiva. Así es como comenzó la historia de la investigación y el desarrollo militar de Israel, impulsada por la necesidad más que por ambiciones tecnológicas, con diseños novedosos impuestos por limitaciones tecnológicas muy severas más que por cualquier esfuerzo de originalidad por sí misma.

El mortero Davidka, la primera arma israelí desarrollada desde cero, ejemplificaba ambas características. Los morteros de tres pulgadas (en realidad, 3,209 pulgadas-81,5 mm) eran estándar en el Ejército británico, y el Davidka también tenía una placa base y un tubo de tres pulgadas. Pero no había suministro disponible de bombas de tres pulgadas, y ninguna podía fabricarse en los talleres locales con la precisión necesaria para evitar las mortales explosiones dentro del tubo. La solución, muy original, fue fabricar bombas de supercalibre con una varilla del tamaño del calibre para propulsarlas que pudiera proyectarse con seguridad desde el cañón del mortero. Con cuatro veces más explosivo que las bombas de mortero británicas de tres pulgadas, la Davidka producía explosiones muy ruidosas, pero al carecer tanto de precisión como de alcance, era más útil para asustar a los enemigos que para atacar sus defensas. Sólo se fabricaron siete y consiguieron pocos resultados. En cuanto a los vehículos blindados, aparte de dos tanques medianos Cromwell robados por conductores simpatizantes del Ejército británico durante la retirada final británica, y tres tanques M4 Sherman estadounidenses defectuosos ensamblados a partir de restos variados dejados atrás por el Ejército británico, sólo había vehículos blindados improvisados, fabricados atornillando placas de acero con rendijas de disparo a camiones o autobuses; algunos, con arietes frontales para atravesar obstáculos.

También hubo una anticipación temprana del blindaje compuesto actual en el uso de madera contrachapada, hormigón, caucho e incluso placas de vidrio intercaladas entre finas láminas de metal. Las diferentes densidades servían para desviar las balas, al tiempo que limitaban el peso total para evitar sobrecargar los motores y sobrecargar los chasis. Pero, en cuanto se pudo importar la chapa de acero endurecido estándar, se prefirió con mucho.[20]

Los *jeeps* no podían blindarse, pero sí armarse, y las FDI equiparon algunos con la formidable potencia de fuego de dos ametralladoras MG 34/41 que disparaban 1200 balas por minuto cada una, ideales para incursiones rápidas al proporcionar ráfagas cortas de fuego muy intenso para intimidar y suprimir la resistencia. Equiparon al Batallón de Comandos Ochenta y Nueve formado y dirigido inicialmente por el posterior general, jefe del Estado Mayor y ministro de Defensa Moshe Dayan, que tuvo un éxito notable en ganar territorio mediante incursiones de asalto y huida.[21]

Los *jeeps* llegaron porque ni siquiera el embargo angloamericano, por lo demás muy eficaz, pudo impedir la importación de vehículos totalmente desarmados procedentes de los vertederos de excedentes de guerra en Europa, aunque originalmente hubieran sido vehículos militares. En esa categoría se incluían los semiorugas M-3 de diez toneladas, finamente blindados y de fabricación estadounidense, que combinaban ruedas delanteras para la dirección con orugas en la parte trasera para la propulsión, y una cabina delantera protegida con un volumen de carga trasero abierto. Tendrían una vida muy larga en las FDI: mientras que el Ejército estadounidense sustituyó todos sus semiorugas por vehículos totalmente oruga en cuanto pudo, las FDI siguieron utilizando muchos en la guerra del Líbano de 1982, y algunos siguieron en uso durante otra década más.

Las FDI importaron más de 3000 semiorugas a lo largo de los años, en un principio para servir como vehículos blindados de transporte de tropas, pero más tarde se adaptaron para muchas funciones especializadas: como vehículos de mando con radios adicionales y un cabrestante delantero; como portadores de armas para ametralladoras pesadas, para morteros de 81 mm, para morteros pesados de 120 mm de fabricación local, para cañones gemelos Hispano-Suiza HS.404 de 20 mm, para cohetes y torpedos Bengalore de limpieza de minas y, por último, para misiles antitanque, y como vehículos de ingenieros de combate, ambulancias y mucho más. Los semiorugas se modificaron para todos estos fines diferentes porque eran baratos y abundantes en comparación con cualquier otro vehículo blindado, y porque la zona de carga con techo abierto podía modificarse fácilmente para alojar montajes de armas o cualquier otra cosa, incluidas cabinas blindadas para la evacuación de heridos. Lo que ocurrió con este vehículo en particular a través de todas sus diferentes modificaciones ilustra un aspecto fundamental de la cultura de las FDI que persiste vigorosamente incluso décadas después de la llegada de sus primeras armas nuevas, entregadas completas con piezas de repuesto y herramientas de mantenimiento específicas: una proclividad a rehabilitar equipos militares de segunda mano adquiridos en diversos estados de deterioro, reparando, reequipando y modificando lo que llegó hasta que se vuelve útil, ya sea para los fines previstos originalmente o para algo totalmente distinto.

Durante los años de guerras a gran escala de 1967 a 1973, las recompensas de esta proclividad fueron muy sustanciales, de hecho, de importancia estratégica, porque el arsenal de las FDI se reforzó sustancialmente con armas capturadas en el campo de batalla. Así, los carros de combate principales M48 Patton de fabricación estadounidense capturados a los jordanos se sumaron a los M48 de Israel entregados originalmente por Alemania Occidental cuando su Ejército fue reequipado con carros Leopard mucho más modernos. Con el tiempo, ambos fueron mejorados con nuevos cañones de 105 mm y finalmente reequipados con potentes motores diésel en lugar de sus motores de gasolina originales que cogieron fuego con demasiada facilidad. Con esos cambios, los M48 de Israel eran casi tan buenos como los M60 más nuevos, que las FDI no adquirieron hasta mucho más tarde.

Muchos de los tanques soviéticos T-54/T-55 capturados en 1967 fueron canibalizados y reparados según fuera necesario para equipar nuevas unidades de tanques, y luego, con el tiempo, fueron sucesivamente mejorados con nuevos cañones de 105 mm, ametralladoras coaxiales, radios y piezas diversas, como la serie Tiran de tanques reciclados. Con menos o ninguna modificación, las excelentes armas ligeras soviéticas, incluido el justamente célebre AK-47, también se transformaron de botín del campo de batalla en armas adecuadamente mantenibles que armaron a unidades enteras, un proceso que se repitió con la artillería soviética capturada, y en particular con el cañón de largo alcance de 130 mm.

El reciclaje de los tanques soviéticos capturados adquirió importancia estratégica porque permitió a las FDI seguir el ritmo de la rápida expansión posterior a 1967 de las fuerzas blindadas egipcias, sirias e iraquíes, en un momento en que Estados Unidos sólo fabricaba treinta Patton M60 al mes y el Reino Unido ofrecía sus tanques Chieftain (¡inicialmente desarrollados en código con Israel!) sólo a Irán y a los ejércitos árabes. En octubre de 1973, los misiles antitanque soviéticos y las granadas propulsadas por cohetes (RPG) en grandes cantidades permitieron a las valientes tropas de infantería egipcias enfrentarse a los tanques israelíes que se acercaban, destruyendo algunos e inmovilizando muchos más, hasta el punto de que las fuerzas blindadas de Israel se estaban reduciendo visiblemente justo cuando las fuerzas blindadas iraquíes llegaban para unirse a la lucha. Fueron los Tirán, así como otros tanques soviéticos capturados, los que permitieron a las FDI lograr el milagro organizativo de alinear una nueva división blindada en diez días, con tripulaciones de tanques y todo el resto del personal esencial que se encontró llamando a filas a los reservistas más veteranos, reentrenando rápidamente a las tripulaciones de tanques que habían perdido sus tanques y peinando a los soldados blindados y otros soldados de combate que se habían desviado hacia tareas administrativas.

La mentalidad de «Sí se puede», de improvisación, inculcada originalmente por la imperiosa necesidad de rehabilitar equipos abandonados —desde armas pequeñas hasta aviones multimotor— reparándolos, reacondicionándolos y modernizándolos, ha persistido a lo largo de las décadas incluso cuando el país adquiría laboratorios y fábricas cada vez más avanzados. Se manifiesta sobre todo en una voluntad de actuar con rapidez, aceptando riesgos por el camino, exactamente lo contrario de la mentalidad de riesgo cero que ralentiza el desarrollo de armamento a un ritmo glacial en Europa y Estados Unidos.

En la actualidad, con Israel lo suficientemente avanzado como para vender armas sofisticadas en todo el mundo, debe aceptar métodos estadounidenses drásticamente diferentes a la hora de desarrollar, producir y modificar equipos para Estados Unidos. Formado por innumerables reglamentos impuestos por el Congreso de EE. UU. para combatir el «despilfarro, el fraude y la mala gestión» en las adquisiciones militares, el proceso es declaradamente contradictorio al imponer una documentación exhaustiva en cada paso, y pruebas «objetivas»: en lugar de fabricar rápidamente prototipos de prueba de concepto y probarlos para descubrir deficiencias que puedan arreglarse rápidamente antes de la siguiente prueba, los ingenieros deben tomarse todo el tiempo necesario, a veces años, para perfeccionar lo que fabrican incluso en la fase de prototipo, porque lo prueba una entidad externa de pruebas y evaluación que se gana el sustento encontrando fallos. Se toman su tiempo para realizar pruebas exhaustivas, cubriendo todas las posibilidades posibles en todos los climas y todas las condiciones, y luego se toman más tiempo para compilar sus informes.

Sólo entonces puede reanudarse el proceso de desarrollo tras cualquier fallo en las pruebas, a menos que el proyecto se cancele sobre la base del informe. Así, por ejemplo, Estados Unidos se quedó sin aviones de vigilancia pilotados a distancia hasta que se compraron los israelíes a tiempo para la guerra del Golfo de 1991 porque el Lockheed MQM-105 Aquila, diseñado por EE. UU. y cuyo desarrollo comenzó en 1972, se suspendió en septiembre de 1985 (¡después de trece años!) porque el sistema no cumplía veintiuna de las ciento cuarenta y nueve especificaciones de rendimiento, una cifra que demuestra por sí misma el exceso de frivolidad al imponer requisitos extravagantes.

La fenomenal rapidez del desarrollo del sistema anticohetes Cúpula de Hierro, desde su primera financiación en 2007, pasando por la investigación y el desarrollo, el utillaje y la producción, la formación y el despliegue, hasta su primer uso con éxito en combate en abril de 2011, demuestra que la cultura de innovación de alta velocidad de las FDI sigue funcionando bien: cuatro años para desarrollar un nuevo misil es algo inaudito, pero, en este caso, se contó además con el extraordinario *software* que marca toda la diferencia al lanzar únicamente misiles interceptores contra cohetes proyectados para impactar contra personas u objetos muy valiosos. Ese mismo ejemplo demuestra que la otra herencia de innovación de 1948 también sigue vigente, porque la Cúpula de Hierro, de un éxito fenomenal, no fue desarrollada por las Fuerzas Armadas terrestres ni aéreas, ni por la Marina —ninguna de las cuales tiene su propia organización de investigación y desarrollo—, sino por la única organización de investigación y desarrollo que sirve a las FDI en su conjunto.[22] Menos mal, porque la Cúpula de Hierro nunca habría sido desarrollada por oficiales de las fuerzas terrestres, que, naturalmente, dan prioridad al desarrollo de vehículos blindados y otras armas terrestres, ni por oficiales navales con la guerra de superficie y submarina en la cabeza, ni por aviadores cuya solución para todos los problemas es la potencia aérea ofensiva. Es improbable que cualquier cosa realmente nueva encaje cómodamente dentro de lo existente funciones de servicio, por lo que es poco probable que se disponga del esfuerzo necesario para investigar y desarrollar lo realmente nuevo y llevarlo al estado operativo, ya que los jefes de cada servicio se centran en sus propias prioridades.

Lo que habría ocurrido con la Cúpula de Hierro en ausencia de las FDI de un solo servicio es lo que ocurrió en realidad con el no desarrollo de los satélites espaciales militares estadounidenses, cuya importancia crítica para el Ejército, la Armada, el Cuerpo de Marines y las fuerzas aéreas de EE. UU. nunca se ha discutido, pero que ninguno de los anteriores estaba dispuesto a desarrollar con sus propios fondos presupuestados, prefiriendo utilizar sus fondos para mejorar sus equipos existentes. Y así fue hasta que la Unión Soviética lanzó el Sputnik, el primer satélite artificial de la Tierra, en una órbita elíptica terrestre baja el 4 de octubre de 1957, causando una conmoción colosal. Esto no ocurrió con la Cúpula de Hierro porque los fondos de investigación y desarrollo militar de Israel no están preasignados a las diferentes ramas de las Fuerzas Armadas y pueden gastarse en macroinnovaciones que, al ser totalmente nuevas, aún no tienen defensores de servicio. En lugar de caer entre las grietas de los servicios, una vez reconocido su potencial, las macroinnovaciones pueden obtener financiación para pruebas de concepto y, a partir de ahí, si realmente se demuestra una nueva capacidad, el proyecto puede avanzar hasta la producción y el despliegue. Esa es la única forma en que pueden lograrse avances verdaderamente grandes, porque los equipos realmente nuevos no están constreñidos por los límites de diseño de los equipos anteriores y —lo que es mucho más importante— pueden beneficiarse de unas «vacaciones de contramedidas» antes de que los adversarios puedan reaccionar con sus contramedidas técnicas, tácticas u operativas. Es por ello sobre todo por lo que la macroinnovación puede ser muy importante en una competición estratégica: ofrece nuevas capacidades en su estado prístino antes de que sean contramedidas, y en ocasiones esas capacidades pueden ser decisivas en la guerra, o incluso en la paz, es decir, obligando a los adversarios a redirigir recursos de otras tareas a las contramedidas contra la macroinnovación.

II.

CÓMO LA ESCASEZ PUEDE FORZAR LA INNOVACIÓN

Curiosamente, la primera gran macroinnovación israelí no fue algo que los propios israelíes diseñaran o fabricaran. Se limitaron a comprarlo, pero en el proceso, simplemente especificando qué componentes y auxiliares (es decir, subsistemas) querían o no querían, dieron con el caza multirrol. Ahora bien, éste es casi el único tipo de caza que existe; de hecho, fue inventado por las FDI a finales de la década de 1950, cuando su Heyl Avir (Cuerpo Aéreo) resultaba aún insignificantemente pequeño y sus recursos eran miserablemente escasos. Todavía no había ganado el prestigio de su victoria aérea a gran escala de 1967.

La razón por la que correspondió a los israelíes inventar el caza polivalente, diseñado para ser igualmente capaz tanto para el combate aire-aire contra otros cazas o bombarderos como para el lanzamiento aire-tierra de bombas, cohetes y misiles antisuperficie, es que las principales fuerzas aéreas de la época —estadounidenses, soviéticas, británicas— habían salido de la Segunda Guerra Mundial con una serie de aviones altamente especializados para distintas funciones. Cada categoría era mucho menos capaz en cualquier otro papel y persistieron durante mucho tiempo en estas diferenciaciones, sostenidas por amplios presupuestos de la Guerra Fría. Las tres fuerzas aéreas creían que una mezcla de bombarderos ligeros, medios y pesados era la mejor manera de lanzar cargas de bombas de forma eficaz a distancias variadas contra objetivos variados, y que el combate aéreo requería igualmente tres tipos diferentes de aviones tácticos: interceptores muy rápidos que pudieran despegar y elevarse rápidamente para enfrentarse a los bombarderos enemigos entrantes, pero tenían poca o ninguna capacidad para bombardear o ametrallar objetivos en tierra; cazas nocturnos biplaza equipados con radar, aún no disponible para los monoplazas; y cazas de escolta con suficiente alcance para seguir y proteger a las formaciones de bombarderos. Al ser aviones más grandes, también podían llevar ellos mismos bombas, convirtiéndose así en cazabombarderos, pero no hubo ningún esfuerzo especial para desarrollarlos como tales.

Cuando el Heyl Avir de Israel tuvo su precario comienzo en la guerra de Independencia de 1948-1949, la reciente victoria de la potencia aérea angloamericana proporcionó un modelo totalmente probado de lo que debía llegar a ser, aunque sólo fuera a muy pequeña escala: una fuerza aérea equilibrada, con interceptores, cazas nocturnos y bombarderos ligeros y pesados, aunque se prescindiera de los bombarderos medios.[1] Ese modelo apenas pudo aplicarse mientras la primera y más larga guerra de Israel aún estaba en curso porque Estados Unidos y Gran Bretaña se negaron a vender a los israelíes ningún avión de combate, obligándoles a comprar cualquier cosa que pudieran encontrar a la venta. Durante toda la guerra, desde el 15 de mayo de 1948 hasta los acuerdos de armisticio de 1949, sólo gracias a los denodados esfuerzos de los mecánicos locales, en su mayoría autodidactas, a la inestimable experiencia de los veteranos de guerra voluntarios llegados del extranjero y a la drástica canibalización de un inventario abigarrado, pudieron prepararse aviones volables de dos en dos y de tres en tres para las operaciones aéreas de cada día, con aumentos que apenas alcanzaban el tamaño de escuadrón. No obstante, el Heyl Avir fue ganando gradualmente superioridad en el combate aéreo, lo que irónicamente se hizo más evidente en el combate aéreo accidental del 7 de enero de 1949, cuando cazas de la RAF que realizaban una patrulla de reconocimiento se enfrentaron sobre el desierto del Sinaí, con tres Spitfires británicos y un Tempest derribados por Spitfires israelíes sin pérdida (no hubo represalias británicas porque esta intromisión en los combates entre Israel y Egipto no había sido autorizada por el Gobierno británico).[2]

Sólo después del armisticio de 1949 pudieron los aviadores israelíes levantar la vista de las urgencias diarias del combate para empezar a construir una fuerza aérea propiamente dicha, que por supuesto trataría de emular el modelo angloamericano, para lo que se necesitarían bombarderos, cazabombarderos, cazas-interceptores y cazas nocturnos equipados con radar, aunque a escala minúscula, con uno o como mucho dos pequeños escuadrones de cada tipo. En un país pobre de menos de dos millones de habitantes, muchos de ellos refugiados sin dinero de Europa, África del Norte e Irak, no había fondos para pagar tales ambiciones. Sin embargo, mediante la compra de lotes impares de aviones desechados, en 1953 empezaba a surgir algo así como una fuerza equilibrada con cazas y bombarderos, aunque con un índice de salidas muy bajo por falta de piezas de repuesto, cuando un piloto de cazas de treinta y dos años, Dan Tolkowsky, ex-RAF y con un marcado acento británico, se convirtió en jefe de personal del Cuerpo Aéreo del Ejército israelí.[3]

El Cuerpo Aéreo de 1953 era apenas más independiente que la artillería; de ahí que Tolkowsky no pudiera tomar grandes decisiones sin la aprobación de sus compañeros del Estado Mayor; todos, oficiales de infantería, salvo el igualmente asediado comandante del Cuerpo Marítimo. Eso era un problema, porque Tolkowsky rechazaba de plano el consenso de la «fuerza aérea equilibrada» reafirmado cada día por las fuerzas aéreas estadounidenses, británicas, francesas y soviéticas. Declaró obsoletos los cazas nocturnos porque los radares equiparían pronto a todos los cazas. Y lo que es más controvertido, creía que el Heyl Avir no debía tener ni bombarderos ni cazasinterceptores, sino un solo avión táctico para todas las funciones de combate.

En aquella época, Estados Unidos estaba desarrollando los interceptores Delta, así como el fenomenalmente rápido F-104 Starfighter, sin ninguna disposición para el ataque a tierra o el bombardeo. Los británicos pusieron dos motores, uno encima del otro, para acelerar su interceptor Lightning hasta altitudes medias, de nuevo sin disposiciones para el bombardeo, y los franceses —los únicos que podrían vender aviones a Israel— también estaban diseñando un caza para ascender rápidamente lo suficiente como para lanzar misiles aire-aire contra los bombarderos soviéticos, sin cañones, ni bastidores de bombas, ni bastidores bajo las alas, todo lo cual ralentizaría un interceptor. Es mérito de los oficiales de infantería que dominaban el Estado Mayor de Israel que estuvieran incluso dispuestos a dar audiencia al joven Tolkowsky cuando contradijo a los mariscales del aire británicos y a los generales estadounidenses que tan recientemente habían ganado la guerra mundial argumentando que la superioridad aérea podía ganarse mejor destruyendo los aviones enemigos en tierra con un ataque sorpresa total contra sus bases aéreas, no entablando el combate aéreo poco a poco, en operaciones defensivas de desgaste. Para ello se necesitarían todos los aviones de combate disponibles y, por lo tanto, todos los aviones de combate debían poder llevar alguna bomba, descartando los interceptores prioritarios para las principales fuerzas aéreas.

En el debate subsiguiente, ambos bandos intentaron probar sus argumentos citando la batalla de Inglaterra de 1940. Tolkowsky argumentó que los alemanes perdieron aquella contienda por la superioridad aérea porque cambiaron prematuramente su esfuerzo ofensivo de los aeródromos de la RAF al bombardeo de Londres. Si hubieran seguido bombardeando los aeródromos, los aviones estacionados, los alojamientos del personal, las salas de preparación y los hangares de mantenimiento, los alemanes habrían ganado. Sus oponentes insistieron en que la gran lección de la Batalla de Inglaterra fue que los Spitfires y Hurricanes de la RAF defensores, que se levantaban cargados de combustible para interceptar los aviones que tenían que alcanzarlos desde lejos, habían desgastado a la Luftwafe en un proceso acumulativo —un método mucho más fiable, argumentaban, que un único ataque total contra los aeródromos enemigos que podría salir mal por cualquier número de razones, desde una meteorología adversa hasta una detección temprana que podría convertir un ataque sorpresa en una emboscada enemiga—. Al final,

Tolkowsky y su número dos, Ezer Weizman, un expiloto del RAF mucho más exuberante, convencieron al Estado Mayor para que aceptara su método operativo de alto riesgo y alta rentabilidad, el ataque total sin guardar casi nada en reserva por si las cosas salían mal: la futura operación Moked del 5 de junio de 1967.

Una vez ganado el debate, Tolkowsky y Weizman se enfrentaron a la dura tarea de construir realmente una fuerza aérea cuyos escuadrones de combate estuvieran equipados en su totalidad con cazas polivalentes que pudieran tanto luchar contra otros aviones como lanzar cargas de bombas decentes. En aquel momento, 1953-1954, eso parecía imposible porque el único avión que podía hacer ese trabajo era el Mustang P-51 con motor de pistón, un desarrollo accidental en tiempos de guerra que había demostrado inesperadamente ser excepcionalmente eficaz tanto en el combate aire-aire como aire-tierra, pero era una casualidad que nadie intentaba emular en la era de los reactores.[4] Que Estados Unidos no estuviera desarrollando ningún avión de ese tipo no tenía ninguna relevancia inmediata porque la política estadounidense seguía siendo no vender ningún tipo de armas a Israel, y mucho menos aviones de combate, incluso cuando empezaban a llegar a las fuerzas aéreas árabes cazas MiG soviéticos notablemente buenos. Los británicos sólo ofrecían interceptores a reacción, ya que estaban especialmente aferrados a la idea de que los bombardeos debían ser realizados por bombarderos, que, sin embargo, se negaban a vender.[5] Eso se lo dejaba a los franceses, cuyas empresas aeronáuticas carecían del prestigio de los fabricantes estadounidenses y británicos, pero estaban muy dispuestos a vender a cualquiera.

Los israelíes compraron debidamente el caza subsónico de primera generación Ouragan, el casi supersónico Mystère y, más tarde, el supersónico Super-Mystère, aunque en pequeñas cantidades. Los israelíes se alegraron mucho de tenerlos, porque la Unión Soviética estaba suministrando a las fuerzas aéreas árabes los cazas Mikoyan y Gurevich, notablemente rápidos y maniobrables, que culminaron en el eterno MiG-21.[6] Esto seguía dejando al Heyl Avir con la desfavorable aritmética de muy pocos aviones con cargas de bombas demasiado pequeñas para sus ambiciosos planes de ataque total, porque los franceses también preferían bombarderos dedicados para realizar sus bombardeos y no diseñaban sus cazas para llevar mucha artillería en los portaequipajes bajo el ala, ni sus motores eran lo suficientemente potentes como para llevar cargas de bombas decentes.[7] Para cuando surgió una posible solución con los prototipos del futuro caza francés Mirage III en 1958, Dan Tolkowsky se había retirado a la madura edad de treinta y siete años (para liderar el avance tecnológico de Israel como banquero de inversiones) para ser sucedido por el incontenible Ezer Weizman, de treinta y cuatro años, que durante mucho tiempo permaneció más joven que sus años.[8]

Fue durante los ocho años de mandato de Weizman cuando el Ejército del Aire adquirió finalmente el avión que necesitaba: el Mirage IIICJ de alas delta, que —sólo gracias a la persistencia de Weizman en obligar a los diseñadores a cumplir los requisitos israelíes— se convirtió en el primer caza polivalente genuino del mundo desde el Mustang accidental, lo suficientemente ágil para el combate aéreo contra el formidable MiG-21 a la vez que adecuado para el ataque a tierra con sus dos cañones de 30 mm y una carga de bombas que podía superar las tres toneladas métricas. El problema de Weizman cuando tomó el mando en julio de 1958 era que el Mirage IIICJ, a la postre muy adecuado, en realidad no existía porque la fuerza aérea francesa, al igual que sus homólogas estadounidense y británica, quería un interceptor con un innovador cohete propulsor de propulsión líquida para propulsarlo a gran altitud de forma extrarrápida, con misiles aire-aire en lugar de cañones y sin ningún tipo de portabombas. Un avión así habría sido inútil para el gran concepto de ataque aéreo de Tolkowsky. Lo que sí tenía el avión francés era un buen motor que le permitía alcanzar una velocidad de Mach 2,2 en octubre de 1958, un récord para Europa. Sin duda, estaba totalmente al día con su sección transversal en forma de cintura de avispa para el vuelo supersónico, un buen radar de interceptación aérea, toda la aviónica necesaria y un paracaídas de arrastre para acortar el balanceo de aterrizaje.[9]

Lo que siguió fue un extenso debate entre antagonistas absurdamente mal avenidos. El fabricante francés Dassault necesitaba imperiosamente el pedido israelí, porque a fuerza de ahorrar y rascar en todo lo demás, incluidos sus ya espartanos alojamientos, uniformes y alimentos, las FDI podían encargar setenta y dos aviones de una vez, un gran pedido para lo que entonces era aún una pequeña empresa. Pero los directivos e ingenieros aeronáuticos de Dassault simplemente no se atrevían a tomarse en serio las especificaciones de Weizman: parecía decidido a arrastrar a su revolucionario Mirage al pasado prefiriendo los bastidores de bombas a su espléndidamente innovador propulsor de cohetes de combustible líquido, e insistiendo en montar anticuados cañones de 30 mm en lugar de confiar en los ultramodernos misiles aire-aire que acababan de estar disponibles. Al principio, los franceses confiaban en que las cabezas más viejas y sabias de Israel se sobrepondrían al piloto de treinta y cuatro años que quería estropear su avión. Sólo poco a poco se dieron cuenta los directivos de Dassault de que el Estado de Israel había delegado efectivamente en el joven Ezer Weizman lo que podía convertirse fácilmente en una decisión de vida o muerte, un descubrimiento inquietante para unos hombres acostumbrados a tratar con generales franceses de cuatro estrellas y sesenta años que, además, se remitían a su experiencia.[10]

Al final, Weizman se impuso porque tenía la fuerza bruta de cualquier comprador, por mal aconsejado que estuviera, y más de lo que le correspondía. Sin embargo, sólo el sensacional éxito de la ofensiva aérea de 1967, cuando se utilizaron los Mirage y aviones franceses más antiguos para destruir unos 400 aviones egipcios, jordanos, sirios e iraquíes en unas cincuenta horas de ataques aéreos con cañones y sólo unos pocos misiles, reivindicó finalmente la teoría Tolkowsky-Weizman sobre cómo debían librarse las guerras aéreas y con qué tipo de aviones. (Por cierto, la empresa Dassault ganó una fortuna y sus ventas aumentaron enormemente en todo el mundo, aunque no a Israel, porque el poco sentimental Charles de Gaulle cambió bruscamente de bando en junio de 1967, de modo que los Mirage V especificados por Israel, de hecho con código, se vendieron a las fuerzas aéreas árabes, mientras que se detuvieron todas las entregas a Israel).[11]

A raíz de ello, todas las fuerzas aéreas querían lo que se conoció en inglés como cazas polivalentes, armados con cañones y no sólo con misiles, convirtiendo así a la todavía muy pequeña fuerza aérea israelí en líder mundial de la innovación en potencia aérea táctica, un papel ahora reafirmado por la dependencia del F-35 de la tecnología de combate aéreo desarrollada por Israel.[12] Los jefes aéreos estadounidenses no tardaron en aceptar la validez del nuevo concepto polivalente, pero como sus aviones existentes eran todos especializados —el F-104 y el F-106 como puros interceptores, mientras que el pesado cazabombardero F-105 carecía de maniobrabilidad para el combate aéreo, desenvolviéndose mal contra los MiG-21 sobre Vietnam—, la USAF se vio obligada a adquirir el versátil F-4 Phantom de la Marina para que sirviera como su primer caza polivalente desde el Mustang, retirado mucho antes. La humillación fue severa, y el siguiente caza de la USAF, el F-16 —que seguiría produciéndose durante décadas—, se inspiró en el éxito de la versión de Ezer Weizman del Mirage III. Fue una secuencia notable: como la estructura de las FDI favorecía la innovación —entre otras cosas, porque su modelo de dos carreras mantenía jóvenes incluso a sus generales— y como su pequeña fuerza aérea no podía esperar prevalecer sin aviones que aún no existían, su joven jefe utilizó su momentáneo poder comercial para intimidar a un fabricante de aviones europeo para que produjera un avión que se convirtió en el modelo mundial de lo que debía ser un avión táctico, a pesar de que el Heyl Avir anterior a 1967 seguía siendo una presencia insignificante en la aviación mundial.

III.

UN CUERPO DE OFICIALES JOVEN

Un factor importante en la innovación del caza polivalente, como en muchas otras innovaciones de las FDI, es tan elemental que es fácil pasar por alto su significado más profundo: los dos sucesivos jefes aéreos israelíes que fueron los innovadores de su generación tenían todavía poco más de treinta años cuando asumieron el mando, es decir, eran al menos veinte años más jóvenes que sus homólogos más jóvenes de otras fuerzas aéreas. Los establecimientos militares que soportan la carga de responsabilidades de vida o muerte no pueden ser libres y fáciles a la hora de asumir riesgos, por lo que se inclinan a confiar en personal y métodos bien probados. Por ello, las trayectorias de la carrera militar están pensadas para garantizar que los oficiales acumulen una experiencia profesional acorde con el alcance de sus responsabilidades, a medida que van ascendiendo rango tras rango. En el proceso, sin embargo, los oficiales adquieren sabiduría y prudencia en lugar de la temeridad de la juventud y un respeto adecuado por las prácticas sólidas del pasado frente a las ventajas inciertas de las innovaciones no probadas. A medida que las personas envejecen, suelen volverse más fijas en sus costumbres, menos valientes, menos inclinadas a probar lo nuevo, menos propensas a considerar el orden de cosas existente como imperfecto y susceptible de mejora, menos abiertas al primer paso de cualquier proceso de innovación: la voluntad de arriesgarse con lo nuevo con la esperanza de que pueda ser mucho mejor que lo viejo.

En los años de formación de las FDI, en la década de 1950 y principios de la de 1960, casi todos los altos mandos tenían más de treinta años. En 1956, en vísperas de la campaña del Sinaí, el oficial de mayor rango sobre el terreno, el comandante de zona general de división Asaf Simchoni, tenía treinta y cuatro años; el comandante de la brigada principal, Ariel («Arik») Sharon, veintiocho, y el jefe del Estado Mayor de las FDI, teniente general Moshe Dayan, cuarenta y uno. Incluso los puestos de alto rango estaban ocupados por oficiales jóvenes y relativamente inexpertos que aún estaban aprendiendo el oficio. Cuando el propio Dayan era aún un inexperto jefe de operaciones, pidió a Aharon Yariv, un oficial muy brillante y aún más joven (y futuro jefe de la inteligencia militar), que estableciera y dirigiera una escuela nacional de defensa para Israel, como las que había visitado en Francia e Inglaterra. Yariv respondió que carecía de los conocimientos y la experiencia necesarios. Pero Israel era entonces un Estado recién formado y la mayoría de sus puestos directivos estaban ocupados por personas sin experiencia. Dayan le contestó: «Si Yitzhak Ben Zvi puede ser presidente, Moshe Sharet primer ministro, Maklef jefe del Estado Mayor y yo jefe de la Dirección de Operaciones, usted puede ser comandante de la Escuela de Defensa».[1]

La simple explicación cronológica de este estado de cosas —que no podía haber veteranos experimentados en un estado tan joven— resultó ser errónea en el caso de las FDI. Las Fuerzas Armadas del nuevo Estado israelí nacido en 1948 empezaron con oficiales veinteañeros que alcanzaron la treintena en los años 50, como Tolkowsky y Weizman. Pero entonces, la progresión se detuvo, ya que, de lo contrario, el mero paso del tiempo habría dado lugar a una estructura de edad normal a finales de la década de 1970, con almirantes y generales de unos sesenta años (como en las Fuerzas Armadas estadounidenses y europeas), coroneles de unos cincuenta, y así sucesivamente. Fue Moshe Dayan, jefe del Estado Mayor de 1953 a 1958, quien instituyó un principio de doble carrera por el que las FDI concederían permisos a mitad de carrera a los oficiales para proseguir su educación (dado que casi ninguno había superado la secundaria), lo que les permitiría embarcarse en una segunda carrera civil tras una jubilación anticipada a los treinta años. Dayan declaró explícitamente el objetivo: quería mantener el cuerpo de oficiales mentalmente joven y flexible, físicamente ágil y con la valentía de la juventud.[2]

Dayan actuó en consecuencia, retirándose como jefe del Estado Mayor a los cuarenta y tres años, pero no intentó convertir su preferencia política en una práctica permanente anclada en una ley. Resultó, sin embargo, que se había sentado un precedente, porque la progresión aparentemente inevitable hacia una estructura de edad normal en las FDI en marcha desde 1948 (cuando el máximo comandante de campo, Yigal Allon, tenía treinta años) no continuó. El jefe del Estado Mayor de las Fuerzas de Defensa de Israel, teniente general Aviv Kochavi, tomó posesión de su cargo el 15 de enero de 2019, a la edad de cincuenta y cuatro años, cuando era el miembro de más edad del Estado Mayor, comandando un cuerpo de oficiales cuyos generales son unos diez años más jóvenes que sus homólogos estadounidenses y europeos. Su predecesor como jefe del Estado Mayor, Gadi Eisenkot, había inaugurado su mandato reclamando un cuerpo de oficiales más joven, y logró rebajar la edad media de jubilación de cuarenta y siete a cuarenta y dos años.[3]

La realidad biológica de la relativa juventud parece marcar la diferencia, disminuyendo sin duda la sabiduría de la edad madura, a veces con graves consecuencias, pero permitiendo un mayor margen para la innovación. Es cierto, por supuesto, que la exuberancia y el optimismo juveniles no garantizan más que la disposición a considerar lo nuevo, y en modo alguno la capacidad mental para inventarlo, pero incluso la mera tolerancia hacia lo nuevo y lo no probado escasea en la mayoría de los establecimientos militares. Incluso los departamentos de investigación y desarrollo, cuya misión es, supuestamente, el avance de la innovación, son a menudo bastiones de la tradición, ya que siguen ofreciendo versiones actualizadas de configuraciones de plataformas y armas establecidas que defienden resueltamente de cualquier cosa realmente nueva que aparezca. Los oficiales más veteranos, cuyo futuro es más corto que su pasado, son mucho más propensos a exigir la perpetuación de las plataformas y armas icónicas de su rama particular y de su propio servicio, negando así fondos para cosas nuevas, incluso mientras se unen a la petición de más innovación en todas partes.

Tampoco se aprende nunca la gran lección de la macroinnovación: sólo si son verdaderamente nuevas, y no sólo nuevas y mejoradas, las nuevas armas o técnicas pueden asegurarse la gran recompensa de unas «vacaciones de contramedidas» frente a las contraarmas y las tácticas contrarias evocadas por sus predecesoras.[4] Toda una generación de inteligentes ingleses se echó a reír cuando el mariscal de campo Douglas Haig explicó en 1925 que, aunque los aviones y los tanques tenían sus usos, «sólo eran accesorios del hombre y del caballo», y añadió que estaba «seguro de que, con el paso del tiempo, [los soldados] encontrarían tanto uso para el caballo —el caballo bien criado— como lo habían hecho en el pasado».[5] Al mando de las tropas del Ejército británico en el frente occidental desde 1915, Haig había presidido la inmovilidad inútil de hombres y caballos (por muy bien criados que estuvieran) provocada por la ametralladora, y después la victoria de los primeros tanques que podían ignorar las balas de ametralladora mientras avanzaban. De ahí que su visión de un futuro para el caballo en la batalla fuera un simple caso de disonancia temporal: dijo en 1925 lo que podría haber sido plausible en 1900 pero que ya había sido invalidado en 1904 por las ametralladoras rusas y el alambre de espino en Port Arthur durante la guerra ruso-japonesa.

Eso es fácil de ver ahora, casi un siglo después, mientras que los ejemplos actuales de disonancia temporal son mucho menos evidentes. Véase, por ejemplo, el caso del futuro bombardero B-21 Raider de largo alcance (es decir, estratégico) no nuclear y nuclear de las fuerzas aéreas estadounidenses, que, como ya se ha señalado, va a ser tripulado por una tripulación y también opcionalmente no tripulado, con lo que a los costes de tripulación y de regreso a casa se sumarán todos los costes robóticos, un precio realmente muy alto para permitir que unos pocos oficiales de las fuerzas aéreas piloten esos aviones. En este caso, la disonancia temporal alcanza niveles similares a los de Haig, ya que, en 2021, el B-21 seguía en su fase de desarrollo de ingeniería como bombardero tripulado, incluso cuando los camiones no tripulados y autodirigidos ya estaban operando de forma experimental en las carreteras de Arizona, en un entorno mucho más complicado que los cielos sin texturas.

La disonancia temporal ha sido un problema crónico para las Fuerzas Armadas de todo el mundo en esta era de cambios tecnológicos revolucionarios, que podría decirse que comenzó el 26 de septiembre de 1825, con la corrida inaugural del ferrocarril a vapor Stockton y Darlington de George Stephenson. La respuesta de las FDI a este problema es apoyarse en la juventud, para la que el pasado es mucho menos importante que el futuro y, por tanto, está menos investida cultural e intelectualmente en las armas y conceptos icónicos del pasado aún en servicio, cuya perpetuación impide la aparición de lo nuevo.

UNA ESCASEZ DELIBERADA DE ALTOS FUNCIONARIOS

La juventud es importante en los oficiales, pero también lo es la escasez. En la guerra, puede haber una gran necesidad de abundancia de oficiales subalternos en las armas de combate, especialmente en la infantería, en la que los oficiales subalternos son semejantes a la munición y pueden ser gastados como tales, para avanzar contra el fuego enemigo. Pero rara vez hay escasez de oficiales superiores; de hecho, a menudo hay demasiados, aunque no en las FDI, cuyo cuerpo de oficiales destaca tanto por su estructura de rangos extremadamente comprimida como por su juventud.

En lugar de la inflación de rangos que a menudo se deplora en otros lugares —las reuniones de la OTAN cuentan con regimientos enteros de almirantes y generales de tres y cuatro estrellas, y fue la abundancia de estrellas lo que llevó al Congreso estadounidense a promulgar un límite legal—, ocurre exactamente lo contrario en las FDI, en las que a menudo se asignan grandes responsabilidades a oficiales de rango relativamente bajo debido a la escasez crónica de oficiales superiores.[6] Dado que el oficial militar de mayor rango del país, el jefe del Estado Mayor (*ramatkal*), es él mismo un teniente general de tres estrellas (*rav aluf*), sin generales de cuatro estrellas o almirantes por encima de él, se produce inevitablemente una compresión descendente de los rangos, que es ciertamente extrema. Toda la fuerza aérea israelí está mandada por un general de división de dos estrellas, aunque ahora opera más aviones que la Real Fuerza Aérea británica, que está mandada por un mariscal jefe del aire de cuatro estrellas, con varios mariscales del aire de tres y dos estrellas por debajo de él.

La misma compresión de rangos superiores está presente pero es menos flagrante en la Marina de Israel, Ḥeyl HaYam, que sigue siendo una fuerza pequeña para los estándares mundiales, a diferencia de la fuerza aérea, aunque tampoco es ya una Marina en miniatura, con una importante flotilla de submarinos, así como cuatro corbetas, ocho grandes lanchas misileras y numerosas patrulleras. Su comandante es también un oficial de dos estrellas, cuyo rango hebreo de *aluf* se traduce como «contralmirante», mientras que muchos de sus homólogos de todo el mundo al mando de ejércitos menos capaces son vicealmirantes de tres estrellas o, más a menudo, almirantes de cuatro estrellas.[7]

Aparte de los jefes aéreo y naval, sólo hay otros diecisiete generales de división (*alufim*) de las FDI en servicio activo. HaKirya (la Ciudad), el Cuartel General de las FDI en Tel Aviv —el Pentágono de Israel, más o menos—, está dirigido por sólo nueve generales de división, una fracción del número empleado en el cuartel general de cualquier fuerza armada comparable en cualquier otro lugar.[8] Esa corta lista comienza con el subjefe del Estado Mayor, que no debe estar en la misma habitación que el jefe cuando el nivel de amenaza es extremo, y que funciona como jefe real del Estado Mayor cuando cualquier combate es inminente o está en marcha. El oficial superior, aunque se denomina jefe del Estado Mayor, funciona en realidad como comandante en jefe, a cargo directo de todas las fuerzas terrestres, navales y aéreas (en contraste con la práctica estadounidense), dejando en su mayor parte a su adjunto la función de jefe de coordinación del Estado Mayor.[9]

El siguiente en la cadena de mando es el homólogo terrestre de los jefes aéreo y naval, el jefe del «Mando de las Fuerzas Terrestres», Mifkedet Zro'a haYabasha, que supervisa su desarrollo en tiempos de paz y la asignación de las unidades de campaña entre los frentes de batalla en tiempos de guerra. En otras palabras, el mando operativo superior de todas las FDI es responsabilidad de sólo cinco oficiales, a pesar de que las FDI se convierten en una de las fuerzas militares más grandes del mundo, con unos 650.000 efectivos, cuando están plenamente movilizadas.

Como todos sus homólogos modernos, las FDI tienen diferentes departamentos de Estado Mayor que, como en todas partes, incluida China, siguen el modelo clásico prusiano del siglo XIX atribuido al mariscal de campo Helmuth Karl Bernhard Graf von Moltke (jefe del Estado Mayor alemán de 1871 a 1888), con algunos añadidos del siglo XXI. El Departamento de Operaciones, Agaf Mivtza'im (o G-3), coordina (pero no dirige) las campañas en tiempo de guerra y se esfuerza por planificarlas a grandes rasgos en tiempo de paz; la inteligencia militar, Agaf HaModi'in (o G-2), cuyo acrónimo AMAN es objeto de muchos cuentos románticos, se dedica sobre todo al trabajo analítico de despacho. Luego viene la Dirección de Tecnología y Logística postprusiana, Agaf ha'Technologia ve ha'Logistica (o Departamento G-4), sucesor del antiguo Departamento de Intendencia prusiano, que suministra todo, incluido el tristemente célebre pastel de carne enlatado del Ejército (LUF, alias raciones de «carne de burro»); la Dirección de Personal, Agaf Koach Adam (llamarlo «Departamento de Mano de Obra» sería una traducción especialmente pobre, dado que el Ejército de Israel es el que tiene más mujeres de toda la historia); la nueva Dirección de Planificación y Desarrollo de Fuerzas, Agaf ha'Tichnun, que se supone que debe predecir el futuro (una tradición local, sin duda) e idear formas en las que las FDI puedan adaptarse para hacer frente a las necesidades futuras, algo mucho más difícil y mucho más fácil en los días en los que Israel aún estaba amenazado por grandes ejércitos convencionales, y el jefe de la Dirección del Servicio Informático del siglo XXI, Agaf ha'Tikshuv, cuya importancia ha ido aumentando de forma casi lineal desde que las FDI adquirieron su primer ordenador central IBM 360 poco después de su aparición en 1964. Por último, está la nueva incorporación de la dirección de Estrategia y Tercer Anillo, Agaf Estrategia Vma'agal Shlishi, creada en 2020 para centrarse en la amenaza iraní.[10]

Más allá del cuartel general, otros tres generales de división, cada uno en su propio cuartel general regional, se encargan de los comandos de zona para el Norte (Pikud Tzafon), el Centro (Pikud Merkaz) y el Sur (Pikud Darom). Es su responsabilidad supervisar los perímetros frontales, con sus vallas y patrullas, y todos los depósitos de suministros y movilización, donde los reservistas llegarían por miles tras la movilización para encontrar uniformes, armas, transporte y armamento pesado, incluidos los tanques que se supone que están listos y esperando para salir a la batalla. En tiempos de guerra, los comandantes territoriales se convierten en comandantes de frente si hay combates a gran escala, responsables de desplegar las fuerzas que les asigna el Estado Mayor y de coordinarlas en la acción.

Con los tres comandantes de área centrados en operaciones militares más allá de las fronteras de Israel, mientras abundan las amenazas internas, otro general de división dirige un Comando del Frente Interior (Pikud Ha'Oref). Además, aunque nunca de muy buen grado, las fuerzas del Ejército debe operar en Cisjordania, habitada mayoritariamente por palestinos, por lo que otro general de división tiene el título cuidadosamente redactado de coordinador de actividades gubernamentales en los territorios (Me'ta'em ha'Pe'ulot ba'Shtakhim). Todos estos puestos están ocupados por sólo dieciséis generales de división de dos estrellas, y eso incluye al agregado de defensa en Washington D. C., que también disfruta del lujo de un uniforme de gala adecuado, a diferencia de sus colegas en casa, que deben conformarse con uniformes de campaña, descendientes directos de la indumentaria de combate de las Fuerzas Armadas británicas de la Segunda Guerra Mundial, sin ninguna de las trenzas doradas de sus homólogos extranjeros.[11] Cualquier comparación del solitario teniente general y la pequeña banda de generales de división de Israel con los 144 generales y almirantes de dos estrellas, 68 de tres estrellas y 39 de cuatro estrellas con rango de bandera de las Fuerzas Armadas estadounidenses carecería de sentido, dado el tamaño siete veces mayor de estas últimas y, lo que es aún más importante, el alcance global de sus funciones tanto en los comandos de teatro como de alianza. Emulando la fórmula británica en la lucha contra el formidable Napoleón, de reclutar a todos los aliados posibles para luchar contra el león con el mayor número de perros y gatos y unos cuantos ratones lanzados, la gran estrategia estadounidense requiere el mantenimiento del mayor número posible de alianzas, lo que exige una diplomacia militar muy paciente y constante que es en su mayor parte responsabilidad de los oficiales de rango de bandera. Aun así, los únicos generales de tres estrellas y los veinticuatro de dos estrellas de Israel pueden compararse válidamente con los cientos de generales que pueblan las cada vez más reducidas Fuerzas Armadas europeas, superando ampliamente en número a sus formaciones de combate, buques de guerra o aviones.[12] La razón por la que los números de arriba son importantes es que la escasez en la cúpula impulsa necesariamente la responsabilidad hacia abajo en la cadena de mando, con efectos muy positivos en lo que se refiere a la innovación. Cómo funciona eso en las FDI dista mucho de ser sencillo, pero un aspecto es bastante simple: como los generales cuarentones son muy pocos, las decisiones sobre innovación las toman sobre todo subordinados treintañeros mucho menos moldeados por el pasado y mucho más abiertos al futuro.

FORZAR LA RESPONSABILIDAD HACIA ABAJO

La compresión de rangos que comienza en la cúspide con sólo un teniente general de tres estrellas para todas las FDI, y muy pocos generales de división de dos estrellas, continúa hacia abajo. En los ejércitos modernos de todo el mundo, tres brigadas forman una división, con 10.000-20.000 soldados a las órdenes de un general de división de dos estrellas, pero en Israel el mando divisional en las fuerzas en activo sólo califica a un *tat aluf* de una estrella, traducido oficialmente como «general de brigada». De estos últimos hay, aproximadamente, setenta y cinco para la totalidad de las FDI, incluyendo su pequeña armada y su gran fuerza aérea, que cuenta con muchos más aviones de combate en condiciones operativas que cualquier otra aeronáutica militar europea.

Como las FDI no tienen ni la estructura de despliegue global de las Fuerzas Armadas estadounidenses ni la elaborada sobrecarga burocrática o las instalaciones históricas heredadas de las Fuerzas Armadas europeas, las fuerzas terrestres de las FDI tienen una proporción «dientes contra cola» muy alta, con muchas formaciones de combate para su tamaño total: unas treinta y seis brigadas en servicio activo y reserva de 2000-3000 soldados cada una en las fuerzas terrestres (más que en cualquier ejército actual de la OTAN). Esas brigadas están mandadas por coroneles, como en la mayoría de los ejércitos, pero son coroneles claramente más jóvenes; algunos, de menos de cuarenta años. Los tres batallones de una brigada típica están mandados cada uno por un teniente coronel, como en la mayoría de los ejércitos, pero de nuevo son mucho más jóvenes, con una media de edad en torno a los treinta años. De ello se deduce que las tres compañías de un batallón típico en servicio activo están mandadas cada una por un capitán, de nuevo como en la mayoría de los ejércitos, pero con veinticinco años más o menos, su edad media es inferior a la de otros ejércitos.

El efecto inevitable de un número muy reducido de oficiales superiores es empujar la responsabilidad hacia abajo, iniciando un efecto cascada a medida que los coroneles de grado de campo, los tenientes coroneles o incluso los mayores se ven cargados con deberes y responsabilidades que los generales no pueden hacer porque ya están plenamente ocupados en tareas aún más esenciales. Y como los oficiales de grado de campo también son demasiado pocos según cualquier estándar normal (el número total de coroneles en todas las FDI es de, aproximadamente, 450 para una fuerza que supera los 600.000 en plena movilización), muchas de sus responsabilidades recaen en oficiales más jóvenes, de modo que a los capitanes de veinte años se les confían rutinariamente tareas que en otros lugares están reservadas a oficiales de más edad y decididamente más veteranos.

La escasez de oficiales superiores, la compresión resultante de los rangos y el empuje de las responsabilidades hacia abajo se encuentran finalmente con la contradicción de una gran abundancia de oficiales subalternos, porque no son los escasos y caros productos de academias militares de varios años como en Estados Unidos y otros países, sino jóvenes reclutas que se han alistado para servir un año más con el fin de solicitar y, si es posible, asistir al exigente curso de oficiales de las FDI, un logro socialmente importante. Tras haber comenzado como reclutas de dieciocho años movilizados para tres años de servicio militar obligatorio, los candidatos a oficiales subalternos son seleccionados de entre las filas para asistir al curso de formación de oficiales. Ello requiere un año más de servicio después del curso, para un total de cuatro años y medio de uniforme; de ahí que no todos a los que se les ofrece la oportunidad de convertirse en oficiales decidan aceptar.

Aquí es cuando interviene otra peculiaridad del cuadro de oficiales de las FDI: en lugar de la sobreabundancia de oficiales de rango medio que a menudo se deplora en otros lugares, las FDI tienen muy pocos; de hecho, absurdamente pocos según los estándares mundiales. Los tenientes israelíes, a los que sólo les falta un año o dos para ser niños o niñas, pueden encontrarse siendo responsables de las vidas de muchos otros, al mando de pelotones de treinta personas, o de varios tanques, o de baterías de artillería con sus tripulaciones, o de lanchas patrulleras en la Marina, a menos que sirvan como oficiales de vuelo en la fuerza aérea, habitualmente a cargo de aviones enormemente caros y devastadoramente potentes. Esto es cierto para cualquier fuerza armada; por supuesto, en todas ellas los jóvenes tenientes deben asumir enormes responsabilidades si hay combate real. Pero en lo que difieren las FDI, y es una diferencia muy grande, es en la ausencia de suboficiales profesionales. Los suboficiales son los sargentos y suboficiales, normalmente de más edad y, por lo general, mucho más experimentados, considerados la columna vertebral de los Ejércitos estadounidense, británico, ruso, chino, indio y, de hecho, de casi todas las Fuerzas Armadas, excepto las FDI. Con suboficiales cerca, los oficiales jóvenes nunca están solos.

Las FDI no tienen ese tipo de cuadros, porque la división entre oficiales y suboficiales en ejércitos más establecidos es producto de diferencias de clase que carecen de sentido en el contexto israelí, donde existen grandes diferencias de ingresos pero no la correspondiente distancia social entre caballeros que podrían ser oficiales y jóvenes capaces pero de clase baja que se contentan con ser sargentos.[13] En cualquier caso, las FDI nunca han tenido una academia militar para convertir a los que abandonan la escuela en oficiales y caballeros, cuyos graduados son socialmente superiores a sus suboficiales inferiores, que siguen siendo sus subordinados aunque tengan más experiencia y sean más hábiles. De ahí que incluso los oficiales muy jóvenes de las FDI tengan que enfrentarse a situaciones peligrosas y también delicadas completamente solos, sin la presencia de ningún oficial superior o suboficial experimentado que los guíe en persona. Inevitablemente, estos jóvenes son mucho más aptos para enfrentarse a lo peligroso que a lo delicado.[14]

Un itinerario típico para los futuros oficiales de infantería comienza con veintiocho a treinta semanas de entrenamiento básico impartido a todos los reclutas, seguidas de doce semanas de entrenamiento específico de infantería. Lo siguiente es una asignación a un batallón específico para otras doce semanas de entrenamiento rutinario de seguridad y combate. Sólo entonces se considera al recluta un soldado de infantería capaz de combatir, tras haber absorbido un total acumulado de unas cuarenta semanas de entrenamiento de campo, armamento y táctica, veinticuatro de ellas intensivas. Podría pensarse que no es mucho, para convertir a un joven de dieciocho años en un soldado que pueda entrar en combate en cualquier momento, pero en realidad comprende más entrenamiento que el que el Ejército de Tierra o el Cuerpo de Marines de EE. UU. proporcionan a la infantería alistada, cuyo entrenamiento básico y avanzado combinado de infantería puede ascender sólo a veintitrés semanas, o incluso menos; en el Ejército de Tierra de EE. UU. sólo recientemente se ha ampliado el entrenamiento inicial de infantería de catorce semanas a veintidós.[15]

Los soldados de las FDI que obtienen buenos resultados como reclutas durante su primer año, más o menos, son seleccionados para el curso de *kurs makim* para líderes de escuadrón, de catorce semanas de duración, la tradición más importante heredada de la Haganah preestatal, para la que equivalía prácticamente a la totalidad del entrenamiento. Junto con un fuerte énfasis en los deberes y habilidades del liderazgo de combate subalterno —algo embriagador pero también aleccionador para jóvenes de diecinueve a veinte años—, el *kurs makim* añade otra capa de entrenamiento táctico. Y esas semanas son más valiosas que las semanas de entrenamiento anteriores debido al mayor calibre y a la motivación más intensa del aprendiz medio. Todos los que superan con éxito el *kurs makim* vuelven para servir como líderes de escuadrón durante al menos tres meses. Algunos permanecen como sargentos en sus batallones hasta el final de su servicio como reclutas, mientras que otros son desviados a especializaciones de un tipo u otro, pero a los mejores se les ofrece la oportunidad de convertirse en oficiales asistiendo al curso de formación de oficiales de treinta semanas, el *Ba'had Ehad* de las aspiraciones de muchos jóvenes.

Como ya se ha señalado, los Ejércitos estadounidense y británico dependen en gran medida de suboficiales experimentados, sobre todo para guiar a los recién estrenados subtenientes que pueden ser veinte años más jóvenes. La falta de tales suboficiales en las FDI (los suyos tienen entre diecinueve y veintiún años) significa que los jóvenes oficiales destinados a los mandos deben asumir toda la responsabilidad desde el primer día; sólo cuando se movilizan unidades de reserva para ejercicios especiales o para la guerra, las FDI adquieren suboficiales claramente mayores y curtidos en la batalla, porque servir quince o veinte años en la misma compañía de reserva es una práctica habitual. Pero, normalmente, sin reservistas de más edad que los ayuden, los nuevos productos del curso de formación de oficiales deben hacerlo todo, y eso es mucho, porque esos jóvenes oficiales deben lidiar con las grandes responsabilidades que la estructura de mando de Israel, tan poco estructurada, delega implacablemente hacia abajo.

Por ello, los estándares de Ba'had Ehad se guardan celosamente contra todo viento contrario que pudiera reducir sus criterios de admisión y sus requisitos de rendimiento, desde el antielitismo hasta las preocupaciones por el impacto de las marchas exigidas por el desierto con el máximo calor para los productos de infancias con aire acondicionado. Los estándares se mantienen altos y, sin embargo, la tasa de fracaso sigue siendo baja porque la admisión es seriamente selectiva, incluyendo pruebas psicológicas en profundidad, que siempre han sido muy apreciadas por las FDI, cuya unidad de psicología atrae por sí misma a reclutas de gran talento. (El futuro ganador del Premio Nobel de Economía Daniel Kahneman contribuyó con una prueba práctica al proceso de selección en 1955, cuando era un «oficial de psicología» de veintiún años).[16]

Tras su graduación, los nuevos subtenientes son designados para dirigir un pelotón. Para entonces habrán acumulado casi dos años de experiencia como soldados y líderes subalternos, con mucho entrenamiento intensivo. Si todo va bien, el ascenso a teniente se produce de forma rutinaria, y el año de servicio adicional requerido —con un modesto salario, a diferencia del mero dinero de bolsillo que se da a los reclutas— puede convertirse en el inicio de una carrera militar.[17] Exteriormente, estos jóvenes israelíes se parecen a sus homólogos estadounidenses y europeos, sin duda, en sus funciones básicas: dirigir a los soldados en misiones de vigilancia de la seguridad y en combate, así como supervisar su formación en tiempos de paz. Al igual que ocurre con otras fuerzas del mundo que pueden luchar realmente contra enemigos armados, y no sólo pavonearse en uniforme, para los oficiales subalternos de las FDI el liderazgo en combate es la esencia de la profesión. Y eso significa liderar desde el frente; no «Avancen», sino «Síganme» es la orden clásica israelí, como en otros ejércitos combatientes.

Pero ahí acaban las similitudes. En primer lugar, como ya se ha señalado, las FDI no tienen academias militares: no existen West Point ni Annapolis, ni la Real Academia Militar (Sandhurst) ni la École Spéciale Militaire de Saint-Cyr, donde los graduados o casi se convierten en oficiales sin haber servido nunca como soldados rasos, tras dos, tres o cuatro años de educación mayoritariamente académica. La existencia misma de las academias militares refleja distinciones de clase en gran parte anticuadas; antaño se consideraba que no se podía pedir a los jóvenes de clase alta que entrenaran y vivieran entre tropa tosca, en su mayoría inculta o incluso analfabeta, no apta para los aspectos letrados de la educación militar.

Las academias militares clásicas producen muchos de los futuros oficiales superiores de las Fuerzas Armadas estadounidenses, británicas y francesas, pero las escuelas de candidatos a oficiales abiertas tanto a licenciados universitarios como a suboficiales seleccionados han suministrado históricamente la mayoría de los oficiales. Prescindiendo de la educación prolongada, aunque en gran medida civil, que ofrecen las academias militares, imparten una formación acelerada a lo largo de unos meses. La versión del Ejército de Estados Unidos, anunciada como «un riguroso curso de doce semanas diseñado para formar, evaluar y desarrollar subtenientes para las dieciséis ramas básicas del Ejército de Estados Unidos», se ofrece tanto a suboficiales como a licenciados universitarios que hayan completado un curso de formación básica de combate de diez semanas, produciendo así subtenientes que pueden ser enviados a comandar un pelotón en guerra en un total de veintidós semanas desde el día en que se alistaron en el Ejército.[18]

La falta de academias militares de las FDI —su elitismo explícito habría estado totalmente fuera de lugar en una sociedad socialmente igualitaria—, junto con su práctica de ascender a oficiales desde las filas sin formación universitaria ni carrera previa de suboficial, da lugar a una paradoja. Los oficiales subalternos de las FDI son mucho más jóvenes que sus homólogos extranjeros y mucho menos instruidos, pero reciben mucha más instrucción militar antes de asumir su primer mando —más del triple que muchos oficiales del Ejército estadounidense—. Eso resulta suponer una gran diferencia en la guerra moderna, que normalmente carece tanto de los horrores de la guerra de alta intensidad con sus descargas de artillería como de la formación en el empleo. En cuanto a las interminables guerras de contrainsurgencia, son en todo caso deseducativas, porque quienes aprenden la guerra en Irak, Afganistán o Cisjordania no están aprendiendo a luchar contra enemigos bien armados, sino sólo adquiriendo malos hábitos en la lucha contra enemigos irremediablemente débiles sin blindaje, sin artillería, sin poder aéreo y sin inteligencia aérea.

Para los aviadores de las FDI, la ausencia de una academia aérea y el hecho de que empiecen a vestir de uniforme a los dieciocho años en lugar de a los veintidós o más, después de la universidad, no se traduce simplemente en diferencias de un tipo u otro, sino más bien en una inversión completa: en las fuerzas aéreas estadounidenses, como en las británicas y en todas las fuerzas aéreas europeas, los futuros pilotos son educados primero para ser oficiales antes de empezar a pilotar aviones de combate, mientras que sus homólogos israelíes primero sirven como pilotos antes de ser educados para convertirse en oficiales, si así lo desean. Ese es el caso tanto de la Academia de las Fuerzas Aéreas de EE. UU., de cuatro años de duración, en Colorado Springs, como del Royal Air Force College Cranwell, cuyo curso de treinta y dos semanas presupone más o menos una formación universitaria previa, dado que sus asignaturas versan sobre «liderazgo transformacional y estudios académicos del poder aéreo, incluyendo ética y pensamiento estratégico, así como habilidades militares más prosaicas, conocimientos esenciales del servicio, instrucción y entrenamiento físico».[19] La formación de vuelo sólo comienza después, en el curso de «reactor rápido» de veintiún meses, por ejemplo, que empieza con vuelos en un avión ligero y luego en un potente turbohélice antes de pasar a un reactor de entrenamiento y, después, a una Unidad de Conversión Operativa de la Real Fuerza Aérea, en la que finalmente se entrena a los pilotos para volar y combatir en un caza de primera línea a la edad de veinticinco años aproximadamente.

Sus homólogos israelíes, por el contrario, pilotan aviones ligeros a los seis meses de matricularse, cuando aún tienen diecinueve años como máximo, por lo que sus dotes elementales de pilotaje, o la falta de ellas, pueden determinarse rápidamente. Esos que pasan la revista y aceptan la obligación de años adicionales de servicio militar son entrenados durante dos años en una variedad de habilidades (incluido el combate de infantería) y también educados en una variedad de materias académicas, mientras continúan su entrenamiento de vuelo. En su tercer año de uniforme, a la edad de veintiuno o veintidós años (cuando sus homólogos estadounidenses y europeos están empezando) son pilotos plenamente capacitados asignados a escuadrones operativos de cazas a reacción, transportes, reconocimiento u otros aviones, incluidos helicópteros.[20]

Es un sistema que ha producido muchos jóvenes pilotos excelentes que han derribado muchos aviones enemigos y dado en la diana en muchos ataques terrestres, pero que no tienen la formación suficiente para dirigir una fuerza aérea grande y tecnológicamente ambiciosa. Ésa es la tarea de los relativamente pocos oficiales de carrera que permanecen en las FDI tras completar su servicio obligatorio con los años extra de los aviadores, y a los que se concede un generoso permiso de estudios con sueldo completo para que adquieran la formación superior necesaria. Dada la escasez de oficiales superiores, los oficiales de rango medio deben asumir necesariamente sus responsabilidades; en las fuerzas aéreas estadounidenses, un ala aérea de tres escuadrones podría estar mandada por un coronel de cuarenta años o un general de brigada de una estrella, pero en Israel sería un oficial unos diez años más joven de rango muy inferior.

IV.

INNOVACIÓN DESDE ABAJO

Debido a la escasez crónica de oficiales superiores, los oficiales subalternos del FDI, a pesar de su corta edad y su escasa formación, se ven obligados habitualmente a asumir responsabilidades desproporcionadas. Enfrentados a situaciones complicadas, cuando las circunstancias niegan una orientación inmediata por parte de los oficiales más veteranos en el lugar, como los reservistas retirados que casualmente se encuentran allí, los oficiales subalternos deben tomar o, mejor, aprovechar, la iniciativa ideando y ejecutando sus propios esquemas de acción para evitar peligros repentinos o explotar oportunidades fugaces. Eso requiere poder de decisión y quizás un liderazgo audaz, pero esas cualidades sólo adquieren relevancia cuando el joven oficial ha ideado un plan de acción en una situación que quizás nunca se previó durante el entrenamiento o en la orientación, si la hubo, que acompañaba a la tarea.

Es cierto, por supuesto, que cualquier conflicto prolongado presentará amenazas recurrentes y oportunidades recurrentes, que, de hecho, se convierten en temas de cursos de formación, incluso de planificación previa.

Pero tal es la madera torcida de la humanidad y tal la infinita variedad de circunstancias en las que puede desarrollarse cualquier episodio de conflicto, que ningún proceso analítico previo puede prever todas las variables e incertidumbres que determinarán el mejor curso de acción en una situación dada.

Por ello, en todas las fuerzas militares modernas se insta constantemente a los jóvenes oficiales a que tomen la iniciativa, a fin de responder tan ventajosamente como sea posible a circunstancias imprevisibles formulando y ejecutando un plan de acción antes de que cambie la situación. En otras palabras, aunque todo oficial subalterno o de rango intermedio exista dentro de una cadena jerárquica de mando poblada por oficiales de mayor rango a los que se debe obediencia, cualquier oficial debe estar mentalmente preparado para pensar y actuar totalmente por su cuenta a fin de reaccionar con la rapidez suficiente para aprovechar las oportunidades fugaces y evitar los peligros repentinos. De ahí que a los jóvenes oficiales estadounidenses en formación se les diga que se preparen para tomar la iniciativa, y que oigan lo mismo de los oficiales más veteranos en sus primeros mandos.

Hay una excelente razón para toda esta insistente prédica: en la mayoría de las formas de guerra, nada aumenta más el poder que una propensión superior a tomar la iniciativa: puede superar incluso groseras inferioridades en número y potencia de fuego.[1] Es una cuestión de velocidades relativas en la acción y la reacción. Al igual que un boxeador de pies ligeros puede noquear a un oponente mucho más fuerte que no deja de fallarle con golpes más potentes, una fuerza armada cuyos oficiales hasta los rangos inferiores son capaces y están dispuestos a tomar la iniciativa es mucho más ágil. Puede moverse, actuar y reaccionar con mayor rapidez, asestando sus propios golpes mientras esquiva los del enemigo. A mayor escala, esa agilidad hace que una fuerza armada sea más capaz de la guerra de maniobras, en la que el objetivo es minimizar las bajas al tiempo que se maximizan las ganancias sorteando deliberadamente los puntos fuertes del enemigo y perforando para explotar las debilidades enemigas detectadas. Eso se opone a la guerra de desgaste, mucho más común, en la que la fuerza se activa frontalmente contra la fuerza enemiga, en formas de combate de trituración en las que la victoria va al bando que puede soportar mejor las pérdidas materiales y las bajas humanas.

Dado que ningún enemigo se quedará voluntariamente de brazos cruzados mientras se sortean sus puntos fuertes y se explotan sus puntos débiles, la contienda se decide por la velocidad relativa de la acción de cada bando, que a su vez dependerá —en igualdad de condiciones— de las propensiones relativas de los oficiales, arriba y abajo en la cadena de mando, a tomar la iniciativa y actuar. Más batallas —de hecho, campañas enteras— se han decidido por desequilibrios de iniciativa invisibles y no mensurables que por desequilibrios materiales, como es ciertamente el caso de las batallas y campañas de Israel.

Sin embargo, enseñar, promover, alentar e incluso exigir la iniciativa es a menudo inútil; puede ser contraproducente en unas Fuerzas Armadas cuyos oficiales simplemente no están a la altura, que no están dispuestos a arriesgarlo todo por su propio juicio de la situación. No harán nada mientras esperan órdenes por miedo al fracaso, convirtiéndose así en inútiles como responsables de la toma de decisiones, mientras que podrían haber sido incluso algo útiles si hubieran recibido órdenes desde arriba que simplemente hubiera que obedecer. La razón es sencilla: el alcance real de la iniciativa que pueden ejercer realmente los oficiales de los ejércitos de la vida real depende sobre todo de su estructura. Es decir, depende de lo que realmente son, en contraposición a lo que dicen que son o lo que les gustaría ser, concretamente en sus prácticas de mando y control.

Nadie supera al Ejército, la Armada, las fuerzas aéreas y la infantería de Marina estadounidenses a la hora de insistir en la importancia de tomar la iniciativa, especialmente en los cursos para oficiales y mandos en los que se forma a los oficiales de campo. Al mismo tiempo, sin embargo, ninguna fuerza armada del mundo dispone de mejores sistemas de vigilancia con los que los oficiales de mayor rango puedan vigilar a sus subordinados, y tampoco ninguna dispone de mejores telecomunicaciones con las que los oficiales de mayor rango puedan enviar instrucciones a sus subordinados —de hecho, se denominan «sistemas de mando y control»—. Por último, las Fuerzas Armadas estadounidenses son las más ampliamente organizadas y estructuradas, con los cuarteles generales más elaborados y los mayores Estados Mayores en cada escalón. Por ejemplo, la sección G-3 o de operaciones de un cuartel general de división del Ejército estadounidense puede tener hasta veinte oficiales, frente a los tres o cuatro de una división alemana, cuando aún existían en la década de 1980.

Ahí radica el problema: los oficiales estadounidenses no son tipos ociosos, que se contentan con cobrar su paga sin esforzarse demasiado. Tienen una ética de trabajo muy fuerte: si se les asigna servir como oficiales del Estado Mayor en un G-3 divisional, se puede estar seguro de que trabajarán duro para generar un flujo interminable de órdenes detalladas, advertencias y redireccionamientos para los mandos de brigada por debajo de ellos, dentro de cada uno de los cuales hay un oficial G-3 igualmente trabajador que hace lo mismo para los batallones de esa brigada. A pesar de todas las buenas enseñanzas y exhortaciones que oyen los oficiales más jóvenes sobre tomar la iniciativa, sobre calibrar una situación y actuar con rapidez en lugar de limitarse a informar y esperar órdenes, el resultado inevitable de todos esos oficiales por encima de ellos tan bien equipados para supervisarlos es reducir la libertad de acción percibida de los mandos más jóvenes y, por tanto, su propensión a idear iniciativas y ejecutarlas bajo su propia responsabilidad.[2]

Es inútil exhortar a los oficiales a que actúen con audacia a la hora de idear y ejecutar sus propios planes por iniciativa propia cuando queda tan poco margen por la constante interferencia de los escalones de mando superiores.[3] En otras palabras, incluso en ausencia de la rigidez culturalmente impuesta de muchos ejércitos, por la que los oficiales subalternos están siempre a la espera de órdenes, este asunto de la iniciativa, que es realmente de la mayor importancia, no depende de lo que se enseñe en las escuelas militares. Más bien depende de la propia naturaleza de los escalones de mando en cada nivel: los gruesos, con muchos oficiales, restringen la iniciativa hacia abajo, mientras que los delgados, con pocos oficiales, fuerzan la responsabilidad hacia abajo.

En las FDI tomar la iniciativa no es una cuestión de elección: los puestos de mando subalternos con cuarteles generales subalternos por encima de ellos sólo pueden emitir órdenes de misión amplias y sin detalles a los mandos subordinados. Sencillamente, sólo pueden definir lo que hay que hacer: apoderarse de esto, retener aquello, despejar una zona, añadiendo quizás una advertencia (¡minas terrestres!), pero no dan instrucciones sobre cómo hay que hacerlo. Eso se deja al comandante sobre el terreno, que puede ser un general retirado de sesenta años muy experimentado, llamado a mandar toda una división de reserva movilizada para la guerra, o un teniente de veintiún años al mando de un pelotón.

Lo que falta es exactamente lo que mantiene ocupado al personal del cuartel general en los ejércitos con exceso de oficiales: la emisión de órdenes detalladas para las unidades subordinadas que especifiquen lo que hay que llevar a cabo y cómo hay que hacerlo, quizás con montones de detalles tácticos, rutas prescritas, modos de acción recomendados, planes detallados de apoyo de fuego, provisiones de suministros y mucho más, a diferencia de las pocas palabras de una orden de misión típica.[4] La orden escrita del comandante del frente Yigal Alon para la primera operación a gran escala de las FDI (operación Yoav en octubre de 1948), una contraofensiva total para hacer retroceder al ejército egipcio invasor, constaba de una sola página.

Los comandantes de unidad que reciben esas detalladas directivas pero luego se encuentran con un obstáculo imprevisto al tratar de aplicarlas —lo que ocurre todo el tiempo en la guerra porque los enemigos deben esforzarse por bloquear lo que esté en marcha— no pueden simplemente improvisar su forma de sortear ese obstáculo. Deben volver al cuartel general que emitió esas órdenes detalladas, describir el obstáculo imprevisto y pedir nuevas órdenes. Mientras espera la palabra de arriba, la unidad debe hacer una pausa. El esfuerzo global se convierte así en una serie de acciones interrumpidas, y cada interrupción proporciona un respiro al enemigo, permitiéndole idear y ejecutar contramovimientos. Los soldados que sirven en tales fuerzas se acostumbran rápidamente a una secuencia de ir, parar, volver a ir, parar de nuevo, mientras sus mandos inmediatos informan a la cadena de mando y esperan órdenes en cada remoción. (Esto ocurrió con las fuerzas estadounidenses que desembarcaron en Italia y Francia en 1943 y 1944 para hacer retroceder a los alemanes, excepto las fuerzas bajo el mando de George S. Patton).

Con las órdenes de misión —y toda la mentalidad de asunción de riesgos que las acompaña—, las iniciativas en cada nivel de mando sustituyen a las directivas desde arriba. Los mandos de las unidades pueden comandar su propia acción, respondiendo inmediatamente a los obstáculos inesperados maniobrando a su alrededor o tomando cualquier otra medida que resulte apropiada, sin tener que remitirse al cuartel general ni detenerse a esperar nuevas órdenes. Impulsada por el ejercicio sin trabas de la iniciativa por parte de los mandos que descienden en la cadena de mando, la acción global puede ser rápida y fluida, con obstáculos sorteados en una secuencia continua de movimientos, aunque haya muchos zigzags mientras los mandos de las unidades tratan de encontrar la mejor forma de avanzar e intentan otra cosa si encuentran demasiada resistencia. Si resulta que el enemigo tiene un sistema de mando estrictamente descendente (como es el caso de la mayoría de los ejércitos del mundo), los comandantes de cada escalón estarán atados esperando nuevas órdenes, todavía en proceso de reaccionar al movimiento anterior incluso mientras se desarrolla un nuevo movimiento.

Esa asimetría fue ciertamente evidente durante los treinta años de guerra convencional árabe-israelí que terminaron con el alto el fuego de 1973, salvo unos pocos días de combate importante contra las fuerzas sirias en Líbano en junio de 1982. Después de eso, sin más guerras de movimiento, las FDI se vieron absorbidas por operaciones de seguridad repetitivas, en las que había poco margen para el ejercicio de la iniciativa. Pero entonces llegó la llamada segunda guerra del Líbano, del 12 de julio al 14 de agosto de 2006, a la que siguió una comisión oficial de investigación cuyo cometido era evaluar todos los aspectos de la actuación de las FDI, así como el proceso de toma de decisiones del gobierno.[5] El informe final, hecho público el 30 de enero de 2008, fue duramente crítico, especialmente con lo que describía como «un estilo de mando excesivamente centralizado» que, según se decía, había inhibido la iniciativa de los subordinados.

Los observadores extranjeros, ya sorprendidos por la total indiferencia ante el prestigio o incluso las consideraciones de seguridad a la hora de exponer todo lo que iba mal en el transcurso de ganar una guerra, se quedaron perplejos ante la constatación del exceso de centralización en relación con prácticas que son perfectamente normales en otros ejércitos de primera clase.[6] Pero en el propio Israel las críticas resonaron con fuerza, porque muchos israelíes tenían experiencia de combate y cierta pericia en asuntos militares y, por lo tanto, estaban preocupados con razón por cualquier signo de disminución de la libertad de acción de los subordinados en la cadena de mando, una consecuencia no deseada del progreso tecnológico en las telecomunicaciones.

LA INICIATIVA COMO CAMINO HACIA LA INNOVACIÓN

Existe una relación directa entre la cultura de iniciativa en combate de las FDI y la innovación tecnológica. Los oficiales que aprenden a tomar la iniciativa, cuyas mentes están formadas por la mentalidad de la misión-orden, son mucho más propensos a ver de forma crítica lo que les rodea, ya sean tácticas del Ejército, métodos operativos, procedimientos, el equipo entregado a las unidades o incluso el corte de los uniformes. Y es mucho menos probable que acepten las limitaciones y las deficiencias como algo inevitable. En lugar de aprender a aceptar, o incluso apreciar, los formatos organizativos heredados, las armas específicas entregadas a sus unidades, las tácticas prescritas y los procedimientos operativos estándar, tienden a cuestionarlo todo y luego se esfuerzan por idear sus propias respuestas supuestamente mejores. Ésa es la fase larvaria de toda innovación: el cuestionamiento cada vez más detallado de lo que hay, preparatorio para formular alternativas.

No es de extrañar que muchos jóvenes oficiales de las FDI pasen directamente del servicio militar a empresas de nueva creación con compañeros soldados, y no sólo en el sector de la alta tecnología.[7] Esto es cierto no sólo para los que sirvieron en una de las unidades más tecnológicas de las FDI, sino también para los que lo hicieron en unidades de combate ordinarias. En una experiencia bastante típica, cuando el exalcalde de Jerusalén y miembro de la Knesset Nir Barkat terminó su servicio militar como capitán de la 35.ª Brigada de Paracaidistas, fundó una empresa de *software* (BRM) que desarrolló con éxito un nuevo *software* antivirus para Internet. Años más tarde, describió su transición del Ejército al mundo de las *startups*:

> La sensación que nos rodeaba era que formábamos parte de un grupo de élite y que el cielo era el límite… por lo tanto, [a uno] se le permite cometer algunos errores… Me sentí inmediatamente como en casa… había espacio para acciones audaces, ensayo y error, igual que en la unidad de paracaidistas en la que serví.[8]

En septiembre de 1968, el escritor Edward Luttwak visitó el despacho del MG Mattityahu («Matti») Peled, entonces jefe del Departamento de Intendencia del Estado Mayor (ahora, Dirección Tecnológica y Logística) responsable del suministro de todo, desde botas hasta misiles, y posteriormente distinguido profesor de literatura árabe y defensor de la paz. Peled acababa de recibir la primera muestra de un nuevo arnés de combate para la infantería: un chaleco de malla abierta de nailon que parecía muy práctico con sus cuatro bolsillos para la revista del fusil, cuatro ganchos para las granadas de mano, un bolsillo para el botiquín de primeros auxilios y un cinturón ligero de fibra con accesorios para dos botellas de agua. El arnés y el cinturón eran, obviamente, una gran mejora respecto a las correas, los portacargadores, las bolsas para granadas y el cinturón que eran antiguos excedentes británicos de la Segunda Guerra Mundial, hechos de un algodón muy asfixiante y pesado, con botones incómodos y correas mal ajustadas. Cuando le preguntaron si había solicitado sugerencias antes de iniciar el proceso de diseño —después de todo, una alta proporción de todos los israelíes llevarían esas correas—, Peled soltó una carcajada de buen humor y dijo que no había emitido ningún anuncio ni solicitado ninguna sugerencia. Pero de todos modos se había corrido la voz; todos y cada uno de los soldados de infantería que habían servido en el Ejército tenían ya su propio diseño mucho más avanzado, al menos en su propia mente. ¿Y cuál fue la reacción cuando empezó a circular la noticia del diseño elegido? «Oh, sólo la reacción habitual», dijo Peled: nadie lo había visto realmente, pero todo el mundo sabía ya que el nuevo arnés era un completo fracaso, con su nailon inflamable, su endeble malla abierta y sus ganchos sueltos en lugar de bolsas para las granadas. Así las cosas, los críticos estaban equivocados y el nuevo arnés de combate resultó ser un gran éxito —excepto que los ganchos para las granadas fueron sustituidos por fundas— porque ya encarnaba respuestas creativas a todos los incómodos años de marchar y luchar con el viejo arnés británico cincha.

Sin embargo, es obvio que, por muy vivas que sean sus mentes, los jóvenes reclutas que constituyen el grueso del ejército permanente, junto con los tenientes exconscriptos que cumplen uno o dos años más de servicio «profesional» y el pequeño cuadro de oficiales profesionales de carrera, no están precisamente bien situados para aportar innovaciones importantes. Los reclutas son bachilleres en el mejor de los casos, y a la madura edad de dieciocho años tampoco pueden haber acumulado mucha experiencia laboral previa a su paso por el Ejército. Es cierto, por supuesto, que su creatividad tecnológica puede verse muy estimulada por todo el equipo de alta tecnología que manejan en su servicio militar, pero su falta de formación universitaria debe limitar su capacidad para evaluar las innovaciones tecnológicas con métodos cuantitativos adecuados. En cuanto a los oficiales de carrera, que sí tienen una formación universitaria, son a la vez pocos y están muy sobrecargados de trabajo, lo que reduce su capacidad para dedicarse a la innovación, que no es precisamente su misión.

Ayuda el hecho de que Israel sea una sociedad en gran medida informal en la que existe una disposición general a hablar con cualquiera e incluso a escucharle hasta cierto punto. Tampoco es difícil llegar a los responsables de las FDI y que escuchen cualquier idea nueva razonable. Edward Luttwak no era un reservista, sino un recién llegado a Israel en el verano de 1970, cuando la fuerza aérea israelí sobrevolaba territorio egipcio a través del canal de Suez para destruir las baterías de misiles antiaéreos escalonados que la Unión Soviética estaba suministrando generosamente. Las baterías estaban emplazándose cada vez más cerca de la línea del frente del canal de Suez, disminuyendo la capacidad de los cazabombarderos israelíes para contraatacar a las baterías de artillería egipcias que bombardeaban constantemente (de miles a decenas de miles de proyectiles al día) a las tropas israelíes, ampliamente superadas en número, y a una eventual ofensiva egipcia para cruzar el canal. Abrir los cielos para operaciones aéreas efectivas en apoyo de las tropas terrestres requería destruir las baterías de misiles, y esto a su vez se basaba en localizarlas y realizar ataques cuidadosamente planeados y llevados a cabo con precisión. Localizar las baterías egipcias de artillería y de misiles tierra-aire para atacarlas con éxito requería fotografías aéreas que debían realizarse a altitudes medias con aviones que volaran en línea recta a velocidad constante, un blanco perfecto para los misiles. Evadir los misiles requería abortar la misión fotográfica para realizar violentas acrobacias aéreas. Como resultado, aunque sólo un avión israelí de fotorreconocimiento fue destruido por un misil, muchas misiones fueron abortadas, lo que redujo la eficacia del apoyo esencial de la fuerza aérea a las fuerzas terrestres.

Con cero credenciales, Luttwak reaccionó a la angustiosa noticia buscando una cita con Aryeh Dvoretzky, un destacado matemático que entonces ejercía de jefe científico de las FDI, para que le sugiriera otra forma de fotografiar el terreno a través del canal: aparejar un aeromodelo controlado por radio (algunos eran lo bastante grandes) con una cámara de vídeo estabilizada. Dvoretzky tomó cuidadosas notas, comentando de pasada que la distorsión de las térmicas podría ser un problema. Tres años más tarde, en 1973, la casa estatal de electrónica Tadiran presentó el Mastif, el primero de los pequeños vehículos pilotados a distancia (RPV, ahora vehículo aéreo no tripulado o UAV, o simplemente dron), que iba a lanzar lo que se convirtió en una industria en la que Israel sigue siendo líder mundial. No hay pruebas de que la sugerencia de 1970 a Dvoretzky tuviera nada que ver con esto (había otros con la misma idea), pero lo que ocurrió fue sin duda indicativo de la mentalidad de puertas abiertas que tanto facilita la innovación en las FDI.[9] Ese episodio, además, ejemplifica lo que crea la demanda de innovación: las FDI responden a los obstáculos y contratiempos esforzándose más, y su doctrina hace mucho hincapié en el imperativo de la tenacidad en la persecución del objetivo fijado, sobre todo no rendirse, especialmente cuando la situación parece desesperada.

Los reservistas con ideas tienen su oportunidad cuando los líderes de las FDI que se enfrentan a alternativas desagradables buscan nuevas soluciones para problemas acuciantes, ya sean métodos o técnicas, *hardware, software* o cualquier otra cosa. Naturalmente, recurrirán a los reservistas que crean que pueden estar bien situados para aportar respuestas.

Los reservistas que son directivos en las empresas más eficientes de Israel en su vida civil son una fuente natural de consejos de gestión y, por supuesto, ellos mismos están siempre luchando por reducir el inevitable abismo de eficiencia entre sus propios equipos y las FDI, cuya ineficiencia incorporada es la consecuencia inevitable de una mano de obra abundante y casi gratuita que en su mayor parte aún está en formación, de unos inventarios de equipos que se deslizan siempre hacia la obsolescencia y de unas instalaciones crónicamente infrautilizadas salvo en la guerra.

Otros reservistas que no son *jet-set* de alta tecnología ni gurús de la gestión enriquecen, sin embargo, a las FDI con formas más prosaicas de pericia; por ejemplo, a veces ocurre que, al visitar un puesto avanzado, se sirve comida decente, incluso bastante buena, en la rudimentaria cocina de campaña, cocinada por un reservista en su retiro anual que es un aficionado a la cocina o incluso un chef en la vida privada. Otros reservistas de guardia pueden ser los directores generales de importantes empresas. El autor Eitan Shamir sirvió en una ocasión en el cuartel general de una división acorazada de la reserva junto con un reservista de más edad en su retiro anual, un sargento cuyo trabajo consistía en reunir y presentar mapas, fotos aéreas y otras ayudas de planificación para los oficiales de operaciones G3, un humilde trabajo de oficina. Cuando el oficial al mando de la división se enteró de que el sargento era el director general de una importante empresa israelí en su vida civil, lo reasignó de sus humildes funciones a un puesto mucho más importante para que utilizara sus habilidades directivas. El director general/sargento no estaba nada contento: había disfrutado de sus vacaciones anuales sin tener que tomar decisiones difíciles.

Uno puede visualizar fácilmente qué más transmiten los reservistas de las FDI cuando realizan su servicio de llamada a filas anual, con tantos reclutas jóvenes e inexpertos y tan pocos oficiales de carrera a su alrededor: todo tipo de conocimientos especializados hasta las técnicas de combate más minuciosas. Y, por supuesto, los reservistas transmiten a los reclutas su experimentado, por no decir cínico, sentido de los valores militares:

> Mírennos, aquí estamos, todavía siendo llamados a filas para servir años después de abandonar el ejército permanente. Se os necesita ahora y se os necesitará en el futuro. Cuando su oficial corra hacia delante gritando «*Aharai*» [«Sígueme»], querrá seguirlo en ataque, o si se trata de permanecer de pie y resistir, querrá también hacerlo. Pero no busque oportunidades para convertirse en un héroe: no es con músculo y sangre como las FDI resuelven sus problemas, sino con *sechel* [literalmente, «cerebro»], pero más exactamente, discernimiento, una mezcla de inteligencia y experiencia.

A veces sólo sirve la fuerza bruta, y, desde luego, sin capacidad para la fuerza bruta no hay supervivencia. Pero en las FDI —que son inevitable y únicamente unas Fuerzas Armadas civiles debido a la centralidad de sus reservistas— no es la fuerza bruta, ni los procedimientos operativos vigentes, ni las tradiciones del servicio, sino el *sechel* lo que surge como el remedio deseado en un aprieto. Y así es como comienza también la innovación, a partir de un impulso elemental de buscar soluciones totalmente nuevas cuando las antiguas son ineficaces o demasiado costosas.

Este es el legado de la generación fundadora de las FDI. Moshe Dayan, el líder de guerra tuerto de Israel (tanto como jefe del Estado Mayor de 1953 a 1958 como ministro de Defensa de 1967 a 1974), que había visitado unidades de los marines estadounidenses en combate en 1966 en Vietnam, los juzgó «excelentes combatientes, audaces, valientes, intrépidos».[10] Sin embargo, Dayan recordó un día en el que los asistentes a una conferencia diplomática en Washington observaron un desfile de la unidad ceremonial de los marines estadounidenses:

> Yo también aplaudí en agradecimiento por su lograda actuación, pero en algún lugar de mi interior sentí cierto disgusto, incluso rabia y humillación, por este uso de las tropas de combate como marionetas... El trabajo del soldado es luchar, y no libra batallas —al menos

no hoy en día— en filas rectas y regulares y con movimientos rítmicos fijos… Es cierto que al combatiente se le llama «soldado» y que los hombres que componen un ejército llevan ropa de uniforme, pero la batalla exige de cada hombre que ejerza al máximo su capacidad individual, y no que mueva las piernas y balancee los brazos como un robot al apretar un botón.[11]

Exprimir al máximo la «capacidad individual» es el propósito de la unidad más selectiva de las FDI, Talpiot, apodada Sayeret Sechel («Comando de Cerebros») o, menos amablemente, Sayeret Chenonim («Comando de Empollones») (aunque la aptitud para el liderazgo es un requisito).[12] Existe específicamente para aprovechar la creatividad de los jóvenes reclutas para el desarrollo de nuevas tecnologías militares. Su curso de formación es el más largo de las FDI con cuarenta y un meses, cinco meses más que los tres años estándar de servicio obligatorio de los reclutas, y los graduados obtienen tanto una licenciatura en Ciencias de la Universidad Hebrea como el rango de primer teniente, iniciando otros seis años obligatorios como oficiales de carrera, aunque algunos permanecen más tiempo.

En el proceso de reclutamiento de la unidad, la selectividad se lleva al extremo: cada año, se invita al 2 % de los mejores estudiantes de secundaria israelíes a realizar las pruebas de admisión, seguidas de exigentes exámenes de matemáticas y física. En esa fase, se seleccionan unos doscientos candidatos de la cohorte. A continuación, los candidatos se someten a una batería de pruebas psicológicas y de aptitud que reducen aún más su número a unos cincuenta finalistas, que pueden entonces iniciar el programa, con cuarenta o menos graduados con éxito.

Los reclutas se matriculan en un curso de doble titulación en Matemáticas y Física, que deben estudiar a tiempo parcial (como la mayoría de los estudiantes israelíes) mientras realizan el entrenamiento básico de infantería, seguido de cursos de perfeccionamiento en todas y cada una de las ramas de las FDI, sirviendo así diversamente como fusileros, artilleros de tanques, artilleros, operadores de radio, marineros, aviadores, etc. En el proceso, los alumnos aprenden cómo se desenvuelve el soldado medio con las armas y otros pertrechos que se le entregan en condiciones reales, en contraposición a los entornos controlados de laboratorios y fábricas. Aunque se hace hincapié en la tecnología (así como en la formación científica concurrente), el programa incluye cursos sobre doctrina militar e historia militar, para estimular el pensamiento táctico y operativo, además de la resolución de problemas tecnológicos. Aunque el objetivo general es estimular el pensamiento independiente y la creatividad, a los participantes también se les asignan tareas de la vida real, como el desarrollo de un nuevo *software* especializado que realmente necesitan las FDI, la organización de un evento complejo o la dirección de un seminario universitario sobre un tema específico.

Los graduados del programa (los Talpions), que son mil aproximadamente, gozan de un prestigio excepcional tanto en las FDI como en la sociedad en general. Entre ellos se encuentran destacados científicos y fundadores de algunas de las empresas tecnológicas y biotecnológicas más exitosas de Israel. El antiguo director (2010-2016) del Departamento de Investigación y Desarrollo del Ministerio de Defensa de Israel, el BG Ofir Shoham, fue un graduado de Talpiot en 1983 que comandó un barco de misiles en un momento de sus treinta años de servicio en las FDI, uno de sus muchos y variados destinos de personal, mando e I+D.

Lo que el programa en su conjunto ha hecho por las FDI es legitimar la creatividad ascendente frente a la mentalidad descendente generada por una estructura inevitablemente jerárquica. En concreto, y de la mayor importancia para la innovación, la propia existencia del programa Talpiot afirma lo que quizá sea el principio más básico de las FDI en su conjunto: la creatividad está por encima de la experiencia. Fue por esta razón por la que el general Henry H. «Hap» Arnold, el talentoso comandante de las fuerzas aéreas del Ejército de Estados Unidos en la Segunda Guerra Mundial, creó el proyecto RAND en marzo de 1946, con el fin de aportar nuevas ideas para la era sin precedentes de las armas nucleares que acababa de comenzar y que, en su opinión, había invalidado la experiencia acumulada por los aviadores estadounidenses en la guerra que acababa de terminar.

El éxito de Talpiot condujo a la creación de otros programas de élite, en particular Shechakim («Cielo»), un intenso programa cuyo objetivo es nutrir a los cibernéticos y codificadores de alto nivel. Otro programa, Havazalot («Lirios»), prepara a los mejores candidatos para convertirse en analistas de la división de investigación de inteligencia a través de un largo y arduo camino que incluye estudios universitarios de árabe o persa, así como cursos internos especiales.[13] Los graduados del programa se comprometen a servir durante varios años como soldados asalariados, además de tres años de servicio de conscripción.

La creatividad que impulsa la innovación choca naturalmente con la deferencia a la jerarquía. Para efectuar un cambio en las FDI, como en cualquier organización, hay que modificar alguna disposición existente, una orden permanente o una práctica o prioridad establecida, lo que sólo puede ocurrir si los oficiales de mayor rango están realmente dispuestos a escuchar a los subordinados con una idea nueva. El programa Talpiot ha tenido un papel importante en la inversión jerárquica que normalmente se requiere para la realización de cualquier innovación militar significativa, pero, por supuesto, es muy pequeño, por lo que la actitud despreocupada hacia el rango que difunden en las FDI sus numerosos reservistas de alto estatus pero bajo rango tiene un papel mucho más importante a la hora de facilitar la innovación. Un ejemplo extremo, inimaginable en cualquier otro Ejército, fue presenciado en 1978 por el escritor Edward Luttwak. Visitaba un puesto de primera línea especialmente expuesto en el sur del Líbano en compañía del comandante general de la zona, MG Avigdor «Yanosh» Ben-Gal, entonces máximo comandante de campo de las FDI y héroe nacional tras la épica victoria de su 7.ª Brigada Blindada en octubre de 1973. En ese sector concreto, la táctica preferida del enemigo consistía en bombardear brevemente el puesto avanzado con fuego de mortero para obligar a los soldados a entrar en su búnker a prueba de bombas y luego lanzar inmediatamente un asalto de infantería con la esperanza de invadir la posición antes de que los soldados pudieran salir del búnker y correr de vuelta a sus posiciones de tiro a lo largo del perímetro. Dado que el enemigo también podía dejar de lanzar bombas de mortero para volver a hacerlo casi inmediatamente con la esperanza de atrapar a los soldados que seguían corriendo a campo abierto entre el búnker y su posición de tiro, la orden permanente era llevar cascos y chalecos antibalas pesados en todo momento.

Después de la llegada de Ben-Gal y Luttwak, como no pudo ser de verdad, se hizo un simulacro de carrera de búnker a perímetro. Ben-Gal se dio cuenta de que uno de los soldados —un soldado raso de diecinueve años— no llevaba su chaleco antibalas. Le gritó que volviera al búnker y se lo pusiera inmediatamente. El soldado, en cambio, se plantó ante el general, especialmente reputado por su pericia táctica, para explicarle con calma que, en su opinión, era más importante correr por el terreno abierto entre el búnker y la posición de tiro protegida lo más rápidamente posible, para lo cual el chaleco antibalas era un serio impedimento, especialmente al salir por la estrecha puerta del refugio. Ben-Gal le contestó que la orden permanente había sido formulada por los oficiales del cuartel general tras un cuidadoso estudio táctico, y que más le valía obedecerla, y de inmediato. El soldado replicó que obedecería, pero sólo porque tenía rango superior, insistiendo aún mientras se dirigía al búnker para ponerse el chaleco antibalas en que la orden permanente era errónea, al menos en el caso de su puesto avanzado concreto. Un consejo de guerra, o al menos un castigo sumario del comandante, podría haber sobrevenido en algunos ejércitos, pero Ben-Gal se limitó a bromear diciendo que en las FDI incluso los *pishers* —jerga «grosera» para «niños en pañales»— estaban seguros de saber más que el personal general, mientras que el teniente de veintiún años al mando comentaba que el soldado raso era irritante y discutidor, pero un soldado bastante bueno.

El episodio fue excepcional —incluso en las FDI los soldados rasos no suelen discutir sobre tácticas con los altos mandos sobre el terreno—, pero existe una clara disposición a reinterpretar las órdenes, o incluso a ignorarlas por completo en obediencia a un principio superior de responsabilidad de los oficiales aceptado oficialmente por todos los ejércitos modernos mucho antes de que se establecieran las FDI, pero afirmado quizá con más frecuencia en las FDI que en otros lugares; es decir, que los oficiales deben dejar a un lado las órdenes para hacer lo correcto, bajo su propia responsabilidad.[14] Sin ir más lejos, un ejemplo significativo de las FDI tuvo de nuevo como protagonistas a los chalecos antibalas. El 10 de junio de 1982, unidades de comandos sirios de las brigadas 85.ª y 62.ª tomaron posiciones en Kafr Sill, un antiguo pueblo de colina casi absorbido en el gran Beirut.[15] El capitán Doron Avital dirigió a su compañía del 202.º Batallón, de la 35.ª Brigada de Paracaidistas, contra las posiciones sirias en la cima de la colina. Antes de la batalla, llegó una orden desde el cuartel general de que todos llevaran chalecos antibalas. Los paracaidistas habían estado avanzando hasta entonces contra la mal organizada OLP (Organización para la Liberación de Palestina), mientras que los sirios podían lanzar fuego de artillería para proteger sus posiciones con cortinas de esquirlas, de ahí la orden.

Pero Avital estaba convencido de que la orden restringiría excesivamente la movilidad de sus soldados, mermando su eficacia. Pidió repetidamente a sus mandos que reconsideraran la orden, pero le fue denegada. Era verano, el día era especialmente caluroso y el plan de batalla de la compañía preveía una empinada marcha cuesta arriba por la línea de cresta para flanquear a los comandos sirios atrincherados. Avital dijo a sus soldados que, a pesar de la orden recibida, lucharía sin chaleco antibalas, pero dejó que cada soldado decidiera si seguía su ejemplo o no. Casi todos lo hicieron. En la batalla que siguió, su compañía destacó, moviéndose más rápido y maniobrando de forma más ágil que las otras compañías, cuyos soldados con chalecos antibalas estaban agotados por la larga y empinada subida.[16] Avital no fue castigado por desobedecer la orden; de hecho, fue ascendido, convirtiéndose más tarde en comandante de la unidad de combate más prestigiosa de las FDI, la Sayeret Matkal.[17]

En los anales de las FDI hay muchas historias de este tipo porque su cultura sostiene de hecho el principio de responsabilidad de los oficiales proclamado por todos los ejércitos, pero que suele convertirse en papel mojado al no aceptarse ninguna desobediencia, aunque esté justificada desde el punto de vista táctico. (Bajo el régimen de Stalin, los oficiales del Ejército Rojo eran fusilados por desobedecer sus órdenes fuera como fuera, una reacción a las deserciones masivas y al colapso de frentes enteros en el verano de 1941). Es evidente que la mentalidad imperante en las FDI, que tolera las aplicaciones insubordinadas del principio de responsabilidad de los oficiales y fomenta positivamente el aprovechamiento de la iniciativa, también debe favorecer la innovación, incluso la innovación disruptiva que fuerza cambios incómodos.

V.

UN EJÉRCITO DE RESERVA DE INNOVADORES

La improvisación, las habilidades tácticas y el liderazgo de combate («Sígueme») no siempre son suficientes, y entonces la falta de educación formal y madurez pueden realmente mostrarse. Eso nos lleva a la peculiaridad central de las FDI, que se originó en una necesidad directa de mucho más personal militar preparado para el combate del que un ejército permanente extraído de una población pequeña podría suministrar jamás, pero que, por cierto, proporciona el mejor remedio posible para las deficiencias de los aspirantes a innovadores demasiado jóvenes.

Cuando se establecieron formalmente por decreto del primer ministro David Ben-Gurion el 26 de mayo de 1948, doce días después de la Declaración de Independencia, las FDI ya incluían la innovación crucial de una estructura centrada en la reserva, según la cual la formación de personal para dotar a las formaciones de reserva de armas y equipos almacenados es un objetivo primordial de los ejércitos de tierra en servicio activo (no se podían proporcionar muchos aviones o buques de guerra a las fuerzas aéreas o navales de reserva), y no sólo un subproducto de la formación de los reclutas.[1] De ahí que los jóvenes reclutas que carecen de experiencia y los demasiado escasos oficiales de carrera se vean superados ampliamente en número por los reservistas que sirven en todas las partes de las FDI, cuya experiencia militar abarca todas las ramas, y cuya experiencia civil va desde la astrofísica a la zoología, pasando por todas las formas de ingeniería, gestión y más. Y ellos, por supuesto, siguen aportando sus ideas, buenas o malas, a las FDI.

En realidad, la novedosa idea de un ejército centrado en la reserva surgió por un proceso de eliminación.[2] Cuando en los años previos a 1948 llegó el momento de deliberar sobre qué tipo de ejército debía tener el nuevo Estado, el primero en ser descartado fue un ejército profesional tripulado por soldados y oficiales asalariados a tiempo completo. Ese invento romano, que sigue siendo la forma más común de ejércitos en todo el mundo, no podía funcionar para Israel. Con varios ejércitos árabes invadiendo ya sus fronteras desde el sur, el este y el norte, era obvio que el nuevo Estado no podría disponer de un ejército lo suficientemente numeroso a partir de una población judía total de 650.000 personas, como era el 15 de mayo de 1948. Incluso si de algún modo se pudieran encontrar los fondos, tantos hombres y mujeres sanos servirían de uniforme año tras año que sólo quedarían los muy jóvenes y los muy viejos para realizar cualquier trabajo.

Ya existía una alternativa antes de la Declaración de Independencia: una milicia de voluntarios a tiempo parcial, de la que ya había dos, la dominante Haganah y su rival el Irgún, resultado de una escisión política de 1931. Eso bastó para persuadir a la mayoría de la gente de que el nuevo Estado necesitaría un ejército nacional, no milicias políticamente motivadas que dividirían a la nación en lugar de unirla para enfrentarse a sus enemigos, que era el predicamento palestino incluso antes de la debacle de 1948, y desde entonces.

No se podía esperar que las milicias a tiempo parcial, tripuladas por personas que iban y venían a su antojo, absorbieran mucho entrenamiento de combate. Hasta el momento en que se establecieron formalmente las FDI, la mayor parte de los combates seguían siendo simples combates de infantería, o ni siquiera eso en realidad —más bien, una cuestión de extraños grupos de personas disparándose ocasionalmente con rifles, escopetas y pistolas—. Pero, en cuánto los Estados árabes entraron en la guerra casi inmediatamente después de la Declaración de Independencia el 15 de mayo de 1948, su puñado de aviones de combate infligió algunos daños y causó una impresión totalmente desproporcionada, mientras que los escasos vehículos blindados de combate del Ejército egipcio, el Ejército sirio y la Legión Árabe supusieron un terrible problema para los defensores, que no contaban con ninguna de las innumerables armas antiblindaje presentes ahora en todas las zonas de combate, sino sólo con un puñado de PIAT (Proyector Infantería Antitanque), una patética excusa de arma antitanque propulsada por resorte que lanzaba una ojiva de carga hueca, de forma imprecisa, a distancias muy cortas y que por sí misma inducía a la desesperación.[3]

Un informe de United Press del 15 de mayo de 1948 describía el problema sucintamente:

TEL AVIV. La batalla por Palestina se libró hoy con tropas de Egipto, Transjordania, Siria, Líbano e Irak que convergieron contra los defensores judíos. Aviones árabes [egipcios] bombardearon Tel Aviv tres veces… Dos grandes fuerzas terrestres israelíes, con infantería y artillería, atravesaron la frontera… Son [ellos] los que encabezaron el asalto árabe que se estrelló contra la frontera sur de Palestina en dos puntos. Las tropas sirias y libanesas rugieron a través de la frontera norte… entrando en combate en 150 camiones blindados. El rey Abdullah de Transjordania envió a sus tropas de la Legión Árabe y a tropas regulares iraquíes a través de la frontera oriental… Las fuerzas judías capturaron Acre, la mayor parte de Jerusalén y se apoderaron de Haifa y Jafa Aviones egipcios bombardearon el avipuerto justo al norte de [Tel Aviv] dañando un avión de Air France… Las tropas de la Legión Árabe lograron una importante victoria al capturar cuatro asentamientos judíos diez millas al sur de Jerusalén… Las fuerzas judías de la Haganah [lanzaron] ataques de sus propios… Irgún… fuerzas… [capturaron] cinco aldeas árabes… Aviones egipcios lanzaron octavillas exigiendo la rendición de los judíos. Informes sobre la derrota judía en Kfar Ezion… por la Legión Árabe [de Transjordania]… Se cree que murieron unos 100 defensores.[4]

En otras palabras, a partir del 15 de mayo de 1948, los judíos podían derrotar a los árabes locales con su entrenamiento y cohesión superiores incluso si todo lo que tenían eran armas pequeñas variadas. Pero no podían luchar contra las fuerzas militares árabes invasoras sólo con armas pequeñas; incluso el menos formidable de los vehículos blindados de combate a los que se enfrentaban, los blindados 4×4 Marmon-Herrington Mk IVF de la Legión Árabe, muy inferiores incluso a un tanque ligero, tenía suficiente blindaje para detener las balas de fusil, mientras que su cañón de dos libras y 40 mm podía demoler muros y fortificaciones improvisadas.

Se hizo evidente de inmediato para todos —y algunos llevaban años diciéndolo— que las FDI necesitarían armas pesadas y tripulaciones competentes para manejarlas, lo que sólo podría proporcionarse mediante un entrenamiento prolongado e intensivo, mucho más allá de la capacidad de una milicia de voluntarios a tiempo parcial. Descartadas las dos alternativas de una milicia a tiempo parcial o de un ejército regular a tiempo completo y careciendo Israel de población suficiente para un ejército de reclutas de tamaño adecuado, la respuesta tenía que ser un invento original: un ejército compuesto en gran parte por unidades de reserva totalmente equipadas y estabuladas, cuando fuera necesario, por antiguos reclutas llamados al servicio activo. Hasta entonces, esos reservistas podrían llevar una vida civil ordinaria y productiva. De ese modo, el país podría desplegar un ejército desproporcionadamente grande en tiempos de guerra mientras que, por lo demás, sólo mantendría en uniforme a la cosecha actual de reclutas, así como a un cuadro relativamente pequeño de oficiales profesionales y especialistas variados. El coste inevitable era proporcionar completos conjuntos de equipamiento para cada formación de reserva: una gran masa de costosas armas, vehículos, equipos de comunicación y demás que habría que mantener durante todo el año y actualizar periódicamente con nuevos elementos de equipamiento.

No había nada original en incluir a los reclutas en las listas de las unidades de reserva después de su período de servicio nacional, una práctica ya bien establecida en los Ejércitos europeos en el siglo XIX, para añadir masa a sus fuerzas permanentes regulares tras la movilización para la guerra. Las fuerzas de reserva eran muy anteriores al estallido de la Primera Guerra Mundial en

1914, cuando los regimientos y divisiones de reserva tripulados por antiguos reclutas llamados a filas para el servicio de guerra constituyeron una gran parte del Ejército francés y del alemán. También estaba bien establecido el papel de los reservistas individuales, previamente formados como reclutas o como profesionales de corta duración, que podían ser llamados al servicio activo para servir en unidades concretas.

Ni siquiera el concepto de un ejército centrado en la reserva, es decir, con más fuerzas de reserva que en servicio activo, se inventó en Israel, porque ése había sido durante mucho tiempo el modelo suizo, uno citado explícitamente cuando se discutía la forma de un posible ejército nacional en los años de formación de Israel, 1945-1948. Sin embargo, había, y hay, una diferencia crítica. En el caso de Israel, la guerra ya estaba en marcha cuando se establecieron las FDI en mayo de 1948, por lo que la expectativa suiza de que todos los reservistas serían movilizados en masa cuando la nación fuera atacada —pero no hasta entonces— no se aplicaba en absoluto. En su lugar, los reservistas israelíes tendrían que ser llamados a filas para proporcionar una fuerza adicional incluso entre guerras, para hacer frente a la interminable secuencia de amenazas a la seguridad, grandes y pequeñas, entre los principales actos de guerra, y los que servían en formaciones de combate y de apoyo también eran llamados a filas anualmente para mantener su preparación para el combate con un entrenamiento de refresco, y tal vez llamados de nuevo para aprender a manejar y mantener el nuevo equipo entregado a su unidad desde su último retiro anual.

Lo que era totalmente nuevo en Israel era establecer un ejército compuesto principalmente por fuerzas de reserva, formadas en todos los niveles de rango por civiles retirados. Siempre hubo muy pocos aviones y buques de primera línea para permitir la formación de grandes fuerzas de reserva aéreas o navales, pero cuando se trataba de las fuerzas terrestres, las reservas superaban ampliamente en número a las formaciones en servicio activo. Y durante el período de grandes guerras que va de 1967 a 1973, las formaciones de reserva fueron las principales protagonistas de las grandes batallas, incluida la conquista de la Ciudad Vieja de Jerusalén en 1967 por los reservistas retirados de la 55.ª Brigada de Paracaidistas, la travesía del canal de Suez en octubre de 1973 por las divisiones acorazadas de reserva 143.ª y 162.ª, y la contraofensiva en los Altos del Golán por las divisiones acorazadas de reserva 146.ª y 210.ª.

Para asegurarse de que mantenían las aptitudes requeridas, los reservistas tenían que recibir una formación muy exhaustiva en primer lugar, cuando aún eran reclutas a tiempo completo, y luego ser llamados de nuevo para estancias anuales de formación de refresco de hasta un mes de duración. Eso siempre ha supuesto un gran sacrificio, especialmente para los profesionales y los propietarios de pequeñas empresas obligados a abandonar a sus clientes durante semanas enteras, pero también ha mantenido a las FDI en alerta funcional: los civiles alejados de sus familias y de sus vidas profesionales tienen muy poca paciencia con los simulacros inútiles y los ejercicios mal dirigidos.

En cualquier caso, la elevada proporción de reservistas con respecto al personal en activo de las FDI conecta al ejército y a la sociedad a todos los niveles y en todos los sentidos en una medida única, especialmente ahora que el servicio militar universal se ha abandonado en casi todos los demás países.[5] Los reservistas de las FDI, además, no esperan a que se les recuerde su entrenamiento de refresco para volver a conectar con su unidad si tienen alguna novedad que sugerir. Al servir en ellas repetidamente a lo largo de los años, los reservistas se tutean con sus comandantes y con sus antiguos comandantes ascendidos que sirven en cuarteles superiores. Eso facilita que las sugerencias lleguen a la dirección adecuada.

Como era de esperar, los reservistas han sido importantes innovadores en las FDI. Ya en 1954, los reservistas matemáticos que trabajaban en el Weizac (Weizmann Automatic Computer), el primer ordenador de Israel y uno de los primeros ordenadores electrónicos con programas almacenados a gran escala del mundo, se aseguraron de que al menos algunos de los líderes del Ejército comprendieran el potencial militar de los ordenadores. En 1959, las FDI habían creado una unidad informática con un Philco de fabricación estadounidense.[6] También iniciaron un curso para enseñar a los reclutas aptos técnicas de programación, impartido en un modesto salón de clases que ha crecido a lo largo de las décadas hasta convertirse en un establecimiento educativo a gran escala que es ahora una de las principales fuentes mundiales de profesionales del *software* de alta calidad.

Esa primera máquina de Philco, el TRANSAC S-2000, recién introducido con transistores en lugar de tubos de vacío (su supremacía duró hasta la llegada en 1964 del primer 360 de IBM), se utilizó primero para mantener al día los registros de personal que las FDI, centradas en la reserva, necesitaban mucho más que la mayoría de los ejércitos. Luego encontró más aplicaciones militares, iniciando una tradición de las FDI de utilizar las capacidades informáticas de formas novedosas. Dado que en 1959 casi ningún general de las FDI tenía estudios superiores (algunos ni siquiera habían terminado la secundaria escuela), y que casi nadie en ninguna parte del mundo sabía nada de ordenadores, es obvio que las FDI podrían haber permanecido sin ordenadores durante años si no hubiera sido por sus matemáticos-reservistas que trabajaban en el Instituto Weizmann.

La conexión con la innovación puede ser muy directa: los reservistas de las FDI, no sólo los reservistas-científicos o los reservistas-ingenieros, que están descontentos con lo que se les entrega en forma de armas o equipos de cualquier tipo, o con la falta de algún elemento de equipamiento que quizá sólo exista en sus mentes, inician con frecuencia propuestas dentro de las FDI y fuera de ellas, quizá poniéndose en contacto con centros de investigación de un tipo u otro, o con alguna de las empresas aeroespaciales y de defensa del país. Siempre pueden encontrar a un compañero reservista dentro, o al menos al amigo de un compañero reservista. Entonces empiezan a presionar desde fuera y siguen haciéndolo hasta que el mando pertinente de las FDI acepta la evaluación o la rechaza, e incluso entonces pueden seguir intentándolo. La insistencia está en el ADN israelí. A menos que los reservistas adquieran fama de aburridos inútiles, las puertas siempre están abiertas para ellos en el cuartel general de mando de su propia unidad, y desde allí rara vez es difícil llegar a alguien en todas las FDI, generales de alto rango incluidos.

VI.

UN COMPLEJO MILITAR-INDUSTRIAL DIFERENTE

Cuando se trata del desarrollo y la producción de nuevas armas, nuevas plataformas y nuevos sistemas, las FDI se benefician de una relación excepcionalmente estrecha con las industrias aeroespacial y militar del país debido al predominio de sus reservistas en su dirección, departamentos de investigación y mano de obra.[1] Independientemente de la propiedad de las diferentes empresas —algunas, totalmente privadas; otras, totalmente estatales, y algunas, intermedias—, los empleados no pueden olvidar nunca que lo que diseñan, desarrollan y producen puede ser exportado (como ocurre cada vez más), pero también será utilizado por ellos mismos si son movilizados para la guerra o por sus hijos e hijas, y eso añade un significado especial y convincente al término «coste-eficacia» en la medida en que un equipo mejor puede reducir las bajas. Un jefe de proyecto de desarrollo de ingeniería que sirvió como comandante de un destacamento de reconocimiento durante la primera guerra del Líbano en 1982 dijo que durante la guerra fue enviado tras las líneas enemigas para observar e informar, una misión muy arriesgada. «Pensé para mis adentros —dijo—: "Tiene que haber otra forma de poder mirar 'al otro lado de la colina' sin exponer a los soldados a semejante riesgo"».[2] Cuando regresó de la guerra, inició el desarrollo de una serie de drones tácticos para realizar las tareas de reconocimiento sin arriesgar a los soldados.

Aparte del aspecto emocional, está la pura calidad de las comunicaciones entre el cliente de las FDI y los proveedores militares, en gran parte dirigidas por reservistas de las FDI. En todo el mundo estas comunicaciones deben ser cuidadosamente calculadas y vigiladas, incluso secretas, porque están en juego enormes cantidades de dinero, porque cualquier adquisición militar puede convertirse fácilmente en políticamente controvertida y porque, cuando no hay corrupción, existen numerosas normas burocráticas para protegerse de las incorrecciones y garantizar una estricta imparcialidad, un factor especialmente importante en Estados Unidos, donde casi cualquier compra importante puede desencadenar demandas por parte de los contendientes decepcionados.

Bajo cualquier terminología, las compras militares comienzan en cualquier lugar con una solicitud de propuestas (RFP), que desencadena intensos esfuerzos por parte de los posibles proveedores para entender lo que el cliente militar quiere realmente. Esto es crucial, porque no pocas veces ocurre que al comprador militar no se le permite especificar libremente lo que quiere porque el Ministerio de Defensa se opondría por razones políticas, o el Ministerio de Finanzas o Industria se oponen por razones industriales, de modo que el comprador militar debe comprometer sus propias preferencias para acomodarse a prioridades de defensa, financieras o industriales más amplias. Las principales Fuerzas Armadas, por ejemplo, dan prioridad casi invariablemente a los buques con «capacidad aérea» que se parezcan lo más posible a los portaaviones reales. Los funcionarios de los Ministerios de Defensa, por otro lado, suelen temer el aumento de tamaño/coste de cualquier cosa con «aire» en su nombre, por lo que podrían obligar a la Marina a publicar una solicitud de propuestas para un destructor clásico. Pero la oferta de un buque de guerra que casualmente tiene una gran cubierta con un hangar detrás tiene más probabilidades de ganar un contrato que la de un verdadero destructor con armas a proa y popa y un modesto helipuerto. (De hecho, así es como se inventó la etiqueta «destructor de cubierta pasante»: para describir lo que en realidad era un pequeño portaaviones).[3]

La anterior es una versión muy simplificada de un problema muy difícil: las trampas terminológicas suelen ser más sutiles, lo que dificulta su interpretación. A menudo, los detalles oscuros de una solicitud de propuestas están diseñados para favorecer a un contratista específico, normalmente el propio proveedor nacional tradicional de los países de la Unión Europea. Se supone que todos ellos deben seleccionar a un proveedor de la Unión Europea estrictamente por sus méritos, pero los países más grandes suelen tener su propio proveedor local arraigado, que a menudo es una institución nacional resonante: Beretta para las pistolas y los rifles; Rolls-Royce para los motores a reacción; Dassault para la aviación; Kraus-Mafei para los tanques y otros vehículos blindados. Todos ellos, proveedores fieles y, menos sentimentalmente, proveedores de puestos de trabajo bien remunerados para oficiales militares retirados y funcionarios de adquisiciones. Los esfuerzos europeos por conseguir escala y eficacia en las adquisiciones militares han sido intensos y han requerido innumerables conferencias en ciudades como París y Venecia, e innumerables almuerzos de trabajo y cenas de trabajo aún más duras, pero los resultados han sido esquivos —los mismos proveedores nacionales siguen en activo, abasteciendo a sus propios mercados cautivos con equipos buenos, malos o peores—.

En Estados Unidos todo es diferente, por supuesto, porque, como todo el mundo sabe, Estados Unidos se rige por leyes. Resulta que una de esas leyes es la Buy America Act para desincentivar la competencia extranjera en las adquisiciones de defensa, pero eso sigue dejando al menos dos contendientes para cualquier RFP, y sus grupos de presión, miembros amistosos del Congreso de su estado natal, oficinas en Washington y asesores se pelean con un regimiento de abogados en cada bando dispuestos a impugnar cualquier decisión adversa.[4]

Por lo tanto, tanto en la Unión Europea como en Estados Unidos no existe la posibilidad de un diálogo franco, pleno y continuo entre los compradores militares y los proveedores industriales. Esto es muy desafortunado porque el diseño de los sistemas de armamento se basa en tecnologías que pueden cambiar rápidamente, y el rendimiento que se les exige también puede cambiar rápidamente debido a la llegada de algo diferente al otro bando, o porque los patrones de conflicto previstos hayan cambiado. De ahí que todo el proceso de desarrollo de armas deba ser muy fluido para adaptarse a los cambios con la suficiente rapidez; de lo contrario, para cuando el sistema de armas se produzca realmente y se entregue a las Fuerzas Armadas, puede que ya no se ajuste a los requisitos militares modificados, o incluso puede que sea obsoleto. Pero cualquier fluidez de este tipo se ve drásticamente restringida por obligaciones contractuales y especificaciones detalladas que no pueden cambiarse sin más según las necesidades, sin «órdenes de cambio» formales y muy detalladas que requieren elaboradas renegociaciones, llevadas a cabo mediante el intercambio de correspondencia legalmente vetada, de modo que en cada paso participan abogados, no sólo ingenieros y analistas de costes.

Eso hace que cada cambio acordado sea muy lento —más lento aún si hay desacuerdos—, limitando enormemente lo que se puede hacer para mantener al día los sistemas de armas en desarrollo. Aunque la sustitución de componentes de diseño antiguo por otros nuevos y mejores pueda parecer de mero sentido común, sigue exigiendo la renegociación del contrato —sin ella, no puede pasar nada, y lo que pasa es, de hecho, casi nada, porque todo el mundo tiene tanto miedo de reabrir los contratos de adquisición (quizá provocando demandas de un concurso por parte del contendiente no seleccionado) que, mientras continúa el proceso de desarrollo, cada vez más componentes se deslizan hacia la obsolescencia a medida que los meses dan paso a los años, o incluso a las décadas. Eso explica cómo puede ocurrir que cazas ultraavanzados, entregados a bombo y platillo, puedan llegar para el servicio de escuadrón con algunos componentes electrónicos menos capaces que los que se encuentran en algunos juguetes contemporáneos. Peor aún, el diseño completo puede dejar de satisfacer los requisitos militares, a pesar de haber sido ultramoderna quince o veinte años antes, cuando se firmó el contrato.

En Israel, por el contrario, la gente de las FDI en servicio activo que hace la compra y la gente de las FDI, en su mayoría en la reserva, que hace la venta —o, más bien, la investigación, el desarrollo, la fabricación, las pruebas, la evaluación, la modificación y la repetición de pruebas— hablan realmente entre sí todo el tiempo, antes y después de que se firme el contrato real, sin abogados de por medio, excepto cuando se ha hecho todo el trabajo y se pueden redactar los contratos finales. No hay que esperar a que se renegocien los contratos para introducir cambios en el diseño —que son esenciales para mantener todo al día, ya que muchos componentes cambian— y no hay que esperar a las revisiones periódicas del progreso. En su lugar, existen canales informales de coordinación entre la unidad de las FDI que realiza las compras y los equipos industriales que trabajan para desarrollar o producir realmente los equipos, con una única institución coordinadora en medio: la Administración para el Desarrollo de Armas e Infraestructura Tecnológica (conocida por su acrónimo hebreo MaFat), formada conjuntamente por el Ministerio de Defensa y las FDI para coordinarlas, y todas las entidades estatales que participan en la I+D y la producción de equipos de las FDI: Industrias Militares Israelíes (IMI), Industrias Aeroespaciales Israelíes (IAI), Sistemas Avanzados de Defensa Rafael, el Instituto de Investigación Biológica y la Agencia Espacial.

El director del MaFat, miembro de pleno derecho del Estado Mayor, es un general de brigada, pero su traje civil indica que se trata de un cargo híbrido. El cometido del MaFat es preservar la ventaja cualitativa de las FDI en armamento e infraestructuras dirigiendo los proyectos nacionales de I+D y los proyectos conjuntos con socios extranjeros, y nutriéndose de mano de obra excepcional para ellos, sobre todo a través del programa Talpiot. Su estructura interna refleja la diversidad de las disciplinas que MaFat debe coordinar: la ciencia aplicada es competencia de su Unidad de Infraestructura Tecnológica e Investigación, que debe suministrar aplicaciones útiles para los proyectos de I+D a los que ha dado prioridad; la Administración Espacial se encarga de la I+D, la fabricación, el lanzamiento, la puesta en órbita y la posterior explotación de todos los satélites; la Dirección de Defensa Antimisiles supervisa todos los proyectos de I+D antimisiles en cooperación con su homóloga estadounidense, la Agencia de Defensa Antimisiles (MDA) del Departamento de Defensa; la Dirección de Aviones No Tripulados tiene el cometido de hacer avanzar las capacidades y tecnologías de los vehículos aéreos no tripulados, y varias otras unidades se encargan de la elaboración de presupuestos, de proyectos concretos y del enlace con socios extranjeros.[5]

Todo esto sugiere una burocracia clásica, de múltiples capas, estancos y compartimentada, debidamente estructurada para hacer todas las cosas que les gusta hacer a los burócratas, que es leer papeles y pasarlos de un despacho a otro, sin hacer en realidad gran cosa que pueda salir mal y suscitar críticas. Pero, hasta ahora, el MaFat no ha hecho tal cosa porque en el momento de escribir estas líneas su jefe (desde 2016) es el notoriamente testarudo antiburocrático general de brigada (Res.) Dr. Daniel Gold, un talión cuya imperiosa dirección del proyecto Cúpula de Hierro se convirtió en objeto de una investigación a gran escala, que condenó sus innumerables violaciones administrativas al tiempo que reconocía que había logrado resultados maravillosos, con una rapidez milagrosa, a muy bajo coste.

MaFat nació de un debate en 1971 entre las FDI y el Ministerio de Defensa sobre el sistema de control de incendios necesario para lo que acabaría convirtiéndose en el nuevo carro de combate Merkava, el primero de este tipo en Israel. Entonces, la cuestión era si habría que importarlo, como ocurrió con el motor diésel, cuyo diseño y producción locales eran inimaginables, o si la incipiente industria electrónica israelí estaba a la altura de la tarea.[6] El inesperado resultado de este debate, en el que participaron la Oficina del Jefe Científico del Ministerio de Defensa, por un lado, y el Departamento de Desarrollo de Armamento de las FDI, por otro, fue la decisión de fusionar ambos en una unidad conjunta civil-militar de I+D (y también de seguir adelante con un aparato de control de incendios nacional para el tanque). Este fue el precursor de lo que se convirtió en MaFat en 1982, cuando el ministro de Defensa Ariel Sharon añadió las direcciones de adquisición y fabricación a la unidad conjunta de I+D. La gran innovación de la estructura del MaFat reside en su naturaleza híbrida: su jefe asiste tanto a las reuniones del Estado Mayor de las FDI como si fuera un general, como a las reuniones de jefes de departamento del Ministerio de Defensa como si fuera un administrador. De hecho, es a la vez general en la reserva y administrador civil.[7]

Otra parte del establecimiento de defensa, Rafael, también experimentó una metamorfosis revolucionaria (de hecho, varias). Se formó a principios de 1948 como Cuerpo Científico para reunir a científicos individuales e intentar inventar cosas que pudieran ayudar de un modo u otro a las desesperadamente sobrecargadas unidades de combate, pero no se registran milagros. En 1952, con un poco de financiación, el Cuerpo Científico se convirtió en la Dirección de Investigación y Diseño, con un elemento de investigación y una unidad de desarrollo de armamento. Se reorganizó en 1958 como Rafael, según el acrónimo hebreo de «Autoridad para el Desarrollo de Armamento», y más tarde se rebautizó como la actual Rafael Advanced Defense Systems Ltd., constituida como sociedad anónima en 2002. Aunque sigue siendo totalmente propiedad del Estado, como empresa autónoma puede ser un competidor justo para las empresas privadas del país. Pero, para entonces, ya se había logrado la transformación de Rafael en una una verdadera máquina de innovación. Siendo todavía una organización muy pequeña en comparación con sus pares, había desarrollado de alguna manera una serie de armas nuevas: la serie Python de misiles aire-aire; la familia Spike de misiles tierra-tierra de disparar y olvidar; el misil aire-tierra de muy largo alcance Popeye, que se cree que es la base de un misil de crucero con armas nucleares lanzado desde submarinos; el sistema Cúpula de Hierro para la interceptación a bajo coste de cohetes aún más baratos, pero también de misiles caros; Trophy, el primer sistema de defensa activa para vehículos blindados de Occidente (precedido por los rusos Drozd y Arena), el primer vehículo de superficie no tripulado operativo del mundo, y David's Sling, un sistema antimisiles de mucho mayor alcance que la Cúpula de Hierro.

Si a alguien se le puede atribuir el mérito de haber transformado a un grupo de dignos científicos y abnegados administradores que ya habían logrado mucho (incluido el desarrollo del primer y notable misil aire-aire del país, el Shafrir), ese fue Moshe «Musa» Peled, un general de división retirado y una extraña excepción a los ingenieros que lo precedieron y siguieron en el cargo. Oficial que había desempeñado un papel importante en la transformación de una defensa heroica en una victoria arrolladora en los Altos del Golán en octubre de 1973 como comandante de una división blindada de reservistas equipada en su mayoría con tanques Sherman de época de la Segunda Guerra Mundial mejorados, el largamente retirado Peled parecía una elección extraña cuando fue nombrado presidente de Rafael en 1987. Sólo en el mundo de los oficiales de blindados, incluidos estadounidenses, europeos y rusos, su campaña de 1973 fue ampliamente reconocida como un verdadero clásico: una ofensiva que hizo retroceder a través de la frontera a fuerzas sirias mucho mayores y equipadas con más y mejores tanques, por puro impulso dinámico, mantenido respondiendo a cualquier pausa causada por el agotamiento o la resistencia enemiga enviando hacia delante cualquier fuerza a mano, grande o pequeña, para mantener la marcha.[8]

En su nuevo puesto, Peled montó otra persistente ofensiva, esta vez contra las proclividades burocráticas y las tendencias a ir a lo seguro. No creía que mereciera la pena perseguir la innovación incremental —del tipo que representa el 90 % o más del gasto en I+D en todo el mundo— que minimiza los riesgos de fracaso al ceñirse a la mejora de las plataformas y armas existentes, pero renuncia a cualquier posibilidad de avances reales. Peled exigía macroinnovación o nada, saltos de alto riesgo hacia lo verdaderamente nuevo, que podrían fracasar, por supuesto. Según se dice, dijo a sus ingenieros: «Si cada proyecto resulta un éxito, es que no sois lo bastante audaces. Yo esperaría una tasa de fracaso global del 50 %».[9]

Era la forma que tenía Peled de luchar contra cualquier recaída en una normalidad mediocre en un momento en que temía que Rafael pudiera perder su filo de pobreza porque sus exportaciones estaban aportando mucho más dinero que nunca, lo que se sumaba a la creciente financiación de las FDI. Había adquirido el primer edificio decente para su sede, con mobiliario nuevo, muy lejos de un pasado de extrema escasez. La ofensiva de Peled tuvo éxito: en lugar de deslizarse hacia la mediocridad corporativa bien financiada, Rafael se convirtió en una empresa más arriesgada que nunca, y no sólo tecnológicamente: sus directivos se lanzaron a lo más largo posible para diseñar y desarrollar el sistema Cúpula de Hierro antes de que se hubiera autorizado ninguna financiación gubernamental.

VII.

DESARROLLO A LA ALTA VELOCIDAD. DE LOS BARCOS LANZAMISILES A LA CÚPULA DE HIERRO

Dos sistemas de misiles desarrollados con décadas de diferencia ilustran cómo el proceso de adquisición israelí difiere de la forma normal de hacer estas cosas, principalmente por un ritmo mucho más rápido, ya que se aceptan los riesgos con preferencia a los elevados costes e interminables retrasos de los procedimientos de prueba y verificación de los adversarios. El primero fue el misil antibuque Gabriel, desarrollado, junto con su radar de control de tiro y su sistema de guía, por las incipientes industrias militares del país a partir de 1962, cuando Israel tenía menos de la mitad de la población de Sicilia, y muy poco en cuanto a industria eléctrica o mecánica, apenas más que unos pocos pequeños talleres de máquinas-herramienta, garajes de reparación, herrerías y similares. El segundo, el mayor fracaso de Israel en el desarrollo de armamento, fue el caza a reacción Lavi, condenado no por su rápido desarrollo, sino por la oposición de EE. UU. Iniciado en 1980, fue cancelado en agosto de 1987 por la presión de EE. UU. después de que hubieran volado dos prototipos.[1]

Aparte de la pobreza, y el país era efectivamente pobre según los estándares europeos, por no hablar de los estadounidenses, la otra causa del subdesarrollo industrial era la ideología sionista: favorecía enormemente la agricultura («redimir la tierra abandonada con el trabajo manual», que a su vez redimiría a los judíos debiluchos de la diáspora). La mayoría de los dirigentes políticos, académicos y creadores de opinión de Israel despreciaban el comercio; desde la banca hasta el comercio, todo era igualmente sórdido para ellos, y desdeñaban la industria porque su gran sueño era hacer progresar la agricultura de Israel. En eso no tardaron en lograr el éxito: Israel se convirtió en líder en el desarrollo de nuevos cultivos, en el uso del bromo para la fumigación y en el riego por goteo de éxito mundial. Mientras tanto, la industria se quedó rezagada, sin entusiasmo ni liderazgo.

Fue en ese contexto tan poco prometedor en el que el sueño de un misil-barco (sólo la Armada soviética tenía alguno) tuvo su incierto comienzo. En aquella época, la Dirección de Investigación y Diseño de Israel se reducía a unos cuantos ingenieros en unas cuantas cabañas que pertenecían al antiguo Ejército británico, con escasos fondos y equipos, pero pronto se embarcó en su primer intento de desarrollar un misil táctico, el superficie- superficie Luz, que debía ser guiado manualmente por mando con una palanca de mando y ofrecido a la artillería y a las fuerzas aéreas.[2] El desarrollo se detuvo en 1963 porque ambas ramas lo consideraron inadecuado para sus necesidades, pero en 1964, el Cuerpo Marítimo de las FDI adoptó el proyecto junto con la Compañía de Aviación de Israel, ahora Industrias Aeroespaciales de Israel, cuando se dio cuenta de que las armadas egipcia y siria estaban adquiriendo lanchas misileras soviéticas de la clase Osa equipadas con el potente misil antibuque P15 Styx.

El comienzo fue poco prometedor porque el guiado semiactivo por radar de lo que se convirtió en el misil Gabriel requería la iluminación ininterrumpida de un objetivo por el radar del buque lanzador, algo difícil de conseguir con el buque lanzador y el buque objetivo en movimiento. Al principio sólo podía hacerse a corta distancia, diez kilómetros o menos. Pero el principal artífice del Gabriel, el ingeniero Uri EvenTov, era un maestro de las improvisaciones y las vueltas atrás.[3]

Para crear una capacidad útil contra los misiles Osa, se lanzaron dos intentos de desarrollo, cada uno de los cuales podría calificarse de importante si no fuera por el puñado de ingenieros y los escasos medios de que se disponía. El primero consistió en mejorar el motor del misil para alcanzar un alcance más útil de veinte kilómetros, tarea asignada a su desarrollador, Industrias Militares Israelíes (IMI), que se reducía a unos pocos talleres con unos pocos ingenieros. El segundo era desarrollar un buscador de radar activo que pudiera seguir al objetivo aunque maniobrara de forma evasiva.

El diseño del misil resultante preveía tres etapas: en primer lugar, para el impulso inicial de toma de impulso, se dirigía manualmente con comandos a izquierda y derecha; en segundo lugar, el propio radar semiactivo del misil tomaba el relevo, con sus retornos procesados a bordo del buque lanzador para generar comandos de guiado; en tercer lugar, a pocos kilómetros del objetivo, el misil descendía en picado hacia una trayectoria de rasante marino y encendía un buscador activo para guiarlo hasta el objetivo. Ese receptor de radar montado en la parte delantera detectaba continuamente las señales que rebotaban del buque objetivo una vez que éste era iluminado (también conocido como «pintado») por el transmisor de radar de a bordo y alimentaban las entradas a un piloto automático que a su vez generaba señales direccionales para las aletas móviles que enviaban el misil a la derecha o a la izquierda según fuera necesario. Su movimiento ascendente o descendente se regulaba mediante un altímetro para lograr el perfil de vuelo de desnivel en el mar con el fin de minimizar la exposición del misil a la detección visual o por radar. La Marina israelí no quería un misil grande como el Styx que volara como un avión de bombardeo en picado y pudiera ser derribado como tal, por lo que desde el principio insistió en un misil rastrero de mar mucho más pequeño que fuera difícil de detectar en todo el desorden marino que aparece en los visores de los radares marítimos.

El desarrollo inicial del Gabriel fue muy lento debido a la falta de fondos. Los generales de las fuerzas terrestres que dominaban el Estado Mayor estaban de acuerdo con los aviadores, que a su vez estaban convencidos de que podían hundir cualquier barco con sus cazabombarderos sin necesidad de misiles navales. Pero el 21 de octubre de 1967, con un alto el fuego en vigor tras la guerra de junio de 1967 que dejó a Israel el control del Sinaí, el destructor escolta de 1944 de construcción británica ex MS Zealous, que servía de buque insignia de la Marina israelí como INS Eilat, fue hundido en aguas internacionales de Port Said, en Egipto, alcanzado por tres misiles Styx de fabricación soviética lanzados desde lanchas misileras clase Komar de la Marina egipcia desde el interior del puerto. De una tripulación de 199 personas, un total de 47 murieron y más de 90 resultaron heridas. Sesenta y siete horas después del ataque, Israel tomó represalias bombardeando Puerto Suez con morteros, destruyendo dos refinerías de petróleo. Ese episodio bastó para cambiar las prioridades del Estado Mayor de las Fuerzas de Defensa de Israel. Con una financiación repentina y un furioso esfuerzo diurno y nocturno, el desarrollo del Gabriel se completó en gran parte a finales de 1969. Cuatro años más tarde, durante la guerra de octubre de 1973, fue devastadoramente eficaz, hundiendo rápidamente siete buques de guerra egipcios y sirios, y llevando a otros a buscar refugio en sus puertos.

El desarrollo a gran velocidad del sistema Gabriel —el misil, el radar, el sistema de control de tiro y todo un conjunto de contramedidas electrónicas que neutralizaron en gran medida la orientación de los misiles soviéticos Styx de las dos armadas árabes— fue un logro extraordinario de la ingeniería. Reflejaba un concepto operativo específico desarrollado de antemano por el principal guía de la Marina israelí, el contralmirante Yohai Ben-Nun, que se había convertido a los treinta y seis años en comandante del Cuerpo Marítimo, la Marina de Israel en 1960.[4] A Yohai Ben-Nun no le impresionaban los buques de guerra, destructores y cruceros contemporáneos que necesitaban grandes tonelajes para llevar cañones de alcance limitado, con grandes tripulaciones debido a los requisitos operativos y más requisitos generados por las necesidades de la tripulación. Esos buques de guerra clásicos estaban bien para mostrar la bandera, pero mucho antes de que el Eilat fuera hundido, Ben-Nun llegó a la conclusión de que eran vulnerables a los drásticamente más pequeños barcos con misiles. Quería una armada de barcos pequeños y rápidos para hundir buques de guerra tradicionales mucho más grandes.

Ben-Nun, uno de los primeros hombres rana de combate de Israel, entrenado personalmente en secreto bajo dominio británico por un veterano de la fuerza de combate submarino italiana líder en el mundo, fundó la fuerza de comandos navales Shayetet («Flotilla») 13 en 1949. Importó en secreto material italiano sobrante de la guerra, incluidos torpedos tripulados, con la connivencia de la unidad italiana de hombres rana que sobrevivió en su base tradicional de forma semiclandestina debido a las restricciones políticas de la posguerra.[5] Incapaz de igualar a las fuerzas árabes más grandes en el mar —Israel no podía permitirse buques de guerra modernos adecuados—, enviaría en su lugar a los hombres rana de combate de Shayetet para atacar y hundir sus buques de guerra en sus fondeaderos dentro de sus bases navales vigiladas con minas lapa y torpedos tripulados, como los italianos habían hecho famosamente contra la Royal Navy en Alejandría y Gibraltar.[6] Para cuando el Cuerpo Marítimo de las FDI quedó bajo el mando de Ben-Nun en 1960, éste había ideado una forma totalmente distinta de superar su problema fundamental, a saber, la imposibilidad de adquirir y operar siquiera un puñado de buques de guerra modernos, dado que la fuerza aérea tenía que ocupar el primer lugar en financiación, seguida de las fuerzas mecanizadas esenciales para proteger a Israel de una invasión. Aparte de los dragaminas, los torpederos y otros buques especializados, existía una jerarquía entre los buques de guerra de superficie, entonces todavía muy en función de la potencia de sus cañones. Empezaba con corbetas de unas mil toneladas de desplazamiento, ascendiendo a destructores-escorta de unas 2000 toneladas, destructores de 3000 toneladas y cruceros de 5000 a 6000 toneladas; cada clase, capaz de montar cañones cada vez mayores. Por encima de ellos había buques de guerra aún más imposiblemente grandes, hasta llegar a los portaaviones, así como submarinos que podían tener pequeños desplazamientos pero eran drásticamente más caros por tonelada.

Dado que no podía esperar adquirir corbetas modernas, la solución de Ben-Nun fue renunciar por completo a los buques de guerra convencionales y a sus cañones para construir en su lugar una armada de lanchas misileras antibuque que pudieran alcanzar una letalidad de hundimiento de buques con desplazamientos inferiores a 500 toneladas, incluso inferiores a 300 toneladas.

A diferencia de los torpederos, establecidos desde hacía mucho tiempo, que eran buques de ataque estrictamente de corto alcance, los barcos lanzamisiles podían tener un alcance y una resistencia decentes porque su arma principal no era pesada.[7] Pero el problema de Ben-Nun era que no existían tales misiles ni tales buques. Para el misil, el programa Gabriel iniciado a finales de 1962 ofrecería la solución, lanzando de paso la industria israelí de misiles, que comenzó en las pocas cabañas de Rafael y evolucionó hasta convertirse en el actual proveedor de misiles balísticos y antibalísticos avanzados aire-aire, aire-tierra y superficie-superficie.

Pero, para la plataforma de Gabriel, un buque «Hágalo usted mismo» era sencillamente imposible. En aquel momento, el único astillero de Israel podía, como mucho, reparar barcos y construir barcazas. Al igual que había hecho con sus hombres rana cuando se puso en contacto con los pioneros de Italia, Ben-Nun envió a un representante de confianza a explorar astilleros por toda Europa. Lo que quería era un buque que pudiera comprimir el alcance, la velocidad y la capacidad de carga necesarios dentro de un tonelaje reducido, del orden de 200 toneladas a pleno desplazamiento, lo que permitiría la compra de una docena de barcos de este tipo por el precio de un destructor pequeño.

Un constructor naval alemán occidental recién resucitado produjo el mejor diseño de casco, y los mejores motores también eran alemanes,[8] basado en el torpedero Jaguar, diseñado y propulsado en Alemania, pero con un casco de acero especificado por Israel en lugar del casco de madera original, la adición de 2,4 metros (siete pies, diez pulgadas) a la longitud del casco y compartimentos internos revisados. Los lanzamisiles Gabriel y otras armas y sistemas relacionados de lo que se designó como la clase Sa'ar 3 debían instalarse en Israel a la llegada de los barcos.[9]

Había una ironía histórica en el hecho de que el Jaguar, derivado de la famosa y rápida bota S de la Marina alemana en tiempos de guerra, fuera el más adecuado para funcionar como plataforma de la Marina israelí. Sólo quince años después del final de la guerra y del Holocausto, los oficiales de la Armada israelí se vieron envueltos en enérgicas discusiones técnicas con oficiales e ingenieros alemanes que habían servido con uniformes nazis, llegando incluso a encontrarse con figuras muy comprometidas.[10]

Una vez firmado un acuerdo de desarrollo, una delegación israelí llegó al astillero alemán para discutir las modificaciones necesarias en condiciones de extremo secreto porque las relaciones diplomáticas con Alemania Occidental no comenzaron hasta 1965.[11] Las modificaciones eran extensas; además de sustituir el casco de madera por acero, se necesitaba un armazón más largo para acomodar las armas y los sistemas electrónicos, así como un mástil diferente. Cuando el jefe de la Delegación israelí terminó de presentar la larga lista de requisitos israelíes a los alemanes, hubo un momento de silencio, tras el cual el jefe del equipo alemán preguntó: «Señor, por favor, ¿le gustaría tener también un piano de cola en cubierta?».[12]

Los alemanes se negaron a acomodar todos los cambios que querían los israelíes, pero, cuando todo parecía bloqueado, el jefe de la Delegación israelí, el contralmirante Shlomo Erell, pidió tratar directamente con el ingeniero jefe. Cuando los reticentes alemanes aceptaron finalmente, la química entre los dos hombres hizo avanzar rápidamente el diseño para que cumpliera las especificaciones israelíes.[13] El astillero aceptó suministrar a Israel doce naves de ataque rápido de la clase Jaguar, pero sólo se habían entregado tres cuando en 1964 el Gobierno de Alemania Occidental repudió el acuerdo bajo la presión diplomática y comercial árabe, aunque sí aceptó que su diseño completo se construyera en un astillero extranjero. Siendo Francia el único país dispuesto a suministrar a Israel, la elección para los nueve barcos restantes recayó en Constructions Mécaniques de Normandie, un pequeño astillero privado de Cherburgo, bajo la designación de clase La Combattante (designado Sa'ar 1 por los israelíes). El primer barco con destino a Israel partió en abril de 1967 y otro un mes después. Pero el 2 de junio de 1967, pocos días antes de que comenzara la guerra el 5 de junio, el presidente Charles de Gaulle declaró que Francia ya no suministraría armas «ofensivas» a Oriente Próximo, lo que significaba Israel, al no haber compradores árabes de armas francesas en aquel momento. Los nueve barcos habían sido pagados y los siete restantes estaban en construcción avanzada, con dos casi listos. Zarparon debidamente hacia Israel en el otoño de 1967, sin resistencia; muchos en el estamento de defensa francés habían sido compañeros de armas con los israelíes desde la década de 1950, y la población de Cherburgo también los apoyaba firmemente.

El embargo de De Gaulle se hizo total tras un clamoroso asalto israelí al aeropuerto de Beirut el 28 de diciembre de 1967, pero las decisiones políticas parisinas volvieron a ser subvertidas localmente, y tres lanchas misileras casi terminadas embarcaron con tripulaciones reducidas el 4 de enero de 1969. Cuando salieron a practicar, como antes, izaron la bandera israelí y continuaron sin oposición hacia el canal de la Mancha, para no regresar jamás. Provocó un escándalo en París, que ordenó aumentar la vigilancia, pero se permitió que continuara la construcción de los últimos cinco misileros. Sin embargo, los tripulantes israelíes a los que se permitió subir a bordo para practicar fueron mantenidos bajo vigilancia, y hubo un estricto control de las cargas de combustible, con la Marina francesa alertada para detener cualquier fuga. De Gaulle dimitió el 28 de abril de 1969, pero la política francesa no cambió, y fue necesaria una operación a gran escala del Mossad con una tapadera de compra noruega para lograr la fuga de los cinco barcos restantes en Navidad, el 24 y 25 de diciembre de 1969. No fue una operación de bajo riesgo; esa noche la vigilancia francesa se relajó debido a un peligroso vendaval en el golfo de Vizcaya.

Debido a que un equipo de helicópteros de la BBC filmó más tarde a los barcos que escapaban por el canal de la Mancha, causando mucha hilaridad en todo el mundo ante este descarado desafío al imperioso De Gaulle, el ministro francés de Defensa y partidario De Gaulle Michel Debré ordenó a las fuerzas aéreas francesas que encontraran y hundieran los barcos, entonces todavía en el inicio de su viaje de 5825 kilómetros (3145 millas náuticas) hacia Gibraltar, Creta y finalmente Haifa, con reabastecimiento de combustible a lo largo del trayecto desde aviones cisterna improvisados. Los jefes militares franceses, para los que los israelíes habían sido compañeros de armas desde 1956, no estaban dispuestos a añadir violencia a la traición y retrasaron su respuesta a la orden de Debré hasta que fue anulada por el primer ministro Jacques Chaban-Delmas. Podría haber sido anulado a su vez por el presidente recién investido Georges Pompidou, pero Pompidou no era tan devoto como Debré de De Gaulle y, en cualquier caso, no estaba dispuesto a desafiar a Chaban-Delmas, un campeón de tenis y *rugby* y un auténtico héroe de la resistencia en tiempos de guerra. Sólo faltó que el ministro francés de Asuntos Exteriores Maurice Schumann advirtiera que, si los barcos aparecían en Israel, «las consecuencias serán realmente muy graves».[14] Pero la llegada de los barcos al puerto de Haifa en Nochevieja, el 31 de diciembre de 1969, desencadenó una fiesta memorable en toda la ciudad.

La previsión de Ben-Nun fue reivindicada menos de cuatro años después, en la guerra de octubre de 1973, cuando sus lanchas misileras y sus misiles Gabriel dominaron la guerra en el mar.[15] En la primera batalla de la historia entre lanchas misileras, en la noche del 6 al 7 de octubre de 1973, los israelíes hundieron una lancha misilera Osa y dos Komar de fabricación soviética, una lancha torpedera y un cazaminas de la Armada siria cerca de la base naval del puerto de Latakia. La noche siguiente, hundieron tres lanchas misileras egipcias de la clase Osa en el puerto de Dumayit y dañaron gravemente otra. Fue un bautismo de fuego para los nuevos barcos, además del Sa'ar 4 de fabricación israelí, fabricado localmente con un mayor desplazamiento y radares y sistemas mejorados.[16]

CÚPULA DE HIERRO

Cuando se trata de desarrollo rápido, el ejemplo por excelencia es la Cúpula de Hierro (Kippat Barzel), el sistema anticohetes, antimisiles, antigranadas de artillería y potencialmente antiaéreo cuyo desarrollo a gran escala comenzó en 2007, sobre la base de un programa de investigación iniciado en 2005. Declarado operativo en 2011, alcanzó fama mundial al interceptar 421 cohetes en el conflicto de siete días de noviembre de 2012 con Hamás y otros 578 cohetes durante la confrontación de cincuenta días del verano de 2014.[17] Como cualquier sistema de armamento, la Cúpula de Hierro tiene sus limitaciones, pero en comparación con los quince a veinte o más años que tardan los proyectos de misiles guiados en otros lugares, la mera rapidez de su desarrollo

—menos de cinco años— fue fenomenal, dado que el detector y rastreador de radar, el extraordinario *software* y el misil interceptor eran totalmente nuevos.

El *software* fue el avance clave porque hizo que el sistema resultara económico, permitiendo a Israel interceptar un sinfín de cohetes, la mayoría de fabricación rudimentaria y barata (aproximadamente, 500 dólares cada uno), pero aún así potencialmente destructivos y posiblemente devastadores, con misiles que podrían haber costado al menos cien veces más.[18]

Estudiando el historial de ataques con cohetes, los planificadores israelíes llegaron a la conclusión de que alrededor del 75 % de los cohetes caerían en terreno abierto y, por tanto, no justificaban su interceptación. Por lo tanto, el ordenador de la Cúpula de Hierro debía trazar la trayectoria de los cohetes entrantes para evaluar su punto de impacto final y lanzar misiles interceptores sólo a los que se calculaba que caerían en zonas residenciales o en infraestructuras civiles o militares importantes. Los operadores necesitaban la capacidad de anular el *software* porque incluso los cohetes interceptados pueden infligir daños; a pesar de los escasos segundos disponibles, las interceptaciones controladas manualmente se realizan de forma rutinaria, salvando muchas vidas y evitando muchos daños materiales.[19]

La Cúpula de Hierro es la prueba definitiva de que el proceso de adquisición ultrarrápido y a menudo arriesgado de Israel ofrece dos beneficios muy diferentes. Uno es obvio: la entrega a tiempo de armas eficaces que se necesitan con urgencia para episodios recurrentes de combate. La otra es la economía de los programas directos, que supone un gran ahorro. Y el coste es decisivo para las innovaciones de las FDI porque, en la mayoría de los casos, si una nueva arma o sistema no puede desarrollarse a bajo coste, no puede desarrollarse en absoluto.

Por supuesto, las prisas también suponen un desperdicio. Apresurarse a comprar y fabricar antes de haber completado todos los cálculos da lugar tanto a salidas en falso como a retrocesos. Pero incluso una prisa algo derrochadora resulta económica comparada con el coste acumulado de programas de desarrollo cuidadosamente planificados, gestionados, presupuestados y ejecutados, constantemente superados por la obsolescencia de los componentes, los cambios en la naturaleza de la amenaza o el cambio tecnológico. Los procedimientos agónicamente detallados obligatorios tanto en Estados Unidos como en Europa Occidental, que retrasan la adquisición de sistemas de armamento durante años e incluso décadas, infligen unos costes tremendos al tiempo que intentan limitarlos evitando la sobrefacturación, el despilfarro, el fraude técnico (resultados de pruebas falsos) y la mala gestión. Las elaboradas normas para garantizar unas prácticas de contratación en condiciones de igualdad, diseñadas para evitar los tratos de favor entre funcionarios de adquisiciones complacientes y contratistas codiciosos, exigen que todo se calcule y especifique con un detalle insoportable. Eso en sí mismo requiere muchísimas horas de trabajo por parte de gestores, contables y abogados que habitualmente superan en número a los ingenieros implicados. Luego hay más de lo mismo para cada revisión sucesiva del diseño, la evaluación del programa y el análisis de costes, que también requieren un sinfín de nuevos cálculos, a menudo subcontratados a un gran coste, lo que aumenta el gasto total antes de que se produzca nada.

Pero lo peor es que durante los años y décadas que dura el proceso de desarrollo, cada vez más componentes e incluso subsistemas (en los aviones de combate pueden ser subsistemas tan importantes como el radar o incluso los motores) se quedan obsoletos, o incluso pueden dejar de fabricarse en un futuro próximo. Cada vez que eso ocurre, el resultado es un dilema agonizante: Cambiar a un nuevo elemento, que normalmente requerirá rediseño y reingeniería, lo que suele desencadenar otra revisión del programa que lleva mucho tiempo. O bien quedarse con lo viejo, y contribuir así al problema de la obsolescencia en la entrega, que puede desencadenar finalmente la cancelación pura y simple —que ha sido el destino de muchos costosos sistemas de armamento— después de haberse gastado enormes sumas para nada.

Consideremos, por ejemplo, la más costosa de todas las adquisiciones de armamento contemporáneas, la familia de cazas a reacción F-35, cuyo desarrollo comenzó en 1996. Fue declarado operativo («capacidad operativa inicial» o COI) unos veinte años más tarde, en 2015 para la versión de los Marines estadounidenses, en 2016 para la versión de las fuerzas aéreas y en 2019 para la versión de la Armada —salvo que se trataba de COI políticos para contrarrestar las críticas sobre la lentitud del desarrollo, y quedaban muchas insuficiencias por corregir—.[20] Junto con las fuerzas aéreas estadounidenses, las fuerzas aéreas israelíes (FAI) han encabezado el uso operativo del F-35, y las FAI fueron las primeras fuerzas aéreas en utilizar el avión en combate.[21] Incluso entonces, voló con problemas de *software* sin resolver. Cuando un proyecto aeronáutico se prolonga tanto, arrastrándose durante más de dos décadas, es inevitable que se quede rezagado ante el rápido avance de la tecnología de microprocesadores. Cualquier avión de combate es también un conjunto de ordenadores: mientras que algunos microprocesadores se actualizan fácilmente, otros están incrustados en componentes y subsistemas que hay que rediseñar, lo que retrasa de nuevo el proyecto, mientras que es inevitable que se produzcan nuevos avances. El F-35 sacrifica velocidad, maniobrabilidad y sus cargas de bombas aire-tierra para maximizar sus características furtivas, que habrían sido extremadamente valiosas en combate en 1996, pero lo son mucho menos ahora que tanto los radares de baja frecuencia como los biestáticos pueden detectar aviones furtivos en condiciones variadas.[22]

Cuando se trató del desarrollo del sistema de defensa antiaérea Cúpula de Hierro, desde el inicio del contrato en febrero de 2006 hasta su fecha de entrada en servicio en marzo de 2011, Israel ya no era el pobrecito país que se había embarcado en el desarrollo de sus primeros misiles a principios de la década de 1960. Sin embargo, hubo una escasez extrema, tanto de tiempo, a raíz del bombardeo masivo de cohetes de Hezbolá de ese año (el número total de cohetes se estimó según diversas estimaciones entre 3970 y 4228 entre el 12 de julio y el 14 de agosto de 2006), como de fondos, aunque debido a prioridades políticas más que a limitaciones nacionales. Con una amenaza de guerra convencional muy disminuida en comparación con décadas anteriores —debido a la retirada de Egipto y Jordania del conflicto, el declive de Siria y la incapacitación de Irak—, las necesidades de financiación de las fuerzas terrestres e incluso de la fuerza aérea hasta cierto punto eran menos acuciantes. Sin embargo, su poder burocrático no había disminuido, y aunque todos reconocieran la necesidad de derrotar la amenaza de los cohetes, ninguna rama de las FDI estaba dispuesta a recortar su propio presupuesto para hacerlo.

En cualquier caso, casi todos los oficiales superiores de las FDI estaban convencidos, junto con casi todos los expertos civiles, de que sería desastrosamente antieconómico interceptar cohetes que eran prácticamente gratuitos para sus usuarios con misiles interceptores necesariamente costosos.[23] Otros argumentaron que el éxito de la protección de su propia población deslegitimaría los ataques aéreos israelíes destinados a disuadir o detener los bombardeos aéreos porque todas las bajas se producirían en Gaza, lo que provocaría una presión internacional contra las operaciones contraofensivas israelíes, como ocurrió debidamente en el verano de 2014 y en mayo de 2021.[24] El resultado fue que el proceso de desarrollo de la Cúpula de Hierro contó al principio con una financiación mínima; de hecho, se financió ilegalmente. Una cronología muestra mejor cómo se llegó a esa extraordinaria situación.

El 19 de abril de 2004, el jefe adjunto del Estado Mayor de las FDI, MG Gabi Ashkenazi, asignó la responsabilidad del esfuerzo general contra la amenaza de misiles tierra-tierra de medio y largo alcance a la fuerza aérea. El 6 de julio de 2004, asignó todo el trabajo del Estado Mayor a MaFat, la Administración para el Desarrollo de Armas e Infraestructura Tecnológica. El 13 de octubre de 2004, el jefe adjunto del Estado Mayor MG Dan Halutz (antiguo comandante de las fuerzas aéreas del Ejército de Israel) ordenó formalmente al MaFat que explorara posibles contramedidas tanto contra los cohetes Qassam de corto alcance lanzados desde la Franja de Gaza, como contra los cohetes de mayor alcance que Irán estaba suministrando a Hezbolá en Líbano.

Pero Danny Gold, jefe de la Unidad de Investigación y Desarrollo de Mafat, estaba vehementemente insatisfecho con la mera exploración.[25] En torno al 5 de agosto de 2005, decidió por su cuenta iniciar un desarrollo acelerado mientras los aviadores seguían indecisos sobre cómo proceder y los generales de las fuerzas terrestres se oponían. En su opinión, no debían tolerarse los bombardeos con cohetes ni mitigarse con costosos intentos de interceptación: debían extinguirse en su origen, arrollando a quienes lanzaban cohetes. A Gold no le impresionó el argumento: los ataques con cohetes continuaban mientras nadie realizaba ningún adelantamiento porque el coste potencial en sangre, tesoro y capital político de las incursiones terrestres en Gaza superaba los daños y las víctimas infligidas por los cohetes. Mientras tanto, las ciudades y pueblos israelíes próximos a la frontera, como Sderot, tenían que vivir bajo bombardeos intermitentes que hacían la vida insoportable e infligían algunas bajas: el 90 % de los residentes sufrieron la explosión de un cohete en su propia calle o en una calle adyacente.[26] Gold sí tenía autoridad para llevar a cabo cualquier esfuerzo de investigación y desarrollo que considerara digno, pero sólo hasta la fase de prototipo, lo que podía hacerse dentro de su reducido presupuesto, porque se permite todo tipo de libertades al fabricar prototipos sin tener que preocuparse por la futura producibilidad, el mantenimiento continuo o incluso la fiabilidad.[27] Pero desde el principio ordenó a sus subordinados que llevaran a cabo el proyecto como un esfuerzo de desarrollo total cuyos costes pronto superarían con creces su presupuesto, con el objetivo de demostrar una capacidad de interceptación en dieciocho meses y completar el desarrollo de ingeniería a gran escala de cada componente —radar, *software* y misil— en treinta y seis meses. Además, quería el establecimiento igualmente rápido de instalaciones de producción industrial, incluidas líneas de montaje para un misil que aún no existía y cuyo desarrollo de ingeniería a escala completa no había sido autorizada.

A falta de milagros, este círculo sólo podía cuadrarse con la siguiente mejor opción, el equivalente en ingeniería de una incursión de comandos: un proyecto «telescópico» en el que todo se hiciera de forma concurrente en lugar de secuencial, ahorrando mucho tiempo. Pero había que pagar un precio, debido a la casi certeza de que el desarrollo del radar, el misil y el *software* seguirían divergiendo a medida que evolucionara el trabajo para superar problemas específicos, lo que exigiría costosas correcciones que también podrían dar al traste con la urgencia deseada al imponer sus propios retrasos. Por si fuera poco, Gold realizó una incursión totalmente no autorizada en la preparación de instalaciones industriales, para la que no disponía de ningún tipo de fondos. Incluso su trabajo de desarrollo de ingeniería no estaba autorizado, porque iba mucho más allá de la mera creación de prototipos con maquetas baratas, componentes chapados en latón y cosas por el estilo, pero las cantidades eran mucho menores.

Investido de su propio y abrumador sentido de la urgencia —la determinación de tener las defensas en funcionamiento antes del próximo bombardeo masivo de cohetes—, el carismático Gold conjuró los fondos necesarios de la nada convenciendo a los directivos y miembros del Consejo de Administración de Rafael, la empresa estatal de misiles, y de Elta, la empresa estatal de radares (casi todos ellos, oficiales de la reserva), para que adelantaran el dinero de sus propios fondos. Eso hicieron, sin tener encargos gubernamentales para el trabajo y, por tanto, sin ninguna certeza de reembolso pronto o nunca, a pesar de que eran los directores de empresas constituidas legalmente responsables de su integridad financiera. Arriesgaban represalias legales, sus reputaciones y sus carreras al seguirle la corriente a Gold, para continuar directamente con un desarrollo a gran escala mucho más costoso después de que él se hubiera quedado sin fondos para prototipos debidamente autorizados.

Estos procedimientos altamente irregulares —de hecho, prohibidos— parecen haber favorecido más que obstaculizado el proyecto porque todos los implicados estaban atrapados en su abrumador impulso dinámico. El propio equipo MaFat de Gold, compuesto por ocho miembros, los mejores diseñadores de misiles de Rafael y los mejores ingenieros de radar de Elta trabajaron todos tan cerca de un horario 24/7 como lo permitía la fisiología humana. Todo el mundo renunció a su vida privada mientras duró la operación, y al menos un miembro religioso del personal renunció a su sagrado sábado, invocando la excepción permitida de «salvar vidas».[28]

No menos importante era la cuestión del método. La investigación y el desarrollo verdaderamente innovadores, a diferencia de la mejora incremental que consume la mayor parte de los fondos de investigación y desarrollo, deben ser un proceso de ensayo y error, o, más bien, de montar algo, probarlo adecuadamente y luego decidir cómo corregir o solucionar las deficiencias o los defectos manifiestos que surjan. De ahí que algunos costes y algunos retrasos sean inevitables cada vez que se avanza lo suficiente como para justificar las pruebas. Pero, cuando hay contratistas comerciales en un extremo y funcionarios del Gobierno en el otro, civiles o militares, la debida preocupación de los contratistas por los beneficios y el deber del Gobierno para con el contribuyente significan que cada error debe analizarse primero cuidadosamente, para determinar si el error fue causado por unas especificaciones demasiado exigentes o unas pruebas excesivamente exigentes, por culpa del Gobierno o por la inadecuada habilidad, atención o inversión del contratista. Lleva tiempo, a veces mucho tiempo, verificar las reclamaciones de cada parte, y puede generar disputas que hagan intervenir a los abogados en el proceso, de modo que la resolución de las disputas ocupe aún más tiempo antes de que se pueda reanudar el trabajo para corregir el problema o idear una alternativa. Además, los intentos de limitar el despilfarro, el fraude y la mala gestión a través de procedimientos de verificación elaboradamente supervisados por un grupo de pruebas externo, con el fin de evitar arreglos a costa de los contribuyentes, son una forma muy cara de evitar costes en el desarrollo de nuevas armas.

Gold y su equipo actuaron de forma diferente o, mejor dicho, actuaron como solían hacerlo los desarrolladores de armamento estadounidenses antes de que se les impusieran muchos miles de normas legales a partir de la década de 1960. Cuando las pruebas revelaban un error, todos se ponían a trabajar de inmediato para superar el problema sin molestarse en atribuir responsabilidades, y mucho menos culpas. Gold también impuso un método de «diseño al coste»: los cerca de 400 empleados de Elta, Rafael y su propia organización se dividieron en catorce equipos que funcionaron como *startups* competitivas paralelas: «Se nos ocurrieron varias soluciones en paralelo; todo en el proyecto se hizo en paralelo».[29]

Cualquier proyecto normal consta de dos etapas: una fase de I+D y una fase de desarrollo de ingeniería y producción. Gold comprimió las dos etapas para cumplir con el ajustado plazo. También ésta fue una decisión que excedía su autoridad, pero aun así se arriesgó. En realidad, la innovación clave del sistema Cúpula de Hierro fue el bajo coste unitario de sus misiles, entre 77.000 y 97.000 dólares inicialmente y aproximadamente 50.000 dólares a partir de 2021.[30] Significa que este misil entra en la categoría de munición, lo que permite una doctrina de disparo no conservadora que hace posible a las FDI arriesgarse con lanzamientos de misiles de menor probabilidad, logrando así un mayor índice de interceptación.

Paradójicamente, la reticencia inicial a adquirir el sistema dentro de las FDI ayudó en gran medida al desarrollo del proyecto.[31] Como explicó un participante de alto rango:

> Como no se les impusieron exigencias operativas ni especificaciones técnicas, los ingenieros gozaron de total libertad para desarrollar rápidamente un arma óptima… sin que [los oficiales subalternos] vertieran en ella sus «sueños húmedos» derivados de la revista *Aviation Week & Space Technology*, y sin que los generales «supervisaran» el programa con reuniones y discusiones interminables.[32]

Sin pretenderlo, el desprecio por los procedimientos burocráticos adecuados, condenado más tarde por el interventor del Estado, en realidad salvó el día.[33]

A posteriori, se podría argumentar que se podría haber conseguido un mejor rendimiento con más I+D antes de la producción, pero el precio habría sido mucho más elevado. El equipo de Gold fue ingenioso a la hora de identificar las características en las que se podían recortar fondos sin dañar el producto final.[34] Otra clave para el control de costes en las fases de ingeniería fue que los directivos de Rafael acordaron un pago fijo predeterminado que no dependería de la cantidad de tiempo de desarrollo.[35] Significaba que los directivos de la empresa aceptaban el riesgo total de perder dinero en el proyecto. Pero también significaba que tenían plena libertad de acción porque el cliente no podía intervenir para reducir los costes, lo que desempeñó un papel importante en el éxito del proyecto. En un caso, se apartaron radicalmente de la práctica establecida al decidir que el misil Cúpula de Hierro debía tener un servomotor eléctrico, como si se tratara de un gran misil balístico de combustible líquido. Esta decisión ignoró la experiencia acumulada durante años que favorecía los servomotores neumáticos para misiles aire-aire, pero la inusual solución eléctrica redujo considerablemente los costes totales.[36]

Buscar soluciones de bajo coste para cada parte del sistema —y la Cúpula de Hierro es una auténtica orquesta de subsistemas— era una gran prioridad porque al principio todas las opciones parecían conducir a un gasto astronómico. Encontrar soluciones caras y complejas en el diseño de armas no es difícil —es el reino de los asientos de inodoro para aviones de 6000 dólares—, pero encontrar soluciones sencillas requiere reflexión y creatividad.[37] A pesar de la urgencia de encontrar una solución para la amenaza siempre presente de los bombardeos con cohetes y misiles, no se transigió en el cumplimiento del requisito fundamental de eficacia operativa a un precio razonable. Cuando los desarrolladores de los distintos componentes propusieron soluciones que no alcanzaban los niveles exigidos, se les dijo que siguieran trabajando hasta encontrar soluciones mejores. «El éxito de un proyecto depende siempre del acierto previo a la hora de elegir a las personas adecuadas» fue la conclusión de uno de los protagonistas. El Dr. Ron, uno de los líderes del equipo de desarrollo llamado los Cinco Fabulosos, describe el ambiente especial que reinaba en el proyecto: «Desde el primer momento, me sentí impulsado por el hecho de que estábamos tratando con algo de una importancia suprema… Un ingeniero sénior con décadas de experiencia se encontró escuchando a un joven ingeniero con una opinión diferente». De hecho, la ausencia de una jerarquía naturalmente inclinada a favorecer los métodos bien establecidos impulsó el proyecto. No había ninguna autoridad superior que anulara la preferencia por el sistema operativo más rápido, barato y lógico por el mero hecho de que se basaba en soluciones poco habituales.[38]

Como ocurrió repetidamente y en todos los bandos durante la Segunda Guerra Mundial, grupos de ingenieros y científicos comprometidos personalmente con una misión nacional urgente que podría evitar la muerte de seres queridos alcanzaron una masa crítica de creatividad dinámica que de otro modo no sólo sería inalcanzable, sino inimaginable. Así es como los británicos idearon el primer sistema de defensa aérea centralizado del mundo para derrotar a la Luftwafe, inicialmente muy superior, sin un solo ordenador a la vista, y luego forzaron la existencia de un burdo ordenador para descifrar los códigos de tráfico de radio alemanes y hundir los submarinos que asolaban Gran Bretaña. Así es también como los alemanes inventaron y produjeron el primer caza propulsado por cohete, el primer caza a reacción, el primer misil de crucero, el primer misil balístico, el primer misil aire-superficie e incluso el prototipo del primer bombardero a reacción furtivo mientras estaban bajo bombardeos cada vez más intensos. Todos esos logros fueron superados por los científicos del proyecto Manhattan, en su mayoría refugiados, que temían que la creatividad alemana pudiera extenderse a la bomba de fisión y por ello no se detuvieron ante nada para inventar formas prácticas de separar el uranio-238 y utilizar el material fisible resultante en dos diseños de bomba diferentes, con la esperanza de que uno de ellos pudiera funcionar (ambos lo hicieron); todo ello, realizado en poco más de tres años.

En el caso de Israel tenemos el testimonio del jefe de la división de I+D de Rafael, el Dr. Ronen: «Un día viajaba hacia el norte para asistir a un experimento y, al llegar a Tel Aviv, sonó la alarma. Mis hijos y nietos viven allí y fui testigo de cómo el misil interceptó un cohete que parecía pasar justo por encima de su casa». David, ingeniero jefe del proyecto, explicó cómo funcionaba la dinámica del proyecto. Antes de la Cúpula de Hierro, la norma dentro de Rafael era que, tras una prueba fallida, todo el mundo volvía a las instalaciones de desarrollo para regresar al campo de pruebas con una nueva solución en el plazo de unos meses; el proyecto de la Cúpula de Hierro rompió esa norma. En primer lugar, los experimentos comenzaron muy pronto, algo muy irregular en el desarrollo de misiles. Desde los primeros y frustrantes experimentos, se forjó una ética de «no rendirse». A veces, un equipo permanecía sobre el terreno en lugar de volver a sus escritorios mientras los chicos de los laboratorios resolvían los problemas; a veces, las soluciones se encontraban la misma noche en que surgía un obstáculo, de modo que a la mañana siguiente podía realizarse un nuevo experimento como si nunca hubiera ocurrido ningún percance. En el proceso, se rompieron todas las barreras a la creatividad, incluidas las más importantes, las que eran totalmente inconscientes. Una figura clave testificó:

> [La Cúpula de Hierro]... es el único misil del mundo que contiene componentes [tomados de juguetes]. Un día llevé al trabajo uno de los coches de juguete de mi hijo. Lo pasamos entre los dos y vimos que había componentes que realmente nos convenían; más que eso no puedo decirle.[39]

Es una desafortunada característica de la I+D militar reinventar lo que ya existe, a menudo para encontrar un uso a alguna tecnología nueva que puede entusiasmar a los tecnólogos pero que no es realmente necesaria, o simplemente demasiado cara, para el proyecto en cuestión. El portaaviones USS Gerald R. Ford (CVN-78) alcanzó un coste total de 17.500 millones de dólares frente a los 6000 millones de su predecesor, el USS George H.W. Bush (CVN-77), en gran parte debido a la irresistible necesidad de sustituir las tradicionales catapultas de vapor sibilantes y chocantes por un Sistema Electromagnético de Lanzamiento de Aviones insonoro que elimina toda esa antigua generación de vapor. Cuando el nuevo ingenio de 4000 millones de dólares siguió fallando, retrasando seriamente la puesta en servicio del USS Ford mes tras mes, la asediada Marina estadounidense afirmó que el sistema ahorraría esa cantidad en costes de funcionamiento a lo largo de una vida útil de cincuenta años, lo que indicaba que a los implicados no les iría muy bien como inversores. En el proyecto de la Cúpula de Hierro, por el contrario, no había ninguna urgencia por reinventar.

Otro factor de procedimiento que acabó acelerando el proyecto fue la implicación de los diferentes participantes muy pronto en la fase de desarrollo. Normalmente, el trabajo de producción sólo se inicia una vez finalizado el desarrollo, pero con la Cúpula de Hierro se produjo una sinergia de cooperación con el Ministerio de Defensa, que se convirtió en un participante en lugar de un cliente que inspecciona y audita a distancia (una relación que habría horrorizado a los valientes luchadores contra el despilfarro, el fraude y la mala gestión, que prefieren las relaciones de confrontación sin calcular nunca sus tremendos costes). Iron Dome ofrece el contraejemplo de un proyecto en el que el cliente prácticamente se fusionó con el equipo del proyecto. En otra drástica desviación de toda práctica normal, el personal de Heyl Avir que iba a operar las baterías de la Cúpula de Hierro (de ninguna manera los aviadores permitirían a los soldados disparar misiles a su cielo) también participó en los trabajos de desarrollo.

Que el sistema fuera fácil de utilizar correctamente era un objetivo extremadamente importante del proyecto: las baterías serían manejadas por jóvenes reclutas, no por profesionales experimentados, por lo que se incorporó al proceso a personal antiaéreo de las fuerzas aéreas. Entonces sorprendieron a los desarrolladores aportando mejoras y ajustes propios, que fueron debidamente implementados. Eso sólo fue posible gracias a una maniobra muy poco habitual de los jefes de desarrollo: «Los soldados [antiaéreos] que manejan el sistema tienen nuestros números de teléfono (!) y nos llaman para cualquier problema. [Estuvieron] implicados en el proyecto desde el primer momento, desde el nivel más básico de requisitos y especificaciones».[40]

La sencillez de manejo era un requisito primordial, pero había otras consideraciones:

> Uno de los requisitos del sistema que definimos desde el principio era que una mujer soldado de baja estatura debía poder subirse a la posición del lanzador y activarlo. También teníamos consideraciones de diseño estético; le dije al diseñador del lanzador que quería que tuviera un aspecto supermoderno pero también amenazador porque está claro que en menos de una hora de funcionamiento aparecerá en la CNN y en Al Jazeera.[41]

Por último, los representantes del personal de fabricación también se integraron en el proceso de desarrollo en una fase mucho más temprana de lo habitual, lo que redujo los riesgos del desarrollo a la producción y aceleró la resolución de problemas al tiempo que se reducían los costes.[42]

Una simple cronología capta toda la dinámica que impulsó el proyecto de la Cúpula de Hierro:

Febrero de 2006: Gold emite su contrato legal y apropiado para un «demostrador tecnológico», y no más que eso.

27 de agosto de 2006: El ministro de Defensa Amir Peretz, que casualmente residía en Sderot, muy cerca de Gaza y objetivo principal de los cohetes de Hamás, declara que la

Cúpula de Hierro es un «proyecto de máxima prioridad» y pide un plan de emergencia para acelerar su finalización. Pero no consigue un presupuesto ni el apoyo del gabinete para las órdenes formales a través del jefe del Estado Mayor de las FDI.

12 de noviembre de 2006: Gold, como jefe de MaFat, da oficialmente instrucciones a Rafael para que inicie el desarrollo a gran escala.

16 de noviembre de 2006: El jefe de la Dirección de Planificación del Estado Mayor de las FDI, un general de brigada de una estrella, asigna la responsabilidad del desarrollo de un «sistema activo de defensa contra cohetes de corto alcance» a las fuerzas aéreas, ignorando y cortando por lo sano la iniciativa de Danny Gold.

1 de diciembre de 2006: El ministro de Defensa Amir Peretz declara que es esencial una capacidad de interceptación de cohetes de corto alcance y que la Cúpula de Hierro es la solución elegida, pero que él mismo no puede autorizar los fondos necesarios.

4 de febrero de 2007: El primer ministro Ehud Olmert afirma que «la Cúpula de Hierro es inevitable» y lo más urgente. Pero no se asigna ninguna financiación a la empresa no autorizada de Gold. No obstante, la declaración de Olmert anima a los responsables de Rafael y Elta a seguir trabajando con la confianza de que al final todo se arreglará.

4 de junio de 2007: El jefe del Estado Mayor de las FDI, LG Gabi Ashkenazi, retiene su autorización al proyecto Cúpula de Hierro porque aún no había recibido fondos del Ministerio de Defensa.

3 de julio de 2007: El nuevo ministro de Defensa, MG (Ret.) Ehud Barak, aprueba «en principio» el desarrollo de la Cúpula de Hierro, que Gold había iniciado de hecho dos años antes sin ninguna autorización ministerial ni financiación.

23 de diciembre de 2007: Cinco meses después de la aprobación de Barak, el verdadero comandante en jefe del sistema israelí, el Comité del Gabinete para la Seguridad Nacional que incluye al ministro de Finanzas, respalda finalmente la decisión de Barak, proporcionando la financiación inicial.

1 de enero de 2008: La Cúpula de Hierro tiene su puesta en marcha oficial: dos años y cuatro meses desde su inicio real en 2005.

15 de julio de 2009: el radar, el misil y el *software* de la Cúpula de Hierro están listos para ser probados como un sistema integrado. Intercepta con éxito múltiples objetivos.

25 de julio de 2010: Un prototipo demuestra la interceptación selectiva de cohetes dirigidos a lugares designados como poblados frente a lugares deshabitados.

27 de marzo de 2011: Se despliega una primera batería operativa cerca de la Franja de Gaza, seguida de una segunda batería el 4 de abril de 2011, pero el Ministerio de Defensa emite un descargo de responsabilidad «confesando» que la Cúpula de Hierro aún no está plenamente operativa y que, no obstante, se pondrán en servicio más baterías, como «experimento operativo». Pero esa excusa apenas hizo falta, ya que el 7 de abril de 2011 una batería interceptó con éxito un cohete de 122 mm lanzado desde Gaza hacia la ciudad de Ashqelon. El radar identificó al instante el punto de lanzamiento, lo que permitió a un avión de las fuerzas aéreas que ya estaba patrullando bombardear el equipo de lanzamiento, con éxito.

20 de agosto de 2011: A medida que se calientan los combates, se lanzan once cohetes de 122 mm en una sola salva contra la ciudad de Be'er Sheva. La Cúpula de Hierro intercepta nueve y los dos restantes causan pocos daños.

Marzo de 2012: Se disparan en total unos 300 cohetes y granadas de mortero contra territorio israelí. De los 73 cohetes identificados como amenazas reales contra lugares poblados, la Cúpula de Hierro intercepta 69. Se despliega una cuarta batería.

18 de mayo de 2012: Debidamente impresionada por su éxito, la Cámara de Representantes de EE. UU. vota 680 millones de dólares para la financiación de la Cúpula de Hierro, a cambio de compartir la tecnología con la industria estadounidense y, en concreto, con el principal contratista Raytheon.

4 de junio de 2012: El Comité de las Fuerzas Armadas del Senado de EE. UU. aprueba sólo 210 millones de dólares, exigiendo aún el intercambio total de tecnología, lo que no molesta a los israelíes porque ven con buenos ojos la producción añadida de misiles de interceptación por parte de Raytheon.

23 de junio de 2012: La Cúpula de Hierro logra su interceptación número cien.

14-21 de noviembre de 2012: Operación Pilar de Defensa. Las baterías de la Cúpula de Hierro interceptan 428 cohetes con un porcentaje de éxito del 84 %.

17 de noviembre de 2012: Se despliega una quinta batería en la zona de Tel Aviv, que intercepta un cohete ese mismo día.

17 de enero de 2014: El presidente estadounidense Barack Obama aprueba 235 millones de dólares para la adquisición de baterías Cúpula de Hierro para Estados Unidos.

1 de agosto de 2014: El Congreso estadounidense aprueba 225 millones de dólares adicionales para reponer el inventario de misiles.

26 de agosto de 2014: Comienza la operación Margen Protector. Nueve baterías de la Cúpula de Hierro interceptan 578 cohetes, incluidos los Fajr-5 y M-75 de mayor tamaño, para un porcentaje total de éxito del 89,6 % (65 de las interceptaciones se inician manualmente, anulando el programa de lanzamiento automático de la Cúpula de Hierro).

16 de mayo de 2016: Prueba con éxito en el mar de la versión naval de la Cúpula de Hierro.

17 de septiembre de 2016: Una batería de la Cúpula de Hierro intercepta dos proyectiles de mortero procedentes de Siria en los Altos del Golán.

Cinco años después, con la reanudación de las hostilidades del 10 al 21 de mayo de 2021, Hamás lanzó un total de 4360 cohetes contra Israel. De ellos, 1661 fueron interceptados por el sistema Cúpula de Hierro, 176 fallaron y cayeron en zonas urbanizadas y 1843 cohetes cayeron como estaba previsto en zonas abiertas.[43] Unos 680 cohetes no lograron cruzar la frontera y cayeron dentro de Gaza, causando importantes bajas palestinas. Diez civiles israelíes perdieron la vida, y muchos más se salvaron, algunos porque las mejoras habían aumentado el rendimiento del sistema contra salvas pesadas destinadas específicamente a abrumar al sistema.

Estratégicamente, el valor del proyecto Cúpula de Hierro radicaba en que ofrecía al Gobierno israelí una alternativa a otra ofensiva terrestre probablemente costosa y poco concluyente. Además, los costes de desarrollo y producción inicial fueron moderados, un total de unos 2200 millones de dólares (la mitad, procedentes de Estados Unidos) desde el inicio hasta el primer uso operativo, en parte debido a un ritmo de desarrollo fenomenalmente rápido: la primera interceptación con éxito se produjo el 7 de abril de 2011, menos de seis años desde el inicio de los primeros esfuerzos de investigación en agosto de 2005.

Pero a Michael Lindenstrauss, interventor estatal de Israel y guardián de los procedimientos gubernamentales adecuados, incluidas las salvaguardias contra el despilfarro, el fraude y la mala gestión, no le hizo ninguna gracia la violación al por mayor de las normas perpetrada por Gold y sus confederados. En lo que a él concernía, la hazaña de Gold, más que ejemplar, era un caso de insubordinación sostenida y pirática, de malversación presupuestaria y de irregularidad administrativa a la mayor escala.

El informe del interventor sí reconocía que las circunstancias en las que Gold tomó sus decisiones distaban mucho de ser tranquilas y declaraba loable su sentido de la urgencia: «La oficina del Interventor del Estado es consciente de la decisión y el fervor de MaFat por producir sistemas de defensa activos lo antes posible». Pero seguía reiterando que, no obstante, era impropio que MaFat iniciara el desarrollo a gran escala antes de que las FDI hubieran definido siquiera los requisitos operativos; antes de que las FDI y el Gobierno hubieran aprobado el gasto de enormes sumas, y antes de cualquier exploración de alternativas defensivas y/o de configuraciones alternativas del sistema de defensa antimisiles. En otras palabras, Gold había elegido un sistema y se había lanzado a diseñarlo, en lugar de considerar todas las opciones. Siguió una larguísima lista de irregularidades, que terminaba como sigue:

El general de brigada Dr. Danny Gold inició el desarrollo de la Cúpula de Hierro en agosto de 2005 de forma «desordenada», violando las normas para ordenar el solapamiento de la fase de predesarrollo con la de desarrollo a gran escala, pasando así por encima de la jurisdicción exclusiva del jefe del Estado Mayor de las FDI, del ministro de Defensa y del Gobierno israelí en su conjunto.[44]

Junto con muchas más violaciones cometidas por funcionarios del Ministerio de Defensa y oficiales en servicio energizados por la urgencia carismática de Gold, el informe del contralor señaló que Gold había violado el decreto n.º 20.02 del Ministerio de Defensa, de agosto de 2005, cuando ordenó la programación «telescópica» del proyecto con etapas superpuestas, para iniciar el desarrollo (no autorizado) a gran escala bajo la apariencia de desarrollo (autorizado) de prototipos, una violación sólo posible gracias a la indulgencia de la dirección de Rafael y Elta. Pero, entre paréntesis, el interventor estatal señaló que el Ministerio de Defensa nunca había definido los términos específicos que utilizaba para los proyectos de I+D: «desarrollo telescópico», «desarrollo en espiral» (aparentemente: la reevaluación y prosecución secuencial de proyectos), «desarrollo incremental», «programa de demostración específico» y «demostración tecnológica». Tras la larga lista de acusaciones, las conclusiones finales del informe eran (como era de esperar) suaves:

> Es aconsejable que el desarrollo y la adquisición de sistemas de armas (en particular, los proyectos que afectan considerablemente al presupuesto de las FDI, y a su estructura de fuerzas), se ejecuten después de que los requisitos operativos se hayan especificado adecuadamente, y se hayan aprobado de antemano.[45]

En todo lo anterior Gold había hecho lo que solían hacer los estadounidenses. Ya en 1956, cuando la US Navy inició el desarrollo del misil balístico con armas nucleares Polaris 1A, lanzado desde un submarino, aún quedaba espacio para un verdadero liderazgo de proyectos en las adquisiciones de defensa estadounidenses. El almirante «31 nudos» Arleigh Burke (llamado así porque llevaba sus barcos a vapor por encima de la velocidad recomendada), entonces jefe de operaciones navales, que combinaba una fina mente analítica con un carácter duro, designó al contralmirante W. F. Raborn, otro personaje sesudo y de carácter duro, para dirigir el proyecto.[46] El 21 de enero de 1961, tras sesenta y seis días de patrulla sumergida, el USS George Washington, armado con dieciséis misiles Polaris, fue declarado plenamente operativo, justo cinco años después de que se hubiera empezado a trabajar en un sistema de armamento cien veces más complicado que la Cúpula de Hierro (y financiado con un presupuesto mil veces mayor). En una época en la que había mucha ansiedad en Estados Unidos por los avances soviéticos en misiles balísticos, la pronta llegada del Polaris fue muy importante estratégicamente porque era un arma de segundo ataque, mucho menos vulnerable a un ataque por sorpresa que los bombarderos en sus aeródromos o los misiles balísticos de las fuerzas aéreas en sus emplazamientos estáticos en tierra.

Para desarrollar el Polaris tan rápidamente como lo hicieron, Burke y Raborn tuvieron que asumir muchos riesgos, grandes y pequeños, porque estaban desarrollando un tipo de submarino totalmente nuevo para un tipo de misil balístico totalmente nuevo, cuyo diámetro reducido era posible gracias a un tipo de ojiva nuclear totalmente nuevo. Polaris solamente fue posible porque Burke creyó en la promesa del excéntrico genio Edward Teller, «padre de la bomba termonuclear», de que su equipo podría desarrollar una nueva ojiva (W-47) de diámetro reducido y hacerlo rápidamente. Fue sobre esa base que Burke rechazó el misil balístico de alcance medio Júpiter del Ejército, que habría requerido submarinos mucho más grandes, para desarrollar en su lugar el radicalmente diferente Polaris. Pero todo eso ocurrió antes de la llegada del actual régimen regulador estadounidense, que atrapa a todo el mundo en miles de normas y una secuencia interminable de revisiones de programas (y agonizantes reevaluaciones por parte del servicio de compras) en nombre de la lucha contra el despilfarro, el fraude y la mala gestión. En lugar de ser honrados y alabados por un liderazgo audaz y exitoso, en la actualidad los almirantes Burke y Raborn serían expulsados del servicio por asumir riesgos, y cada imperfección sería tachada de escándalo.[47]

El informe de 2009 del interventor del Estado israelí, que alababa y condenaba a la vez al BG Daniel «Danny» Gold, demuestra que Israel también se ha dotado de autoridades solapadas que emiten instrucciones contradictorias, así como de un gran número de reglamentos que no aseguran gran cosa a la vez que impiden una acción dinámica.

Pero en Israel los ataques enemigos casi diarios mantienen la degeneración legalista y burocrática bajo cierto control, y se enviaron las señales correctas cuando Gold no fue multado ni despedido, sino honrado con el Premio de Defensa de Israel y ascendido como jefe de toda la investigación y desarrollo de las FDI y del Ministerio de Defensa, con asiento en las reuniones del Estado Mayor.

En 2019, el Ejército estadounidense adquirió las baterías Iron Dome de Rafael para proteger sus bases en zonas disputadas. Fue un último sello de aprobación, tras diez años de actividad operativa y la interceptación de más de 2400 misiles y cohetes.[48]

VIII.

LAS MUJERES DE LAS FDI COMO INNOVADORAS

Desde el principio, el FDI fue único entre todas las Fuerzas Armadas del mundo porque el servicio militar obligatorio inaugurado con su creación el 26 de mayo de 1948 se aplicaba tanto a las mujeres como a los hombres.[1] En los peligrosos primeros meses de la guerra de la Independencia, cuando muchos pueblos judíos fueron atacados por sus vecinos árabes así como por bandas itinerantes, tanto hombres como mujeres lucharon en grupos de defensa locales, haciendo lo que podían con sus escasos rifles, pistolas y revólveres. Eso no era algo sin precedentes en la historia de la humanidad; las mujeres siempre han luchado junto con los hombres en la defensa de pueblos y ciudades sitiados, siendo el vertido de aceite hirviendo (o agua más probablemente) sobre los atacantes algo así como un cliché literario, mientras que a otras se las representa espada en mano.[2] Además, en los años inmediatamente anteriores a la independencia israelí, la propaganda soviética de guerra había dado mucha importancia a las mujeres combatientes del Ejército Rojo —pilotos, francotiradoras, ametralladoras, tripulantes de tanques y partisanas (ochenta y nueve recibieron la condecoración de héroe de la Unión Soviética)— que eran una pequeña minoría de los cientos de miles de mujeres del Ejército, una vigésima parte más o menos de sus efectivos totales, que en su mayoría eran enfermeras.

La novedad de las FDI era que las mujeres no eran excepciones para ser lionizadas como heroínas o relegadas a papeles femeninos seguros (como en el caso de las conductoras del Ejército británico de servicio doméstico de la Segunda Guerra Mundial, por ejemplo), sino simples reclutas junto con los hombres, que por lo tanto sirvieron en una gran variedad de papeles, incluyendo el combate en las unidades de la Haganah que hicieron la transición a las fuerzas terrestres de las FDI y en las fuerzas de ataque de élite de Palmaj. Sin embargo, a medida que surgían fuerzas más organizadas de las FDI, las mujeres soldados y oficiales, aunque seguían siendo entrenadas para utilizar rifles y pistolas, fueron asignadas a funciones no relacionadas con el combate como operadoras de radio, personal de cuartel general, secretarias de oficina, almacenistas, contables y enfermeras militares.

El servicio militar obligatorio también era diferente porque las mujeres servían durante periodos más cortos. Inicialmente el servicio era de veinticuatro meses para ambos sexos, pero gradualmente el servicio de los hombres se alargó a treinta, luego a treinta y seis meses, y después se acortó de nuevo a treinta y dos meses. Otra diferencia es que una proporción significativa de mujeres estaban legalmente exentas, incluidas las casadas a los dieciocho años, lo que no es infrecuente entre algunos grupos socioétnicos, y las que solicitaban la exención por motivos ideológicos y podían cumplir unas condiciones establecidas: una declaración convincente de que la solicitante no puede servir por motivos de conciencia o por un «modo de vida religioso», que se acepta si la solicitante «cumple las leyes del Kashrut en casa y fuera de ella y no viaja en Shabat», siendo éstas prácticas observables. Otra diferencia que perduró hasta 2001 fue que las mujeres soldado y oficiales seguían bajo la autoridad directiva y disciplinaria del Cuerpo Femenino (sin importar en qué unidad sirvieran). El cuerpo se encargaba de la inducción, la formación de reclutas y los traslados entre las diferentes unidades de las FDI; también gestionaba las unidades de soldados-maestras, que aumentaban el número de maestras locales en los nuevos municipios de inmigrantes y en las comunidades remotas.

El régimen posterior a 1949 cambió de un modo radical con la expansión de las fuerzas de campaña tras la guerra de 1973, en la que las fuerzas frontales de las FDI se vieron muy superadas en número por la expansión de los ejércitos de campaña árabes. Por lo tanto, hubo que encontrar personal para muchas más unidades de combate de primera línea adelgazando todo lo demás: unidades de servicio y logísticas, comandos de apoyo, cuarteles generales y, lo más perjudicial, el cuadro de instructores de las escuelas de formación grandes y pequeñas. Incluso antes de eso, el coronel Avishai Katz, comandante de la Escuela de Ingeniería Militar (acrónimo Bahalatz) Ba'had 14, había iniciado en 1972 un nuevo programa que enrolaba a mujeres como instructoras de combate. Su evidente éxito extendió la práctica a las bases de entrenamiento de infantería y de blindados, y después a todas las FDI.[3] Surgió una nueva política para emplear a mujeres seleccionadas como instructoras capacitadas en todas las áreas, incluyendo especialmente el entrenamiento de armas y vehículos blindados.[4] Los reclutas masculinos de las FDI aprenden de las jóvenes de entre dieciocho y veinte años habilidades especializadas y técnicas que van desde el francotirador hasta la colocación de cargas de demolición, el manejo de todas las radios de campo y sensores variados, la artillería de campaña, las habilidades necesarias para las tripulaciones de vehículos blindados de combate y mucho más. Iniciado por la dura necesidad en la década de 1970, cuando Israel no disponía de suficientes reclutas varones tanto para dotar de personal a sus unidades sobre el terreno como para servir de instructores en todos sus cursos de formación (cualquier fuerza militar con un entrenamiento intensivo necesita muchos instructores), la práctica se institucionalizó cuando las FDI descubrieron que las mujeres solían ser mejores instructoras que los hombres, entre otras cosas porque podían encontrar más fácilmente el equilibrio adecuado entre disciplina y sensibilidad en el trato con los jóvenes reclutas.

Debido a que su propia formación es muy minuciosa y emplea técnicas pedagógicas muy eficaces, las instructoras se ganan el respeto de sus colegas masculinos de las FDI y la atención de sus alumnos varones.[5] Los jóvenes reclutas en su primer encuentro con armas peligrosas, como las granadas de mano, se tranquilizan por la familiaridad de las instructoras que lo hacen primero.

Los aspirantes a artilleros del enorme cañón de alta velocidad de 120 mm del tanque Merkava estándar pueden ver a su instructor junto a ellos dentro de la apretada torreta del tanque apartando despreocupadamente un mechón de pelo suelto mientras las tres toneladas de acero del cañón retroceden explosivamente a cinco centímetros de sus orejas derechas.[6]

Las necesidades de adiestramiento de las FDI son ciertamente únicas: entre todas las Fuerzas Armadas del mundo es la única que debe confiar en reclutas adolescentes para manejar incluso las armas y los sistemas de apoyo más complejos, en lugar de los suboficiales profesionales, técnicamente formados o con muchos años de servicio de todas las demás Fuerzas Armadas.[7] Por lo tanto, incluso antes de la llegada de las mujeres examinadas individualmente y seleccionadas para la formación de instructores, los métodos pedagógicos de las FDI se consideraron muy cuidadosamente, con el fin de captar y retener la atención de los jóvenes soldados y enseñarles lo que tienen que saber. La llegada de las instructoras añadió un elemento de tensión de género a la fuerza motivadora de la pedagogía establecida, ya que los jóvenes reclutas varones se esforzarían al máximo para evitar fracasar delante de sus instructoras.[8]

El Cuerpo Femenino, que había afirmado el papel separado y diferenciado de las mujeres, quedó cada vez más obsoleto a medida que las mujeres servían como instructoras en todas las partes de las FDI, y algunas iban más allá en funciones de apoyo al combate y luego de combate. Roni Zuckerman, la primera mujer piloto de un caza, recibió sus alas en 2001. Ese mismo año, tras años de importancia decreciente, el Cuerpo Femenino fue finalmente abolido y sustituido por la oficina radicalmente diferente del asesor de Asuntos de la Mujer del jefe del Estado Mayor, encargado de potenciar el papel de la mujer en todas las capacidades garantizando más oportunidades, promoviendo entornos de unidad adecuados para las mujeres soldado y asimilando a las mujeres a puestos de liderazgo militar en todos los rangos. Pronto se presentaron voluntarias para todo tipo de funciones en las fuerzas terrestres, aéreas y navales, si no en combate directo, salvo en unidades específicas, lo suficientemente cerca del campo de batalla en funciones de apoyo, desde la artillería hasta la búsqueda y el rescate mediante aerotransporte. Algunas instructoras aprovecharon oportunidades para entrar en combate —así, una instructora de conducción de un vehículo blindado de transporte de tropas (APC) pesado se unió a una operación en Gaza cuando los APC de su unidad de entrenamiento fueron asignados para equipar a una unidad de infantería que no tenía ninguno propio—. En lugar de enviar a las mujeres soldado en masa a las unidades de combate existentes en busca de una igualdad formal sin tener en cuenta los aspectos prácticos —las FDI viven en condiciones duras, en tiendas de campaña o en cabañas, con duchas al aire libre—, se crearon unidades de combate especialmente estructuradas de mujeres y hombres soldado para proporcionar las instalaciones necesarias, y también para acomodar las diferencias de fuerza en la parte superior del cuerpo (los intentos de negar la fisiología han causado altas tasas de lesiones entre las mujeres soldado de otros ejércitos).

En 1995, la Guardia de Fronteras, administrativamente dependiente de la Policía, pero operativamente a menudo bajo el mando de las FDI, abrió las funciones de combate a las mujeres reclutas, tanto como policía antidisturbios como en la infantería ligera antiterrorista. Tras el éxito de la integración de mujeres combatientes por parte de la Guardia de Fronteras, en el año 2000 se formó una unidad de combate mixta: el 33.º Batallón de Seguridad Fronteriza Caracal, con más de un 50 % de mujeres en 2021. Sus soldados están entrenados para patrullar las fronteras en busca de infiltrados armados y contrabandistas de drogas y personas. Al asumir el papel de seguridad fronteriza, el Caracal y otros batallones de infantería mixtos permiten a las unidades de infantería de primera línea (por ejemplo, Givati, Golani) disponer de más tiempo de entrenamiento.

La dirección de las FDI, incluido el asesor de Asuntos de la Mujer del jefe del Estado Mayor, había resuelto que, si las FDI iban a tener mujeres soldado de combate, tendrían que ser realmente buenas soldados, y Caracal, como primera unidad de combate mixta, tuvo por tanto que ser puesta a prueba no en el sector más seguro posible, sino todo lo contrario. De hecho, las mujeres y los hombres de Caracal pronto tuvieron que luchar contra infiltrados del ISIS bien armados procedentes del Sinaí. En un incidente, la capitana Or Ben Yehoda dirigió a su compañía contra unos infiltrados bien armados; resultó herida, pero su fuerza pudo matar a seis de ellos. Una oficial y una francotiradora fueron condecoradas por su valentía y actuación durante combates similares.

Pronto reconocido como un éxito, Caracal se convirtió en el modelo de otros dos batallones mixtos de infantería ligera: Leones de Jordania en 2014 y Batallón Chita en 2015.[9] Muchas otras mujeres han servido en funciones individuales de combate en unidades de artillería, en unidades antiaéreas, en transporte y como pilotos de combate, navegantes y oficiales en todas las ramas. Orna Barbivai, la primera mujer con rango de mayor general (*aluf*) de las FDI —una de las pocas generales de división de las fuerzas— fue ascendida a ese rango en junio de 2011, cuando fue nombrada jefa del Departamento de Personal del Estado Mayor.

El servicio obligatorio de las mujeres en las FDI fue una innovación única al principio, en 1948, precisamente porque no era ni un remedio a corto plazo para la escasez de mano de obra ni un truco propagandístico, sino más bien un caso de aprovechamiento absoluto de unos recursos humanos escasos. En un país en el que casi todos los hombres aptos, salvo los más religiosos, sirven de uniforme —lo más parecido a un servicio militar universal que se puede encontrar en cualquier parte del mundo—, muchas mujeres no lo hicieron porque eran hijas de familias tradicionalistas, en las que el servicio militar se consideraba subversivo para la modestia que se esperaba de todas las jóvenes. Una consecuencia involuntaria fue que las FDI se convirtieron en las emancipadoras de un gran número de mujeres que se rebelaron contra las nocivas costumbres del viejo país huyendo de casa a las bases de reclutamiento para unirse a las mujeres laicas de su cohorte de edad. Por la misma razón, algunas mujeres árabes, en su mayoría cristianas, también se presentan voluntarias para servir en las FDI; algunas de ellas, en funciones de combate.[10]

IX.

DOCTRINA MILITAR E INNOVACIÓN

Cuando las FDI tuvieron sus comienzos en 1948 bajo la dirección del primer ministro y ministro de Defensa del país David Ben-Gurion, el Ejército británico era a la vez el detestado exocupante que se había esforzado por desarmar a los judíos mientras se enfrentaban a ataques mortales, y el modelo favorito de Ben-Gurion de un ejército apolítico de toda la nación. Bajo el dominio británico, los judíos habían construido gradualmente no un ejército clandestino, sino milicias politizadas. La Haganah era con diferencia la más grande, controlada por el partido socialdemócrata Mapai de Ben-Gurion.[1] Su fuerza de élite ganadora de la guerra, el Palmaj, estaba dirigida en su mayoría por miembros del partido Achdut Haavoda, más de izquierdas, entre los que se encontraban el futuro primer ministro Isaac Rabin y el destacado comandante de campo de la guerra de la Independencia Yigal Allon.[2] Su rival ideológico, el Irgún, estaba dirigido por el partido «revisionista» de derechas.[3]

En teoría, Ben-Gurion podría haberse convertido en un dictador, dado que la milicia de su partido controlaba la mayoría de las zonas judías del país.[4] Sin embargo, para Ben-Gurion el control político de la Haganah no representaba una ventaja que explotar, sino más bien una peligrosa confusión de papeles: era, implacablemente, un estatista entre ideólogos. Como ministro de Defensa, además de primer ministro, promovió por tanto a los que se habían alistado como voluntarios en el Ejército británico en tiempos de guerra, en lugar de a los recientemente victoriosos comandantes del Palmaj, «un movimiento político juvenil en armas» que despreciaba las formalidades militares e incluso los uniformes adecuados, cuya inspiración anterior a 1948 fue la dirigida por los soviéticos partisanos que habían luchado tras las líneas alemanas. Ben-Gurion, por el contrario, quería fuerzas regulares de soldados disciplinados y uniformados dirigidos por oficiales profesionales, como en el Ejército británico.[5]

Pero, cuando se trataba de métodos de combate, en particular para las fuerzas terrestres, ni siquiera Ben-Gurion estaba impresionado por el estilo de guerra británico, decididamente poco dinámico, que se basaba en una potencia de fuego muy superior —aluviones de artillería y bombardeos aéreos— para derrotar al enemigo por puro desgaste, antes de los avances paso a paso de blindados e infantería para apoderarse del terreno ganado con la potencia de fuego. Este método era totalmente inútil para los israelíes porque requería fuerzas muy superiores, con ventajas numéricas de tres a uno o más en hombres y potencia de fuego, como en la batalla de El Alamein y, de hecho, en casi todas las victorias británicas contra los alemanes. Por lo tanto, aunque las FDI debían copiar las formas no políticas y las ideas organizativas del Ejército británico, no podían copiar su estilo de combate y sus métodos operativos, porque tenían que ser capaces de ganar como habían ganado en 1948, incluso en inferioridad numérica y de potencia de fuego. Sólo una guerra de maniobras ágil podía sortear, infiltrarse, dislocar, confundir y desorganizar a fuerzas enemigas muy superiores mediante audaces acciones por sorpresa o actuando y reaccionando más rápido de lo que podía hacerlo el enemigo. Obviamente, esto requería mandos de pensamiento rápido dispuestos a asumir riesgos, el tipo de personas que lideran la innovación en tiempos de paz.

Los comandantes del Palmaj eran los adecuados para la tarea; sus tácticas rápidas y fluidas, sus audaces métodos operativos en la guerra de la Independencia ejemplificaban la guerra de maniobras en su máxima expresión.[6] Las unidades del Palmaj habían ganado sus batallas en 1948-1949 con algunas heroicas y muy costosas luchas cuerpo a cuerpo (algunas, a cargo de quinceañeros), pero sobre todo con ofensivas audaces y rápidas que superaban a las fuerzas árabes, que al principio eran más grandes y estaban mejor equipadas, pero que se vieron fatalmente frenadas por las rígidas cadenas de mando descendentes.[7] En otras palabras, el estilo de guerra del Palmaj se situaba en el extremo «comando» de la guerra de maniobras, dependiendo más de la velocidad y la sorpresa que de la potencia de fuego o la masa, y eso siguió siendo así incluso cuando las fuerzas combinadas de tres brigadas separadas del Palmaj pudieron montar grandes operaciones en los últimos meses de la guerra junto con unidades regulares de las FDI.

Aunque el destacado comandante de campo del Palmaj Yigal Allon, que había dirigido todas las campañas importantes de la guerra, abandonó las FDI después de la guerra para dedicarse a la política, otros oficiales del Palmaj permanecieron en las FDI para propagar su ética y sus métodos. También había otros oficiales que no pertenecían al Palmaj pero que, sin embargo, favorecían sus métodos, entre los que destacaba Moshe Dayan, un ejemplo del estilo de movimientos rápidos de guerra en 1948 como comandante de un batallón de *jeeps*, luego en la campaña del Sinaí de 1956 como jefe del Estado Mayor y en la guerra de 1967 como ministro de Defensa. En esta fase temprana del surgimiento de las FDI, una inspiración fue la caballería de movimientos rápidos del Ejército Rojo en su mejor momento durante las últimas fases de la guerra civil rusa, comunicada al Palmaj por su figura más alta, Yitzhak Sadeh, un veterano condecorado y comandante de compañía en el Ejército Imperial Ruso.[8] También muy admirada en los primeros años de la posguerra fue la guerra partisana soviética en los territorios ocupados por Alemania, combatida por voluntarios variados bajo el liderazgo de oficiales del Ejército soviético. Pero sólo un puñado de partisanos judíos sobrevivió para llegar a Israel y describirla con algún detalle, por lo que influyó sobre todo en las canciones de marcha del Palmaj y en sus no uniformes, incluido el uso de calcetines de lana de punto como tocado. Pero lo más importante era la noción de que la velocidad en la decisión y la acción puede pesar más que la masa; fundamental para el Palmaj, siguió siéndolo para las FDI.

Otra fuente de la cultura militar del Palmaj fue la teoría y la práctica del brillante excéntrico y posterior comandante de campo Orde Charles Wingate, el más raro de los pájaros como oficial británico projudío en Palestina.[9] Formando una unidad mixta temporal británica-judía para operaciones de contraguerrilla en 1938, enseñó a sus discípulos, sobre todo a Yigal Allon y Moshe Dayan, que la mejor forma de derrotar a los enemigos es mediante incursiones repentinas, con la importantísima sorpresa obtenida mediante duras marchas nocturnas por caminos inesperados o mediante emboscadas que logran la sorpresa mediante un posicionamiento sigiloso y una paciencia estoica. La fórmula de Wingate no podía ser aplicada por soldados obstinadamente obedientes, y mucho menos renuentes. Requería combatientes muy motivados, bien entrenados y en buena forma física, pero no muchos de ellos, porque con la sorpresa incluso un número pequeño podía ganar. De este cálculo, respaldado por la aceptación de extenuantes ejercicios de entrenamiento, aún perpetuados en las largas marchas de las FDI, surgió el elemento comando en las operaciones Palmaj. Esto a su vez inspiró la propia cultura de asalto de las FDI, iniciada en pequeña medida con la única Unidad 101 pero desarrollada a lo largo de los años en un espectro de diferentes unidades de comandos, cada una especializada en una tarea o en varias. Sobre todo, en las FDI el elemento comando —la guerra de maniobras en su máxima expresión— no es periférico como en otros ejércitos, porque muchos oficiales superiores son ascendidos desde las unidades de comandos.

Así, dos doctrinas militares radicalmente diferentes influyeron en la formación de las FDI: la doctrina británica, sistemática y a veces pesada, que minimizaba los riesgos pero también las ganancias, y el estilo de guerra de maniobras Palmaj, de alto riesgo y alto precio, que trataba de explotar la sorpresa para derrotar a muchos con pocos.

De ello se deduce que, cuando los forasteros sugerían la adopción de algún nuevo método táctico u operativo, sus sugerencias no podían rechazarse de plano porque chocaban con dos doctrinas oficiales que se contradecían entre sí. En cuanto terminó la guerra de la Independencia con el armisticio de 1949, las FDI intentaron mejorar la formación profesional de sus oficiales superiores, aún jóvenes, enviándolos a estudiar a escuelas de guerra europeas o a universidades ocasionales. Así, Moshe Dayan, futuro jefe del Estado Mayor y ministro de Defensa, asistió en 1952 a la Escuela de Oficiales Superiores del Ejército británico en Devizes, de tres meses de duración, cuando ya había mandado fuerzas en la guerra, negociado un armisticio y dirigido un mando de zona. Aunque el soldado-sirviente personal (*batman*) que le despertaba cada mañana con té y le lustraba los zapatos asombraba a Dayan, le gustó bastante la forma en que los problemas eran planteados y resueltos por los experimentados instructores de batalla.[10] Por el contrario, el mariscal de campo Bernard Law Montgomery de El Alamein visitaba a veces Devizes para enseñar el «método Montgomery» de ganar batallas, empezando por la acumulación de fuerzas de artillería, blindados e infantería enormemente superiores —no muy útil para los oficiales de las FDI que tuvieron que aprender a luchar en inferioridad numérica y ganar—.

Otros oficiales de las FDI enviados a escuelas de personal y escuelas de guerra británicas o francesas agradecieron la distracción en una época en la que viajar al extranjero era un lujo inalcanzable para la mayoría de los israelíes, pero informaron de que aprendieron muy poco que fuera útil: las tácticas y métodos operativos sugeridos eran demasiado rígidos y burocráticos para los improvisados israelíes, y presumían de armas y potencia de fuego muy por encima de los medios de Israel. Ezer Weizman, que ya era un exitoso piloto de combate y futuro comandante y presidente del aire, fue enviado en 1951 al Royal Air Force Staff College de la RAF de Andover, donde también llegó a la conclusión de que era importante no aprender de los demás.[11]

Pero los jóvenes comandantes israelíes sí aprendieron métodos de planificación, cálculos logísticos y procedimientos ordenados de trabajo del personal útiles para las FDI, a menudo demasiado informales y demasiado improvisadoras. La antipatía extrema tampoco podía negar por completo las virtudes evidentes de ese otro modelo, el estilo alemán de guerra de maniobras rápida y fluida, impulsada por un liderazgo ascendente desde el frente, a su vez posible gracias a la invención por parte del Estado Mayor prusiano de supervisar pero no intervenir en el cuartel general de alto nivel, cuyos oficiales del Estado Mayor sólo debían intervenir para coordinar las fuerzas separadas que avanzaban bajo sus propios líderes oportunistas si estaban a punto de chocar o cuando podían converger contra el enemigo. En aquel momento, la expresión más reciente de ese estilo de guerra eran las campañas de guerras relámpago de 1939-1943, en las que columnas de infantería transportada en camiones y encabezada por tanques avanzarían lo más rápidamente posible, sorteando cualquier resistencia local fuerte en lugar de detenerse a combatirla, a menos que el enemigo pudiera ser dispersado rápidamente por fuego de artillería o ataques aéreos muy concentrados.

Aunque la mayor parte del ejército alemán de la Segunda Guerra Mundial estaba formado por infantería a pie y artillería tirada por caballos más que por fuerzas acorazadas, mientras que la capacidad de bombardeo de la Luftwafe no era grande para los estándares angloamericanos posteriores, la propaganda de la época muestra columnas de tanques avanzando a toda prisa y oleadas de bombarderos en picado Stuka descendiendo sobre los objetivos. Esa tergiversación era en realidad la esencia misma de la guerra relámpago, en la que el enemigo debía ser sorprendido para que se retirara en tromba, con el pánico compensando la falta de mucho blindaje o potencia de fuego del ejército alemán. (Una vez que los rusos adquirieron ambos en grandes cantidades, se acabó la treta.) Hubo importantes lecciones en esto para las FDI, que tuvieron que aprender tanto a explotar los efectos psicológicos como a no confiar demasiado en ellos.

Otra dimensión de la guerra al estilo alemán es muy anterior a los nazis y a la guerra relámpago: el cuidadoso cultivo de las habilidades tácticas en serios cursos de entrenamiento, que fue la fortaleza más duradera del ejército alemán, persistiendo incluso cuando la superioridad de potencia de fuego y todo lo demás estaban perdidos. Incluso en las últimas semanas de la Segunda Guerra Mundial, una unidad de infantería alemana que mantuviera una posición en la que aún quedaran algunos suboficiales experimentados y suficiente munición para sus ametralladoras era un objeto inamovible incluso con una enorme superioridad de potencia de fuego. Más concretamente, las tácticas alemanas tenían el efecto de convertir la defensiva en algo parecido a la ofensiva buscando todas las oportunidades para contraatacar, aunque sólo fuera con un puñado de soldados; en la ofensiva, en cambio, lo más importante era encontrar la forma de llegar por detrás de la fuerza enemiga en lugar de hacerla retroceder con ataques frontales. Ésa era la doctrina de ataque/defensa que necesitaban las FDI para sacar partido de sus brillantes soldados y de la intensidad de entrenamiento posible con un servicio militar prolongado.

En 1924, mucho antes de que nacieran las FDI, tres miembros de la Haganah viajaron a Alemania para ser entrenados personalmente por Paul Emil von Lettow Vorbeck, el extraordinario comandante alemán que había sido entrenado como oficial militar prusiano regular para la guerra en Europa, pero que luego logró victorias guerrilleras imposibles como comandante en África Oriental.[12] Con el África Oriental alemana bloqueada desde agosto de 1914, von Lettow no recibió más suministros ni refuerzos. La rendición ante las superiores fuerzas británicas que subían desde Sudáfrica era la única opción realista, pero von Lettow avanzó, retrocedió y contraatacó de nuevo muchas veces durante los cuatro años y medio siguientes, rindiéndose sólo el 23 de noviembre de 1918, dos semanas después de la rendición oficial alemana. Con un puñado de oficiales alemanes y las tropas africanas que a menudo entrenó personalmente a lo largo de la guerra, von Lettow había librado con éxito una guerra de incesantes maniobras, abasteciéndose mediante infinitas improvisaciones, incluida la producción de su propia pólvora.

La improvisación, sobre todo la de conseguir equipos y suministros que no se entregaran sin más, era un arte que von Lettow podía enseñar a raudales, junto con la idea central e inusual de que la ofensiva era la única postura adecuada para una fuerza inferior, atributos que tanto la Haganah preestatal como las primeras FDI necesitarían desesperadamente. Y los visitantes de 1924 también podían aprender mucho del Reichswehr, el ejército alemán posterior al armisticio limitado por tratado a 100.000 efectivos en total (con otros 15.000 para la armada) y severamente restringido en equipamiento (por ejemplo, sin tanques). Tuvo que hacer mucho con poco, sobre todo formando a cada soldado hasta el nivel de instructor para hacer factible una rápida movilización de civiles.[13]

El propio curso de oficiales de la Haganah comenzó en 1937 bajo la dirección del totalmente autodidacta Yosef Avidar, que se basaba en las revistas militares para mantenerse al día del pensamiento militar europeo.[14] Imaginaba un pequeño ejército de líderes bien entrenados, similar al Reichswehr, en el que cada soldado estaría entrenado al menos hasta el nivel de sargento. Avidar sostenía que los textos alemanes eran los mejores, pero también se basaba en publicaciones soviéticas, británicas y polacas.[15] Muchos futuros líderes de las FDI fueron aprendices de Avidar; entre ellos, Moshe Dayan y Yigal Allon. Y aunque las unidades de la Haganah eran muy pequeñas, Avidar entrenó a sus alumnos para comandar batallones e incluso brigadas, lo que fue una suerte porque en los combates de 1948, las recién nacidas FDI pasaron de combatir en pelotones de treinta a hacerlo en brigadas combinadas de miles de personas en sólo unos meses.[16]

A la hora de estructurar el Estado Mayor de las FDI, su alto mando, el modelo de Ben-Gurion fue de nuevo británico, pero también se vio influido por las recomendaciones de otra influencia extranjera, el coronel recién retirado del Ejército estadounidense Fred Harris-Grunich, que defendía, por ejemplo, que la rama de inteligencia debía estar separada del staf general, como en el Ejército de EE. UU.[17] Otra influencia en la estructura de las FDI fue el impacto de los voluntarios en tiempos de guerra de las fuerzas británicas, incluidos los que se habían convertido en pilotos de la Royal Air Force. Presionaron a favor de una fuerza totalmente independiente como la RAF, que fue la primera fuerza aérea en convertirse en un servicio separado en una época en la que los ejércitos y las armadas de otros países tenían cada uno su propia rama aérea, y no había una fuerza aérea independiente en cualquier lugar. Esa exigencia fue rechazada, pero, como solución de compromiso, se concedió al Heyl Avir, o Cuerpo Aéreo, un estatus superior al de la artillería o el blindaje porque se le permitió tener su propio cuartel general de mando, aunque seguía subordinado al Estado Mayor. Se encontró una solución similar para el Heyl Hayam, el Cuerpo Marítimo de las FDI.[18]

Todo tuvo que hacerse con poco dinero y mucha prisa, pero los oficiales que diseñaron las FDI pieza a pieza estaban bien informados sobre la organización de los Estados Mayores de las fuerzas occidentales, y trataron de escoger entre sus componentes para diseñar una organización de cuarteles generales que se adaptara a las circunstancias especiales de las FDI, incluida la necesidad de depender en gran medida de las reservas y hacer frente a escaseces extremas. En septiembre de 1947, seis meses antes de la creación de las FDI, un veterano del Ejército británico, el mayor (retirado) Haim Laskov, se propuso traducir más de treinta manuales de entrenamiento británicos y redactó programas de cursos basados en ellos.[19] Lo que no se pudo aprender del Ejército británico se aprendió de otros ejércitos, en particular del suizo y del finlandés por su modelo de ejército de reserva, al que se añadió el reclutamiento femenino en respuesta a la extrema escasez de personal apto.

Finalmente, cuando algunos oficiales de las FDI visitaron los Ejércitos estadounidense y francés en la década de 1950, quedaron asombrados por su magnitud y sus tradiciones, pero poco impresionados por sus métodos.[20] Cuando las FDI empezaron a desarrollar fuerzas blindadas, el interés por las operaciones blindadas alemanas se centró en sus métodos y tácticas en el desierto occidental, que se asemeja al Negev y al Sinaí tanto en el terreno como en el clima. Uri Ben Ari, uno de los fundadores del Cuerpo Blindado de las FDI, nació en Berlín y hablaba alemán como lengua materna. Leyó los manuales originales alemanes de guerra blindada y realizó varias pruebas para tratar de determinar si se adaptaban a las necesidades de las FDI.[21] Fue principalmente gracias a su trabajo que las FDI adoptaron, entre otras cosas, tácticas blindadas basadas en doctrinas de combate alemanas en lugar de británicas.[22] Tras el establecimiento de relaciones diplomáticas con Alemania Occidental en 1965, las FDI incluso enviaron —no sin vacilar— a oficiales a estudiar en la Escuela de Comando y Estado Mayor de Alemania.[23] El rápido avance de las fuerzas blindadas de las FDI en el Sinaí en la guerra de 1967 evocó, sin duda, recuerdos de la guerra relámpago alemana.[24]

En cuanto a la doctrina naval, Israel necesitaba algo bastante inusual, porque no tenía ningún buque de combate ni ninguna perspectiva de adquirir ninguno, mientras que Egipto tenía varios. Como ya se ha señalado, en gran parte gracias a Yohai Ben-Nun, se encontró una respuesta en los hombres rana de combate italianos de gran éxito en la Segunda Guerra Mundial, que utilizaban máscaras, aletas y tanques de aire recién inventados de buceadores aficionados, y sus propios inventos de torpedos tripulados, lanchas explosivas y minas lapa magnéticas, para hundir varios buques de guerra británicos importantes. Ben-Nun puso en marcha la fuerza de comandos marítimos Shayetet («Flotilla») 13, para la que aportó equipos de submarinismo y de submarinistas italianos excedentes de guerra, junto con el experto italiano Fiorenzo Capriotti, veterano de la famosa y tristemente célebre Decima MAS (cuyas tropas terrestres fueron culpables de muchas atrocidades) con la aprobación de Ben-Gurion.[25]

Capriotti empezó a entrenar a sus alumnos israelíes con la técnica más sencilla: botes explosivos, en los que el truco consistía en mantener el rumbo hacia el buque objetivo, saltando de él sólo en el último momento. Antes de terminar el entrenamiento, los alumnos pusieron a prueba sus habilidades el 22 de octubre de 1948, cuando el buque insignia egipcio Amir Farouq y un barco de escolta fueron detectados navegando cerca de la costa de Gaza. Ben-Nun y otros tres alumnos de Capriotti entraron en acción, hundiendo el Amir Farouq con sus 500 tripulantes y dañando gravemente el buque de escolta. Capriotti tenía muchas ganas de participar, pero sus alumnos se negaron, para su gran frustración.[26] Ben-Nun, que conducía el barco, continuaría siendo el innovador naval de Israel al conceptualizar una armada formada por lanchas misileras pequeñas pero muy capaces, armadas con el misil Gabriel que él inició.

Así, con las tradiciones militares británicas, la guerra de maniobras alemana, la guerra naval asimétrica italiana, los métodos de comando de Wingate y las variaciones autóctonas de todo lo anterior, las FDI no empezaron con una doctrina militar coherente y nunca llegarían a tenerla. Tampoco las mentes dirigentes de las FDI suscribieron nunca la idea de que la planificación a largo plazo, basada en previsiones del entorno estratégico a diez años vista y más, pudiera guiar el desarrollo de las FDI. En la interminable agitación de Oriente Próximo, incluso los planes quinquenales se ven pronto superados por los acontecimientos, de modo que cualquier programa plurianual ordenado por la mecánica de las adquisiciones requiere pronto cambios y adaptaciones: el eslogan de las FDI de que «los planes no son más que una base para los cambios» está ciertamente validado por los antecedentes. En 2003 se inició un plan quinquenal de construcción de fuerzas; tras la segunda guerra del Líbano de 2006 se desechó la mayor parte para seguir un enfoque completamente distinto, pero ese plan se detuvo a mitad de camino por problemas de financiación. Tras un periodo de indecisión, se formó un nuevo plan que también incurrió en problemas de financiación que acaban de remediarse cuando las revueltas árabes de 2011 eliminaron la amenaza militar siria y cambiaron en gran medida el escenario árabe. Eso, a su vez, impulsó un nuevo plan parecido al de 2003, hasta que los combates de Gaza del verano de 2014 revelaron las limitaciones del plan, lo que acabó impulsando un nuevo plan Gideon de innovaciones radicales lanzado en julio de 2015, seguido en 2019 con otro nuevo plan, Tnufa, para explotar las capacidades tecnológicas emergentes.[27] Sin una doctrina militar coherente, y sin planes de creación de fuerzas que duren lo suficiente como para que importen, no hay un conjunto de ideas controladoras, una ausencia que inquieta a algunos pero que sin duda deja la puerta abierta de par en par a nuevas ideas en las FDI —ideas de cualquier parte, lo que, sin duda, favorece la innovación—.[28]

X.

DEL TRIUNFO AL FRACASO EN EL AIRE, 1967 Y 1973

Cuando las ambiciones superan los medios disponibles, las personas sensatas las recortan, pero en la década de 1960 los israelíes, enfrentados al rápido crecimiento de las fuerzas militares árabes que les rodeaban, abastecidas por los soviéticos, no podían permitirse ser sensatos. En lugar de aceptar sus limitaciones, se lanzaron a intentar encontrar soluciones fuera de lo común, prefiriendo el riesgo del fracaso a la mansa aceptación de realidades infelices. David Ben-Gurion nunca podría haber estado de acuerdo con Otto von Bismarck en que «la política es el arte de lo posible» cuando se propuso construir un Estado sin un ejército que lo defendiera, un ejército que sólo un Estado podía construir. Los israelíes de uniforme, desde los soldados rasos hasta los generales de división, son como los demás israelíes en ese sentido, sólo que más, y prefieren rutinariamente asumir riesgos a conformarse con lo inaceptable.

Allá por 1956, cuando el Heyl Avir aún operaba cazas P-51 Mustang con motor de pistón para complementar su escaso total de sesenta reactores variados, se encontró una nueva misión para ese avión famosamente versátil el primer día de la campaña del Sinaí, el 29 de octubre.[1] Interrumpiría las comunicaciones egipcias cortando las líneas telefónicas tendidas de poste a poste por

145

toda la península. Cuatro Mustang fueron equipados especialmente para la tarea atando cables a sus colas lastrados para formar ganchos en vuelo.[2] Pero ese dispositivo falló cuando los cables simplemente se cayeron. En lugar de rendirse, los pilotos cortaron las líneas telefónicas con sus hélices y alas, añadiendo más riesgo a una misión ya de por sí arriesgada, volando tan cerca del suelo.

Para los aviadores, la única respuesta posible a la falta de medios —asegurada por la persistente negativa estadounidense a vender aviones de combate a Israel— era encontrar la forma de hacer mucho más con menos.[3] En la misma campaña del Sinaí de 1956, el 103.º escuadrón de Elefantes Voladores que agrupaba el minúsculo inventario israelí de aviones de transporte entregó 351 paracaidistas en el paso de Mitla, en el Sinaí occidental, en el movimiento de apertura de la campaña, un raro salto de combate en lo más profundo del territorio controlado por el enemigo.[4] (La copiloto del avión de cabeza fue la primera mujer piloto de combate de Israel, Yael Rom). Había tan pocos transportes que de los diez C-47 Dakota, la versión militar del omnipresente DC-3, siete tuvieron que ser prestados en el último momento por los franceses, entonces aliados polivalentes de Israel.

Fue con este trasfondo aventurero con el que las fuerzas aéreas de la década de 1960 abordaron el objetivo aparentemente imposible de la operación Moked («Enfoque»): destruir la totalidad del poder aéreo enemigo desde el principio, para anular la superioridad numérica árabe en el aire, impedir el bombardeo de la retaguardia civil israelí y permitir el uso de los aviones de combate israelíes supervivientes para apoyar a las fuerzas terrestres. Se trataba de una empresa que requería exactamente lo contrario de la improvisación al estilo israelí de esperar lo mejor, que exigía en cambio un esfuerzo implacablemente sistemático y global para superar todos los impedimentos a una ofensiva aérea destinada a destruir el número necesario de aviones en cada uno de los muchos aeródromos diferentes en el menor tiempo posible, y hacerlo con una fuerza aérea sencillamente demasiado pequeña para la tarea. Para los improvisados israelíes fue necesario un verdadero cambio cultural para alcanzar una disciplina operativa lo suficientemente intensa como para lograr siempre niveles extremos de rendimiento. Entrenar implacablemente según normas precisas, sin tolerancia a las desviaciones, era ajeno a la mentalidad israelí imperante. Pero se hizo.

Cuando los planes Moked se perfeccionaron finalmente justo a tiempo para la guerra que comenzó el 5 de junio de 1967, Israel podía contar con un gran total de 203 aviones de ataque de todos los tipos.[5] Sus cargas útiles oscilaban entre apenas 500 kilos y un máximo de 4000 kilos en los rangos de combate requeridos, con el pilar Mirage IIICJ limitado a 3000 kilos.[6] Esa aritmética generaba una carga armamentística total combinada por salida equivalente a la de tan sólo cinco bombarderos B-52, una comparación pertinente porque Moked era esencialmente un plan de bombardeo, en el que el combate aéreo sólo tendría lugar si las cosas iban mal, una eventualidad para la que no se podía prever nada adecuado porque sencillamente no había suficientes aviones para una defensa aérea seria también. Cuarenta y cuatro aviones de entrenamiento Fouga Magister armados con diez cohetes se utilizaron para apoyar a las fuerzas terrestres, mientras que los aviones de ataque se centraron en Moked.

Las FDI estaban muy superadas en número en comparación con las fuerzas aéreas combinadas egipcias, jordanas y sirias (544 aviones de combate frente a los 203 de Israel), y más cuando también intervino Irak con otro centenar de aviones.[7] Pero esto era menos problema para Moked que el gran número de bases aéreas que había que atacar simultáneamente. Sólo Egipto contaba con un total de dieciocho: cuatro justo al otro lado de la frontera en el Sinaí, tres más alejadas a lo largo del canal de Suez, seis en el delta del Nilo por encima de El Cairo y cinco a mayor profundidad en Egipto, la más importante de las cuales era la base de Beni Suef que albergaba treinta bombarderos medios Tupolev-16 (Tu-16), la fuerza de ataque más potente de Oriente Próximo con una carga útil combinada de 270 toneladas métricas, mayor por sí sola que el total de Israel.[8] Además, los sirios, que con toda seguridad entrarían en guerra, operaban cinco bases aéreas, Jordania tenía dos bases e Irak tenía una al alcance de los cazabombarderos israelíes cerca de la estación de bombeo del oleoducto H-3.[9] Así pues, durante el primer día de una futura guerra, las fuerzas aéreas israelíes tendrían que atacar un total de veintiséis bases aéreas en cuatro países diferentes.

El plan preveía un ataque total: el 5 de junio, cuando los cazabombarderos partieron hacia un destino incierto, sólo se dejaron doce Mirage en alerta de defensa aérea, para que sirvieran como fuerza desesperada de último recurso en caso de que Moked fracasara (se enviaron cuatro con otros ocho esperando en la línea de vuelo, listos para unirse a las siguientes oleadas de bombardeos, o bien despegar, lanzar las bombas y enfrentarse a los cazas enemigos entrantes si era necesario).[10] Quince aviones de entrenamiento ligeramente armados, Fouga Magister con cohetes, se emplearon para reforzar la fuerza de ataque inicial: atacarían varios radares egipcios menos defendidos.[11] Tras la primera oleada, se perdería la sorpresa, y la segunda oleada se enfrentaría a un enemigo alerta. Era evidente que los aviones de la segunda oleada que llegaran cargados de bombas serían, por tanto, desesperadamente vulnerables a cualquier caza sin carga pilotado por cualquier piloto pasablemente competente. Así que era fundamental maximizar el número de bases atacadas en la primera oleada tanto como elegir qué bases atacar.

Maximizar el número de bases exigía atacar con menos aviones por base. Esto significaba menos aviones egipcios alcanzados por ataque, lo que permitía que otros tomaran posiciones; así que había que inmovilizar en tierra a todos los aviones egipcios de estas bases para evitar que tomaran posiciones tanto durante la primera oleada como más tarde en la segunda. El remedio sencillo era bombardear todas las pistas de cada base atacada en las primeras pasadas de la primera oleada. Por eso se dijo a Inteligencia que hiciera grandes esfuerzos por averiguar la naturaleza exacta de las diferentes pistas: su vulnerabilidad a las bombas está en función de la naturaleza y la calidad de su construcción. Pero el problema obvio con ese remedio obvio era que las pistas de cemento son objetivos difíciles para cualquier cosa que no sea un bombardeo en picado con bombas pesadas, porque en inmersiones menos profundas las bombas son propensas a escabullirse, mientras que las bombas pequeñas pueden simplemente dejar marcas en las pistas de forma fácilmente reparable; en 1967 los rellenos de cemento de secado rápido y los listones de aleación ligera eran estándar para todas las fuerzas aéreas.

Por lo tanto, el remedio no era una cura porque, con tantas pistas que atacar, destinar suficientes armas para incapacitarlas, incluso a un ritmo mínimo de ocho bombas de 500 libras por cada una, requeriría unas 60.000 libras, lo que disminuiría drásticamente el número de objetivos que se podrían atacar en la primera oleada. La solución fue la única innovación tecnológica genuina de Moked, inventada por los ingenieros israelíes sólo en 1966: un tipo completamente nuevo de bomba rompedora de pistas que pesaba sólo setenta kilos y, por tanto, tenía un coste muy bajo en carga útil, pero aún así podía hacer estallar un cráter de hasta 5 metros de diámetro y hasta 1,5 metros de profundidad —demasiado profundo para ser parcheado de forma útil—. Esta bomba PaPaM (Ptsatsa Poretset Masloolim, «bomba que penetra en la pista de aterrizaje») superaba las limitaciones de su pequeña potencia explosiva porque, primero, se lanzaba en vuelo nivelado a la baja altitud de 300 pies (100 metros); su impulso hacia delante se detenía entonces mediante un pequeño freno de paracaídas, con lo que se inclinaba hacia la pista con la gravedad, momento en el que un pequeño cohete se encendía para propulsar la bomba profundamente en el suelo, incluso a través del hormigón, con la explosión retardada durante seis segundos para un daño máximo.[12] Todo parece demasiado complicado para que funcione, pero destrozó las pistas de aterrizaje más allá de una reparación rápida.

Otra munición experimental, conocida informalmente como Olar Khad («navaja afilada») era mayor que PaPaM, pero no estuvo operativa a tiempo para Moked.[13] Estaba destinada a tener una curiosa vida posterior porque fue persistentemente identificada erróneamente incluso por historiadores reputados como el mucho mayor cazacarros francés Matra Durandal (BLU 107 en servicio en EE. UU.), que sí era muy eficaz. Pero su inconveniente para los planificadores del Moked era que todavía no existía en 1967, y sólo entró en servicio diez años más tarde.[14]

Se decidió atacar a los aviones estacionados sólo con cañones, para poder dedicar toda la limitada carga de bombas a golpear las pistas y asegurarse de que quedaban herméticamente bloqueadas, lo que permitiría atacar más bases simultáneamente. Los aviones no destruidos en la oleada inicial no podrían despegar y podrían ser atacados más tarde. Todos los cazas israelíes, excepto los Ouragan, montaban un par de cañones de 30 mm, los formidables DEFA 552 franceses. Cada uno llevaba 125 potentes cartuchos de 30 mm (los británicos tenían el igualmente formidable ADEN; ambos eran copias del Mauser MG 213C alemán, el primer cañón aéreo de revólver). Incluso un solo impacto de 30 mm en el blanco podía inutilizar un avión, y un segundo podía destruirlo, por lo que las escasas cargas de bombas podían complementarse poderosamente con ataques de ametrallamiento. Los Ouragan montaban cuatro cañones de 20 mm cada uno, suficientemente potentes aunque menos letales que los DEFA 552. Aunque los cañones eran franceses, al igual que los cazas que los montaban, en el caso de los Mirage III no habría habido cañones de no ser por la obstinada insistencia de los israelíes, ya que los franceses (al igual que los estadounidenses y británicos de la época) consideraban que los cañones eran obsoletos para los cazas ultramodernos armados con misiles.

En el bando israelí, como ya se ha señalado, quienes tomaban las decisiones eran pilotos de cazas, no ingenieros. En sus ejercicios habían aprendido que los cazas supersónicos no podían enfrentarse entre sí a velocidades supersónicas, porque los pilotos humanos no podían ver sus objetivos y guiar sus aviones contra ellos a esas velocidades. Los misiles existentes no eran lo suficientemente eficaces para compensar estas deficiencias. De ello se deducía que la mayoría de los duelos aéreos seguirían librándose a distancias más cortas, lo que permitía el uso de cañones, que además eran mucho más baratos por disparo, así como útiles y de hecho necesarios para ametrallar objetivos en tierra. En 1967, la insistencia de los israelíes en disponer de cañones en todos sus aviones dio sus frutos estratégicamente. Sin embargo, la primera lección para todas las fuerzas aéreas fue construir hangares fuertemente protegidos para sus aviones, de modo que en el futuro sólo las bombas especiales pudieran penetrar y destruir los aviones que se encontraban en su interior.

Para atrapar el mayor número posible de aviones egipcios en tierra en el ataque inicial, el momento exacto de la hora H, cuando debía lanzarse la primera bomba, dictó el momento de todas las demás acciones de esa mañana. Según la sabiduría militar común, la hora H debía ser al amanecer o al atardecer, cuando los aviones que se acercaban a los objetivos serían menos visibles. Se consideraron ambas opciones, pero el oficial de inteligencia aérea Yeshayahu Bareket no estaba de acuerdo, porque todo el mundo conocía esta teoría y, por tanto, las fuerzas aéreas árabes estaban habitualmente alerta a esa hora con algunos aviones en el aire y otros listos para el despegue. Reunió a sus analistas de inteligencia, en su mayoría jóvenes reclutas de diecinueve a veintiún años, para conocer su opinión. Basándose en un conocimiento detallado de la rutina diaria de la fuerza aérea egipcia, a un joven de diecinueve años se le ocurrió la idea de una hora H a las 08:00, porque era entonces cuando los pilotos egipcios en servicio de vuelo hacían tradicionalmente una pausa para desayunar tras su rutinario alerta al amanecer y su vuelo de entrenamiento a primera hora de la mañana. Bareket logró convencer a Moti Hod, comandante de la FAI, imponiéndose así a la opinión mayoritaria en el cuartel general. Así, la decisión de planificación más importante, la hora H, fue sugerida por un cabo de diecinueve años.[15]

Los aviones atacantes despegaron en secuencia el 5 de junio de 1967, a partir de las 07:10; cada uno, programado para llegar sobre su base aérea objetivo (incluida la distante Luxor) a la hora H de las 07:45. Para maximizar la sorpresa, la secuencia de despegue y las rutas de vuelo se planificaron para asegurar una hora H simultánea en cada base egipcia. En la primera oleada, diez aviones israelíes se perdieron por el fuego antiaéreo; nueve aviones egipcios que patrullaban o consiguieron despegar fueron derribados en combate aéreo, y un total estimado entre 197 y 204 fue destruido en tierra.

La segunda oleada de Moked comenzó a las 09:34 del mismo día, cuando unos 164 cazabombarderos de las fuerzas aéreas que habían regresado del ataque inicial, repostado y rearmado volaron por segunda vez para atacar dieciséis bases aéreas egipcias, algunos objetivos nuevos y otros atacados anteriormente pero insuficientemente dañados. Una tercera oleada, que comenzó a las 12:15, completó la misión, destruyendo otros 107 aviones en tierra, alcanzando así un total de 310 aviones egipcios, de los cuales 286 eran aviones de combate destruidos por las dos primeras oleadas, en un total de unas tres horas.[16]

La tercera y cuarta oleadas disponían de aviones para nuevos objetivos. Israel planeaba luchar sólo contra Egipto, pero los jordanos, sirios e iraquíes habían sido convocados a unirse a la guerra por el alto mando egipcio, que afirmaba tanto que había destruido gran parte de la fuerza aérea israelí como que sus fuerzas terrestres avanzaban hacia Tel Aviv. Jordania abrió debidamente fuego de artillería sobre Jerusalén y los pueblos fronterizos cercanos, con los únicos cañones de largo alcance de Oriente Próximo, los Long Tom de 155 mm suministrados por EE. UU., disparando profundamente hacia Israel. Dieciséis cazabombarderos Hawker Hunter de la fuerza aérea jordana bombardearon objetivos civiles y militares en Israel. Al mismo tiempo, la artillería siria situada en los Altos del Golán disparó hacia el valle del Hula, y doce MiG-21 sirios bombardearon objetivos civiles y militares, al igual que tres Hawker Hunter iraquíes y un único bombardero medio Tu-16 iraquí.

El daño que los jordanos, sirios e iraquíes infligieron a Israel fue estratégicamente insignificante, aunque murieron veinte civiles y una docena de soldados y cientos resultaron heridos, pero la respuesta de las FDI fue decisiva. A las 12:45, cinco horas después de iniciada la guerra, ocho cazabombarderos israelíes fueron enviados a atacar las dos bases aéreas jordanas, destruyendo todos sus aviones. Otras ochenta y dos salidas contra bases aéreas sirias destruyeron unos sesenta aviones.[17] También hubo ataques de largo alcance contra la base aérea avanzada H-3 de Irak, donde diez aviones fueron destruidos, y contra la base aérea más remota de Egipto en Ras Banas, muy lejos en el mar Rojo, completamente fuera del alcance de todos los aviones de combate israelíes excepto sus bombarderos ligeros Vautour.

A las 18:00 del 5 de junio, el número total de aviones de ataque israelíes que habían entrado en acción ese día era casi el mismo que el número total de aviones de ataque en servicio de escuadrón, que a su vez se aproximaba a la totalidad del inventario activo de la fuerza aérea, una fenomenal tasa de disponibilidad/capacidad de servicio del 100 % o casi, especialmente destacable para una fuerza aérea obligada a mantener lotes impares de cazas más viejos en servicio de primera línea para completar los números. Se habían perdido veinte, así como dos aviones de entrenamiento armados con cohetes que apoyaban a las tropas de tierra y un avión de transporte alcanzado en tierra por aviones jordanos. Normalmente, las fuerzas aéreas bien gestionadas de todo el mundo se contentan con tasas de disponibilidad del 50 %. Aunque todo el mundo entiende que lo que cuenta en la guerra no es el número de aviones en inventario, sino el número realmente listo para la acción, esa preparación de los aviones que requiere mucho esfuerzo y mucho gasto es tan perecedera como las flores cortadas que hay que comprar de nuevo cada día. Disponer de aeronaves completamente listas con todos los sistemas y subsistemas funcionando a la perfección requiere tanto un minucioso trabajo de mantenimiento después de cada vuelo como un gran inventario de costosas piezas de recambio. Así pues, cuanta más preparación compre una fuerza aérea, menos dinero tendrá para comprar todo lo demás, sobre todo más aviones.

Lo que Israel necesitaba, sin embargo, era a la vez una fuerza aérea relativamente grande para un país con su pobre economía y también altos índices de disponibilidad. Una forma de resolver la contradicción era invertir en la producción local de piezas de repuesto. La industria aeronáutica israelí era entonces muy pequeña, en absoluto avanzada y no especialmente eficiente, pero la empresa Dassault de Francia —entonces el único proveedor de aviones de combate de Israel— era casi tan famosa por los precios exorbitantes de sus piezas de repuesto como por el talento de sus ingenieros para el diseño. De ahí que, aunque tuviera que funcionar a muy pequeña escala, la producción local pudiera resultar más barata.

En consecuencia, cualquier cosa que pudiera mecanizarse localmente solía hacerse, impartiendo de paso habilidades de producción que pronto resultarían útiles para fabricar la copia semiautomática Nesher del Mirage una vez que Francia recompensó a Israel por su victoria de 1967 imponiendo restricciones cada vez más estrictas a la venta de más armas, que culminaron en un embargo total en enero de 1969.[18] Todo lo que podía ahorrarse del presupuesto anual de piezas de repuesto podía invertirse en comprar más aviones o al menos más munición, así como combustible y consumibles, desde baterías hasta componentes de alto desgaste.

Pero el principal remedio para el objetivo de preparación imposiblemente elevado era aprovechar al máximo los recursos humanos de las fuerzas aéreas: los jóvenes reclutas en formación y los pocos técnicos civiles empleados como profesionales a tiempo completo. El número de estos últimos estaba muy limitado por los costes y por la escasez de técnicos aeronáuticos en lo que entonces era todavía un país agrícola y de industria ligera, por lo que la única solución posible era aprovechar al máximo la incorporación de reclutas. Ya antes de 1948 existía un instituto aeronáutico en la ciudad de Haifa, que dirigía una escuela técnica centrada en las fuerzas aéreas para cadetes de quince a diecinueve años. Dan Tolkowsky, comandante de la FAI de 1953 a 1958 (se retiró a los treinta y siete años) revisó el programa de la escuela, anulando los conocimientos obsoletos sobre fuselajes (incluida la reparación de telas para los Mosquitos DH y los C-47) para centrarse en cambio en la electrónica, desarrollando las habilidades necesarias para mantener la aviónica de los cazas franceses que llegaban, así como de los equipos de contramedidas electrónicas y radares tanto nacionales como importados.[19] Las escuelas de cadetes proporcionaron a la fuerza aérea israelí personal ya parcialmente formado para el exigente trabajo técnico de reparación, mantenimiento y preparación de aviones para el vuelo. Pero también inspiraron una conciencia de grupo específica derivada de la indudable realidad de que la capacidad de combate real de una fuerza aérea depende de su disponibilidad operativa, que a su vez depende de que los encargados del mantenimiento estén a la altura de las circunstancias.

Eso tiene que ver directamente con el segundo hecho destacado de la operación Moked: la segunda oleada de la ofensiva aérea del 5 de junio de 1967 comenzó a las 09:34, menos de tres horas después de la primera, una hazaña aparentemente imposible. Una vez descontados los tiempos de vuelo hacia los objetivos de la primera oleada y el regreso desde ellos, quedaba una media de siete minutos y medio desde la parada completa de los aviones que regresaban a sus puestos, hasta su autorización para rodar de nuevo para el despegue, rearmados, repostados e incluso reparados si era necesario.

Utilizando técnicas derivadas de las operaciones de parada en boxes de la Fórmula 1, las fuerzas aéreas habían organizado equipos de respuesta intensamente instruidos y bien equipados para su trabajo, pero eso era sólo el principio. A medida que avanzaban los planes de Moked, se practicaban una y otra vez giros rápidos contra un cronómetro, con supervisores y miembros de los equipos de mantenimiento esforzándose por encontrar nuevas secuencias, configuraciones de equipos o nuevas disposiciones de herramientas que les permitieran recortar minutos, y más tarde segundos, del tiempo total de llegada a la salida. Así es como la pequeña fuerza aérea de Israel pareció tan grande el 5 de junio de 1967, lanzando casi 860 salidas individuales (475 contra aeródromos, 32 contra radares, 119 interceptaciones aéreas y 268 ataques aire-tierra) en once horas, logrando tasas de servicio extraordinariamente altas para empezar, y luego mediante cambios de rumbo.[20]

En los cinco días siguientes, la fuerza aérea israelí realizó aproximadamente 2790 salidas más; la mayoría de ellas, para atacar a las fuerzas terrestres árabes.[21] Cuando el presidente egipcio Gamal Abdel Nasser y el rey Hussein de Jordania inventaron conjuntamente la acusación de que los ataques aéreos del 5 de junio habían sido organizados en realidad por las fuerzas aéreas estadounidenses y británicas, lo que desencadenó disturbios antiamericanos en todo el mundo árabe, el gran número de aviones israelíes en acción dio cierta credibilidad a la mentira.

La siguiente cifra que necesita explicación es la proporción de aviones árabes destruidos en relación con el número de salidas voladas, que fue de casi uno a uno, una tasa de éxito totalmente sin precedentes para un ataque aéreo contra objetivos terrestres, incluso sin contar los muchos otros objetivos atacados, incluidas las estaciones de radar y las pistas de aterrizaje. La respuesta demasiado obvia, que los pilotos israelíes estaban excepcionalmente bien entrenados, era ciertamente válida: una fuerza aérea que llegaba al extremo de entrenar a sus tripulaciones de tierra a partir de los quince años llegaría a extremos aún más inusuales para seleccionar a los mejores pilotos y entrenarlos lo mejor posible, para el combate aéreo, por supuesto, pero también para una precisión extrema en la ejecución de ataques aire-tierra. Dado que el gran problema de la fuerza aérea era el escaso tonelaje total de bombas que podían lanzar sus cazabombarderos, la solución tenía que ser aprovechar al máximo ese escaso tonelaje apuntando cada arma con precisión.

Pero había un factor adicional, que era en realidad la explicación más importante de la desmesurada precisión de los ataques aéreos de los Moked con cañones o bombas: los pilotos tenían instrucciones de ignorar el fuego de artillería antiaérea al lanzar sus ataques, y eso exigía ignorar una gran cantidad de potencia de fuego, porque las numerosas unidades antiaéreas de Egipto estaban ampliamente equipadas. La razón era histórica: reaccionando ante la superioridad esperada de la potencia aérea estadounidense, las fuerzas soviéticas asignaron recursos desproporcionadamente grandes a sus armas antiaéreas, desde un enorme número de ametralladoras pesadas tanto en el arma común 12,7 mm y el calibre menos común de 14,5 mm, hasta los numerosos cañones de alta velocidad de 23 mm en montajes sencillos, dobles y cuádruples que fueron responsables de muchas pérdidas de aviones estadounidenses en Vietnam junto con los cañones de 57 mm de disparo más lento pero de mayor alcance.[22]

Esos cañones se concentraron alrededor de las bases aéreas egipcias que fueron objetivo de Israel el 5 de junio de 1967. Aunque las bases carecían de refugios endurecidos para aviones e incluso de revestimientos adecuados (que pueden limitar las explosiones por simpatía de un avión siniestrado al siguiente), estaban extremadamente bien defendidas con abundante potencia de fuego antiaéreo, incluido el primero de los antiaéreos soviéticos, el S-75 Dvina, más conocido por el nombre de la OTAN SAM-2 Guideline.[23] Ya conocido por derribar el U-2 pilotado por Gary Francis Powers sobre la Unión Soviética el 1 de mayo de 1960, vio mucha acción en Vietnam del Norte, donde los pilotos estadounidenses lo apodaron el «Poste telefónico volador» debido a su longitud, consecuencia de su diseño en dos etapas, con un *booster* para propulsar el misil a las grandes altitudes necesarias para la interceptación de formaciones de bombarderos. En 1967 había derribado 110 aviones estadounidenses.[24] Pero sólo era realmente eficaz contra aviones a altitudes medias o altas, mientras que el plan para el 5 de junio de 1967 —como casi siempre con la fuerza aérea israelí— aceptaba el mayor consumo de combustible y los riesgos de colisión con el terreno de las aproximaciones a muy baja altitud, excepto en el caso de los objetivos más distantes en Luxor, Ras Banias y H-3. Moked no planeó ningún ataque contra las veintisiete baterías SAM-2 egipcias: el plan consistía en volar alrededor de ellas o por debajo de su altitud efectiva. Sólo un avión israelí fue derribado por un SAM-2, el tercer día de la guerra. Sin embargo, una vez neutralizada la amenaza aérea árabe, se añadieron veintidós baterías SAM a la lista de objetivos, con veintidós ataques para alcanzarlas.

Los SAM-2 de Egipto eran ineficaces contra los aviones que se acercaban a la altura de las copas de los árboles, pero los cañones antiaéreos eran efectivos. Veintiséis de los cuarenta y seis aviones israelíes perdidos en la guerra fueron derribados por estos cañones —seis mientras atacaban aeródromos, el resto cuando realizaban operaciones de apoyo en tierra— y otros más resultaron dañados pero aterrizaron sin novedad. Quince aviones israelíes fueron derribados por aviones árabes, catorce durante ataques a aeródromos.[25] Estas pérdidas fueron el resultado directo de lo que los pilotos habían sido adiestrados a hacer: lograr la máxima precisión volando en línea recta y centrarse sólo en destruir los objetivos asignados, sin autoprotección mediante maniobras evasivas. No se desviaron cazas para escoltar a otros o para volar a cubierto en lugar de servir ellos mismos como bombarderos. No había defensas electrónicas a bordo, pero unos pocos aviones de transporte dotados de equipos electrónicos realizaban interferencias en los enfrentamientos.

Ése era el verdadero secreto de Moked: una potencia aérea ofensiva sin concesiones, todo lo contrario del énfasis que ponen las fuerzas aéreas estadounidenses en la protección de las fuerzas, comenzando con campañas SEAD (supresión de las defensas aéreas enemigas) a gran escala antes incluso de atacar los objetivos reales. Su objetivo es eliminar cualquier amenaza remotamente posible, incluidos los misiles antiaéreos y aviones obsoletos, además de todos los cazas enemigos potencialmente operativos, baterías de misiles, cañones antiaéreos y sus radares y puestos de mando asociados. En la campaña aérea Tormenta del Desierto de 1991, el SEAD realizó unas 4000 salidas, mientras que el Contraataque Aéreo Defensivo, es decir, patrullas de cobertura superior y defensa aérea, ascendieron a 5900 salidas, con otras 4100 voladas por las fuerzas aéreas aliadas. Todo ello fue en contra de las fuerzas aéreas de Sadam Husein, que no daban la talla en combate aéreo ni siquiera en sus mejores días, y que en aquella ocasión estuvieron en su mayoría ausentes; sus mejores aviones fueron evacuados a Irán con preferencia al combate aéreo.[26] La distinción perfectamente válida, por supuesto, es que en 1991 Estados Unidos luchaba por Kuwait mientras que en 1967 los israelíes luchaban por sus vidas, y la concentración total de alto riesgo de Moked en la ofensiva era indispensable para asestar un golpe devastador con una carga total de bombas enclenque.

Por último, estaba la cuestión de la inteligencia. Lanzar bombas y ametrallar con cañones de 30 mm son actividades cuyo valor militar real para una ofensiva aérea como Moked dependía críticamente de la calidad de la inteligencia que guiaba toda la operación. Ya en 1967 los servicios de inteligencia de Israel gozaban de una gran reputación, no sólo porque extraían valiosa información de la inteligencia de la Unión Soviética, por lo demás herméticamente cerrada, además de países árabes cercanos mucho más fáciles de penetrar, sino también por sus operaciones secretas. La más relevante de ellas para Moked y la más reciente en aquel momento fue la operación Diamante, que entregó un MiG-21 F-13 intacto de las fuerzas aéreas iraquíes pilotado por un desertor cristiano asirio a la base aérea de Hazor en Israel el 16 de agosto de 1966.[27] Tras extensas pruebas de vuelo y muchos combates aéreos simulados, ese MiG-21 (número de cola 007) fue entregado a la Agencia de Inteligencia de Defensa estadounidense, que lo consideró lo suficientemente importante como para establecer un programa especial, Have Doughnut, para estudiar técnicamente el avión, mientras pilotos de prueba de los tres servicios probaban suerte con él y contra él.[28] (En aquel momento, por supuesto, Estados Unidos seguía negándose a vender ningún caza de primera línea a Israel, por lo que aquel preciado MiG fue algo así como un regalo propiciatorio).

Pero los planificadores aéreos de Moked no se dejaron impresionar por la inteligencia israelí. Ésta seguía suministrando generalidades útiles para compilar un orden de batalla con listas de aviones y bases aéreas, pero los planificadores del ataque necesitaban información totalmente más detallada para asignar lo mejor posible las pocas salidas que podían enviar contra cada base, de modo que los pilotos que llegaran a baja altura supieran inmediatamente dónde encontrar sus objetivos: aviones en las plataformas y en los hangares.[29] No ayudaba el hecho de que la mayoría de las bases aéreas egipcias se extendieran por vastas extensiones y estuvieran sembradas de barracas sin especificar, antiguas bases británicas que habían quedado de la Segunda Guerra Mundial.

Sólo un verdadero cambio cultural en el lado de la inteligencia podría satisfacer a los planificadores de Moked, que necesitaban conocer la ubicación de cada avión objetivo en cada base en el momento del ataque, justo después de la patrulla rutinaria al amanecer favorecida por los egipcios; la preparación operativa de esos pilotos (no de los pilotos egipcios en general); su modo de vida y hábitos personales; los cañones antiaéreos y misiles en el lugar; el grosor y material de las pistas, asfalto o cemento; la ubicación de los puestos de armamento de los aviones, las posiciones de repostaje y los aviones ficticios; la ubicación de las estaciones de radar y el alcance exacto de su cobertura, esencial para tratar de lograr la sorpresa, y mucho más. Para las FDI, todo esto requirió una revolución en la cantidad y la calidad de la recopilación y el análisis de inteligencia, empezando por la ampliación de fuentes de todo tipo —fotografía aérea e interpretación, interceptación de comunicaciones y exploración humana—, pero al final todo cuajó sólo gracias a otro remedio fuera de lo común: el nombramiento del piloto de caza Yeshayahu Bareket como jefe de la división de

Inteligencia Aérea.[30] Sólo entonces se adquirió la perspectiva adecuada: la vista a través del parabrisas.

Bareket aprendió a pensar como si fuera el comandante de la Fuerza Aérea de Egipto. «¡Quiero saber lo que él sabe, y al mismo tiempo!», solía decir a sus hombres. «Yo era piloto de caza y sabía muy poco de inteligencia. Tal vez porque era joven y tenía mucho descaro tuve el valor de hacer todas las preguntas y realizar todos los cambios».[31] En su primer día de trabajo, Bareket pidió a sus hombres que le informaran de cuántos y cuáles eran los aviones egipcios que volaban en Egipto. Al cabo de unas horas, recibió un informe desfasado. Esto desencadenó una revolución que incluyó el reclutamiento de nuevas personas en la inteligencia de las fuerzas aéreas y el establecimiento de nuevos procesos para recopilar información. Al final, la capacidad de inteligencia de la FAI para seguir los movimientos de los aviones egipcios alcanzó tal nivel que, cuando cuatro bombarderos Tu-16 volaron desde su base aérea de El Cairo a la lejana Luxor la mañana del 5 de junio de 1967, sólo tres horas antes de que la primera oleada de aviones israelíes despegara hacia sus objetivos, la inteligencia de la FAI fue informada al instante. Los pilotos recibieron rápidamente la nueva ubicación de los bombarderos justo a tiempo para cambiar su plan de vuelo y encontrar sus objetivos en Luxor.

El engaño también fue esencial para un plan que habría fracasado catastróficamente si los egipcios hubieran estado prevenidos. En primer lugar, se les hizo creer que había más bases aéreas de la FAI activas que el número real. En segundo lugar, se mantuvo la rutina de lanzar cada mañana salidas con entrenadores a reacción Fouga CM.170 Magister, pero con las señales de radio simuladas de cazas a reacción de primera línea. La FAI también entró en el terreno de la guerra electrónica para contrarrestar los misiles tierra-aire SAM-2 de Egipto. Los diez aviones más grandes de las fuerzas aéreas, los antiguos Boeing 377 Stratocruiser con motor de pistón, estaban equipados con receptores de escaneo de frecuencias que podían rastrear la ubicación y el funcionamiento de las baterías SAM-2, para alertar a los pilotos de los cazas si corrían el riesgo de ser «iluminados» (o bloqueados) casi en tiempo real.

Una vez que los resultados del ataque aéreo del 5 de junio de 1967 fueron revelados al mundo por las fotografías de filas y filas de aviones destrozados y quemados, muchos aparentemente destruidos exactamente de la misma manera, los analistas emprendedores explicaron que todo se había hecho con misiles infrarrojos, en un ingenioso doble paso: los israelíes advirtieron deliberadamente a los egipcios de su ataque inminente, para que se apresuraran a encender sus motores, creando así puntos calientes para los misiles buscadores de calor de los israelíes. Esa fue sólo una de las teorías menos fantasiosas que circularon más allá del periodismo para entrar en las evaluaciones de los servicios de inteligencia. En realidad, no se emplearon armas de precisión en absoluto. Todo se hizo con el «globo ocular Mark One», como se suele decir, por pilotos que se concentraron en sus trayectorias de vuelo, ignorando el fuego antiaéreo, como se les había ordenado, para lanzar sus bombas y disparos sobre el objetivo, y luego ignoraron aún más la confusión explosiva que había alrededor para volar de vuelta a sus bases y pasar tan sólo siete minutos y medio en tierra antes de volar para hacer lo mismo otra vez.[32] La única innovación técnica habían sido las bombas caseras de cráter en pista.

Así pues, Moked fue el resultado de muchas innovaciones concertadas, tanto tácticas, operativas e institucionales como técnicas en pequeña medida. Fue, por supuesto, un gran éxito. Pero la sabiduría antigua determinó hace mucho tiempo que la victoria es la mayor tragedia, precedida sólo por la derrota, porque en la victoria todo lo que se hizo parece estar igualmente bien e igualmente digno de repetirse, mientras que sólo la derrota es un maestro discriminador de lo que funciona siempre, lo que funciona a menudo y lo que funciona sólo a veces, en circunstancias transitoriamente afortunadas.

El éxito de Moked incitó a los enemigos de Israel y a sus patrocinadores soviéticos a superar la superioridad aérea israelí. Concluyendo que no podían contrarrestar a los pilotos israelíes con un mejor entrenamiento o con aviones aún mejores (después de 1967, la proporción de pérdidas en combates aire-aire aumentó a favor de los israelíes) optaron por una protección mucho más pasiva, con hangares de ferrocemento para todos los aviones con muros antiexplosivos entre ellos, y defensas aéreas cada vez más densas con los misiles tierra-aire más avanzados disponibles, así como una multitud de cañones antiaéreos. Debido a que la Unión Soviética invirtió mucho más en el desarrollo y la producción de armas de defensa antiaérea que todo el mundo occidental, los egipcios y sirios pudieron ser abastecidos con los excelentes cañones antiaéreos tanto en forma estática como móvil (en particular, el blindado ZSU-23-4 Shilka de 23 mm, con seguimiento por radar cuádruple), así como misiles antiaéreos cada vez más capaces que no podían ser superados por pilotos astutos desprovistos de contramedidas.

En octubre de 1973, el intento de las fuerzas aéreas israelíes de ayudar a las fuerzas terrestres que respondían a las ofensivas por sorpresa egipcias y sirias chocó con defensas aéreas que no pudieron destruir ni evitar, lo que provocó pérdidas insostenibles. Mientras las fuerzas terrestres sin apoyo se las arreglaban como podían, los aviadores se enfrentaban a la derrota, hasta que fueron rescatados por las fuerzas terrestres en avance que superaron las baterías de defensa antiaérea egipcias y sirias. Ese cambio de suerte tuvo un alto coste en bajas, y no disminuyó la amarga sensación de derrota de los aviadores, que impulsaría su venganza.

ARTZAV 19, LA SORPRESA DE 1982

«En 1973, nosotros [las fuerzas aéreas] fallamos al pueblo de Israel, teníamos que recuperar su confianza», dijo el general de brigada Aviem Sella.[33] El 6 de junio de 1982, tras la escalada de ataques contra Israel por parte de unidades militares palestinas en suelo libanés, las fuerzas terrestres de las FDI invadieron el sur del Líbano con gran fuerza. El objetivo era expulsar tanto a las fuerzas palestinas como a las sirias que ocupaban el país. (Las tropas israelíes fueron recibidas como libertadoras por todas las comunidades, pero la actitud de los chiíes cambiaría cuando permanecieran en el país).

El 9 de junio de 1982, de las 14:00 a las 16:00 horas, la fuerza aérea de Israel lanzó la operación Artzav 19 («Grillo topo 19»), cuyo ambicioso objetivo era destruir en un solo ataque todas las baterías sirias de misiles tierra-aire en Líbano, que estaban totalmente integradas en un sistema de defensa aérea de última generación suministrado por los soviéticos, junto con los cañones antiaéreos más eficaces jamás fabricados y una gran fuerza de cazas a reacción de la fuerza aérea siria. Lo que siguió fue el primer ataque combinado del mundo de aviones tripulados y no tripulados contra una red integrada de defensa aérea equipada con misiles y cañones, que, cuando la fuerza aérea siria intervino en gran número, dio lugar a la mayor batalla aérea individual desde la Segunda Guerra Mundial.

El ataque inicial israelí destruyó diecinueve baterías de misiles antiaéreos —incluidas algunas SA-8, el misil soviético más avanzado de esa clase— y también destruyó veintiséis aviones sirios. En los dos días siguientes se destruyeron cinco baterías más, y el número de aviones sirios destruidos en combate aéreo alcanzó un total de ochenta y dos, con cinco más derribados por fuego desde tierra.[34] También se destruyeron otras seis baterías SAM-6.[35] Mientras los sirios traían refuerzos, otras ocho baterías SAM-6 fueron destruidas durante el mes de combates que siguió. No hubo ni una sola pérdida aérea israelí en lo que supuso una de las batallas más unilaterales de la historia.

En su momento, la victoria aérea de Israel atrajo mucho la atención porque los misiles antiaéreos soviéticos que habían sido tan formidables sólo nueve años antes, en 1973, parecían haberse vuelto de repente ineficaces, aunque algunos eran de hecho mucho más avanzados que sus predecesores. Pero en realidad eso distrajo la atención de la verdadera hazaña lograda el 9 de junio de 1982. En lugar de un ataque total de máximo riesgo, como en Moked en 1967, con casi todos los pilotos y cazas comprometidos, Artzav 19 fue un ataque más bien pequeño: los israelíes volaron sólo 125 salidas de ataque en total, con 56 salidas de apoyo, un número realmente bajo que, sin embargo, bastó para destruir la red de defensa aérea más densa del mundo, con la posible excepción de las defensas aéreas regionales de Moscú.[36] La aniquilación del actualizado sistema de defensa soviético fue un acontecimiento trascendental que envió ondas de choque tanto a los establecimientos de defensa soviéticos como a los estadounidenses. En Moscú hubo una profunda angustia, y algunos ya veían la derrota como el principio del fin del imperio soviético, porque parecía que la Unión Soviética nunca podría ponerse al día tecnológicamente en la nueva era de la información.[37]

Al igual que el ataque sorpresa Moked, la operación Artzav 19 fue meticulosamente planeada y ensayada. Pero, mientras que Moked llevó al límite el inventario de la FAI, Artzav 19 fue tan eficiente que se completó en sólo dos intensas horas; los cazabombarderos que ya estaban en el aire y volando en círculos preparados para el ataque de la segunda oleada tuvieron que soltar sus cargas de armas en el mar.[38] Está claro que no se trató de una victoria obtenida sólo por el puro talento y el intenso compromiso, sino más bien por algo conceptual y tecnológico totalmente nuevo. Pero esa conclusión quedó oscurecida por unos primeros informes engañosos que nunca se corrigieron oficialmente; los detalles operativos siguen siendo secretos hasta el día de hoy.

El intervalo de nueve años entre 1973 y 1982 podría sugerir que hubo tiempo de sobra para este caso de innovación, pero en realidad la fuerza aérea israelí tuvo mucho menos tiempo que eso porque el desarrollo y la entrega del equipo necesario desde Estados Unidos se prolongaron durante varios años, e incluso entonces no incluyó el equipo más actualizado que quería la fuerza aérea israelí. La FAI rechazó algunos de los equipos estadounidenses más avanzados que se ofrecían, incluidas las bombas planeadoras (que no ofrecían la opción de guía manual en vuelo) y los aviones Wild Weasel dedicados y equipados exclusivamente para la supresión de defensa aérea, que contradecían la necesidad israelí de cazas polivalentes, como habían sido los Mirage IIIC antes de la llegada de los F-4E Phantom, F-16 y F-15.[39] Como resultado, los israelíes se vieron obligados a diseñar y fabricar gran parte de su propio material de supresión de defensa aérea, empezando desde cero en la mayoría de los casos. Dado que el método general consistía en emplear una variedad de enfoques tecnológicos superpuestos, algunos nunca antes probados, en lugar de depender de un sistema específico, el reto de las adquisiciones fue fundamental para el esfuerzo general, por muy guiado por la doctrina que estuviera.[40]

Esta secuencia de acontecimientos comenzó en 1963, cuando el primer misil antiaéreo soviético con el que se toparon los israelíes —el S75, designado SAM-2 por la OTAN— se desplegó por primera vez en Egipto. Como ya se ha señalado, su rendimiento operativo durante la guerra de junio de 1967 fue poco impresionante porque los israelíes habían identificado la ubicación de las veintisiete baterías SAM-2 egipcias y podían dirigir sus aviones alrededor de ellas, o volar adaptándose al perfil del terreno por debajo de la altitud mínima de enfrentamiento del SAM-2.[41] Se emplearon sistemas experimentales de guerra electrónica de alcance, pero su valor era incierto.[42] Sólo un avión israelí fue destruido por un SAM-2.

Inmediatamente después de la guerra de 1967, que fue una gran derrota para las armas y doctrinas soviéticas, decenas de miles de asesores soviéticos fueron enviados a Egipto, Siria e Irak para reconstruir sus fuerzas, con 20.000 asesores operando sólo en Egipto, incluidos muchos especialistas en defensa aérea.[43] La reconstrucción de las capacidades militares de Egipto coincidió con escaramuzas crecientes pero intermitentes que subieron y bajaron de intensidad desde el 1 de julio de 1967 hasta septiembre de 1969. Los combates incluyeron intercambios de fuego de armas ligeras (las fuerzas rivales se encontraban a apenas 150 metros de distancia a ambos lados del canal de Suez), duelos de artillería y tanques, e incursiones y emboscadas terrestres recíprocas a través de los canales, así como ataques aéreos y duelos aéreos recíprocos. Fue durante esta guerra de Desgaste cuando el destructor israelí Eilat fue hundido en octubre de 1967, el primer buque de guerra destruido por un misil naval.

La superioridad de la FAI en el combate aire-aire quedó rápidamente demostrada: en tres años de duelos aire-aire, de julio de 1967 a agosto de 1970, sólo perdió seis cazas en combate aire-aire mientras derribaba 113 cazas y bombarderos árabes (86 de ellos eran egipcios). La respuesta soviética y egipcia fue multiplicar las capacidades tierra-aire, tanto de misiles como de cañones. Sin embargo, hasta marzo de 1969 ningún avión israelí fue destruido por misiles tierra-aire (SAM), que rara vez obligaban a los aviones israelíes a abortar los ataques para eludirlos. A pesar de su creciente número, las baterías de SAM de Egipto no podían proporcionar una cobertura continua del frente, por lo que la FAI atacó objetivos fuera de la cobertura de los SAM o, si los objetivos designados estaban dentro de la cobertura de los SAM, los interferentes y las complicadas maniobras aéreas de los aviones que volaban en diferentes vectores a diferentes altitudes fueron suficientes para sorprender y confundir a las tripulaciones egipcias de los SAM. Cuando se producían lanzamientos de SAM, normalmente eran detectados, lo que permitía a los aviones a los que amenazaban realizar agresivas acrobacias aéreas para evadir el misil. Los cañones antiaéreos resultaron más mortíferos para los aviones que volaban cerca del suelo para eludir la detección por radar, lo que hizo que se prefiriera acercarse a los objetivos más arriba y, por tanto, dentro de la envolvente de los SAM-2, pero por encima del alcance de los cañones.

A partir del 8 de marzo de 1969, los ataques egipcios se intensificaron drásticamente: se disparaban miles de proyectiles contra las posiciones israelíes todos los días, decenas de miles algunos días. Al día siguiente, un pequeño avión de observación se convirtió en la primera pérdida de un avión israelí a manos de los SAM-2 desde junio de 1967.[44] A finales de junio quedó claro para los israelíes que no podrían mantener el duelo de artillería completamente desigual con los egipcios (unas pocas docenas de cañones israelíes contra más de mil egipcios). Por lo tanto, se decidió aumentar drásticamente la participación de la FAI; desde julio de 1969 hasta el alto el fuego del 7 de agosto de 1970, la FAI realizó 8200 salidas de ataque que arrojaron aproximadamente 50.000 municiones sobre 683 objetivos de defensa aérea, 1353 objetivos de fuerzas terrestres, 180 objetivos de infraestructura militar y cinco buques de guerra.[45]

La decisión de intensificar el ritmo de los ataques requirió una acción más directa contra las defensas aéreas de Egipto, que se reforzaron enérgicamente para enfrentarse a los aviones israelíes. La respuesta israelí ya no consistió en evitar y evadir, sino en atacar directamente y destruir las baterías SAM-2. El 20 de julio de 1969, se destruyó una batería SAM-2 al oeste de Port Said; dos días más tarde, en una operación de mayor envergadura, los ataques se dirigieron contra las baterías SAM-2 de Abu-Suweir, Ganifa, Al-Menif y Al-K'hafir.[46] La mayoría de los ataques anti-SAM israelíes fueron ejecutados por pequeños lotes de aviones que combinaban aproximaciones altas y/o bajas con el bloqueo de los radares y las comunicaciones egipcios. Pero unos pocos fueron ataques masivos, con docenas de aviones atacando simultáneamente múltiples baterías SAM-2 junto con las baterías de cañones antiaéreos desplegadas a su alrededor.

Durante once meses, el duelo entre los aviadores israelíes y las defensas aéreas egipcias fue incesante. Los israelíes destruían baterías SAM, cañones antiaéreos y radares para preservar la supremacía aérea sobre el canal de Suez, que era esencial para disuadir los cruces egipcios y permitir los ataques contra la artillería y la infantería egipcias que hostigaban a las fuerzas terrestres israelíes. Los egipcios se esforzaban por hacer avanzar más baterías de misiles y cañones cada vez más cerca del canal de Suez para limitar la libertad de acción de los israelíes. A pesar de la duplicación de las defensas aéreas egipcias hasta alcanzar cincuenta baterías SAM-2 y 1000 cañones, de julio a diciembre de 1969 no se perdió ningún avión israelí a causa de los SAM, aunque sí unos cuantos por los cañones antiaéreos. El 24 de diciembre de 1969, un Mirage que realizaba una misión de reconocimiento fotográfico fue sorprendido por un misil que se acercaba a través de espesas nubes, pero el piloto aterrizó a salvo y se alejó antes de que el aparato dañado explotara en tierra.[47]

La campaña de Israel contra las defensas aéreas de Egipto no se limitó a ataques electrónicos y ataques aéreos: en diciembre de 1969, una incursión de comandos se apoderó de un complejo de radares soviéticos P-12 Yenisei (el Spoon Rest A de la OTAN), entonces avanzado.[48] El objetivo era estudiar sus características electrónicas para mejorar las contramedidas. Para recuperar los pesados componentes del radar, los asaltantes recurrieron a potentes helicópteros CH-53 recién suministrados por Estados Unidos, cuya recompensa inmediata fue el acceso al P-12, entonces el mejor radar de búsqueda de Vietnam desplegado contra aviones estadounidenses.

Mientras tanto, en septiembre de 1969 habían llegado los primeros Phantom de fabricación estadounidense. A diferencia de los Skyhawks y de los aviones franceses, disponían de sistemas integrales de alerta por radar. Tras la destrucción de los Mirage, las fuerzas aéreas decidieron que sólo los Phantom realizarían ataques contra los SAM, ya que no necesitaban ver el lanzamiento del misil para prepararse a evadirlo. Se desarrolló una vaina externa de contramedida electrónica (ECM), que debían llevar los Vautours y los Skyhawks; los Mirage y los Mystères no podían llevarla. Cuando se les necesitaba para patrullar zonas amenazadas por SAM, iban acompañados de un Phantom para dar la alerta. Se aumentó el número de ECM y se utilizaron en todas las misiones. Sin embargo, la experiencia demostró que, aunque los efectos de interferencia pudieran reducir la amenaza, muchos misiles seguían consiguiendo pasar y tenían que ser evadidos mediante agudas acrobacias aéreas.

Mientras los ataques de la FAI infligían grandes bajas a los egipcios en mano de obra, armas de artillería, fuerzas antiaéreas y aviones, Nasser pidió ayuda a Moscú. Los soviéticos respondieron enviando a sus mejores pilotos de defensa aérea para que participaran. Los preparativos comenzaron en agosto de 1969, la decisión final de intervenir se tomó en diciembre de 1969 y las primeras unidades soviéticas llegaron en marzo de 1970.[49]

Mientras tanto, Israel intentó aumentar la presión sobre Egipto, viendo una oportunidad en el cambio de régimen de Nasser, que murió en septiembre de 1970, a Anwar Sadat. La operación Prikha («Florecer») atacó bases militares y emplazamientos SAM en lo más profundo de Egipto, incluso alrededor del propio Cairo, para mostrar a la población en general que el Gobierno de Sadat ni siquiera podía defender la capital. Aunque todos los objetivos eran militares y no muy significativos desde el punto de vista estratégico, el bombardeo provocó fuertes reacciones públicas, incluidos episodios de pánico masivo —especialmente después de que dos edificios civiles, identificados erróneamente por los pilotos israelíes como una fábrica de armas y un cuartel militar, fueran fuertemente bombardeados—.[50]

Del 7 de enero al 13 de abril de 1970, la operación Prikha incluyó ochenta y ocho salidas, y ningún avión israelí fue derribado. Sin embargo, no logró su objetivo estratégico de presionar a los dirigentes egipcios para que desescalaran los combates a través del canal de Suez. Peor aún, en aquel momento se pensó que la estrategia de Prikha había agravado la situación de Israel al incitar a los soviéticos a intervenir. Esta apreciación se demostró errónea sólo después de la disolución de la Unión Soviética, cuando documentos soviéticos desclasificados mostraron que la decisión de Moscú de intervenir había precedido a Prikha.

El esfuerzo destinado a Prikha no disminuyó los ataques aéreos israelíes sobre las fuerzas egipcias de primera línea, cuyas defensas aéreas siguieron fracasando a la hora de detener los continuos ataques israelíes. Pero, en marzo de 1970, un gran puente aéreo soviético entregó las tropas y el cuartel general de la 18.ª División Especial de Misiles Antiaéreos, con no menos de setenta y dos baterías de misiles tierra-aire SAM-3, complementadas con cañones antiaéreos de 23 mm y misiles SAM-7 Grail lanzados desde el hombro para su uso contra intrusos de bajo nivel. También llegó el 135.º Regimiento de Aviación de Caza soviético, con noventa y cinco de las versiones más avanzadas del MiG-21 —el interceptor MiG-21MF— y cincuenta interceptores Sukhoi-9. Junto con sus puestos de mando, cuarteles generales, radares y unidades de guerra electrónica, estas fuerzas formaban un sistema completo de defensa aérea. Inicialmente se desplegaron para defender únicamente El Cairo, pero gradualmente comenzaron a avanzar hacia el este, hacia la línea del frente en el canal de Suez. No dispuesto a chocar directamente con la Unión Soviética, el Gobierno israelí ordenó el cese de todos los ataques en territorio egipcio profundo.

Los egipcios proporcionaron infraestructuras fuertemente fortificadas a las fuerzas soviéticas mediante un intento de construcción acelerado y a gran escala que estaba a su vez defendido de los ataques por baterías de misiles tierra-aire superpuestas. Incluso antes de comprender todo el alcance de la intervención soviética y el propósito del vasto esfuerzo de construcción que estaban viendo, los israelíes empezaron a bombardear inmediatamente las obras. Pero los egipcios siguieron reconstruyendo, a pesar de los miles de bajas.

Los SAM-3 y los vehículos blindados con cañones cuádruples ZSU-23 sobre orugas podían desplazarse rápidamente de un lugar a otro para tender emboscadas. Para ello, los egipcios construyeron tres emplazamientos de defensa antiaérea para cada batería, tanto para el engaño como para la supervivencia.[51] Algunos emplazamientos vacíos fueron equipados con maniquíes de madera de sistemas SAM, incluyendo pirotecnia y señalización electrónica, para que parecieran habitados.[52]

Además, la red soviética de mando y control a nivel de división permitía que varias baterías estuvieran sometidas al radar de una sola batería, permitiendo así el lanzamiento de misiles desde varias baterías cuyos propios radares estaban silenciados para sorprender a los aviones israelíes que se aproximaban, una táctica reforzada por la fácil movilidad de los SAM entre diferentes emplazamientos. El denso despliegue de baterías con sus campos de tiro superpuestos formaba un conjunto tan denso que los pilotos israelíes hablaban de un «muro de misiles».[53] Sin embargo, la fuerza aérea siguió atacando los emplazamientos de SAM y sus radares para permitir ataques contra las fuerzas terrestres egipcias. Entonces, el 12 de abril de 1970, los F-4 Phantom israelíes atacaron deliberadamente baterías SAM-3 que se sabía que estaban tripuladas por tropas soviéticas; las baterías fueron destruidas antes de que tuvieran la oportunidad de lanzar ningún misil contra los aviones atacantes.

En junio de 1970, todas las unidades de defensa antiaérea egipcias se subordinaron a los comandantes soviéticos de Defensa Antiaérea (PVO Strany) en Egipto, que concentraron y redesplegaron las fuerzas combinadas de defensa antiaérea para proporcionar una cobertura continua con baterías de misiles superpuestas desde El Cairo hasta un radio de sesenta kilómetros de la línea del frente del canal de Suez. Más agresivos que los egipcios, los operadores soviéticos harían avanzar los SAM en acciones rápidas en lugar de incrementales.[54] En la mañana del 30 de junio de 1970, el conjunto completo de misiles soviéticos se activó y comenzó a lanzar SAM contra los aviones israelíes.[55] Esa tarde, cuando la FAI contraatacó los emplazamientos SAM más avanzados, los pilotos descubrieron que las reglas del juego habían cambiado: no se lanzaban uno, ni dos, ni varios, sino docenas de misiles contra cada formación.[56] Dos cazas israelíes se perdieron a causa de los misiles, lo que conmocionó a los aviadores. La respuesta inmediata fue probar nuevas técnicas evasivas, tácticas de equipo y contramedidas electrónicas para reducir la eficacia de los misiles soviéticos, preferiblemente sin volar muy bajo y, por tanto, al alcance de los cañones antiaéreos que habían causado la mayoría de las pérdidas aéreas israelíes en el pasado.

La nueva táctica, aplicada por primera vez el 5 de julio de 1970, consistía en realizar ataques masivos, estrechamente coreografiados, de cuatro oleadas y sesenta aviones contra las baterías SAM de vanguardia, en lugar de los anteriores ataques separados por formaciones más pequeñas. La nueva táctica dependía en gran medida de una sincronización precisa para saturar las defensas con múltiples aviones que se aproximaban desde varias direcciones y alturas con diversos patrones de vuelo. Los resultados fueron desiguales, y un tercer avión se perdió a manos de los SAM. En ese momento, las baterías SAM-2 más avanzadas estaban a sólo treinta y cinco kilómetros de la línea del frente del canal, y las SAM-3, a unos cuarenta y cinco kilómetros del canal. En ese momento, los israelíes volvieron a los ataques pequeños, combinando el bloqueo electrónico con vuelos de «seducción» para atraer el fuego enemigo y ataques repentinos de aviones que esperaban más allá de la cobertura de los radares para atacar baterías que acababan de lanzar misiles y que, por tanto, no podían estar listas para volver a hacerlo.

El 18 de julio de 1970, la FAI atacó de nuevo el conjunto de misiles soviéticos en una operación a gran escala, Etgar («Desafío»). Fue la primera vez que los israelíes utilizaron la vaina de interferencia de contramedidas electrónicas AN/ALQ-71 suministrada por EE. UU. (cuyo nombre en clave era Afunah Reikhanit, «Guisante Perfumado»).[57] Los expertos estadounidenses en el sistema aconsejaron a los pilotos de la FAI que volaran directamente hacia la zona de misiles en formación estable sin realizar maniobras evasivas para mantener una cobertura mutua eficaz (en «formación de vaina»).[58] Pero tanto la tecnología como la táctica fracasaron, ya que tres preciosos F-4 Phantom fueron alcanzados, dos de ellos quedaron destruidos y un venerado comandante de escuadrón, Shmuel Khetz, resultó muerto.

La vaina era parcialmente eficaz contra los SAM-2, pero totalmente ineficaz contra los SAM-3. Los israelíes siguieron utilizándolo, pero volvieron a las acrobacias aéreas evasivas en lugar de depender únicamente del artilugio.[59] Inicialmente, a pesar del coste, los resultados del ataque parecían satisfactorios, con siete baterías SAM aparentemente destruidas, pero más tarde se descubrió que sólo tres eran baterías activas mientras que el resto eran señuelos.[60]

Con los israelíes luchando por destruir los SAM, la iniciativa pasó a los comandantes soviéticos de defensa aérea, que empezaron a desplegar cazas tripulados soviéticos para interceptar los aviones israelíes. El 25 de julio de 1970, los MiG-21 soviéticos interceptaron a los A-4 Skyhawks israelíes en una misión de ataque a tierra y los persiguieron hasta el espacio aéreo del Sinaí controlado por Israel. Como aviones subsónicos, los A-4 eran superados por los MiG-21, y un A-4 alcanzado por un misil aire-aire Atoll se vio obligado a aterrizar en la base aérea avanzada de Rephidim. Los israelíes respondieron del mismo modo el 30 de julio de 1970 con la operación Rimon 20, una emboscada aérea en la que doce Mirage IIIC y cuatro F-4E Phantom II atrajeron y atraparon a una fuerza de reacción soviética de veinticuatro MiG-21MF. En la batalla aérea que siguió, más confusa que la mayoría, los israelíes sufrieron un avión dañado que aterrizó sin novedad, mientras que cinco MiG-21 fueron destruidos y murieron cuatro aviadores soviéticos. Al igual que con los ataques contra el personal de tierra soviético, los israelíes informaron de la destrucción de aviones egipcios y no soviéticos, para que no pudieran ser contradichos por los portavoces soviéticos, que seguían negando cualquier implicación activa en los combates. Moscú tampoco reaccionó a nivel diplomático, ni siquiera denunció el ataque. En su lugar, se produjo un nuevo avance de las baterías SAM-3 hacia el canal de Suez.

Pero el mensaje fue recibido tanto en Washington como en Moscú, y el resultado fue un acuerdo de alto el fuego mediado por Estados Unidos y firmado por Israel, Egipto y Estados Unidos (la

URSS no lo firmó), que entró en vigor el 7 de agosto de 1970.[61] El acuerdo fue violado casi inmediatamente por egipcios y soviéticos, que hicieron avanzar aún más sus baterías de misiles hacia la zona del canal. Estados Unidos no trató de renunciar al alto el fuego ni de hacerlo cumplir, sino que reaccionó suministrando a Israel todas las armas que había desarrollado para luchar contra las defensas aéreas: receptores de aviso de radar para instalar en los aviones, reflectores (para confundir a los radares), bengalas (para confundir a los sensores de infrarrojos) con sus respectivos dispensadores y misiles AGM-45 Shrike que apuntaban a las emisiones de radar, así como bombas de racimo CBU-24 que aumentaban la probabilidad de acertar en los objetivos. Todo este equipamiento fue un premio de consolación para Israel a cambio de que aceptara las violaciones del alto el fuego en lugar de reanudar la guerra, incluso cuando Egipto estaba rompiendo abiertamente el acuerdo al hacer avanzar las baterías SAM, cuyos misiles pronto podrían amenazar incluso a los aviones que volaran bien dentro del lado israelí del canal de Suez.

Entre el alto el fuego de agosto de 1970 y la guerra de octubre de 1973 se produjeron varios lanzamientos de misiles dirigidos contra aviones israelíes que volaban en el espacio aéreo israelí. En un caso, un Stratocruiser que transportaba equipos de inteligencia de señales y volaba por una ruta considerada segura fue derribado por una batería SAM-2 que había avanzado en secreto hasta una nueva ubicación. Un ataque de represalia con Shrikes fracasó. Esto anticipó lo que ocurriría al comienzo de la guerra de octubre de 1973, cuando las baterías SAM egipcias infligirían grandes bajas, neutralizando la eficacia de la potencia aérea israelí.

Durante esos tres años, la FAI trató de prepararse para el siguiente asalto porque después de la negativa de EE. UU. a castigar, o incluso a reconocer, las violaciones del alto el fuego, nadie creía que pudiera evitarse otra guerra. De julio de 1967 a agosto de 1970, un total de dieciséis cazas israelíes fueron destruidos en el frente egipcio; seis, alcanzados por misiles tierra-aire; cinco de ellos, en cinco semanas. Otros seis aviones israelíes fueron derribados por cañones antiaéreos egipcios, y cuatro, por cazas egipcios. Ochenta y seis aviones de combate egipcios fueron derribados por cazas israelíes durante el mismo periodo. Otros quince aviones israelíes se perdieron en otros frentes.

La principal lección aprendida fue una inversión de prioridades: el primer acto de la guerra de 1967 había sido eliminar los aviones de combate árabes (especialmente los bombarderos que amenazaban la retaguardia civil de Israel) ignorando las defensas antiaéreas árabes. Pero el primer acto de la siguiente guerra tendría que ser la destrucción de los SAM, lo que requeriría una mezcla de tecnología, técnicas y tácticas aún por desarrollar. La tentativa comenzó de inmediato, pero sus resultados no llegarían a tiempo para la guerra de octubre de 1973.

Los planes de la campaña anti-SAM, uno para el frente egipcio y otro para el sirio, eran intrínsecamente mucho más complicados de lo que había sido la operación Moked en 1967. El concepto básico era el mismo para ambos planes: Dugman («Modelo») para Siria y Tagar («Desafío») para Egipto. Cada uno de ellos requería secuencias exactamente programadas de contramedidas electrónicas de enfrentamiento (interferencias y nubes de rozamiento), señuelos de drones para atraer el fuego, disparos de artillería de largo alcance para destruir o al menos interferir las baterías SAM más adelantadas, salvas de misiles antirradiación Shrike para alcanzar los radares de las baterías y, a continuación, una serie de vuelos a baja altura para atacar las posiciones de los cañones antiaéreos y abrir rutas seguras a baja altitud para los aviones enviados a atacar los objetivos clave, las baterías SAM.

Dado que los diversos sistemas de contramedidas electrónicas y los misiles Shrike se habían probado pero no habían dado resultado, y que los nuevos SAM, especialmente los SA-6, podían funcionar a pesar de los ECM disponibles, las medidas anteriores se consideraron útiles pero no lo suficientemente eficaces como para servir de protección principal de los aviones atacantes, que tendrían que confiar en tácticas de vuelo superiores. Para ello, cada oleada de ataques combinaría diferentes métodos de vuelo. Los ataques iniciales emplearían la técnica Kela («Tirachinas»), más segura pero menos precisa, en la que los aviones volarían bajo y rápido hasta que, en un punto predeterminado antes de entrar en el alcance de los cañones antiaéreos, los pilotos elevarían el morro del avión hasta un ángulo prescrito y soltarían las bombas, luego girarían para salir a una altitud muy baja; las bombas volarían en un patrón parabólico hacia sus objetivos. Los pilotos no podían ver los objetivos a los que apuntaban; pero, si los cálculos y la mano del piloto eran precisos, se alcanzarían suficientes objetivos como para permitir la técnica más arriesgada pero más precisa de Hataf («A toda prisa»): los aviones volaban por debajo del umbral del radar hasta un punto predeterminado cerca del objetivo, se elevaban unos miles de pies, giraban, veían el objetivo, apuntaban y se lanzaban sobre él, soltaban las bombas y salían a muy baja altitud. Para eludir el fuego de misiles, toda la secuencia de ascenso a salida debía durar sólo unos segundos, menos tiempo del que tardaba la batería en atacar al avión.

Esta táctica, sin embargo, tenía una debilidad crítica: los pilotos no podían ver sus objetivos hasta que se elevaran y volcaran, y no tendrían tiempo de buscar visualmente el objetivo si no estaba donde esperaban que estuviera. Por lo tanto, tanto para la técnica Kela como para la Hataf, los planificadores del ataque aéreo tenían que saber de antemano con precisión dónde estaría cada cañón o batería de misiles enemiga. Esto a su vez requería un vuelo de reconocimiento fotográfico antes del ataque, con la esperanza de que las baterías no se movieran entre el vuelo de reconocimiento y el ataque, aunque moverse con cierta frecuencia era una contramedida estándar practicada habitualmente por el enemigo.

Pero la deficiencia más grave de los métodos contemporáneos de reconocimiento fotográfico para ese fin específico era su lentitud. Pasaban ocho horas desde el momento en que se tomaba la fotografía hasta el momento en que se iban a lanzar las bombas sobre el objetivo, sumando el tiempo de vuelo para regresar a la base; el tiempo necesario para transferir la película del avión a los reveladores y de éstos a los analistas; el tiempo necesario para analizar las imágenes; el tiempo necesario para transferir los resultados a los planificadores; el tiempo para que los planificadores digieran los datos, creen un plan y lo envíen a los escuadrones participantes; el tiempo para que éstos lo estudien y asignen pilotos y aviones, y el tiempo para que cada piloto estudie su misión, embarque en su avión y vuele hasta el objetivo. Para los voluminosos SAM-2, difíciles de mover, un lapso de ocho horas no era demasiado en la mayoría de los casos; para los SAM-3, más fáciles de mover, significaría que se habrían movido algunas baterías, y los SAM-6 podrían moverse dos veces en ocho horas. Por lo tanto, los planificadores de la FAI preferían un ataque preventivo por sorpresa, como en junio de 1967.[62]

Una debilidad organizativa fue que el análisis fotográfico para determinar la ubicación exacta de las baterías de misiles, radares y lanzadores no se realizó en el Cuartel General del Ejército del Aire, sino en el Cuartel General de Inteligencia Militar, donde se analizaba toda la fotografía aérea. La consecuencia fue un retraso adicional: más tiempo para transferir los resultados de los analistas de imágenes a los planificadores de las fuerzas aéreas. Dentro de unos años, todas esas funciones se realizarían casi en tiempo real, independientemente de su ubicación, pero no en 1972-1973.

Los enemigos de Israel no se quedaron quietos. El aparente éxito de las defensas aéreas en el verano de 1970 se convirtió en la base de su planificación, e invirtieron mucho en fuerzas tierra-aire, continuando incluso cuando las fuerzas de combate soviéticas se marcharon, dejando sólo asesores e instructores. En octubre de 1973 los egipcios tenían 146 baterías de misiles (72 SAM-2 de gran altitud, 64 SAM-3 de altitud media y 10 SAM-6 de altitud baja a media), de las cuales 55 (25 SAM-2, 20 SAM-3 y 10 SAM-6) se desplegaron cerca del canal de Suez, por lo que podían operar a cierta distancia en el espacio aéreo israelí, mientras que las otras, más alejadas, protegían El Cairo y las zonas de retaguardia. Con un frente más pequeño que defender, los sirios podían lograr la misma densidad con menos baterías: 36 (13 SAM-2, 8 SAM-3 y 15 SAM-6), de las cuales 25 estaban desplegadas en el frente (7 SAM-2, 3 SAM-3 y 15 SAM-6). Nueve baterías alrededor de Damasco estaban lo suficientemente cerca del frente como para ayudar a proteger las unidades de retaguardia de las fuerzas terrestres sirias, mientras que otras dos protegían el aeródromo de Dmeyr, más atrás.

Tanto el ejército egipcio como el sirio desplegaron también unos dos mil cañones antiaéreos de todo tipo y cientos de lanzadores SAM-7 portátiles. En cuanto a las baterías SAM de ambos ejércitos, cada una de ellas disponía de múltiples emplazamientos fortificados (siguiendo directivas soviéticas específicas); algunos, con equipos ficticios cuando la batería estaba en otro lugar, lo suficientemente buenos como para haber engañado a los israelíes. Además, había emisores de radar alrededor de cada emplazamiento para seducir a los misiles Shrike, y baterías de cañones antiaéreos y también equipos SAM-7 con hombres para protegerse de los aviones que volaban bajo. Las ubicaciones de las baterías se seleccionaron para formar zonas superpuestas, y los sistemas integrados de mando central permitieron el enfrentamiento de varias baterías contra cada objetivo.

Antes del estallido de la guerra el 6 de octubre de 1973, el ministro de Defensa Moshe Dayan y el jefe de las FDI David Elazar habían acordado que, en caso de guerra, las FDI deberían centrarse en derrotar a los sirios antes de desviar el grueso de sus fuerzas al frente egipcio, debido a la corta distancia entre la ubicación de las fuerzas terrestres sirias y los pueblos y ciudades israelíes en los Altos del Golán y en el valle de Hulah, justo debajo. Por el contrario, en el frente del Sinaí, unos 150 kilómetros de desierto vacío separaban la línea del frente del canal de Suez del asentamiento civil israelí más cercano. Otra razón para dar prioridad al frente sirio era que Dayan y Elazar esperaban que una rápida victoria sobre los sirios disuadiría a Jordania e Irak de unirse a la ofensiva sirio-egipcia; decidieron además que, en caso de guerra, la campaña de supresión de la operación Dugman contra los SAM sirios comenzaría inmediatamente.

A medida que se acercaba la siguiente guerra, la FAI confiaba en tener la solución. Sin embargo, cuando estalló, las condiciones iniciales de la guerra de octubre de 1973 eran completamente diferentes de las previstas. Cuando llegó el aviso definitivo en la mañana del 6 de octubre, Benny Peled, comandante de la FAI, solicitó permiso para lanzar un ataque preventivo y le fue denegado. Al necesitar el respaldo estadounidense, Israel no podía permitir que se le presentara de nuevo como el agresor. Peled había confiado en que se le concedería el permiso, y la FAI había estado preparando sus aviones desde primera hora de la mañana. El rechazo exigió una reevaluación completa de la situación y un cambio total de las cargas de los aviones.

Sin embargo, aunque se hubiera dado el permiso, se manifestó una segunda vulnerabilidad crítica: los cielos sobre el campo de batalla previsto estaban demasiado nublados. Los objetivos no podían ser vistos por los pilotos. En lugar de lanzar el Dugman, Peled decidió atacar las bases aéreas sirias más allá de la zona nublada. Esa decisión significó que todos los aviones tuvieron que descargar sus cargas de munición anti-SAM y sustituirlas por una mezcla adecuada para atacar bases aéreas —penetradores de hormigón para destrozar pistas y atacar refugios de aviones de ferrocemento—, y los pilotos tuvieron que estudiar nuevas misiones. Dada la hora H árabe prevista, las 18:00 GMT, parecía haber tiempo suficiente para llevar a cabo la transición.[63]

Entonces llegó una segunda sorpresa: a las 13:55 las fuerzas terrestres empezaron a informar de bombardeos masivos de artillería, y los operadores de radar de la FAI vieron una masa de aviones egipcios y sirios acercándose a las fronteras. La FAI se vio atrapada en plena transición de un modo de ataque terrestre a otro, ninguno era compatible con la interceptación de los intrusos entrantes. Reaccionando ante el terrible peligro de un Moked inverso que pudiera paralizar la fuerza aérea, Peled ordenó que todos los aviones se lanzaran al aire. No se produjeron ataques contra las principales bases aéreas israelíes, pero a continuación se produjo una avalancha para traer de vuelta los aviones y prepararlos para responder a las urgentes peticiones de apoyo aéreo de las fuerzas terrestres. Sin las unidades de reserva recién movilizadas, las fuerzas del frente se enfrentaban a enormes dificultades. Necesitaban apoyo aéreo de inmediato; no podían esperar a que la FAI lograra primero la superioridad aérea.

A última hora de la tarde del 6 de octubre, los cazabombarderos israelíes habían realizado unas 200 salidas aire-aire, derribando dieciséis helicópteros egipcios que desembarcaban comandos detrás de las líneas israelíes y unos veinte cazas egipcios y sirios. Otras 110 salidas alcanzaron a las fuerzas terrestres árabes, pero tuvieron que volar contra un intenso fuego antiaéreo. Se perdieron seis aviones y otros quedaron dañados pero reparables. También se lanzaron decenas de salidas esa noche. Mientras tanto, la FAI se preparaba para lanzar Dugman a la mañana siguiente. Inicialmente, las fuerzas israelíes en el frente sirio parecían resistir, mientras que las del Sinaí estaban desbordadas, por lo que la FAI recibió la repentina orden de lanzar Tagar en lugar de Dugman.

En la mañana del 7 de octubre, la primera de las tres oleadas previstas de Tagar fue debidamente lanzada y parecía tener éxito. Pero entonces la situación general de las FDI se invirtió; durante la noche, las fuerzas sirias habían penetrado entre los israelíes escasamente desplegados y avanzaban rápidamente por el Golán hacia la población civil israelí del valle del Hula. La mayoría de las reservas seguían de camino a los frentes, y en el Golán las escasas fuerzas desplegadas sufrían numerosas bajas. Por el contrario, en el Sinaí la situación parecía mejor.

Por lo tanto, se ordenó a las fuerzas aéreas que proporcionaran apoyo inmediato en el Golán.[64] Tagar, dirigido contra el SAMS de Egipto, se detuvo en seco para que Dugman pudiera prepararse rápidamente, mientras que cincuenta y cinco salidas se lanzaron contra los dientes de las defensas sirias, que no habían disminuido, para atacar a las fuerzas blindadas y mecanizadas que avanzaban. La mayoría de estas salidas realizaron ataques Kela de supervivencia, pero causaron muy pocos daños, mientras que algunas intentaron ataques más precisos que se toparon con un intenso fuego antiaéreo.[65] Los resultados exactos de estas salidas no pudieron determinarse, y no se sabe con certeza si fueron definitivamente eficaces a la hora de ralentizar el avance sirio para ganar tiempo a las formaciones de reserva que empezaban a llegar para bloquear las rutas desde los Altos del Golán hasta el valle del Hula, donde muchos civiles estaban en peligro inminente.

La decisión de llevar a cabo el Dugman sin ninguna ventaja de sorpresa ni preparativos adecuados se tomó en ese dramático contexto: si se lograba neutralizar los SAM sirios, la FAI podría llevar a cabo ataques masivos de bombardeo de precisión contra las fuerzas terrestres sirias y cambiar el equilibrio sobre el terreno. Era una apuesta de alto riesgo en circunstancias desesperadas. Pero Dugman fracasó por completo. No había habido tiempo suficiente para realizar un reconocimiento fotográfico para actualizar las ubicaciones de las baterías, que se habían movido todas desde la última actualización del día anterior. Sólo una batería SAM fue destruida porque un piloto vio por casualidad la nueva ubicación mientras rodaba para lanzarse en picado sobre su objetivo dado, que ahora, como todos los demás objetivos, no era más que revestimientos vacíos. Otra batería SAM siria fue parcialmente alcanzada y volvió a la acción dos días después. Además, las rutas de salida originales se habían planificado suponiendo que los sirios aún no habían penetrado en el Golán. Pero lo habían hecho, llevándose consigo un gran número de cañones antiaéreos cuya ubicación se desconocía por completo; los aviones que regresaban de Dugman volaron bajo sobre ellos y pagaron el precio.

Tagar había sido un éxito parcial, cortado en seco, pero, como no se completó, es difícil evaluar si habría logrado el resultado requerido. Tampoco se había llevado a cabo exactamente como estaba previsto. En retrospectiva, está claro que Dugman y Tagar habían fracasado debido a su complejidad y a la consiguiente falta de flexibilidad ante las condiciones adversas: tanto políticas —el ataque preventivo desautorizado— como militares, la urgencia de apoyo aéreo para las fuerzas terrestres, gravemente superadas en número, siendo las nubes de octubre otro obstáculo. Demasiadas cosas tenían que converger para que los dos planes funcionaran, un defecto inherente a cualquier plan militar. Además, a las circunstancias adversas y a la falta de flexibilidad inherente a cada plan de batalla se sumaron errores operativos e incluso conceptuales. Fue lo opuesto a Moked con todo saliendo mal en vez de al revés.

Por ejemplo, habiendo decidido iniciar la guerra con Dugman, la FAI envió su única unidad de drones señuelo al Golán. Estaba equipada con aviones teledirigidos BQM-74 Chukar de fabricación estadounidense reconvertidos para servir de señuelos bajo el nombre en clave de Telem. Pero, cuando Dugman fue cancelado en la noche del 6 de octubre y se tomó la decisión de ejecutar Tagar contra los SAM egipcios al amanecer del 7 de octubre, la unidad de drones señuelo estaba en el Golán. Además, en la confusión, el comandante de la unidad Telem no fue informado del cambio de planes, por lo que a la hora prevista, según sus órdenes originales, lanzó una salva de aviones Telem hacia Siria. Él y sus hombres presenciaron no menos de veinte lanzamientos de SAM contra sus cuatro aviones teledirigidos; muchos de ellos, lanzados desde baterías cuya presencia y ubicación eran desconocidas hasta entonces. El comandante de la unidad llamó inmediatamente al Cuartel General del Ejército del Aire para informar de que los aviones teledirigidos señuelo Telem funcionaban muy bien —nunca se habían probado antes para preservar el elemento sorpresa—. Pero entonces le informaron de que, por desgracia, la FAI no estaba ejecutando Dugman en su frente, sino Tagar en el sur, mucho más allá de su alcance.[66] Cuando finalmente se llevó a cabo Dugman unas horas más tarde, a la unidad no le quedaban drones.

Otro fracaso se produjo con el apoyo de artillería previsto para ambos planes de derribo. En el Sinaí no había suficientes cañones de largo alcance para llevar a cabo el bombardeo previsto; los que había estaban ocupados respondiendo a las peticiones de apoyo de fuego de emergencia de las asediadas unidades terrestres —Tagar tuvo que prescindir de ellos—. En el Golán, parte de la artillería desplegada para el plan original se había visto obligada a retirarse y las unidades de artillería restantes estaban muy ocupadas apoyando a las fuerzas terrestres. Aunque consiguieron disparar algunas salvas, como se había planeado para el día anterior, la confusión creada por el cambio nocturno a Tagar les hizo disparar demasiado pronto. De hecho, fue quizás este fuego el que incitó a los sirios a reubicar sus baterías de modo que unas horas más tarde, cuando Dugman se puso efectivamente en marcha, los pilotos bombardearon posiciones vacías.[67] En cuanto a las unidades de guerra electrónica, se habían desplegado en el frente egipcio y participaron en Tagar, pero no pudieron transitar a tiempo hasta el frente sirio para participar en Dugman. Mientras intentaban evaluar los resultados de los ataques anti-SAM en Siria, y antes de descubrir su rotundo fracaso, las fuerzas aéreas ejecutaron otras cuarenta salidas de ataque en el Golán y ciento cuarenta más en el Sinaí en un intento de destruir los puentes de pontones por los que las fuerzas egipcias cruzaban el canal de Suez.

En total, el 7 de octubre, la FAI perdió doce aviones en el frente sirio: seis en el fallido ataque anti-SAM, cinco mientras intentaban proporcionar apoyo terrestre y uno ante la artillería antiaérea siria mientras perseguía a un avión sirio que volaba bajo. Otros diez aviones fueron derribados sobre el Sinaí y Egipto, para un total de veintidós aviones israelíes perdidos sin ganar nada. Este sería el peor día de toda la guerra, pero los jefes de las fuerzas aéreas aún no lo sabían. Lo que sí sabían todos en la FAI era que semejante ritmo de pérdidas no podía mantenerse.

Incluso después del fracaso de Dugman, las nuevas salidas de reconocimiento fotográfico de las fuerzas aéreas sobre el Golán volvieron a fracasar a la hora de identificar y localizar diez de las quince baterías SAM-6 que se sabía que tenían los sirios. Sólo después de una amplia investigación llevada a cabo dos años después de la guerra, los analistas de las fuerzas aéreas pudieron finalmente identificar trece de las quince baterías SAM-6 en las tiras fotográficas que databan del 5 y el 7 de octubre de 1973.[68] En otras palabras, el sistema general era demasiado lento para seguir el ritmo de los objetivos móviles.

La primera decisión aplicada inmediatamente por la FAI fue renunciar a operaciones a gran escala para destruir la amenaza SAM con el fin de proporcionar cielos despejados. En su lugar, recurrió a operaciones mucho más pequeñas para mordisquear a los SAM, al tiempo que desviaba su atención hacia el apoyo a las fuerzas terrestres a pesar de la amenaza SAM. En total, durante toda la guerra la FAI realizó unas 1400 salidas contra SAM (aproximadamente, 220 en Tagar y Dugman), durante las cuales sólo tres baterías SAM sirias fueron destruidas y cinco dañadas frente a treinta, mientras que dos baterías SAM egipcias fueron destruidas y once dañadas. Otras once baterías SAM egipcias fueron destruidas por las fuerzas terrestres israelíes después de que las FDI cruzaran el canal de Suez para asaltar el lado egipcio con tanques e infantería mecanizada. Pero en ningún momento, hasta los dos últimos días de la guerra, consiguió la FAI una completa libertad de acción operativa para bombardear a las fuerzas enemigas a voluntad: cada ataque requería una lucha para penetrar las defensas aéreas, lo que reducía el valor global de combate de la potencia aérea israelí.[69]

A pesar de ello, la mayoría de las salidas de la FAI durante la guerra se ejecutaron para proporcionar apoyo a las fuerzas terrestres. Por ejemplo, el 11 de octubre, mientras el Mando Norte de las FDI contraatacaba en Siria, recibió 221 salidas de apoyo a los ataques terrestres y otras 130 al día siguiente. Al mismo tiempo, cuarenta y una salidas el 11 de octubre y once salidas el 12 de octubre atacaron baterías SAM sirias. Esas misiones, con otras en Siria contra bases aéreas e infraestructuras importantes, y combates aire-aire para impedir que las fuerzas aéreas sirias atacaran a las fuerzas terrestres israelíes, costaron ocho aviones el 11 de octubre y tres más el 12 de octubre.[70] En total, la FAI realizó aproximadamente 5260 misiones de apoyo terrestre; la mayoría de ellas, de interceptación, y el resto, de apoyo cercano.[71] Pero como la amenaza SAM nunca se neutralizó completamente, la efectividad de ese apoyo aéreo se redujo y el coste en aviones perdidos fue alto. Se realizaron otras 3180 salidas para patrullar o escoltar aviones de ataque, derribando aproximadamente 260 aviones de combate enemigos y treinta y cinco helicópteros. Los misiles Hawk y los cañones antiaéreos israelíes también derribaron unos cincuenta aviones de combate y quince helicópteros.

La guerra le costó a la FAI un total de 102 aviones de combate, cinco helicópteros y dos aviones ligeros, con una pérdida aproximada de un avión por cada 110 salidas de combate.[72] De los aviones de combate perdidos, cincuenta y siete fueron derribados durante los primeros cinco días de la guerra, y los cuarenta y cinco restantes se perdieron durante los catorce días siguientes.[73] Aproximadamente la mitad de los aviones de combate perdidos fueron alcanzados por SAM, lo que supone una proporción de unos cuarenta misiles lanzados por avión destruido.

XI.

POTENCIA AÉREA RESTAURADA CON UN SALTO TECNOLÓGICO

Tras la debacle de 1973, Ezer Weizman dijo célebremente: «El misil ha doblado el ala del avión».[1] El trauma de la guerra de 1973 había puesto en entredicho la propia ética de las victoriosas fuerzas aéreas de 1948, 1956 y 1967. «Nos sentíamos humillados», dijo el as de caza Aviem Sella, que desempeñó un papel clave en la dirección de las reformas posteriores a 1973, y añadió que «estábamos decididos a encontrar la manera de restaurar nuestro honor profesional… la [guerra de] Yom Kippur dejó al descubierto una serie de lagunas que la fuerza aérea tenía que llenar si quería obtener un mejor resultado en la siguiente ronda».[2]

Algunos oficiales creían que las fuerzas aéreas habían sido superadas tecnológicamente por los misiles antiaéreos soviéticos. Otros no estaban de acuerdo en que la tecnología fuera la cuestión principal. Moshe Dayan insistió notablemente en que las soluciones al problema no serían tecnológicas («la electrónica no ganará la guerra»), sino tácticas y operativas: se trataba de luchar de forma inteligente y audaz, confiando en la inteligencia de los propios guerreros.[3] Pero era innegable que los paraguas de misiles suministrados por los soviéticos habían restringido muy severamente las operaciones aéreas durante toda la guerra y también que las contramedidas electrónicas y las armas de alcance disponibles, como el Shrike y las bombas planeadoras, no podían neutralizarlas, lo que obligó a la FAI a enviar sus aviones a lo más profundo de las fauces de las defensas aéreas enemigas, perdiendo una cuarta parte de ellos por los misiles tierra-aire (SAM) y los cañones antiaéreos.

Después de la guerra, las FAI llevaron a cabo una investigación exhaustiva, identificando una larga lista de grandes deficiencias y posibles soluciones para el futuro. Retrospectivamente, lo que había fallado era la planificación: tanto Dugman como Tagar eran planes rígidos y frágiles porque dependían totalmente del conocimiento exacto de la ubicación de cada lanzamisiles. Cuando la movilidad de los lanzadores hizo que eso fuera imposible dada la lentitud del proceso de inteligencia de la época, el método de planificación no dejó margen para ninguna táctica alternativa.

En respuesta a estos hallazgos, las FAI llegaron a la conclusión de que era esencial acortar el intervalo entre la detección de las baterías SAM, su identificación como baterías operativas reales y no como simulaciones, y su ataque efectivo, antes de que volvieran a moverse.[4] Asimismo, era necesario encontrar formas de reducir el riesgo para los aviones que realizaban el ataque, ya fuera de los propios SAM o de su conjunto protector de cañones antiaéreos. Conseguir una mejora espectacular en ambos frentes requería una serie de innovaciones en tecnología, procesos de trabajo y tácticas. El objetivo central del programa de desarrollo de la FAI posterior a 1973 era alcanzar ambas metas.

El comandante Benny Peled consideró que el reto clave era la aceleración del ciclo localización-ataque, que no podría lograrse sin métodos de inteligencia totalmente nuevos que acercaran el proceso al ideal de la inteligencia en tiempo real. Eso mejoraría las capacidades de la FAI para todas las misiones, no sólo para la misión contra SAM. Un estudio sobre la eficacia de la costosa tentativa de la FAI para ayudar a las fuerzas terrestres de las FDI en la guerra de 1973 también concluyó que la inteligencia sobre objetivos insuficientemente actualizada había sido el problema número uno.[5] Muy pronto se determinó que la solución tecnológica clave era utilizar vehículos pilotados a distancia (RPV; ahora drones) lo suficientemente pequeños como para evitar ser alcanzados, con una autonomía de vuelo lo suficientemente larga como para mantener una presencia casi constante sobre el campo de batalla, y con una cámara de vídeo y un enlace de datos para permitir la transmisión de datos en tiempo real a los planificadores operativos, que ya no tendrían que esperar a que aterrizaran los aviones para analizar las fotografías. Ayudó el hecho de que Israel fuera líder mundial en la fabricación de RPV cada vez más capaces.

LA REVOLUCIÓN DE LOS DRONES

Fue en el Artzav 19 cuando los drones desempeñaron por primera vez un papel central en las operaciones de combate y superaron con creces las expectativas, marcando el inicio de una nueva era militar. Sin embargo, los Ejércitos del Aire del mundo no se apresuraron precisamente a adquirir drones, y mucho menos a integrarlos en sus operaciones. Nueve años más tarde, en la preparación estadounidense para la guerra del Golfo de 1991, los únicos aviones teledirigidos de observación con los que se contaba eran los importados de Israel adquiridos por la Marina y el Cuerpo de Marines. Ningún otro servicio había mostrado interés por los aviones no tripulados, y el Ejército estadounidense había cancelado su propio y prometedor programa Aquila en 1985 por razones dudosas, mientras que las fuerzas aéreas ni siquiera iniciaron uno.[6] Esa inacción colectiva era tanto más notable cuanto que la Agencia de Proyectos de Investigación Avanzada del Departamento de Defensa estadounidense había realizado con éxito una demostración de un avión no tripulado en 1972, justo cuando se estaban probando los primeros aviones no tripulados israelíes. Así que las FDI fueron las primeras fuerzas militares de todo el mundo en contar con la gran ventaja de operar rutinariamente con inteligencia casi en tiempo real, una ventaja que resultó sorprendentemente persistente.

En respuesta a la creciente amenaza de los abundantes y eficaces misiles tierra-aire de fabricación soviética durante la guerra de Desgaste, las FAI comenzaron a utilizar aviones teledirigidos

Teledyne-Ryan 124 y BQM-34 Firebee como señuelos SAM, bajo la designación Mabat, acrónimo hebreo de «avión sin piloto».[7] También se hicieron intentos de acoplarles cámaras y enviarlos a fotografiar zonas consideradas demasiado peligrosas para los aviones tripulados. En 1971, la FAI adquirió Chukars BQM-74 de fabricación estadounidense Northrop, a los que designó Telem, como se ha señalado en referencia a su uso inútil en el Golán en 1973. Los aviones Telem se modificaron para que siguieran un plan de vuelo preprogramado y se mejoraron electrónicamente para simular la sección transversal de radar de un caza tripulado mucho más grande, con el fin de despertar a las baterías SAM y a los cañones antiaéreos controlados por radar para que entraran en acción, revelando así sus posiciones a los aviones atacantes.[8] Pero el uso de estos aviones no tripulados para el reconocimiento fotográfico resultó menos eficaz.

Poco después de la guerra de octubre de 1973, tras los decepcionantes resultados obtenidos con los aviones teledirigidos convertidos de fabricación estadounidense, la inteligencia militar de las FDI había empezado a utilizar el RPV de fabricación israelí vendido internacionalmente como Mastif, designado Sorek en las FDI. Pero no podía proporcionar cobertura en tiempo real: sólo podía tomar fotografías fijas que la Subdivisión de Inteligencia podía utilizar en lugar de solicitar misiones fotográficas de aviones de reconocimiento tripulados. Al necesitar la retransmisión en tiempo real de las fotografías, la fuerza aérea intentó reequipar una cámara de vídeo estabilizada con un enlace de datos en un Chukar/Telem. Entonces se dirigió a Israel Aircraft Industries (IAI), que respondió rápidamente con el Scout (nombre FDI Zahavan), que podía vigilar grandes áreas durante muchas horas y retransmitir fotografías en tiempo real a las pantallas de vídeo de los analistas, para permitir a los aviones de ataque aprovechar al máximo las breves ventanas de exposición durante las cuales las baterías SAM móviles eran más vulnerables a los ataques. También se utilizaron otras herramientas de inteligencia desarrolladas o adquiridas, incluidos los sistemas aéreos de mando y control, pero el uso innovador de aviones no tripulados fue en gran medida un avance israelí.

El Mastif y el Scout ejemplificaban lo mejor de la pequeña industria de defensa israelí, modestamente financiada.[9] Su diseño respondía en gran medida a las necesidades de las FDI gracias a la continua intercomunicación entre los oficiales en servicio activo que los querían y los ingenieros que los desarrollaban, que eran en su mayoría oficiales de reserva de las FDI. Estos RPV eran lo más sencillos posible, mecánicamente robustos y diseñados para un manejo rudo en condiciones de campo. Como su diseño incorporaba el mayor número posible de componentes estándar, también eran baratos. Los primeros modelos disponían de cámaras de televisión y retransmitían imágenes a los operadores. Más tarde, se añadieron telémetros láser para permitir el uso de los mismos drones por los observadores de artillería y para lasear objetivos para aviones tripulados.

Al comienzo de lo que se convirtió en el proyecto Scout, el IAI asignó un equipo de ingenieros a la tarea, entre ellos Yair Dobster.[10] Describió el proyecto básicamente como una «puesta en marcha»: «Se reclutaron [jóvenes] con espíritu aventurero y se nombró a un jefe de equipo experimentado que nos guiara para domar la tendencia de los jóvenes a ir demasiado lejos, como a veces hacen los jóvenes de mente abierta e intrépidos».

La empresa trató al Scout como si fuera un avión tripulado corriente. «Se fabricó con el mismo tipo de aluminio y los mismos remaches, igual que se fabrican los aviones de pasajeros hasta hoy», según Dobster. Para ahorrar tiempo y dinero, y para saltarse las iteraciones de prueba y error basadas en la experimentación en el túnel de viento, simplemente se redujo el probado diseño de doble brazo del avión de transporte ligero Arava y se le acopló un único motor orientado hacia atrás. Este diseño también hizo más fácil equilibrar la distribución del peso cuando se opera con diferentes cargas útiles y/o combustible extra.

El diseño de la aeronave —la plataforma— fue sólo el principio. Para operar el Scout, se necesitaba una estación de control en tierra con pantallas, activadores con palanca de mando y telecomunicaciones. La carga útil óptica también tuvo que desarrollarse desde cero para adaptarse al Scout, y también hubo que prever un modo de funcionamiento, ya que no existía una doctrina operativa establecida.[11] Una elección técnica no favoreció la simplicidad: en Estados Unidos, el primer dron experimental (que nunca llegó a la producción en serie) llevaba incorporada una cámara fija, con un aparato de espejo flotante para estabilizar la imagen. Eso producía una imagen de espejo invertida para el operador, lo que añadía una complicación que no sería deseable si el sistema se utilizaba alguna vez en condiciones reales de combate. Para los israelíes ese escenario era un hecho, e IAI decidió resolver el problema desarrollando un cardán giroestabilizado para la cámara.

Mucho más tarde, dos miembros de la primera tripulación de operadores de la FDI describieron los dolores iniciales del crecimiento, incluyendo la escasez de piezas que obligó a canibalizar algunos Scout para mantener a otros volando. Los frecuentes, aunque pequeños, cambios de ingeniería tuvieron que hacerse sobre la marcha, sin pausa para la verificación por parte de inspectores externos de pruebas y evaluación o para la atribución de culpas por errores, ya que las decisiones de rediseño se tomaban sobre la marcha. Era un proceso que no tenía fecha de finalización, con continuos retoques que no terminaron ni siquiera cuando los Scout fueron entregados por primera vez. Durante todo ese tiempo, las tripulaciones operativas de los Scout se mantuvieron en contacto estrecho e informal con los desarrolladores, como práctica israelí, para darles la información que necesitaban. Al principio hubo mucho escepticismo en la fuerza aérea, que era propensa a olvidar que los aviones no tripulados existían en absoluto. Tras enviar un informe de seguridad después de una salida que casi acaba en accidente, el escuadrón de drones recibió llamadas del Cuartel General de las Fuerzas Aéreas preguntando si el piloto estaba vivo y bien. Tras ese incidente, todos los informes de seguridad del escuadrón de drones incluían sarcásticamente la tranquilidad de que «el piloto está vivo y bien».

En 1980, el primer escuadrón de aviones no tripulados participó en una maniobra de división en la península del Sinaí. Al principio, el comandante de la división, el entonces BG Ehud Barak (más tarde, jefe del Estado Mayor, ministro de Defensa y primer ministro), dijo al comandante de la unidad de drones que su unidad estaba muy abajo en la lista de prioridades de la maniobra que se avecinaba. Pero, a primera hora de la mañana, el escuadrón lanzó sus drones con cohetes de corto alcance, sólo para descubrir que el puente de pontones destinado a simular el cruce del canal de Suez estaba siendo trasladado en secreto a una nueva ubicación por los árbitros de la maniobra, con el fin de confundir a la división de Barak. Cuando Barak se dio cuenta de lo que estaba ocurriendo en su monitor, insistió en que el escuadrón de aviones no tripulados volara sin parar hasta que se le dijera lo contrario. Había descubierto el valor de la inteligencia ampliada y en tiempo real.[12]

El escuadrón de exploradores (el primero de este tipo en todo el mundo) entró en pleno funcionamiento en 1981, justo cuando las baterías SAM sirias se desplegaron en el valle de Beqaa, en Líbano, ampliando así su cobertura SAM y amenazando las operaciones de la FAI en el frente norte. También se produjo otro episodio totalmente inesperado el 14 de mayo de 1981: uno de los aviones no tripulados Mabat del escuadrón logró una muerte confirmada cuando un MiG-21 sirio voló sobre el terreno mientras intentaba derribarlo.[13] Pero fue su uso por las FDI en la guerra del Líbano de 1982 lo que realmente validó los aviones no tripulados, iniciando una carrera mundial para desarrollarlos. Ciertamente, fue una auténtica prueba de fuego, ya que los Scout cazaron con éxito baterías de SAM muy móviles, incluidos los entonces formidables SA-8.[14] El primer dron que sucedió al Scout fue su descendiente directo, el dron Searcher 2 de IAI, que entró en servicio con la FAI en 1992 como el Khogla (Alectoris). Para entonces las FDI ya utilizaban drones para lasear objetivos para municiones guiadas de precisión.

La ofensiva palestina de 2000-2006 puso de manifiesto la necesidad de aviones no tripulados más capaces, con más resistencia, que proporcionaba ampliamente el gran IAI Heron 1 (Shoval en las FDI). Se añadió debidamente un nuevo escuadrón de drones para vigilar el denso entorno urbano. Las imágenes de los drones que revelaban el verdadero curso de los acontecimientos de los que se informaba también resultaron muy valiosas en los ámbitos diplomático y mediático para apoyar los esfuerzos de Israel por desenmascarar la propaganda engañosa.[15]

Lo que comenzó como la búsqueda de un avión de reconocimiento con capacidad de supervivencia evolucionó con el tiempo hacia el diseño de un nuevo tipo de avión de ataque. Las fuerzas aéreas entraron en la era de los drones armados con el Hermes 450 (el Zik de las FDI), que servía como dron de ataque con misiles guiados para proporcionar a los cuarteles generales de las divisiones una plataforma dedicada a la inteligencia en tiempo real, pero que también podía utilizarse para lanzar ataques en tierra o en el mar.[16] En 2006, la FAI ya operaba un dron mucho más grande: el Heron TP (FAI Eitan), un derivado muy ampliado del Heron que puede atacar objetivos terrestres a distancias superiores a las 1500 millas náuticas (su alcance en un solo sentido es de 4000 millas náuticas) con una autonomía superior a las cincuenta horas. Por lo tanto, puede sustituir ventajosamente a los aviones tripulados para la vigilancia, el reconocimiento y también el ataque a larga distancia. (Según se informa, se ha utilizado para interceptar entregas de armas a Hezbolá en las profundidades de Sudán).[17] Ciertamente, su alcance operativo es suficiente para realizar ataques aéreos con cargas significativas en cualquier lugar de Irán.[18] Una incorporación posterior al arsenal de aviones no tripulados de Israel, el Hermes 900 (FAI Kochav), que entró en funcionamiento en 2015, según se informa, puede operar de forma continua durante más de veinticuatro horas sin repostar y transportar hasta cuatro misiles AGM-114 Hellfire.[19]

Un tipo diferente de avión teledirigido de ataque de fabricación israelí destacó en los combates de Nagorno-Karabaj de 2020. Aunque otros drones —en concreto, el turco Bayraktar— recibieron más publicidad, el Harop de IAI, sucesor del dron de ataque o «munición de merodeo» Harpy de IAI, parece haber tenido el mayor impacto en el campo de batalla. Diseñado originalmente como munición antirradar de merodeo, el Harop, lanzado desde un bote, tiene una autonomía de misión de hasta nueve horas y puede servir para el reconocimiento y el patrullaje de la zona, pero también dispone de una ojiva de 16 kg para lanzarse sobre objetivos de alto valor. Los azeríes utilizaron el Harop y otros dos modelos israelíes de municiones de merodeo, el Orbiter y el Skystriker, contra todo tipo de objetivos: lanzadores de misiles antiaéreos, radares, tanques, vehículos blindados de transporte de tropas, artillería, posiciones de infantería e incluso camiones y autobuses utilizados para el transporte de tropas, disuadiendo de su uso y atacando así tanto la moral como la movilidad de su adversario.

AUMENTAR LA CAPACIDAD DE SUPERVIVENCIA

Evitar los misiles lanzados desde tierra y las zonas de peligro de los cañones requería un conocimiento no menos preciso de su ubicación que el necesario para atacarlos. Sin embargo, si los objetivos se encontraban en las zonas de peligro, eludir los misiles volando bajo, como se intentó en la guerra de Desgaste y en la guerra de octubre de 1973, ponía a la aeronave al alcance de los cañones antiaéreos, mientras que eludir los cañones volando por encima de su techo efectivo, como también se hizo durante esas guerras, exponía a la aeronave a los misiles. Además, los nuevos tipos de misiles, como el SAM-7 portátil (empleado por primera vez en masa durante la guerra de 1973), el SAM-9 (una versión del SAM-7 montada en un vehículo) y el SAM-8 (que, junto con el SAM-9, llegó durante la década de 1970), podían alcanzar a los aviones a altitudes muy bajas. Durante ambas guerras, las fuerzas aéreas israelíes optaron finalmente por atacar normalmente por encima del techo del cañón y dentro de la envoltura de los SAM, empleando una mezcla de sorpresa, señuelos y contramedidas electrónicas (ECM), pero confiando sobre todo en el vuelo acrobático y en un complejo trabajo en equipo para reducir las pérdidas. La FAI también intentó varios métodos de ataques semiaéreos con misiles antirradar Shrike, bombas planeadoras electroópticas Walleye y bombas planeadoras HOBO, y la técnica muy rápida de bombardeo por lanzamiento a media altitud (Kela) para lanzar municiones y salir antes de que los misiles antiaéreos alcanzaran la aeronave. Pero todas ellas demostraron ser tecnológicamente deficientes y los objetivos se perdían con demasiada frecuencia.

Por el contrario, un verdadero avance fue utilizar aviones no tripulados como señuelos. Volando antes o durante los ataques aéreos, los aviones no tripulados hacían que el enemigo perdiera tiempo y munición en objetivos equivocados, al tiempo que se exponían a ser descubiertos. Los señuelos utilizados en la guerra de 1973 habían demostrado su gran potencial, aunque se había perdido la oportunidad de capitalizar su eficacia. Pero habiendo aprendido su valor, la FAI amplió su arsenal de señuelos. En la toma de 1982, los aviones atacantes lanzaron señuelos planeadores Shimshon (Samson) sin motor, de nuevo desarrollo, junto con los antiguos señuelos Telem, que atrajeron con éxito a los sirios para que revelaran las posiciones de sus baterías de misiles y gastaran misiles inútilmente.[20]

La mejora de los ECM era obviamente importante para proteger a los aviones que volaban dentro del alcance de los SAM enemigos. Uno de los problemas revelados por la guerra de 1973 había sido que los ECM disponibles eran bastante eficaces contra los SAM-2 más antiguos, sólo ligeramente eficaces contra los SAM-3 posteriores y totalmente ineficaces contra los SAM-6 más recientes. Evidentemente, el esfuerzo de los ECM estadounidenses era demasiado lento para seguir el rápido ritmo de las innovaciones de los SAM soviéticos. Había llegado la hora de los esfuerzos locales. En el segundo día de la guerra de 1973 se había recuperado una cabeza buscadora SAM-6 quemada en los Altos del Golán. Otro buscador aún intacto fue recuperado el 24 de octubre en el frente del canal de Suez. Ambos fueron enviados a Rafael, cuyo equipo de contramedidas comenzó inmediatamente a trabajar a un ritmo vertiginoso para desarrollar ECM específicos de interferencia y engaño contra el SAM-6, por entonces el misil antiaéreo soviético más eficaz.

Esos dispositivos de contramedidas electrónicas se diseñaron, ingeniaron, probaron y fabricaron en unos pocos meses en lugar de años, y se entregaron a las fuerzas aéreas en la primavera de 1974 —demasiado tarde para la guerra de octubre de 1973, pero listos para la siguiente—.[21] Al mismo tiempo, las viejas vainas ECM de fabricación estadounidense que habían fallado en 1973 se modificaron con algunos componentes electrónicos nuevos, y también resultaron ser muy eficaces contra los SAM-6. La amenaza constante era que el enemigo adquiriera un nuevo sistema impermeable a los ECM. Sin embargo, la amenaza constante era que el enemigo adquiriera un nuevo sistema impermeable a los ECM existentes. Mantener ECM viables requiere un esfuerzo constante para recopilar información sobre los últimos sistemas enemigos, encontrar sus limitaciones y, a continuación, desarrollar las capacidades necesarias para interferirlos o confundirlos. Como en el caso de la industria israelí de aviones no tripulados, Israel invirtió mucho en este campo y sigue haciéndolo.

Una solución aún mejor es no tener que volar en absoluto a la zona de peligro, pero para ello se necesitan municiones que puedan alcanzar objetivos desde más allá del alcance efectivo de interceptación del enemigo. A pesar de todas las decepciones con las municiones de precisión que recibió por primera vez de Estados Unidos, la FAI invirtió mucho en este campo, comprando varios misiles antirradiación guiados electroópticamente de fabricación estadounidense (llamados colectivamente Egrof, «Puño») con un sufijo de color para indicar la munición específica, por ejemplo, Egrof Yarok («Puño Verde») para el GBU15, Egrof Khum («Puño Marrón») para el Tadmit israelí, Egrof Tzahov («Puño Amarillo») para el AGM-62 Walleye modificado, etc.[22]

En 1982 las fuerzas aéreas habían integrado misiles antirradiación AGM-78 Standard (cuyo nombre en clave era Egrof Sagol, «Puño Púrpura»), que eran técnicamente superiores a los AGM-45 Shrike recibidos una década antes, tanto por su alcance como porque estaban programados para seguir volando hacia el radar objetivo aunque sus operadores los desconectaran. Anteriormente, había bastado con que los operadores de radar detuvieran brevemente las emisiones de radar para privar al AGM-45 de su guía de localización y las reanudaran cuando la antena parabólica del radar hubiera girado a otro rumbo, para desviar el ataque. Pero con el AGM-78 esta táctica fracasaría porque el misil estaba programado para continuar en su trayectoria inicial, por lo que habría que mover todo el radar, algo imposible de hacer en cuestión de segundos. El AGM-78 era tan eficaz que el 69.º Escuadrón de F-4 Phantom fue específicamente dedicada a emplearlos, con tripulaciones aéreas adiestradas en su uso. Finalmente, la 69.ª lanzaría una treintena de AGM-78 durante la operación Artzav 19 en 1982.

Las fuerzas aéreas también aprovecharon la proximidad de los SAM al territorio israelí: no tendrían que volar a través de los mares hacia un objetivo lejano, ya que todos los objetivos se encontraban justo al final de la carretera. Para aumentar el reducido número de costosas variantes lanzadas desde el aire, tanto los misiles AGM-45 como los AGM-78 lanzados desde el aire se modificaron drásticamente para convertirlos en misiles lanzados desde tierra. Esto comenzó con el montaje de los AGM-45 en semiorugas M3 de la época de la Segunda Guerra Mundial, para obtener un sistema de 11 km de alcance introducido al final de la guerra de octubre de 1973 como medida provisional. Posteriormente se aumentó su alcance añadiendo cohetes impulsores, desarrollados y fabricados localmente y con gran rapidez. El AGM-45 Kilshon («Pitchfork»), potenciado, desarrollado y probado en dos semanas, utilizaba tanques M-4 Sherman reconvertidos como plataformas de lanzamiento, otro uso más para ese pilar de cuarenta años; los misiles podían atacar objetivos situados hasta a 70 km de distancia.

En 1977, el más capaz AGM-78 Keres («Gancho»), introducido con un lanzador triple más elaborado montado sobre camión, tenía un alcance mayor y un guiado inercial provisional para alcanzar radares SAM cuyos operadores habían dejado de emitir entre lanzamiento y lanzamiento, precisamente para lanzar municiones antirradiación. Pero éste fue un caso de innovación rápida, económica y aparentemente inteligente que fracasó en combate. Aunque se dispararon docenas de misiles Kilshon y Keres contra baterías SAM sirias, no consiguieron destruir ninguna; evidentemente, con los misiles lanzados desde tierra los ángulos de trayectoria iniciales eran demasiado planos. Fue una suerte para las fuerzas aéreas que los asesinos de radares lanzados desde el aire resultaran suficientes. También fueron esenciales, según se determinó, las municiones guiadas electroópticas, que permitían a los aviones lanzar sus municiones con precisión manteniéndose fuera del alcance de los cañones antiaéreos soviéticos de 23 mm y de los misiles infrarrojos portátiles con los que los sirios estaban ampliamente abastecidos. (Nunca ha habido ningún cañón antiaéreo occidental ni remotamente tan rentable como el soviético de 23 mm en sus configuraciones gemela o cuádruple).

La fuerza aérea empleó una mezcla de municiones guiadas de fabricación nacional y suministradas por EE. UU. que podían lanzarse a cierta distancia del objetivo. Lo que la fuerza aérea denominó el «método de ataque merodeador» era óptimo para las armas de precisión, de las que disponía de una útil variedad: la AGM-62 Walleye, de fabricación estadounidense, y la GBU-8 HOBOS eran bombas guiadas más antiguas, pero sin propulsión, que descendían planeando hasta sus objetivos dentro de modestos rangos de precisión.[23] La Tadmit, desarrollada localmente por Rafael, era también una bomba planeadora guiada manualmente desde el avión lanzador.[24] Zeev Bonen, entonces director general de Rafael, era muy consciente de la acuciante necesidad de municiones de precisión y ordenó la conversión de una de las líneas de producción de la empresa para fabricar exclusivamente municiones de precisión Tadmit, suministrando a la FAI la primera unidad ya a finales de 1974.[25] Esto marca a Tadmit como precursora de la Cúpula de Hierro: también fue desarrollada muy rápidamente ignorando los procedimientos y prácticas normales de adquisición, desarrollo y fabricación para proporcionar una solución rápida a una amenaza importante.

Una pequeña fracción de las bombas Tadmit fueron dirigidas a sus objetivos por oficiales de armamento a bordo de aviones C-130 que se consideraron más adecuados para lanzar las bombas con precisión a sus objetivos que los F-4 Phantom, en los que la bomba de planeo descendente tenía que ser observada a través de un minúsculo tubo de rayos catódicos. Para entrenar a las tripulaciones en el uso de las nuevas municiones electroópticas, se empleó un simulador estadounidense en la base aérea de Eglin, en Florida, a partir de 1978, y el programa se prolongó hasta 1982.[26]

LA REVOLUCIÓN INFORMÁTICA DE ORCHESTRA-SELLA

Todas las capacidades acumuladas no bastarían si toda la operación no pudiera coordinarse con precisión de principio a fin. Las diversas capacidades debían combinarse en un plan de acción común integrado que permitiera que todas las miríadas de piezas trabajaran juntas en la secuencia correcta y con la sincronización precisa. Pero, a medida que la operación prevista de la FAI crecía en tamaño y complejidad, su coordinación planificada de antemano a la manera de una orquesta bien ensayada impondría cada vez más rigideces en la ejecución del plan, lo que haría temer que se repitieran los fracasos de Dugman y Tagar.

La adquisición de inteligencia en tiempo real con un ciclo de planificación rápido para explotarla sólo reduciría parcialmente el lapso de tiempo entre la adquisición de los objetivos y los ataques contra ellos. Si los pilotos y los aviones esperaban órdenes en tierra y necesitaban estudiarlas en profundidad antes de despegar, seguiría habiendo un retraso considerable. Por lo tanto, la mejor solución era tener aviones ya en el aire a la espera de objetivos que se proporcionarían de tal forma que el piloto no necesitara mucho tiempo para estudiar y ejecutar las órdenes. Pero hacer esto con hasta un par de cientos de aviones en el aire requeriría una imagen constantemente actualizada de la situación general tanto de las fuerzas enemigas como de las amigas.

Cuando los británicos inventaron el sistema de control centralizado de las batallas aéreas que les había salvado en el verano de 1940, el mando se hacía manualmente. La FAI, creada e inicialmente tripulada en su mayoría por veteranos de la Royal Air Force, adoptó el mismo sistema, con el comandante al mando sentado en un balcón que daba a una gran sala que contenía una gran mesa con un mapa a gran escala de Oriente Próximo sobre el que mujeres reclutas movían manualmente pequeñas etiquetas, cada una de las cuales representaba un avión con todos sus detalles (tipo, armamento, estado del combustible, altitud actual, velocidad actual) escritos manualmente en ella.[27] Hasta 1973 este método había demostrado su éxito, pero quedó claro que no podía seguir el ritmo mucho más rápido y la complejidad mucho mayor de las operaciones. La FAI necesitaba nuevas capacidades, un nuevo plan para explotarlas y una nueva forma de dirigir las operaciones.

En la mañana del 9 de junio de 1982, pocas horas antes de que comenzara la operación Artzav 19, el coronel Aviem Sella, entonces jefe de la rama de operaciones directamente a las órdenes del jefe de las Fuerzas de Defensa de Israel MG David Ivry, estaba en su cuartel general subterráneo esperando el momento para el que se había estado preparando desde la guerra de 1973. «Hay muchos componentes diferentes en esta historia —dijo Sella más tarde—, y su denominador común es que todos surgieron del mayor fabricante de motivaciones: el fracaso… Las fuerzas aéreas habían sido insultadas».[28] Nacido en el año 1946, en la FAI desde 1963, Sella pilotó los primeros F-4E Phantom de Israel durante la guerra de Desgaste, derribando cinco MiG-21, incluido uno pilotado por un soviético en la operación de emboscada del 30 de julio de 1970. Sella no estaba mentalmente preparado para la derrota de 1973 infligida por los SAM.

Muy poco después de que cesaran los combates en 1974, el joven Sella fue destinado al Cuartel General de la FAI con el rango de mayor y se le encomendó la gran tarea de encontrar la forma de suprimir las defensas aéreas árabes que habían resultado tan formidables. El jefe de operaciones Amos Amir formó seis equipos diferentes para que estudiaran otros tantos aspectos del problema general: guerra electrónica, inteligencia, entrenamiento, artillería y otros. Sella se movía entre ellos, a veces para escuchar, a veces para dirigir. Aunque sólo era mayor (difícilmente un alto cargo en las FDI, con sus pocas estrellas), Sella se encontró a cargo de la iniciativa más importante de las fuerzas aéreas.

Una de las primeras y posiblemente más difíciles tareas de Sella fue cambiar la mentalidad de la FAI, que veía una fuerte oposición de muchos pilotos a la idea misma de centrarse en la lucha contra los SAM.[29] La vieja guardia seguía pensando sólo en batallas aéreas —la prueba de instintos rápidos, resistencia, conocimiento profundo de los aviones en ambos bandos y de sus límites, con una voluntad de sobrepasar esos límites y asumir riesgos—, todo lo cual, de hecho, produjo la superioridad en combate aéreo que las fuerzas aéreas árabes no pudieron superar y que les hizo depender tanto de las defensas aéreas suministradas por los soviéticos. Lo que la vieja guardia no podía aceptar era que su propia superioridad como pilotos era la que había llevado al otro bando a depender de las defensas antimisiles que habían derrotado a las fuerzas aéreas en 1973, por lo que no era un problema que más superioridad en combate aéreo pudiera curar. Inmediatamente después, otro grupo siguió argumentando que la derrota había sido causada por la secuencia de desastrosos cambios de última hora en las prioridades de ataque, por lo que la solución para la próxima vez era atenerse al plan y añadir más autoprotección para más aviones de combate en lugar de desviar fondos de las fuerzas aéreas a misiles, aviones no tripulados y aviones de apoyo.

Sella, comandante adjunto de escuadrón durante la guerra de 1973, se sumergió en el tema y se ganó a los oficiales superiores para sus ideas. Las presentó en un documento interno de 1975, *Missile Combat-Aerial Warfare against SAM Batteries*, que desarrollaba una publicación anterior sobre el tema de Eytan Ben-Elyahu, un jefe de escuadrón de F-4 Phantom que llegaría a ser jefe de la Fuerza Aérea de Israel. Sella promovió aún más la idea de que el combate anti-SAM justificaba el mismo enfoque metodológico y los mismos recursos que el combate aire-aire, exponiendo un desglose detallado de la solución: en primer lugar, evitar la detección mediante una planificación adecuada del perfil de vuelo (normalmente entrada ultrabaja); en segundo lugar, romper el bloqueo del radar SAM con maniobras y roces que confundan al radar, y, en tercer lugar, desactivar el radar SAM con contramedidas electrónicas y el uso hábil de receptores de alerta de radar e inhibidores. Además, se debería aumentar la concienciación y las habilidades de las tripulaciones aéreas con modelos a escala de baterías SAM, ilustraciones e incluso maquetas a tamaño real en todas las bases aéreas de la FAI, para que los aviadores pudieran practicar recorridos de identificación y ataque cada vez que realizaran su aproximación de aterrizaje. También sugirió establecer campos de tiro especiales con SAM simuladas, una ayuda muy costosa para el entrenamiento.

Para poner en práctica la visión de Sella, las fuerzas aéreas tuvieron que añadir otra capa de capacidad de mando y control; los planes seguían basándose en la meticulosa planificación centralizada que tanto éxito había tenido con Moked en 1967, pero que había fracasado en 1973 cuando los planes no pudieron adaptarse a las circunstancias cambiantes. La nueva capa permitía al centro de mando aéreo central adaptar o cambiar los planes incluso cuando los aviones ya estaban en el aire en medio de las operaciones. Bajo la dirección de Sella surgió un nuevo flujo de trabajo en cinco pasos:

1. Las formaciones de ataque recorren rutas merodeadoras delante pero fuera del alcance del conjunto de baterías SAM del enemigo.

2. Un equipo de inteligencia especializado adquiere y transmite información en tiempo real sobre el conjunto de SAM, registrando sus movimientos y localizando sus posiciones.

3. Ese equipo traslada su síntesis, respaldada por fotografías aéreas, al puesto de mando anti-SAM.

4. Este último transmite la posición de cada batería SAM al avión merodeador mejor posicionado para atacar esa batería en particular.

5. A continuación, los aviones lanzan contra las baterías SAM municiones electroópticas vectorizadas para golpear sus centros de control de tiro.

El puesto de mando establecido para coordinar los ataques sucesivos contra las baterías SAM tendría que dirigir y controlar vuelos de hasta 200 aviones al mismo tiempo, además de plataformas terrestres y medios de guerra electrónica. Una vez diseñado el nuevo plan y el puesto de mando que lo ejecutaría, Sella fue designado para dirigir su reducido personal, compuesto por un oficial de inteligencia, un oficial de control aéreo y un oficial de planificación especializado para cada uno de los tres regimientos SAM de la red de defensa aérea siria, así como un oficial de guerra electrónica. Una vez establecido en el cuartel general de mando subterráneo de la FAI, el Estado Mayor intentó aplicar el proceso de cinco pasos de Sella en un ensayo contra una batería móvil de SAM. La prueba fracasó, y ese fracaso señaló la urgente necesidad de informatizar todo el flujo de trabajo, apenas un reto cotidiano cuando sólo estaban informatizados los procesos más rutinarios.[30]

El plan de ataque estrictamente programado, con todas las diferentes unidades terrestres y aéreas implicadas —desde drones, señuelos y helicópteros hasta el gran número de cazabombarderos— no podía coordinarse ni controlarse con los antiguos métodos manuales. Se podrían haber memorizado los parámetros, pero había demasiadas variables. Además, una vez iniciada la operación, se necesitarían instrucciones actualizadas para el personal y las máquinas en cuestión de segundos, demasiado rápido para los recálculos humanos instantáneos de todos los planes de ataque.

El control informático era esencial, puesto que los planificadores tenían que prever que se necesitarían tres o cuatro oleadas de ataque para destruir el vasto y variado conjunto de defensas aéreas sirias; cada una de ellas, pilotada por aviones armados con diferentes armas para atacar cada uno de sus componentes por separado (radares, misiles, lanzadores, puestos de mando, cañones antiaéreos móviles y montajes de cañones antiaéreos remolcados). Tenían que procesar simultáneamente las ubicaciones, las cargas de armas y el estado del combustible de todos los aviones de las fuerzas aéreas, así como la naturaleza y la ubicación de todos los objetivos, permitiendo así una optimización continua del ataque al hacer coincidir los aviones con los objetivos.[31] Cualquier retraso crearía un peligroso problema de tráfico aéreo, disminuiría el elemento sorpresa y expondría a decenas de aviones atacantes a las defensas aéreas. Para entonces, los ordenadores centrales llevaban casi dos décadas utilizándose de forma estándar en todos los países modernos, pero no existía ningún programa estándar, o conjunto de programas, que fuera en absoluto adecuado para comandar y controlar un plan de operaciones tan complicado. Además, el coste estimado de un programa hecho a medida (entonces todo era codificación manual) acabó con la idea de informatizar el mando y control de la FAI.[32]

Irónicamente fue de nuevo el as de los cazas, el comandante Aviem Sella, quien inició el esfuerzo para adquirir un sistema digital de mando y control, llamado Periscope; los mandos aéreos en su profundo búnker «verían» la batalla aérea a través de él. Habiendo estudiado informática durante su preceptivo permiso de educación universitaria a mitad de carrera, Sella estaba convencido de que sabía todo lo que había que saber sobre ordenadores. Armado con la actitud chulesca de un típico piloto de combate, Sella se dirigió directamente al jefe de las FAI, MG Benny Peled, para decirle que había que informatizar las fuerzas aéreas. Esto ocurrió en 1974, muchos años antes del correo electrónico o de Google, cuando los ordenadores aún se consideraban meras máquinas de calcular, no el núcleo de los sistemas operativos. De ahí que a Sella se le dijera que la informatización de las operaciones aéreas no era necesaria ni posible. Sin inmutarse, siguió buscando formas de hacer realidad su visión. Lo que necesitaba era un programa que pudiera integrar y actualizar continuamente y casi en tiempo real todos los datos esenciales en el plan operativo en curso, como la ubicación exacta de un lanzamisiles sirio recién movido o la carga de armamento de un caza específico en un momento dado.[33] Todo esto se convertiría en algo muy corriente más adelante, al menos para las Fuerzas Armadas estadounidenses y algunas otras Fuerzas Armadas avanzadas, pero en aquel momento fue sin duda una macroinnovación sin precedentes.

Recibió un buen consejo cuando presenció un ejercicio de mando de artillería y preguntó a Amnon Yogev, oficial de artillería en la reserva que trabajaba en el Instituto Weizmann, cómo afrontaba su rama el reto de dirigir el disparo simultáneo de muchos cañones de artillería y cohetes contra un gran número de objetivos de diversos tipos, muchos móviles. Yogev remitió a Sella a Zvi Lapidot, director en el Departamento de Informática del instituto y oficial de señales en la reserva de un batallón de artillería, que estaba trabajando en un proyecto de mando computarizado para el Cuerpo de Artillería. Sella solicitó una reunión con el presidente del Instituto Weizmann (una figura augusta en Israel), y rápidamente lo convenció para que asignara un equipo de informáticos para trabajar bajo su dirección en el desarrollo de un sistema operativo integrado para la FAI. El equipo se formó debidamente y se puso a trabajar, y no eran los rechazados de Weizmann, sino más bien el equipo A. El Departamento de Informática del Instituto Weizmann había adquirido su primer ordenador en los años 50, cuando en Israel escaseaban incluso los teléfonos, y había desarrollado una capacidad avanzada en ese campo. Sella no había hecho cambiar de opinión a sus más que escépticos superiores; simplemente había seguido adelante, sin pedir ni recibir nunca autorización, y mucho menos presupuesto, de la FAI. La falta de dinero no fue un obstáculo para poner en marcha el proyecto, ya que los científicos simplemente siguieron en nómina del Instituto Weizmann. Tras seis meses de duro trabajo, el programa prototipo del sistema previsto estaba listo. Sella se dirigió a Peled, jefe de las FAI, y lo convenció para que visitara el instituto con él para «ver algo». Un día del verano de 1975,

Peled llegó al Instituto Weizmann, justo cuando se cortó la electricidad. Peled no irrumpió, sino que esperó pacientemente a que se restableciera el suministro eléctrico. Pasó dos horas examinando el sistema antes de declarar: «Necesitamos esto, tal como está, para mañana».[34] En una semana, un camión había llegado para llevarse el voluminoso ordenador central del Instituto Weizmann al búnker del Cuartel General de las Fuerzas Aéreas. No hubo formalidades, ni papeleo, ni facturas que pagar; sólo era cuestión de descargar el ordenador del camión.

Comparado con el tablero manual de 1973, el Periscope pertenecía a una época diferente. Integraba, de forma instantánea, la acción de sistemas individuales —por ejemplo, un solo cazabombardero— en un supersistema orquestado centralmente que podía seguir los ataques iniciales con órdenes de ataque *ad hoc* para aviones merodeadores a la caza de misiles tierra-aire móviles. Podía hacerlo basándose en información continuamente actualizada recibida de drones, radares terrestres, centros de mando aerotransportados, aviones de combate individuales, etc. Las baterías SAM más peligrosas eran las móviles que podían desplazarse cada diez minutos, demasiado rápido para la estructura de mando y la inteligencia de las fuerzas aéreas de 1973. Pero en 1982 la red SAM siria se enfrentó a una fuerza aérea que podía redirigir sus aviones, armas, contramedidas y señuelos en cuestión de segundos.[35]

El sistema Periscope indujo un cambio completo de mentalidad en las fuerzas aéreas, y bastante rápido. Con ello, también cambió la estructura organizativa interna de las fuerzas aéreas. El sistema no centralizaba realmente todo; su desarrollo generó la comprensión de que no es posible ni deseable comandar y controlar todo el combate aéreo, todas las salidas de apoyo aéreo cercano y todas las misiones de reconocimiento y transporte, así como coordinar la lucha contra los SAM, todo desde un mismo centro de control.[36]

Se necesitó una formación considerable para que todos los componentes de la FAI fueran capaces de aplicar el nuevo concepto. En la base aérea de Hatzor se instaló una maqueta operativa a escala real de una batería SAM-6, y en todas las bases aéreas de la FAI había maquetas de radares soviéticos de alerta temprana, así como un campo de tiro aéreo electrónico. David Ivry, comandante de la FAI, decidió que cada nuevo piloto de caza debía realizar al menos una práctica contra las baterías SAM-2 y SAM-3 sirias en el sur del Líbano, pero sin efectuar ningún disparo. De ese modo, todos los pilotos de los escuadrones anti-SAM designados se familiarizarían con el teatro de operaciones y con las tácticas desarrolladas para destruir las baterías SAM. Además, cada cuatro meses, las fuerzas aéreas israelíes realizaban un ejercicio a gran escala centrado en la supresión de SAM. Esos ejercicios se apodaban Torpedos e incluían un amplio uso de unidades antiaéreas sirias simuladas y, más tarde, de combates simulados sobre el Líbano contra las baterías SAM reales, sin que los sirios se enteraran de lo que estaba tramando la FAI.

ACCIÓN

En cuanto a lo que ocurrió realmente entre las 16:00 y las 18:00 horas del 9 de junio de 1982, incluso ahora los detalles concretos permanecen en secreto, quizás por un único detalle técnico.[37] Pero no hay duda de que el día comenzó con salidas de reconocimiento e inteligencia electrónica, respaldadas por señuelos lanzados desde tierra y desde el aire que despertaron debidamente a las baterías SAM sirias, revelando sus posiciones. Todas las posiciones SAM conocidas se retransmitieron al centro de mando de las fuerzas aéreas y los parámetros se cargaron en el programa Periscope.

A continuación, los aviones teledirigidos de reconocimiento verificaron la ubicación y el estado de los SAM antes del ataque, y se enviaron cuatro aviones de guerra electrónica para interferir los radares sirios.[38] En ese momento, los cazabombarderos de la fuerza de ataque subieron para mantener posiciones de merodeo a diferentes altitudes, con F-15 y F-16 armados con armas aire-aire volando a cubierto para combatir a cualquier caza sirio que intentara intervenir contra los cazabombarderos apilados. La fuerza de ataque estaba compuesta por veinticuatro F-4 Phantom armados con municiones antirradiación y electroópticas guiadas de precisión, complementados por A-4 Skyhawks y cazabombarderos Kfir de fabricación israelí armados tanto con municiones de racimo como con bombas ordinarias.[39] Su presencia era preventiva; en caso de que los sirios bloquearan los misiles antirradiación o emplearan alguna contramedida soviética desconocida contra las municiones electroópticas, los A-4 y los Kfir recurrirían al clásico bombardeo en picado.[40]

En el momento álgido de la operación, un centenar de aviones israelíes se encontraban en el aire, armados con diferentes municiones para distintas misiones, de modo que cada vez que se generaba un plan de ataque para un conjunto concreto de objetivos, basado en la información procesada por el programa Periscope, se podía confeccionar un paquete de ataque optimizado seleccionando aviones de entre los que ya estaban en el aire y esperando. La imagen aérea hostil y amiga y el control del tráfico aéreo eran proporcionados por el conjunto de radares terrestres de Israel, cuyos operadores hablaban directamente con los pilotos. Un año antes de la guerra, éstos habían sido reforzados con la llegada de radares aerotransportados E-2C Hawkeye empleados como controladores de tráfico aéreo de avanzados para los cazas que merodeaban, para mantener sus diversas formaciones debidamente apiladas hasta que a cada una le llegara su turno de lanzar un ataque, basándose en su proximidad a la ubicación verificada de una batería SAM. Los E-2C también servían para ampliar el alcance de la cobertura de radar más allá del alcance de los radares israelíes en lo alto del monte Hermón y podían retransmitir las comunicaciones por radio en caso necesario.[41]

A medida que se desarrollaba el ataque, cada vez que se encendía un radar sirio, se lanzaban AGM78, que normalmente lo destruían. Cuando un contacto visual o por radar revelaba la ubicación de una batería SAM, ésta era atacada rápidamente por uno o más F-4 armados con bombas planeadoras Tadmit o GBU-15 teledirigidas, normalmente dirigidas al centro de control de fuego de la batería. A-4 Skyhawks y Kfirs con bombas de racimo los seguían para destruir los lanzadores de las baterías «descabezadas».

Durante las dos horas que duró Artzav 19, las baterías SAM sirias en el Líbano permanecieron estacionarias, por lo que no se necesitó la tan practicada capacidad de cazar baterías móviles. Pero en los días siguientes, cuando las baterías SAM, incluidas las SA-8, se desplazaron por la noche hacia el sur del Líbano, fueron destruidas en cuestión de horas.[42] Fue entonces cuando los aviones no tripulados se dieron cuenta plenamente de su potencial: durante Artzav 19 habían servido sobre todo para verificar la validez de los datos de localización de las baterías justo antes del ataque, para asegurarse de que éstas no se habían desplazado repentinamente o habían sido destruidas.[43] Pero durante la noche del 9 de junio los aviones no tripulados Scout desempeñaron un papel crucial en la caza de las formidables SA-8. Estas últimas se encontraron junto a las demás baterías SAM que los sirios enviaron al sur del Líbano al amparo de la noche; con la guía del Periscope y las imágenes en tiempo real de los drones, el puesto de mando dirigió a los «tiradores», los cazabombarderos aerotransportados, para destruir las baterías en movimiento, proporcionando a los pilotos ubicaciones actualizadas y exactas.

Como jefe de la rama de operaciones de la FAI, Sella tuvo el privilegio de ver la conversión de su concepto en un plan operativo, el Artzav 19, así como su aplicación real en la guerra, utilizando el sistema de mando asistido por ordenador que él mismo había introducido en las fuerzas aéreas pocos años antes.[44] Fue, de hecho, la primera operación de guerra informatizada que se intentó en cualquier lugar. También fue la primera vez que las fuerzas aéreas se desviaron de su tan apreciado mando unificado y controlado directamente por el comandante de la FAI, debido a la expectativa de que los acontecimientos importantes sucedieran a un ritmo frenético en una guerra comprimida a sólo unas horas, sin dejar tiempo para las deliberaciones del personal. En su lugar, el comandante MG David Ivry se limitó a supervisar las operaciones aire-aire y designó a Sella para que dirigiera directamente el derribo de las defensas aéreas sirias supervisando el funcionamiento del Periscope.[45]

Un visitante del centro de mando subterráneo de las fuerzas aéreas habría sido recibido por la extraña visión de un judío ultraortodoxo con su típico traje y sombrero negros: Menachem Kraus, el único miembro del equipo del Instituto Weizmann que realmente sabía manejar el ordenador central en el que funcionaba el *software* Periscope. Al no haber servido nunca en las FDI (estaba exento como clérigo a tiempo completo), Kraus ni siquiera tenía la autorización de seguridad mínima de un soldado común, y mucho menos la más exigente necesaria para el centro de mando ultrasecreto, y Sella tuvo que convencer a su jefe de que Kraus era fundamental para el éxito de la misión. Sella contó más tarde que, mientras la operación estaba en pleno desarrollo, cada pocos minutos Kraus levantaba la mano y giraba los dedos para señalar cuántas baterías había destruido mientras Sella, sentado al otro lado de la sala de mando, levantaba los dedos en respuesta para informarle del número destruido hasta ese momento. Cuando todo hubo terminado, Kraus cruzó el pasillo hasta el despacho de Sella para estrecharle la mano, tapándose los ojos para no tener que mirar a todas las jóvenes soldados que había por el camino (con el calor del verano, el aire acondicionado no podía mantenerse a plena ocupación, así que la vestimenta era informal).[46] Artzav 19, en junio de 1982, fue un acontecimiento decisivo en la historia de la guerra. Fue la primera batalla librada bajo mando informático a todos los efectos prácticos; también fue la primera batalla, aérea o no, en la que los vehículos aéreos no tripulados, o drones, tuvieron un papel importante, posiblemente decisivo.

XII.

UNIDADES DE ÉLITE. LA PRODUCCIÓN EN MASA DE LA EXCELENCIA MILITAR

Históricamente, las Fuerzas Armadas grandes y bien organizadas han tenido poco uso de las unidades especiales o de comandos. Durante el siglo xx, cuando las guerras largas se libraban con grandes fuerzas de reclutas, en las que incluso un país pequeño como Israel llegó a contar con más de 200.000 soldados (en 1973), los grandes ejércitos tuvieron que reunir, entrenar, equipar y desplegar miles de unidades de combate del tamaño de una compañía de unos cien soldados, cada una de las cuales necesitaba algunos hombres duros para dirigir al resto en la batalla. De ahí que casi todos los altos mandos militares se opusieran a la escatimación de los mejores hombres para formar unidades de élite.

Los líderes políticos en busca de *glamour* militar para aliviar la melancolía de las largas guerras podían presionar para la creación de comandos o unidades especiales —Winston Churchill fue un notable entusiasta—, pero los jefes del Ejército eran normalmente reacios a dedicar atención o recursos a la creación de unos pocos comandos pequeños o unidades especiales de otro tipo, que siempre serían demasiado pequeñas para ganar batallas por sí solas, demasiado valiosas para desperdiciarlas en meras escaramuzas y demasiado difíciles de integrar de forma útil en operaciones a gran escala. Los entusiastas argumentarían en contra ofreciendo variantes de la estratagema de la guerra de Troya, en la que un pequeño número de héroes hizo posible finalmente la victoria de los griegos saltando del caballo para abrir las puertas de la ciudad amurallada, todavía hoy el más famoso de los multiplicadores de fuerzas de la historia.

Pero la mayoría de los jefes del Ejército del siglo xx no estaban impresionados, porque veían grandes obstáculos para las brillantes operaciones del caballo de Troya en la vida real; entre ellos, la dificultad de coordinar las acciones de pequeñas unidades especiales con los movimientos de grandes fuerzas regulares. (Si el ejército griego se hubiera acercado sigilosamente a las puertas y Helena hubiera detectado la treta, habrían sido masacrados por los troyanos que estaban sobre ellos en las murallas). Con entrenamiento clásico o sin él, los jefes de los Ejércitos estadounidense, británico, soviético y alemán preferían prescindir de las unidades especiales. Su prioridad era mantener a los mejores combatientes en las unidades de línea regulares, para que unos pocos pudieran dinamizar a los muchos. Sólo el final de las guerras a gran escala permitió la actual proliferación de fuerzas especiales de todo tipo.

David Ben-Gurion, padre fundador de las Fuerzas de Defensa de Israel y primer ministro, fue el primero en darse cuenta de que el nuevo Estado necesitaría un ejército sólo para sobrevivir desde su primer día, y tendría que ser un ejército grande. Por eso, exactamente por la misma razón que los generales formados profesionalmente, se opuso a las fuerzas de élite que privarían a las unidades de líderes esenciales. Habría querido abolir la fuerza de élite de la guerra de Independencia, el Palmaj, a pesar de sus épicos logros, incluso si no hubiera sido politizada por sus líderes, como ocurrió. Y una vez asegurada la victoria, sí abolió el cuartel general del Palmaj. De ahí que las FDI de posguerra comenzaran en 1949 sin fuerzas de élite, salvo un único y pequeño Batallón de Paracaidistas al estilo británico de logros muy modestos, y una pequeña aunque muy eficaz unidad de comandos marítimos que habían hundido el buque insignia de Egipto el año anterior. Como ministro de Defensa, Ben-Gurion se conformaba con que así fuera: quería buenas brigadas de miles de efectivos, no pelotones excepcionales de treinta.

A principios de la década de 2020, por el contrario, las FDI cuentan con una amplia variedad de unidades de operaciones especiales, una transformación que comenzó en pequeña escala cuando Ben-Gurion aún era ministro de Defensa, no debido a ningún cambio en la política, sino como respuesta urgente a un problema inmediato. Con el tiempo, surgieron otras amenazas específicas contra las que las respuestas a gran escala resultaban inadecuadas e indujeron la creación de más unidades de operaciones especiales, un proceso favorecido por las circunstancias estratégicas del país: la última gran guerra contra fuerzas regulares tuvo lugar en 1982 en el Líbano, mientras que la lucha contra enemigos irregulares ha continuado sin cesar, con altibajos de intensidad, el tipo de guerra que conviene a las unidades especiales.[1] Ahora las FDI tienen toda una serie de unidades de élite diferentes que están territorialmente especializadas, para el verde norte, el árido sur, la zona de Eilat bañada por el mar Rojo y el altamente urbanizado centro del país. También están especializadas funcionalmente, para la infiltración de inteligencia, el reconocimiento de largo alcance, el ataque de largo alcance y las operaciones encubiertas, la guerra de túneles, y más, además de tres unidades superiores más grandes que son más versátiles a la vez que conservan diferentes especializaciones básicas.

Todo empezó con la Unidad 101. Tras la guerra de la Independencia, las recién victoriosas FDI estaban en plena disolución mientras los veteranos regresaban a sus hogares, cuando los infiltrados empezaron a cruzar las líneas de armisticio no demarcadas ni valladas hacia territorio israelí, a veces sólo para cosechar sus propios campos perdidos, pero otras para robar, asaltar y matar. Bandas considerables llegaron tanto para saquear como para vengarse: desde el verano de 1949 hasta finales de 1956 se produjeron aproximadamente 11.500 ataques de este tipo contra civiles israelíes y sus propiedades.

Ninguno de los vecinos árabes de Israel vigilaba su lado de la Línea Verde (llamada así por el color de las líneas del armisticio de 1949 en los mapas militares de las FDI), y tampoco las FDI podían dispersar a sus pocos soldados por toda la frontera, donde no podían entrenarse para la guerra. La desmesurada longitud de las líneas de armisticio en comparación con el exiguo territorio total del país, resultado de la forma larga y estrecha de Israel, hacía imposible apostarse y patrullar las fronteras de forma útil.[2] La guerra de la Independencia había terminado en la primavera de 1949 con armisticios, no con tratados de paz, porque en la política de los vecinos derrotados era axiomático que la guerra se reanudaría en cuanto hubiera alguna posibilidad de éxito, con ataques de infiltración transfronterizos bienvenidos como muestra de lo que estaba por venir a una escala mucho mayor; la mayoría, llevados a cabo por palestinos, pero muchos también por diversos ejércitos estatales.

Esto significaba que los líderes militares de Israel tenían que enfrentarse a dos amenazas militares muy diferentes: la primera era claramente la amenaza a la seguridad fundamental (*bitachon yesodi*) con grandes ofensivas destinadas a derrotar a las FDI y luego aniquilar físicamente al Estado israelí y a su población judía. Para repeler esa amenaza, Israel necesitaría, por supuesto, un ejército moderno, con artillería, tanques, una fuerza aérea y mucho más. La segunda era la amenaza a la seguridad rutinaria (*bitachon shotef*), con francotiradores, pequeñas emboscadas, minas, incursiones para matar israelíes y robos, cuyo objetivo general era desgastar la determinación de la población judía de vivir en Israel.

Para contrarrestar la amenaza cotidiana, se necesitaría un tipo particular de fuerza militar, más adecuada para «guerras pequeñas». Eso planteó inmediatamente un dilema para la planificación militar israelí, porque los requisitos de la guerra a gran escala son cualitativamente diferentes.[3] El dilema se agudizó a medida que la situación rutinaria de seguridad seguía deteriorándose: en 1950, 67 ciudadanos israelíes fueron asesinados por infiltrados; en 1951, la cifra aumentó a 137 muertos o heridos, y en 1952 las víctimas ascendieron a un total combinado de 182. Todas las víctimas fueron civiles —en su mayoría, mujeres y niños—, con un total de 1751 incidentes en 1952.[4] La respuesta inicial israelí fue defensiva, incluyendo más patrullas fronterizas y más emboscadas, pero no había posibilidad de proteger ni siquiera mínimamente las desproporcionadamente largas y serpenteantes líneas de armisticio. Las protestas ante la Comisión Mixta de Armisticio fueron en vano. Los cincuenta y tantos observadores de la ONU recopilaron informes, pero poco más pudieron hacer. Estaba claro que el Gobierno tenía que proteger a sus ciudadanos. Tras no conseguir ningún resultado con medios diplomáticos, decidió utilizar la fuerza para obligar a los Estados vecinos a controlar su lado de la frontera, pero tenía que ser una fuerza que no llegara a la guerra total. Primero llegó la clásica advertencia pública del primer ministro David Ben-Gurion de que «si las líneas de armisticio a lo largo de la frontera están abiertas a terroristas y asesinos… nos reservamos nuestra libertad de acción».[5] Internamente, el jefe del Estado Mayor Moshe Dayan explicó el razonamiento: «Debemos determinar las reglas de lo que está y no está permitido en nuestras relaciones con los países árabes, y debemos tener cuidado de no ser sumisos y aceptar los [ataques] contra nosotros, aunque su [efecto sea pequeño]».[6]

Dayan era un experto cuando se trataba de incursiones de represalia. De joven había aprendido el oficio de un maestro como preciado recluta de los Escuadrones Nocturnos Especiales del capitán británico Orde Wingate, asaltando aldeas árabes delincuentes durante el levantamiento de 1936-1939. En la Segunda Guerra Mundial Dayan se convirtió en explorador del Ejército británico dirigiendo incursiones en el Líbano francés de Vichy, abriendo el camino a una fuerza británica que el 7 de junio de 1941 penetró en el Líbano, perdiendo un ojo en los combates. Como jefe del Estado Mayor, Dayan optó lógicamente por las operaciones de comandos: incursiones para atacar objetivos tras las líneas enemigas que se basarían en la sorpresa y la astucia en lugar de en el número o la potencia de fuego pesada, y que se entenderían claramente como reacciones a ataques dentro de Israel. Al hacerlo, Dayan formuló un concepto de política y seguridad que Ben-Gurion aceptó, institucionalizando así tales acciones de represalia dentro del territorio enemigo. Al principio, sin embargo, se intentó utilizar la fuerza aérea: el 5 de abril de 1951, ocho cazas atacaron puestos avanzados del ejército sirio en el sur del Golán, en El Hama, en el valle de Yarmuq. El Gobierno se vio sorprendido por las vehementes reacciones de los diplomáticos británicos, franceses y estadounidenses (en la actualidad, las acciones terrestres evocan protestas más fuertes que los ataques aéreos), y Ben-Gurion decidió entonces dejar de confiar en la potencia aérea.[7]

Pero cuando se trataba de ataques terrestres, Dayan y el estado mayor pronto descubrieron que las tropas que tenían simplemente no podían luchar. Tras la guerra de 1947-1949, la mayoría de los mejores oficiales combatientes habían abandonado las FDI para dedicarse a la vida civil. Dispuestos como estaban a volver de uniforme si había que defender el país en otra gran guerra, no estaban dispuestos a servir en tiempos de paz como oficiales de carrera. Las mejores fuerzas, las Brigadas Palmaj, habían sido disueltas por Ben-Gurion y no reemplazadas, mientras que las unidades de línea estaban llenas de nuevos inmigrantes que rara vez sabían suficiente hebreo para entender sus órdenes y cuya formación básica se había apresurado. La moral y la disciplina eran tan bajas que en 1951 ni un solo batallón se consideraba realmente preparado para el combate.[8]

En 1950, Dayan, como jefe del Mando Sur, se había sentido muy decepcionado por la actuación de la 7.ª Brigada Blindada bajo su mando. Después de que los jordanos reclamaran repentinamente que la carretera a Eilat infringía su territorio, bloquearon el paso durante varios días. Dayan había dado inmediatamente órdenes a la brigada de despejar la carretera por la fuerza, pero estaba muy disgustado por la «forma titubeante e indecisa» en que se aplicaron sus órdenes.[9] Al año siguiente, como nuevo jefe de la subdivisión del Estado Mayor, supervisó un fracaso mucho peor: el 2 de mayo de 1951, una fuerza de milicianos sirios de aldea y de infantería regular entró en el lado israelí de la zona desmilitarizada a lo largo de la frontera y ocupó Tel Mutilla, una pequeña colina rocosa situada justo al norte del lago Tiberíades. El Mando Norte de las FDI reaccionó inmediatamente enviando una unidad de infantería para repeler a los sirios. Pero los repetidos ataques israelíes fueron ineptos y fácilmente rechazados. Hubo que enviar más tropas y se necesitaron cinco días de combates para expulsar finalmente a los sirios, lo que requirió la participación del batallón druso.[10] Al final, 40 soldados de las FDI habían muerto y 72 habían resultado heridos. La duración de los combates y las bajas estaban fuera de toda proporción con el pequeño tamaño de la fuerza siria, que, según los informes de la prensa siria, sufrió unos 200 muertos (la mayoría, de la fuerza). Fue una clara señal de que algo andaba mal en el entrenamiento y la moral de la infantería, un mensaje reforzado por una serie de fallidas incursiones de represalia en Wadi Fukin, Beit Sira, Beit Awwa e Idna, donde el 25 de enero de 1953, dos compañías del nominalmente elitista 890.º Batallón de Paracaidistas fueron repelidas por el fuego enemigo, no consiguieron montar suficiente fuego de supresión y se retiraron sin completar la misión.

Pero el fracaso más humillante se produjo el 23 de enero de 1953, cuando un batallón de infantería de la otrora famosa Brigada Givati recibió la orden de lanzar una incursión nocturna contra la aldea jordana central de Falame, un notorio nido de merodeadores transfronterizos. Construida en lo alto de una colina, la aldea no era el más fácil de los objetivos, pero sólo estaba defendida por una docena de fusileros de la brigada jordana Guardia Nacional sin armas pesadas. Los israelíes se perdieron repetidamente en la oscuridad; cuando la unidad de avanzada llegó finalmente al borde de la aldea, fue recibida por fuego disperso de fusilería. Cuando seis soldados israelíes resultaron heridos, el comandante del batallón ordenó la retirada hacia territorio israelí. Tres oficiales superiores —entre ellos, Moshe Dayan— esperaban el regreso del batallón al otro lado de la línea de armisticio para conocer los resultados de la incursión. La primera reacción de Dayan fue licenciar al comandante en el acto, pero luego se dio cuenta de que otros oficiales y otras unidades no habrían luchado mejor.[11]

En 1953, de ochenta y cinco operaciones militares, cuarenta y seis fueron fracasos rotundos y sólo quince se consideraron un éxito. A menudo ocurría que los aspirantes a asaltantes daban media vuelta porque no encontraban su objetivo durante la noche. En algunas ocasiones fueron rechazados, y los oficiales exageraron enormemente la fuerza del enemigo en sus informes.[12] Los sucesivos fracasos redujeron aún más la ya de por sí baja moral de las tropas. Era evidente que se había perdido la destreza en la lucha nocturna y la agudeza en el combate de la guerra de Independencia. En un incidente, un pelotón enviado a volar un pozo en la Franja de Gaza perdió el rumbo y no logró localizar su objetivo en la oscuridad. Cuando llegó la mañana, los israelíes descubrieron que habían vagado en círculos sin ni siquiera haber cruzado la línea de armisticio.[13] Profundamente frustrado, Dayan anotó en su diario que «incluso nuestras unidades de élite entrenadas para acciones especiales, como la Brigada Paracaidista, exhibieron una negligencia vergonzosa que provocó que muchas de nuestras acciones acabaran en fracaso».[14]

Era un círculo vicioso: como la política de incursiones de represalia se vio socavada por las insuficiencias del ejército, la infiltración árabe aumentó, al igual que el número de muertos, tanto civiles como soldados. Eso, a su vez, desmoralizó a la población civil, que ya sufría graves penurias económicas porque la delgada economía israelí se había visto desbordada por la llegada masiva de inmigrantes indigentes. El racionamiento de alimentos y los bajos ingresos eran aún más difíciles de soportar cuando el nuevo Estado judío ni siquiera podía proteger a su población de los ataques diarios. Bajo una gran presión, Dayan evocó amargamente el vergonzoso fracaso en Falame para dictaminar que no se permitiría a ningún oficial suspender un ataque una vez iniciado, a menos que hubiera sufrido un índice de bajas superior al 50 %. Eso fue excesivamente duro en un ejército cuyo principio rector era reducir las bajas al mínimo absoluto.

Para entonces estaba claro que el melancólico estado del ejército no podía remediarse con exhortaciones o reglamentos. Los oficiales carecían de confianza en sus hombres, muchos de los cuales eran nuevos inmigrantes poco militares, mientras que los hombres estaban desmoralizados por la visible reticencia de sus oficiales a confiar en ellos en la batalla. Y cada nuevo fracaso provocaba un mayor deterioro de la confianza del ejército en sí mismo.[15] Fue el coronel Michael Shaham, comandante de la Brigada Jerusalén, quien ideó un posible remedio: la formación de una pequeña fuerza de combatientes hábiles y dedicados con los que se pudiera contar para llevar a cabo incursiones de represalia con determinación.[16] Los reclutas preferidos de Shaham eran oficiales subalternos que habían hecho un buen papel en la guerra pero que habían dimitido en 1949 en lugar de permanecer en el Ejército en tiempos de paz. Y argumentaba que la unidad que propugnaba tendría que permanecer fuera de la estructura formal del Ejército con todas sus reglas, porque «el tipo de hombre adecuado» no se presentaría voluntario para volver de uniforme si eso significaba aceptar la disciplina de un ejército en tiempos de paz.

En agosto de 1953, Mordechai Maklef, que era entonces jefe del Estado Mayor, decidió aceptar el plan de Shaham, haciendo caso omiso de la objeción de Dayan a la idea de que el Ejército se apoyara en pequeñas unidades especiales para hacer lo que él creía que toda unidad de combate debía ser capaz de hacer.[17] Maklef eligió a Ariel Sharon, un estudiante civil de veinticinco años de la Escuela de Estudios Orientales de la Universidad Hebrea, para dirigir la unidad especial. Había luchado bien en la guerra de la Independencia y ostentaba el rango de mayor en un batallón de reserva.[18] Dayan ya conocía y respetaba a Sharon; habían servido juntos en el Mando Norte en 1952, cuando Sharon era oficial de inteligencia militar mientras Dayan era jefe de la rama operativa. Un día Dayan pidió a Sharon que estudiara la posibilidad de capturar a dos soldados jordanos para utilizarlos como moneda de cambio por dos soldados israelíes que se habían adentrado en territorio jordano y estaban retenidos por la Legión Árabe. Sharon no se comprometió, pero con otro oficial se dirigió directamente a la frontera, donde vio y capturó a punta de pistola a dos legionarios que llevó de vuelta a Dayan, quien dijo más tarde: «Le pregunté si era posible y regresó con dos soldados de la Legión Árabe como si hubiera ido a recoger fruta al jardín».[19]

Tras recibir el visto bueno para la creación de su Unidad 101, Sharon seleccionó a sus hombres uno a uno, viajando por todo el país para persuadir a combatientes agresivos e inteligentes que conocía personalmente o por su reputación para que abandonaran la vida civil y se unieran a él en duros combates.[20] La Unidad 101 nunca contó con más de cuarenta y cinco hombres a la vez, pero todos eran excelentes combatientes —luchadores más que soldados, ya que no llevaban uniformes ni insignias de rango, y sus armas no eran de serie—. Algunos de los hombres de Sharon demostraron ser excelentes tácticos que más tarde ascenderían a altos rangos. Uno que no lo hizo, Meir Har-Zion, pronto se convirtió en una figura legendaria, «el mejor soldado que Israel haya tenido», dijo Dayan en una ocasión. Cuando la hermana de Har-Zion fue asesinada por miembros de una tribu beduina mientras cruzaba ilegalmente a pie el territorio controlado por Jordania con su novio para visitar los monumentos de Petra, Har-Zion cruzó la frontera con unos amigos, localizó a los beduinos responsables, asaltó su aldea y mató a cuatro en venganza, como es costumbre entre los propios beduinos.[21]

Sin ser aún jefe del Estado Mayor, Dayan se opuso inicialmente a la solución de las unidades de élite, pero se convirtió en un entusiasta defensor tras conocer a Har-Zion y sus camaradas. Pudo comprobar que revivirían las habilidades dormidas del ejército que batalló por la independencia: la superioridad en el trabajo de campo para infiltrarse en territorio enemigo y la lucha nocturna. Por lo tanto, confiaba en que idearían nuevas tácticas y elevarían la moral de las FDI con acciones exitosas. Los cinco meses de su existencia, de agosto de 1953 a enero de 1954, resultaron suficientes para los objetivos de la Unidad 101. Su última operación fue también la más importante y controvertida. El 14 de octubre de 1953, tras el asesinato de una mujer y sus dos hijos en una aldea cercana al aeropuerto de Lod, en el corazón de Israel, la unidad fue enviada a atacar la aldea jordana de Qibya, fuertemente controlada.[22] Sesenta y tres hombres del Batallón de Paracaidistas del Ejército fueron enviados como fuerza de cobertura de los cuarenta de la Unidad 101, que se abrieron paso hasta la aldea, acorralaron a los habitantes y volaron cuarenta y cinco casas en represalia. Pero no todas las casas habían sido evacuadas por completo de antemano, y unos cuarenta aldeanos que aún se escondían dentro quedaron sepultados bajo los escombros, con un total de 66 muertos y 75 civiles heridos, incluidos los alcanzados durante la batalla. La brutalidad de la incursión provocó fuertes protestas en Israel y en el extranjero, y el resultado fue un brusco cambio de política: las futuras incursiones de represalia se dirigirían contra unidades militares, no contra aldeas. «Israel ha aprendido —declaró Dayan— que, incluso cuando los árabes atacan a la población civil, debemos apuntar a objetivos militares».[23]

A partir de 1953, la situación estratégica general fue cambiando porque el nuevo dictador de Egipto, Gamal Abdel Nasser, decidió iniciar un enfrentamiento con Israel utilizando a los palestinos para librar los combates reales. A principios de 1954, el ejército egipcio estaba levantando unidades de fedayines (abnegados islámicos) en Gaza para infiltrarse en las líneas israelíes y atacar a los civiles. Eso presionó al rey Hussein de Jordania para que demostrara que su ejército también apoyaba las incursiones de los fedayines. En respuesta, el Gobierno israelí decidió atacar las bases militares que proporcionaban entrenamiento y apoyo a las unidades de fedayines. Atacar instalaciones militares aumentaba obviamente los riesgos de escalada, pero en 1953 la decisión parecía inevitable porque ni la pasividad ni los continuos ataques contra los pueblos fronterizos eran opciones viables.

Como el objetivo era influir en los líderes, las operaciones tenían que ser de mayor alcance e intensidad que los anteriores ataques a pueblos.[24] Eso significaba a su vez que el formato original de la Unidad 101 era demasiado pequeño, mientras que una fuerza mayor no podría seguir siendo tan informal; necesitaría una organización adecuada. Dayan decidió fusionar la Unidad 101 con el Batallón de Paracaidistas en lugar de disolverla, lo que se hizo debidamente un mes después de que se convirtiera en jefe del Estado Mayor el 7 de diciembre de 1953. Así, en enero de 1954, Sharon se convirtió en comandante de la combinación Unidad 101 y el 890.º Batallón de Paracaidistas, una fuerza diez veces mayor que la Unidad 101 original. Las fuerzas de comandos con entrenamiento intensivo al estilo moderno han existido desde 1916 (por ejemplo, los Sturmtruppen de la Alemania imperial), pero la innovación de Israel consistió en utilizarlas para elevar el nivel de combate de todo el ejército, primero mediante una expansión directa, ya que la Unidad 101 inspiró al Batallón de Paracaidistas, mucho más grande, que luego se amplió a la Brigada Paracaidista, aún más grande, lo que supuso un aumento de más de cincuenta veces. Eso resolvió la reserva original de Dayan (compartida por los jefes de los ejércitos de todo el mundo) de que las fuerzas especiales debilitarían a unas fuerzas regulares mucho mayores al llevarse a sus mejores hombres, el preciado puñado de combatientes realmente buenos que pueden dar energía a unidades enteras. Además, los jóvenes oficiales formados en la fuerza de élite en expansión fueron distribuidos para dirigir unidades en todas las FDI.

Al inicio de este proceso, Sharon se enfrentó al reto de combinar la unidad más informal de las FDI con los paracaidistas, los mejores paracaidistas de las FDI. Para empezar, la mayoría de los oficiales paracaidistas solicitaron y obtuvieron traslados a otras unidades en lugar de servir bajo las órdenes de Sharon, que rápidamente nombró a un oficial que permaneció como su adjunto. Fue una elección afortunada, porque el propio Aharon Davidi ganaría fama como combatiente y líder —ascendió a oficial jefe de infantería y del Cuerpo de Paracaidistas—. A medida que avanzaba la adaptación y la vinculación, los paracaidistas aprendieron a explorar y a luchar en pequeños grupos, mientras que los antiguos hombres de la Unidad 101 aprendieron a operar a mayor escala y a utilizar armas más pesadas. Los antiguos paracaidistas no tardaron en perder su aspecto impecable a la vez que se convertían en guerreros al estilo implacable de la Unidad 101. Era característico de la época que los «ejercicios de campo» del batallón fueran en realidad incursiones al estilo guerrillero en territorio enemigo.[25]

El 202.º Batallón de Paracaidistas, como se llamaba, demostró sus nuevas habilidades en una incursión nocturna el 28 de marzo de 1954 contra el pueblo jordano fortificado de Nahalin, a unos diez kilómetros al oeste de Belén, en respuesta a una masacre en el Néguev en la que murieron once pasajeros israelíes de autobús y otros resultaron heridos. Tras deshacerse de los defensores locales de la Guardia Nacional, los israelíes volaron un número determinado de casas, pero, conscientes de las muertes en la Qibya, inspeccionaron cuidadosamente los edificios para asegurarse de que estaban vacíos. Hubo ocho incursiones más a finales de 1954, todas fueron exitosas.[26]

Con ello, las FDI adquirieron un instrumento militar fiable, que podía seguir creciendo en tamaño a la vez que establecía estándares intachables para el resto del ejército. El proceso se vio facilitado por el papel del entrenamiento de salto en paracaídas en el batallón: se trataba más o menos como un deporte para mantener su característico espíritu de grupo, pero era improbable que se utilizara en la guerra a gran escala. Al ampliarse, los nuevos reclutas sólo necesitarían unos pocos saltos de cualificación, no un costoso programa de múltiples lanzamientos aéreos diurnos y nocturnos.

El 202.º Batallón de Paracaidistas pronto empezó a innovar tácticamente. Su nueva técnica para los ataques contra posiciones fortificadas sustituyó a la versión de las FDI de los dos pasos británicos de «fuego y movimiento», según la cual una unidad actúa como equipo de fuego estacionario disparando al enemigo para que no se acerque, mientras que otra actúa como equipo de asalto que avanza, antes de que las dos cambien de papel para el siguiente avance.[27] En julio de 1954, Sharon resultó herido mientras dirigía una incursión contra un bastión egipcio situado frente al kibutz fronterizo de Kissufim.[28] Como muchos otros a lo largo de la línea de armisticio, consistía en líneas de trincheras concéntricas unidas por estrechas trincheras de comunicación, con alambradas de espino y minas por todo el perímetro. Mientras yacía en la cama del hospital, Sharon elaboró un nuevo método táctico para sustituir a las viejas tácticas británicas.[29] En lugar de confiar en un intenso fuego de cobertura, los hombres debían acercarse al sistema de trincheras sin disparar en absoluto. Caminando lentamente y en absoluto silencio hasta que les disparasen, los hombres debían entonces correr hacia delante lo más rápidamente posible, disparando sobre la marcha, mientras las alambradas de espino eran atravesadas por torpedos Bangalore, largos tubos metálicos llenos de explosivos de gran potencia. Una vez alcanzada la línea de trincheras, los hombres debían formar pequeños grupos de asalto. Sin detenerse a despejar las trincheras de fuego, debían saltar a las trincheras de comunicación, corriendo y disparando hasta el centro de la fortaleza y luego salir de nuevo. De esta forma, la fuerza barrería línea de trincheras tras línea de trincheras. Con este método, los equipos de asalto debían seguir moviéndose y disparando hasta matar o capturar a todos los defensores.

La esencia de la nueva táctica de Sharon consistía en explotar el efecto de choque de un ataque repentino seguido de un avance implacable, destinado primero a sorprender al enemigo y luego a quebrar su voluntad de resistir, en lugar de ganar matando al mayor número posible. Pero su método era especialmente vulnerable a los contraataques enemigos: mientras los paracaidistas luchaban dentro de la fortaleza, pero aún no con pleno control, la llegada de fuerzas enemigas a la escena podría pillarles a medio camino y desbaratar fácilmente una táctica que dependía tanto de los efectos sobre la moral, al reunir a los defensores y abrumar a los dispersos equipos de atacantes.

Como el 202.º Batallón de Paracaidistas luchaba frecuentemente de noche y sus hombres estaban entrenados para disparar en movimiento, los paracaidistas iban armados en su mayoría con subfusiles de 9 mm que disparaban munición de pistola. La Uzi de fabricación israelí era una buena arma que había sido adoptada por varios ejércitos extranjeros, pero ningún subfusil es preciso más allá de los cien metros, y sólo unos pocos hombres pueden acertar incluso a objetivos grandes disparando desde la cadera. En cambio, como la Uzi, con su fuego rápido, es mortal en el cuerpo a cuerpo, a los hombres de Sharon se les enseñó a acortar la distancia lo más rápidamente posible y a buscar distancias de combate cuerpo a cuerpo. Los soldados egipcios y jordanos tendían a luchar mal en el cuerpo a cuerpo, aunque a menudo eran buenos fusileros y bastantes legionarios jordanos eran auténticos tiradores. Al atacar de noche, cuando el fuego preciso a larga distancia era dificultoso si no imposible, los paracaidistas privaron a los árabes de su ventaja, al tiempo que se beneficiaban de su incomodidad en la lucha nocturna.

Pocos de los oficiales originales de Sharon sobrevivieron indemnes a las operaciones de represalia de mediados de la década de 1950. En primer lugar, las acciones eran, por supuesto, peligrosas para todos y, en segundo lugar, el liderazgo «Sígueme» aumentaba la eficacia de la unidad, pero también ponía a los comandantes en mayor riesgo que sus hombres. El propio Sharon resultó herido, al igual que casi todos sus oficiales —algunos, repetidamente— y otros murieron. (Entre el reducido número de supervivientes había tres futuros generales: Mordechai Gur, Yitzhak Hoffi y Rafael Eitan).

El liderazgo desde el frente persistió a pesar de la pérdida de oficiales en operaciones menores. La sensatez de permitir que oficiales con potencial de general del Estado Mayor luchen y mueran en escaramuzas menores se ha debatido repetidamente en las FDI, pero sigue siendo doctrina oficial. En teoría, existe un cálculo de coste/beneficio según el cual la pérdida de oficiales muy valiosos se compensa con la ganancia global en moral de combate en general e ímpetu de combate en particular. Pero, en realidad, el *ethos* de «Sígueme» tiene un asidero tan fuerte en la mentalidad de las FDI que ha sido muy difícil frenar incluso a los oficiales más veteranos para que no se pongan en la línea de fuego, aunque en realidad no puedan arrebatar el liderazgo de combate a sus subalternos.[30]

Dayan no perdió de vista a los paracaidistas incluso despúes de su nombramiento como jefe de personal del Ejército israelí en diciembre de 1953 y a menudo estaba en el punto de partida cuando entraban en acción. Quería —y consiguió— oficiales que fueran hombres de combate y no gestores en uniforme. Además quería dientes con un mínimo absoluto de la cola logística —lo hizo más de una vez— y sus paracaidistas reorganizados constituyeron un modelo ejemplar. Para difundir el espíritu paracaidista en el conjunto del ejército, Dayan insistió en que todos los oficiales, incluido él mismo, recibieran entrenamiento de salto paracaidista. También amplió la unidad de paracaidistas para que en 1956 tuviera el tamaño de una brigada. Las demás brigadas respondieron al prestigio de los paracaidistas intentando competir con ellos, lo que podían hacer más fácilmente cuando luchaban unos junto a otros, cosa que la 1.ª Brigada de Infantería Golani y las unidades de infantería Nahal empezaron a hacer cada vez más. Desde que se creó la Unidad 101, los hombres de Sharon habían monopolizado las misiones de combate. Pero, cuando se asignaron misiones de combate a las fuerzas de infantería ordinarias, éstas rindieron mucho mejor que antes. Cuando Israel entró en guerra en la campaña del Sinaí de 1956, la transformación fue completa: en menos de cuatro años desde la vergonzosa debacle de Falame, el adagio de Dayan «Más vale dedicarse a refrenar al noble semental que a aguijonear al reacio buey» se aplicaba en su totalidad, ya que los soldados en semiorugas escasamente blindados cargaban contra las posiciones egipcias como si cabalgaran en carros de combate bien blindados.

El *ethos* de la Unidad 101 persiste en los batallones de operaciones especiales de alto nivel actuales y en las unidades de élite especializadas que se crean según las necesidades y se disuelven rápidamente cuando ya no se necesitan, un proceso oscurecido por la persistencia de sus evocadores nombres en unidades totalmente nuevas creadas posteriormente. Algunos ejemplos son la unidad Shimshon («Sansón») 367 del Mando Sur que operaba disfrazada de árabe en la Franja de Gaza y fue disuelta mientras que su unidad hermana, la unidad Duvdevan («Cereza») 217, en Cisjordania, persiste, ahora con fama televisiva gracias a su evocación en la serie *Fauda*. Del mismo modo, Egoz («Nogal»), la unidad de contrainfiltración del Mando Norte activa entre 1963 y 1973, y la unidad de contrainsurgencia Rimon («Granada») se disolvieron a finales de la década de 1970, pero una nueva unidad Egoz 621 presta servicio en el Mando Norte, y una nueva unidad Rimon se creó en 2010 como unidad de exploración de guerra en el desierto dentro de la unidad de exploración de largo alcance Maglan («Ibis»), que a su vez forma parte de la Brigada de Operaciones Especiales Oz. Los batallones de reconocimiento Shaked («Almendra») y Haruv («Algarroba») fueron desmantelados a mediados de la década de 1970 y reencarnados como batallones de infantería ordinarios en las Brigadas Givati y León, respectivamente. La idea general es aprovechar las ventajas de la especialización sin rigidez organizativa: si una unidad ya no se ajusta a las necesidades actuales, simplemente se suprime.

Las unidades especiales de las FDI difieren entre sí, pero en general, aunque superficialmente se parecen a las fuerzas de comandos de otras Fuerzas Armadas, la similitud es engañosa. Las unidades de operaciones especiales de élite de todo el mundo que alcanzan altos niveles están tripuladas por soldados de carrera experimentados que primero sirven en unidades de línea. Las FDI, por el contrario, dependen de jóvenes reclutas para todas sus fuerzas de combate, incluidas sus unidades de operaciones especiales. La competencia para servir en unidades de élite tras el alistamiento es feroz entre los jóvenes estudiantes de secundaria —sólo la admisión en el entrenamiento de vuelo de las fuerzas aéreas iguala en prestigio—. Para mejorar sus posibilidades de selección, muchos jóvenes israelíes se apuntan a programas especiales de preparación prearmada para mejorar su forma física y aprender las costumbres militares, y los más pudientes incluso contratan a veteranos como entrenadores personales en algunos casos, una interesante variación de los pasatiempos de los jóvenes adinerados de otros lugares.

Una vez que los futuros reclutas informan a las FDI de su deseo de alistarse como voluntarios en una unidad especial y se comprueba que reúnen los requisitos físicos y mentales mínimos, se les convoca en una base militar para un «Yom Sayarot», un día de pruebas de las fuerzas especiales. Se trata de una serie de pruebas físicas y mentales para determinar quién de entre los miles de jóvenes de diecisiete años cumple los requisitos para las pruebas de admisión posteriores de las unidades de élite de alto nivel de las FDI: la Sayeret Matkal del Cuerpo de Inteligencia; la unidad naval de comandos y hombres rana Shayetet 13; la unidad Sayeret Shaldag 5101 de las fuerzas aéreas, y la unidad aerotransportada de rescate y evacuación 669. Los que aprueban son enviados a otra semana de pruebas físicas y mentales (Gibush), y los que obtienen las mejores puntuaciones son enviados al Gibush Matkal para las unidades de mayor rango. Las pruebas psicológicas de carácter y estabilidad son parte integrante del proceso porque los soldados de las unidades de élite de operaciones especiales no sólo se enfrentan a graves desafíos, como todos los soldados, sino que también es mucho más probable que estén solos, o casi.

El entrenamiento inicial de los reclutas admitidos en una de las unidades de élite de alto nivel dura aproximadamente veintidós meses, y es el curso de entrenamiento inicial más largo de las FDI, excepto para los pilotos de las fuerzas aéreas y los oficiales navales (cuyo entrenamiento incluye la educación superior para obtener un título académico). Los contenidos de la formación incluyen los elementos básicos de la infantería: trabajo de campo, entrenamiento individual con armas, endurecimiento físico mediante combate sin armas y simulaciones de combate sencillas, diferenciándose de la norma estadounidense/británica/francesa únicamente en que omite el desfile y el saludo, al tiempo que añade un énfasis particular de las FDI en marchas muy largas según la tradición Wingate. El adiestramiento individual avanzado varía con cada unidad pero invariablemente incluye navegación de campo en diferentes terrenos, nociones básicas de contrainsurgencia, cooperación aire-tierra, operaciones aerotransportadas, recopilación de información, instrucción de francotiradores, adiestramiento médico y mucho más.

La afluencia constante de jóvenes entusiastas y de gran calidad procedentes de todos los sectores de la sociedad da energía a las FDI en general y a las unidades especiales en particular. Pero una desventaja obvia de dotar a las fuerzas especiales de reclutas jóvenes, de no más de veinte años cuando están completamente entrenados, es su falta de experiencia en comparación con sus homólogos de otros ejércitos, en particular el SAS británico, el destacamento aerotransportado Delta del Ejército estadounidense, los SEAL de la Marina estadounidense, los boinas verdes de las Fuerzas Especiales del Ejército de EE. UU. o los RIPMA franceses, que casi invariablemente comienzan a entrenarse en esas unidades sólo después de varios años de servicio previo en unidades de línea. Sin embargo, parece que la falta de experiencia previa queda compensada por la enorme frecuencia con la que las unidades especiales de las FDI son enviadas a la acción, por lo que lo que queda son las ventajas de los jóvenes voluntarios en su intelecto, personalidad e incluso carisma de liderazgo. Al fin y al cabo, no son autoseleccionados para hacer carrera militar como suboficiales, como ocurre con los no oficiales de las Fuerzas Especiales estadounidenses y de otros países. Al contrario, esperan emerger como los futuros líderes empresariales, profesionales, académicos y políticos del país. (En 2021, tanto el primer ministro saliente como el entrante habían servido como suboficiales en unidades especiales muy exigentes, comprometiéndose para ello a años adicionales de servicio más allá de los tres años obligatorios).

Esa virtud, sin embargo, es también un problema potencial, y conocido: la concentración de jóvenes con talento en pequeñas unidades especiales priva a las fuerzas de línea de las FDI de buenos jefes de pelotón y buenos sargentos, y también priva al conjunto de las FDI de buenos candidatos para la Escuela de Oficiales. Esto se deriva del hecho de que las FDI no tienen academia militar: todos los oficiales ascienden de las filas. Para salvaguardar el potencial de liderazgo de los reclutas de unidades especiales, muchos son enviados a la Escuela de Oficiales al terminar su programa de entrenamiento de unidad, o bien más tarde. Cuando se gradúan de la Escuela de Oficiales, pocos regresan a sus unidades de élite originales, y la mayoría son enviados a unidades de infantería mecanizada, blindados u otras unidades de línea para comandar pelotones al principio o para ocupar otras plazas de personal y mando. Los que sí permanecen en las FDI después de su servicio obligatorio y del servicio añadido firmado para convertirse en oficiales de carrera, normalmente deben añadir a su formación en operaciones especiales un entrenamiento en blindados, o artillería, o señales, o alguna otra rama, y después aprender también a mandar y controlar dichas fuerzas.[31] Un ejemplo destacado de este tipo de trayectoria profesional es el difunto teniente coronel Yonatan Netanyahu, famoso por haber mandado los comandos de alto rango Sayeret Matkal durante el rescate de rehenes de Entebbe en julio de 1976 (en el que fue el único soldado de las FDI muerto). En un momento dado, había estado al mando de un batallón de tanques, después de pasar por el entrenamiento de blindados, empezando por artillería, conducción y habilidades de mantenimiento. Otro ejemplo es Ehud Barak, que también comenzó su servicio en el Sayeret Matkal, y también pasó por el entrenamiento de blindados y se convirtió en comandante de un batallón de tanques antes de pasar a los cursos de Estado Mayor y mando, llegando a convertirse en jefe del Estado Mayor de las FDI y, más tarde, en primer ministro.[32] El movimiento de oficiales que entran y salen de las unidades especiales se extiende a las fuerzas regulares de línea: no es raro que las unidades especiales cuenten con oficiales de las Brigadas de Infantería Golani y Nahal, de la 35.ª Brigada de Paracaidistas y de la Brigada de Infantería Givati, y los oficiales de línea pueden incluso servir como comandantes de unidad. Un ejemplo es Moshe «Boogie» Ya'alon, que se convirtió en jefe del Estado Mayor de las FDI (2002-2005) y, después, en ministro de Defensa (2013-2016) tras empezar como recluta en el 50.º Batallón de Paracaidistas para acabar siendo comandante del Sayeret Matkal, con más formación para ascensos posteriores que incluían el mando de una división blindada.

A los reclutas que se presentan voluntarios y son aceptados por una de las unidades de élite se les exige un tiempo extra, además de su servicio obligatorio. El servicio en las cuatro unidades de primer nivel, Sayeret Matkal, Shaldag, Shayetet 13 y la Unidad Aerotransportada de Rescate y Evacuación de Combate 669, requiere treinta y seis meses adicionales de servicio de carrera remunerado, además de los treinta y dos meses de servicio obligatorio, lo que equivale a cinco años y ocho meses de uniforme, que pueden convertirse en ocho años para completar una carrera universitaria mientras se sigue de uniforme. Incluso el servicio en unidades de élite de segundo nivel exige al menos un año más de servicio de carrera remunerado, a veces dos, lo que significa que sus ingresados sólo pueden empezar a estudiar o a trabajar después de la formación militar a los veintitrés o veinticuatro años, con años de retraso respecto a sus homólogos estadounidenses o europeos. Esto debería tener graves consecuencias tanto para la economía como para la sociedad de Israel, pero parece que la competencia integral adquirida durante el servicio militar y el tiempo libre para cursar estudios privados sirven de mucho.

Las unidades de operaciones especiales de primer nivel tienen el privilegio de ser las primeras en elegir a los nuevos reclutas entre los reclutas. Los reclutas no seleccionados por ninguna de las unidades de alto nivel pueden ir a probar suerte a otras unidades especiales, pero en la práctica muchos reclutas prefieren unirse a una unidad de segundo nivel, por cualquier número de razones: tienen un hermano o un padre que sirvió en ella antes que ellos; tienen amigos que sirven allí; han oído hablar de los logros de una unidad en una operación reciente, o creen que el carácter específico de la unidad encaja con su personalidad. Una de estas unidades, los especialistas en contrainsurgencia Duvdevan, que operan disfrazados de árabes, tiene el *glamour* adquirido de la serie de televisión *Fauda*, de éxito internacional, lo que sin duda atrae a más reclutas. Otra, la unidad Maglan 212, para intrusiones profundas en la retaguardia y acciones en lugares lejanos, atrae a los aspirantes a exploradores, mientras que la actual Egoz, especializada en operaciones en el terreno boscoso del norte, tiene la importancia adquirida de oponerse a Hezbolá, el antagonista más activo de Israel.

Durante muchos años, estas diversas unidades también fueron muy independientes, bajo la supervisión laxa del oficial jefe de infantería y el control operativo de uno de los tres mandos regionales para el Norte, el Centro y el Sur. Pero en 2015 se colocaron todas bajo el cuartel general único de la recién formada 89.ª Brigada de Comandos.[33] Se esperaba que la brigada pudiera funcionar como una fuerza de combate cohesionada cuando fuera necesario, sin dejar de conservar la experiencia especial y el *ethos* de cada una de sus diferentes unidades.

Algunas formaciones más grandes que no se consideran oficialmente fuerzas de operaciones especiales tienen, sin embargo, un estatus de élite no sólo en la opinión popular, sino también en los cálculos de eficacia de los planificadores de guerra. Entre ellas se encuentran la 35.ª Brigada Paracaidista, que en realidad es una brigada de infantería ligera no pensada realmente para el asalto aéreo en paracaídas, aunque atesora sus gorras y botas rojas; la 1.ª Brigada de Infantería Golani, que se remonta al nacimiento de las FDI, habiendo comenzado en 1948 como una Brigada de Infantería Ligera Haganah de soldados a pie pero que ahora está equipada con el vehículo blindado de combate de infantería más pesado del mundo, el Namer, de sesenta toneladas métricas; la renacida Brigada Givati, posterior a 1984, entrenada originalmente para la guerra anfibia, y la 933.ª Brigada Nahal, del acrónimo hebreo de «jóvenes pioneros combatientes», compuesta originalmente por reclutas de granjas colectivas (*kibbutzim* y *moshavim*) y movimientos juveniles, que combinaban el servicio combativo con el trabajo agrícola. Su 50.º Batallón Aerotransportado tiene un famoso historial de combate. Por último, están las fuerzas de élite para fines especiales que también atraen a voluntarios, como el Yahalom del Cuerpo de Ingenieros, que se centra en la guerra de túneles de alta tecnología, además de sus tensas tareas de desactivación de artefactos explosivos improvisados y municiones, junto con las más prosaicas de franqueamiento de obstáculos y demoliciones, y la 669.ª Unidad de Búsqueda y Rescate en Combate de las Fuerzas Aéreas, que está continuamente activa porque en tiempos de paz realiza traslados médicos urgentes de civiles.

Las FDI también cuentan con una serie de unidades de reserva aún más especializadas, o más bien localizadas, que surgen sólo cuando se las moviliza para operaciones de combate o cuando se las llama para un entrenamiento de refresco. Una de ellas es la Unidad Alpinista, el 7810.º Batallón de Reconocimiento entrenado para las laderas nevadas y los picos helados del monte Hermón; cuando la nieve local es insuficiente, la unidad es enviada a entrenarse en los Alpes. Otra es Lotar Eilat, reclutada en esa ciudad del mar Rojo como fuerza de reacción rápida, de contrainfiltración local y de rescate de rehenes.

En las fuerzas especiales, incluso más que en las fuerzas de línea, las unidades de reserva se mantienen unidas gracias a un pequeño número de personas altamente comprometidas, que han estado entrenándose juntas durante años y tienden a socializar entre ellas entre sus periodos de servicio. Aunque su mentalidad de grupo puede ser un problema a la hora de cooperar con otras unidades, ofrecen altos niveles de compromiso y competencia, con unos niveles de rendimiento casi tan altos como los de las fuerzas en servicio activo, y en algunas cosas incluso superiores, mientras que el coste presupuestario de mantener dichas unidades es, por supuesto, mucho menor. Las unidades especiales también funcionan como organizaciones experimentales, o beta, para las FDI en su conjunto al ser las primeras en probar nuevas armas y tácticas, lo que pueden hacer más fácilmente a su pequeña escala en lugar de esperar a disponer de más recursos para formaciones de línea más grandes. De ahí que las unidades especiales actúen como punta de lanza de la innovación de las FDI, tanto tecnológica como táctica. Su informalidad y su particular cultura de aprendizaje continuo facilitan la innovación y generan tipos emprendedores conocedores de la tecnología que ahora desempeñan un gran papel en la economía impulsada por la tecnología del país.[34]

Ejemplos recientes son las tácticas desarrolladas por la unidad Yahalom del Cuerpo de Ingenieros para penetrar y descifrar las «reservas naturales» de Hezbolá, argot de las FDI para referirse a los reductos subterráneos de búnkeres y túneles que se encuentran en las zonas rurales del sur del Líbano.[35] Utilizando una variedad de técnicas de localización, penetración y ataque, este paquete de «reservas naturales» ha sido difundido desde Yahalom a las brigadas de línea que serían enviadas a la acción en caso de un combate a gran escala. Del mismo modo, durante la operación Borde Protector de 2014 en Gaza, Yahalom tuvo que aprender —en el fragor de la batalla— a localizar y destruir los túneles ofensivos de Hamás, antes de la llegada de los equipos de alta tecnología actuales. De nuevo, esas técnicas se difundieron rápidamente a otras unidades.[36]

Como ocurre con cualquier gran organización, las FDI pueden perder oportunidades de optimización debido a los obstáculos a la comunicación entre unidades especializadas, sobre todo porque muchas operan bajo normas de secretismo. En respuesta a esto, la última incorporación a la larga lista de unidades especiales de las FDI se creó con la misión de superar esas barreras. Esta unidad, denominada Fantasma, fue formada por el jefe del Estado Mayor LG Aviv Kochavi en 2020 para funcionar como una unidad de combate de élite pero no especializada, cuyo personal conoce colectivamente las capacidades y limitaciones de todos los componentes de las FDI, y cuya misión es seleccionar e integrar las capacidades más relevantes para cualquier tarea de combate que se le plantee. En otras palabras, a diferencia de las demás, esta unidad de élite no puede ensimismarse, sino que debe seguir oteando el horizonte militar dentro de las FDI para poder llevar a cabo su misión. Operando en todos los mandos de área —Norte, Centro y Sur— y en todas las dimensiones —terrestre, marítima, aérea y también subterránea—, la misión de la unidad es aportar todo lo que las FDI tienen que ofrecer en un momento dado para ejecutar la misión que se les ha encomendado.

Kochavi se dio cuenta de que las FDI disponen de una gran cantidad de capacidades avanzadas, pero no de ningún contrapeso eficaz al viejo problema de la suboptimización organizativa. Un escuadrón de infantería de las FDI sobre el terreno que se encontrara en una escaramuza con una fuerza enemiga similar tendría que luchar en igualdad de condiciones, cañón contra cañón, sin obtener ningún beneficio de las capacidades totalmente mayores de las FDI en su conjunto, tentadoramente presentes en teoría, ausentes en la práctica.[37] Ése es el reto que debe abordar la unidad Fantasma: cómo hacer valer todo el poderío de las FDI para magnificar la fuerza de cualquier unidad que esté en combate en un momento dado. Debido a su misión, la unidad no recluta ni entrena a sus propios efectivos, sino que recibe equipos experimentados de diferentes unidades con distintas especializaciones, como la unidad encubierta Duvdevan, los ingenieros de combate de élite Yahalom, la unidad canina Oketz y otras más. El requisito básico es una combinación de buenas habilidades de combate con conocimientos tecnológicos.[38]

Cada equipo de combate se combina, según las necesidades, con personal de apoyo de las unidades de inteligencia, cibernética y aérea, y también con profesionales civiles, como ingenieros e informáticos. Por definición, la unidad es multiservicio y multidimensional. Para la unidad Fantasma el reto consiste en superar las barreras organizativas, interunidades e interservicios de procedimiento cuando se trata de integrar y optimizar la potencia de fuego aérea y terrestre con los elementos de maniobra. Un primer remedio fue formar los llamados equipos Sufa («Tormenta») con las variadas habilidades y capacidades necesarias para procesar grandes cantidades de datos, con el fin de orquestar con precisión los ataques desde diversos alcances desde plataformas terrestres, marítimas y aéreas. La Brigada Golani, que sirve en el norte enfrentándose a fuerzas de Hezbolá que pueden atacar en cualquier momento, fue la primera en incluir equipos Sufa entre sus fuerzas. Otra iniciativa avanzada por la unidad Fantasma es el uso de drones y micro-UAV en terreno urbano, siempre difícil para cualquier tipo de operación de combate en cualquier lugar, pero especialmente para las FDI debido a su doble limitación de bajas (las bajas enemigas son políticamente costosas) y a la prevalencia de viviendas de alta densidad en las zonas hostiles.[39]

Aún no está claro si la unidad Fantasma persistirá y madurará, o si llegará a un punto culminante en su desarrollo para ser sustituida por otro intento de optimización, porque las FDI no tienen por qué dar prioridad al mantenimiento de las tradiciones consagradas frente a la optimización, ya que cuentan con otras fuentes de motivación, principalmente la recurrencia del peligro inmediato. El uso de unidades de combate en funcionamiento como laboratorios experimentales puede remontarse a la Unidad 101, la primera unidad de comandos de Israel que fue a la vez pequeña y efímera y, sin embargo, amplia y perdurablemente influyente.

XIII.

EMPRESARIOS MILITARES Y FUERZAS ESPECIALES

La Unidad 101 se creó porque el primer ministro y la jerarquía de las FDI encabezada por el jefe del Estado Mayor, enfrentados a un ejército de posguerra desmoralizado, decidieron que, aunque fuera muy pequeña, una unidad de combate realmente eficaz podría lograr victorias tácticas que levantaran la moral y que a su vez permitieran más victorias, con efectos cada vez mayores en todo el ejército. Pero las otras unidades de operaciones especiales de alto nivel de las FDI se parecen a las *start-ups* de hoy en día: se originaron en la iniciativa de un oficial individual que había identificado una capacidad significativa que no proporcionaba adecuadamente ninguna fuerza existente de las FDI, pero que podría proporcionarse con el concepto, el entrenamiento y la estructura adecuados. Obviamente, hacía falta una mente original para llegar tan lejos, pero para crear realmente la unidad de combate que faltaba se requería otra cosa que no se combina fácilmente con un intelecto vivo: pura persistencia. Aunque los cuarteles generales de las FDI eran muy pequeños en comparación con los estándares mundiales, eran lo suficientemente grandes como para resistirse a ideas nuevas y no probadas que reclamaban unos recursos ya de por sí escasos. Los que tenían esa rara combinación de originalidad y tenaz persistencia se convirtieron en los fundadores.

El primero, como hemos visto, fue el innovador en serie y futuro jefe naval Yohai Ben-Nun, que fundó los comandos navales Shayetet 13 de las FDI, determinando personalmente su doctrina, eligiendo su equipo y definiendo su programa de instrucción hasta el último detalle, con él mismo como instructor jefe al principio. Pero quizá el empresario militar de las FDI con más éxito fue el que más tarde sería general de brigada Avraham Arnan, fundador de la Unidad 269, más tarde Sayeret Matkal (unidad de reconocimiento del Estado Mayor), a menudo conocida simplemente como la Unidad (Hayehida), diseñada para acciones terrestres de recopilación de información tras las líneas enemigas (a veces tan lejos que acaban en otro país completamente distinto) bajo el mando directo de la Subdivisión de Inteligencia de las FDI. Más tarde se crearon unidades más especializadas para operaciones como el rescate de rehenes, pero hasta entonces, como única unidad de comandos de élite de las FDI (una vez disuelta la Unidad 101), la Sayeret Matkal lo hacía todo, desde el rescate de rehenes hasta los ataques a larga distancia.

Cuando se establecieron por primera vez los cuarteles generales de las FDI según el modelo clásico, el Estado Mayor incluía una sección de inteligencia G-2 para estudiar las capacidades del enemigo y sus intenciones. Recibía información genérica de los diplomáticos del Ministerio de Asuntos Exteriores, demasiado genérica en su mayoría, así como de fuentes de prensa, de los informes de las patrullas fronterizas y de los puestos de observación, y de una Unidad 154 muy pequeña que enviaba agentes disfrazados a través de la frontera, es decir, agentes encubiertos que parecían lugareños, en su mayoría árabes, a diferencia de los intrusos clandestinos que se escondían en la naturaleza y por la noche.

Las técnicas para intervenir las líneas telegráficas y telefónicas enemigas se remontan a 1914, y las FDI disponían de sencillos dispositivos de escucha que podían plantar en los cables en territorio enemigo. Uno de estos dispositivos en territorio sirio podía interceptar las comunicaciones militares con bastante fiabilidad, pero de vez en cuando un equipo tenía que cruzar la frontera a hurtadillas para cambiar las baterías. En diciembre de 1954, un equipo mixto de cinco soldados cruzó la frontera para alcanzar un dispositivo en lo más profundo del territorio sirio, pero fue emboscado por una fuerza mayor y se rindió. Los israelíes fueron retenidos en celdas separadas durante tres semanas y severamente torturados. Uno (Uri Ilan) se suicidó, dejando una nota que más tarde se haría famosa: «Yo no traicioné». El de mayor rango, el sargento Meir Yakobi, decidió emular a Sansón conduciendo a sus captores sirios hasta el dispositivo oculto para luego activar su carga de autodestrucción y matarlos a ellos y a sí mismo, pero las fuertes lluvias habían incapacitado el detonador eléctrico.[1] En marzo de 1956, tras quince meses de cautiverio, los cuatro supervivientes fueron liberados a cambio de treinta y cinco soldados sirios capturados.

Lo que se aprendió de aquel fracaso fue que las operaciones clandestinas que entrañaban el riesgo de captura e interrogatorio no podían dejarse en manos de soldados de infantería ordinarios, por muy valientes y capaces que fueran. Ese fue el sencillo punto de partida de un joven mayor que servía en la Unidad 154: Avraham Arnan, un antiguo comandante de pelotón del Palmaj —uno de los pocos que se habían convertido en oficiales profesionales en lugar de unirse a la mayoría en la vida civil, que sólo servían cuando se les llamaba para tareas de reserva—.[2] Como la experiencia le demostró a Arnan que los agentes árabes de la Unidad 154 no eran muy productivos —en su mayoría eran gente del campo con poco acceso a fuentes de inteligencia—, abogó por su sustitución por soldados ultraentrenados que también podrían ser buenos soldados de infantería o buenos comandos para los asaltos, pero que serían seleccionados y entrenados para servir como exploradores de penetración profunda, hábiles en la infiltración clandestina (oculta, no disfrazada) y técnicamente expertos manejadores de dispositivos avanzados de escucha y sensores variados.[3] Más adelante se llevarían a cabo operaciones más ambiciosas, pero en un primer momento la unidad que imaginó Arnan debía realizar breves incursiones en países hostiles para recopilar información de inteligencia inmediata y accesible. Parece bastante modesto, pero Arnan tuvo que insistir mucho para convertir sus ideas en realidad. El Estado Mayor de las FDI no tenía tiempo para él, centrado como estaba en reunir grandes fuerzas de combate para la gran guerra que temía que se avecinaba y que, de hecho, era inminente.

Sólo después de la victoria en la campaña del Sinaí de 1956, con los oficiales superiores más relajados, Arnan empezó a construir su fuerza reclutando a algunos compañeros veteranos de la «unidad árabe» del Palmaj, formada por judíos que hablaban árabe y parecían árabes, como judíos iraquíes y yemeníes. En realidad, la propia unidad clandestina de Arnan se construyó de forma clandestina porque Arnan utilizó las instalaciones de la Unidad 154 sin ninguna autorización explícita de los oficiales superiores.[4] Eso garantizó tanto la alegre informalidad de la Unidad 101 como también sus agudas deficiencias logísticas, con más equipo «organizado», es decir, robado, que expedido adecuadamente.[5]

Sin ningún permiso oficial del jefe del Cuerpo de Inteligencia ni del jefe del Estado Mayor de las FDI, Arnan procedió no obstante a buscar reclutas con personalidades y aptitudes adecuadas en todas las unidades del Ejército. Luego se basaba en el puro descaro y en sus misteriosas credenciales de la Unidad 154 para obtener su reasignación a su propia unidad sin nombre. Para el adiestramiento, hizo pasar a sus hombres elegidos por los cursos de paracaidismo y otros cursos existentes antes de llevarlos a su unidad dentro del Cuerpo de Inteligencia, a pesar del intenso escepticismo del oficial al mando, el tranquilamente reflexivo —de hecho, erudito— general de división Yehoshafat Harkabi. Fue el escepticismo de Harkabi —una gran virtud en un jefe de inteligencia— lo que salvó a la unidad, ya que ese escepticismo se extendió a su propia visión negativa del proyecto de Arnan, al que por tanto no puso fin.

Arnan persistió por su cuenta hasta que una decisión del Estado Mayor de mediados de 1958 autorizó finalmente su plan de organizar una fuerza clandestina superior, pero sólo a una escala minúscula destinada a ser inadecuada. Esta Unidad 269 fue colocada directamente bajo la jefatura del Cuerpo de Inteligencia, una clara muestra de su importancia, pero sus efectivos autorizados eran sólo catorce en total.[6] Ese número era demasiado pequeño para crear diferentes subunidades de cualquier fuerza efectiva, pero Arnan fue aconsejado por aquel empresario militar anterior, Ariel Sharon, para que «primero dijera que sí» y luego presionara para conseguir más plazas hasta alcanzar su propio número objetivo.[7] Arnan empezó por fin a organizar la unidad con la que había soñado, que debía ser «totalmente diferente de lo que existía antes, una unidad que no siguiera ninguna ruta recorrida anteriormente y que fuera capaz de pensar e implementar de una forma que nadie hubiera pensado antes».[8] Esa pretensión de originalidad sería validada por futuras operaciones, pero en un aspecto Arnan era perfectamente convencional: sus hombres tenían que ser perfeccionistas en lo que se refería a las diferentes habilidades necesarias, incluido el tiro de alta precisión como fusileros, francotiradores, ametralladores y también como usuarios de pistolas. Esas habilidades tan básicas salvaron el día en más de una ocasión.

Aunque en realidad quería construir algo bastante diferente, Arnan pensó que era útil reivindicar el legado de la Unidad 101, y por ello intentó persuadir a sus veteranos para que se unieran a él; su recluta más apreciado fue el legendario Meir Har-Zion.[9] La estratagema funcionó, y los mejores reclutas pronto quisieron unirse a la apasionante y secreta Unidad 269, que finalmente pudo crecer porque el comandante en jefe de las FDI Moshe Dayan se interesó activamente por la empresa de Arnan y le dio permiso para ampliarla.[10] Arnan recorría las bases militares en busca del material adecuado, confiando en su intuición más que en los registros o las pruebas, y actuando con un gran sentido de la urgencia, con razón: el mandato de Dayan estaba llegando a su fin.[11]

El sucesor de Dayan como jefe del Estado Mayor, Haim Laskov, era un veterano del Ejército británico.[12] En contraste con el impetuoso Dayan, que rompía las reglas y que había dirigido personalmente audaces incursiones tras las líneas enemigas en 1941 y de nuevo en 1948, Laskov había ascendido al rango de mayor en el Ejército británico cumpliendo sus normas en habilidades disciplinadas y procedimientos ordenados. Como era de esperar, creía que las FDI necesitaban más disciplina en general en lugar de más temeridad de la Unidad 101. Actuando como el empresario que era, Arnan maniobró para conseguir el favor de Laskov exagerando la influencia del Servicio Aéreo Especial británico de incursión en el desierto iniciado en 1941 por David Stirling en su propia unidad, en realidad muy diferente, adoptando incluso su lema «Quien se atreve gana».[13] Aunque Laskov no estaba del todo convencido, no intentó detener la reunión de hombres, equipos e instalaciones por parte de Arnan. Siempre un astuto operador político, Arnan alojó su unidad no muy lejos del Cuartel General de las Fuerzas de Defensa de Israel, en el corazón de Tel Aviv, lo que le dio fácil acceso a los altos mandos y le permitió invitar a los ministros de paso a que se dejaran caer por allí para contemplar el exigente y emocionante entrenamiento de sus hombres —incluso el primer ministro David Ben-Gurion fue un visitante interesado—.

A medida que su unidad crecía, Arnan necesitaba más fondos, que el Cuerpo de Inteligencia no podía proporcionar con su ajustado presupuesto; su unidad de investigación se alojaba en una cabaña de acero corrugado que perteneció al antiguo Ejército británico hasta 1970. Arnan se convirtió en un recaudador de fondos institucional presionando a los generales de las FDI, incluido el futuro jefe del Estado Mayor David Elazar; pero no era suficiente, así que sus hombres se convirtieron en expertos ladrones de equipos y suministros expedidos a otras unidades en otros campamentos.[14] Estas «requisas» se convirtieron en un atributo de la unidad durante sus primeros años e incluso se consideraron un buen método de entrenamiento, ya que requerían planificación, sigilo y una rápida ejecución.[15] La constante presión de Arnan para que su unidad probara en el terreno tuvo como resultado final su selección para una primera misión operativa a principios de 1959.[16] La tarea consistía en infiltrarse en los Altos del Golán en poder sirio para instalar equipos de inteligencia. La misión fue un éxito, y Arnan se aseguró inmediatamente otra misión en Jordania que también fue un éxito. Los altos mandos de las FDI estaban preocupados por el estilo libre de los hombres de Arnan pero satisfechos con sus resultados.[17]

El carismático Arnan evocó a su alrededor una especie de culto a la personalidad que elevó la moral de sus hombres al tiempo que no hacía nada por aumentar su respeto por las normas de las FDI, que su propio comandante estaba superando.[18] Lo que finalmente convenció al Estado Mayor para que reprimiera sus dudas y acogiera a la unidad de Arnan fue el Rotem Afair, que estalló el 20 de febrero de 1960. Las FDI se vieron totalmente sorprendidas por la repentina entrada de una división blindada egipcia y tres brigadas de infantería en el Sinaí. Fue un cambio brusco, inherentemente muy peligroso, en el equilibrio de poder militar en el frente más importante de Israel, que los servicios de inteligencia no habían podido predecir a pesar de todos los preparativos que debió requerir la entrada y que ni siquiera controló en tiempo real. (Para entonces, el ejército egipcio estaba recibiendo un sólido entrenamiento soviético sobre cómo mover grandes fuerzas blindadas de forma sigilosa mediante preparativos detallados seguidos de salidas muy rápidas). Sólo cuatro días después de que las columnas blindadas egipcias llegaran a Jebel Libni, en el eje central del Sinaí que conduce a las líneas israelíes, el cuartel general se enteró, y eso por mera casualidad: una fuerza de dos divisiones había penetrado para enfrentarse a la frontera israelí del Néguev antes de que las FDI pudieran movilizar sus fuerzas de reserva para contenerlas.

Como sucedió, las fuerzas egipcias recién llegadas se retiraron sin incidentes, pero el impacto en los generales de las FDI fue inmediato y duradero, validando el argumento más fuerte de Arnan para su unidad.[19] Las cosas cambiaron para mejor bajo un nuevo jefe del Cuerpo de Inteligencia de las FDI nombrado en 1962, el MG Meir Amit, que confiaba cada vez más en la unidad para reunir información de inteligencia, al principio sólo cerca de las fronteras de Israel, pero más tarde también en lo más profundo del territorio enemigo.[20] A medida que aumentaban sus éxitos, Arnan organizaba fiestas para su unidad a las que también eran invitados los oficiales superiores, incluido su comandante en jefe, Amit.[21]

Como las penetraciones a larga distancia de la unidad aumentaron tanto en frecuencia como en profundidad, alcanzando puntos muy alejados del territorio israelí, Arnan se puso en contacto con Uri Yarom, el comandante del primer escuadrón de helicópteros de las FDI, la Unidad 124.[22] En aquel momento, los helicópteros eran considerados marginales por los pilotos de caza a cargo de la fuerza aérea, porque no tenían un papel de combate definido, sólo misiones de rescate y cosas así.[23] No fue hasta 1956 cuando se compraron dos Sikorsky S-55 a Estados Unidos, a pesar de la oposición de los pilotos de caza, que hubieran preferido comprar un Mirage más; llegaron a las fuerzas aéreas unos meses antes de la campaña del Sinaí de 1956.[24] En su autobiografía, Yarom escribió que a las fuerzas aéreas no les gustaban los helicópteros porque los veían igual que a los camellos, sólo útiles para trasladar personas, pero camellos cuyo mantenimiento era especialmente caro.[25]

En cuanto a los oficiales de tierra, preferían con mucho los transportes de ala fija (como los eternos DC-3/Dakotas), que podían lanzar paracaidistas en cantidades mucho mayores, mucho más lejos, bastante más rápido y de forma mucho más barata. Pero Yarom veía el helicóptero como un caballo de Troya que podía unirse a la batalla dando vueltas para desembarcar tropas en la retaguardia enemiga menos defendida, incluso indefensa. Arnan quería encontrar una forma de enviar a sus hombres en misiones de penetración profunda a objetivos lejanos y volver a alcanzarlos, descartando el paracaidismo, y apostó por el helicóptero como solución. Inició un entrenamiento conjunto con la Unidad 124 de Yarom, que culminó en una serie de ejercicios que a su vez condujeron a la formulación de una doctrina de combate conjunta.[26]

En 1962 ya estaban en marcha ambiciosas misiones de penetración profunda, para las que los pilotos tenían que dominar nuevas habilidades como la navegación en noches completamente oscuras, el aterrizaje en terreno desconocido y la evasión de la detección por radar mediante vuelos ultralentos.[27] En 1963 y a principios de 1964, repetidas operaciones demostraron la madurez de sus capacidades: los hombres de Arnan fueron desembarcados por helicópteros en lo más profundo del territorio egipcio y recogidos de nuevo varias horas después, tras colocar dispositivos para intervenir las comunicaciones militares egipcias. Para entonces empezaba a estar claro que la combinación helicóptero-mando podía generar poderosas sinergias incluso en operaciones de combate a gran escala (como en la batalla de Abu Agheila de 1967, cuando las baterías de artillería egipcias fueron atacadas por paracaidistas transportados en helicóptero) esencialmente porque los helicópteros podían eludir la detección por radar volando muy bajo; su ruido, aunque fuerte en lo alto, en realidad no llegaba muy lejos. Con este *modus operandi*, los comandos reunieron mucha información sobre las bases aéreas árabes para la operación Moked al comienzo de la guerra de los Seis Días de 1967.

Arnan dejó el mando de su unidad en 1964 para servir en el Cuartel General de Inteligencia Militar, recibiendo el ascenso al rango de general de brigada, un rango muy alto en las FDI, carentes de estrellas.[28] Bajo su nombre formal Sayeret Matkal la unidad creada por Arnan continuó desempeñando su papel en asuntos de inteligencia, a menudo lejos de las fronteras de Israel, al tiempo que adquiría nuevas funciones, incluida la contrainsurgencia en respuesta al levantamiento posterior a 1967. Recibiría mucha más publicidad de la que deseaba tras la operación Isótopo, llevada a cabo a la vista de las cámaras de la prensa en el aeropuerto central de Israel (entonces Lod, ahora Ben-Gurion): el rescate de los noventa pasajeros y diez tripulantes del vuelo 571 de Sabena de Viena a Tel Aviv que fue secuestrado el 8 de mayo de 1972 por cuatro secuestradores que exigían la liberación de 315 prisioneros, amenazando con hacer explotar el avión. Sin entrenamiento específico para un rescate de este tipo, pero con el asesoramiento de antiguos miembros de la unidad convertidos en mariscales aéreos de los vuelos El Al (una innovación israelí ampliamente copiada), dieciséis hombres de Sayeret Matkal, entre ellos, el futuro primer ministro Benjamin Netanyahu, bajo el mando de otro futuro primer ministro, Ehud Barak, se acercaron con monos blancos de técnico, aparentemente para reparar el avión. Asaltaron el avión, confiando en sus excelentes habilidades con las pistolas, matando a dos secuestradores y capturando a los otros dos, con tres pasajeros heridos, incluida una que murió a causa de sus heridas (Netanyahu también recibió un disparo en el brazo de un miembro de la unidad).[29]

Mucho más espectacular fue otra acción de tipo comando, la operación Aviv Ne'urim («Primavera de la Juventud») del 9 y 10 de abril de 1973, el asesinato de tres jefes de la Organización para la Liberación de Palestina (OLP) en Beirut en represalia por la masacre de atletas israelíes en los Juegos Olímpicos de verano de Múnich de 1972, en la que estaban personalmente implicados Muhammad Youssef al-Najjar, de Septiembre Negro, responsable directo de la masacre; Kamal Adwan, jefe de operaciones, y Kamal Nasser, dirigente y portavoz de la OLP. Bajo las órdenes del comandante Ehud Barak, que se disfrazó de mujer para la ocasión (había practicado caminar totalmente disfrazado en Tel Aviv), los hombres de Sayeret Matkal llegaron en barco a una playa libanesa desde donde agentes del Mossad, en tres coches alquilados, los condujeron a los dos bloques de apartamentos de lujo adyacentes donde vivían los jefes de la OLP. Tres equipos irrumpieron en los apartamentos y mataron a los objetivos, mientras que otros tres dirigidos por Barak permanecieron fuera para luchar contra cualquier refuerzo de la OLP o de los gendarmes libaneses. Con sus disparos de gran precisión, Barak y sus hombres combatieron, matando a una docena antes de que todos regresaran a los coches que los llevaron a la playa para un viaje en lancha motora hasta las patrulleras que esperaban en tierra. El mismo día, catorce paracaidistas dirigidos por Amnon Lipkin-Shahak, futuro jefe del Estado Mayor, atacaron la sede en Beirut del Frente Popular para la Liberación de Palestina, enfrentándose a más de noventa militantes armados y perdiendo a dos de los suyos. Simultáneamente, otras instalaciones de Fatah en Líbano fueron atacadas por comandos navales.

Sin embargo, el punto culminante de la fama internacional de la unidad fue el rescate, el 4 de julio de 1976, de cien pasajeros y de los doce miembros de la tripulación de Air France que se habían ofrecido voluntarios para permanecer con ellos, retenidos por siete secuestradores y unos cien soldados ugandeses en una antigua terminal del aeropuerto de Entebbe. Dentro de una operación militar más amplia de un total de cien israelíes a las órdenes de un general de brigada, el rescate real en la terminal fue ejecutado por veintinueve miembros de la unidad a las órdenes de su comandante, Yonatan Netanyahu. Mataron a los secuestradores y a sus compinches ugandeses, con tres rehenes muertos en el fuego cruzado y diez heridos. Netanyahu fue el único combatiente israelí muerto.

La operación de Entebbe fue necesariamente pública y se dio a conocer en largometrajes y documentales, y el propio Netanyahu la conmemoró con un instituto en su nombre, pero la Sayeret Matkal nació y sigue siendo una unidad para operaciones secretas que nunca se revelan, y mucho menos se dan a conocer. Así, sólo por revelaciones fortuitas de otras partes se sabe algo de sus operaciones, como la penetración en 2017 en un cuartel general del Estado Islámico de Irak y el Levante (ISIS) que reveló el diseño de nuevas bombas portátiles que podían pasar la inspección de los aeropuertos. Sólo informes no confirmados relacionan a la unidad con las operaciones bastante espectaculares de Israel en Irán. En cambio, los fracasos de la unidad son bien conocidos, incluida una operación encubierta en Gaza en 2018 que desencadenó combates más amplios; antes de eso, un percance en una prueba de armamento con víctimas mortales, y, remontándonos más atrás, el trágico fracaso de un rescate de rehenes en suelo israelí. El 15 de mayo de 1974, tres hombres armados del Frente Democrático para la Liberación de Palestina atacaron una furgoneta, matando a dos mujeres árabes israelíes e hiriendo a una tercera, y luego entraron en un edificio de apartamentos en la ciudad de Ma'alot, en la frontera con Líbano, donde mataron a una pareja y a su hijo de cuatro años antes de entrar en la escuela local. Rápidamente en acción, un equipo de Sayeret Matkal intentó un rescate improvisado, pero veintidós niños murieron y otros más resultaron heridos. Ese fracaso dio lugar a la creación de una unidad policial especializada en situaciones con rehenes dentro del territorio israelí, la Yechida Mishtartit Meyuchedet («Unidad Especial de Policía»), conocida por su acrónimo hebreo Yamam, tripulada por profesionales de carrera de la Policía.

Frente a unos pocos fracasos, hubo muchos éxitos, y la creación de Arnan sigue siendo la principal unidad de comandos del país, que atrae sistemáticamente a los mejores y más brillantes, que son también los más aptos. Servir durante al menos cinco años, pero a menudo más, antes de iniciar estudios superiores, por no hablar de carreras civiles, no parece impedir el avance posterior: entre los veteranos de la unidad figuran tres primeros ministros y más ministros del gabinete, jefes del Mossad y del servicio de seguridad Shin Bet, y empresarios famosos, como Daniel Mark Lewin, el matemático cofundador de Akamai Technologies, muerto el 11 de septiembre de 2001 a bordo del vuelo 11 de American Airlines, según se dice la primera víctima del día, apuñalado por uno de los secuestradores probablemente mientras intentaba resistirse a ellos.

MOSHE BETZER Y LA UNIDAD 5101

Moshe Betzer, más conocido como Muki, adquirió una reputación legendaria dentro de la Sayeret Matkal, sobre todo por su jovial serenidad bajo una presión extrema. Ascendió a comandante adjunto antes de abandonar la unidad para establecer su propia unidad Sayeret 5101, Shaldag («Martín Pescador»), en honor al ave de caza con una vista excepcional. Tras la guerra de 1973, con sus grandes pérdidas a causa de los misiles tierra-aire soviéticos, las fuerzas aéreas buscaban urgentemente todas las soluciones posibles a la amenaza de los misiles, y Betzer tenía una propia: una unidad que llegara hasta lo más profundo de las líneas enemigas para atacar baterías de misiles, instalaciones de radar y cuarteles generales avanzados con sus propios misiles tácticos, además de las habituales armas ligeras.[30]

La reputación personal de Betzer lo dotaba de mayor autoridad que su rango de teniente coronel. Se le permitió hacerse cargo de una compañía de reservistas de Sayeret Matkal para crear su propia unidad especial a título experimental. Como Sharon y Arnan antes que él, pedía mucho, tomaba lo que recibía y esperaba oportunidades para conseguir más. En combate, Betzer había hecho maravillas con las armas ligeras ordinarias, pero para su Shaldag quería añadir nuevos misiles tácticos ligeros, designadores láser para las bombas de las fuerzas aéreas y cualquier otra cosa que la tecnología pudiera ofrecer —el comando con nervios de acero era también un experto en tecnología—. Eso no era un impedimento, pero el especialista tecnológico también quería convertirse en una especie de desarrollador de armas para equipar a su unidad con un nuevo misil, y para eso hacía falta dinero de verdad. La salvación vino de un soldado de infantería empedernido, el general de división Yekutiel «Kuti» Adam, jefe de la Subdivisión de Operaciones y más tarde subjefe del Estado Mayor, que apoyó a Betzer y consiguió la financiación inicial para su unidad y sus ideas sobre armas guiadas.[31] En 1976, tras dos años de duro trabajo, la unidad fue aprobada oficialmente por el teniente general Mordechai, jefe del Estado Mayor, después de que presenciara un simulacro de misil de nuevo tipo, pero seguía estando bajo el mando de Sayeret Matkal.

La oportunidad decisiva para Betzer llegó en febrero de 1977, cuando el coronel Yiftach Spector, as de caza con doce victorias, una mente muy original y de primera clase tanto en ciencia como en literatura, se convirtió en jefe de operaciones aéreas.[32] Defensor desde hacía mucho tiempo de una unidad de comandos dedicada a las fuerzas aéreas, en cuanto Spector oyó hablar del Shaldag quiso financiarlo, y las fuerzas aéreas tenían (y tienen) mucho más dinero per cápita que las fuerzas terrestres. Pero eso significaría una transferencia formal a las fuerzas aéreas, lo que se adaptaba bastante bien al concepto operativo de Betzer, pero no a su necesidad permanente de personal de reserva de Sayeret Matkal.

Spector no quería una unidad «verde» (fuerzas terrestres) bajo mando «azul» (fuerzas aéreas). Su primer diálogo con Betzer registra un encuentro entre dos mentalidades radicalmente diferentes que, sin embargo, encontraron un compromiso:

BETZER.— En lugar de una lucha inútil con todo el mando de las FDI, empecemos con un batallón de reserva de graduados de Matkal, para entrenarlos en misiones de operaciones especiales aéreas.

SPECTOR.— ¿Tenemos algún reservista de Matkal disponible?

BETZER.— Sí, los tenemos.

SPECTOR.— ¿Y quién será el fundador de la unidad?

BETZER.— Yo.

SPECTOR.— ¿Quién lo dirigirá?

BETZER.— Yo lo haré.

SPECTOR.— Tengo un problema con Matkal. Sus misiones se basan en una planificación larga y detallada. Se esfuerzan por alcanzar un alto grado de certidumbre y por ello se ocupan de cada pequeño detalle. [Pero las operaciones aéreas se lanzan en un momento]. Necesito soldados que puedan recibir una misión por la mañana, planificarla al mediodía y embarcar en los helicópteros para combatir esa noche.

BETZER.— Lo harán.

SPECTOR.— Los necesito siempre disponibles, bajo mi mando directo, tienen que llevar una boina azul [la boina de la FAI].

BETZER.— ¿Una boina azul? Todavía no. Lo haremos gradualmente. Primero los verdes se acostumbrarán a la idea y a su debido tiempo sucumbirán a ella. Lo haremos todo gradualmente, primero obtendremos la aprobación de [el jefe adjunto del Estado Mayor Rafael Eitan] Raful para la unidad como tal. Luego la alojaremos en una base aérea.[33]

Poco después, Betzer presentó su nueva idea del batallón a Eitan, siendo Spector el siguiente orador. Cuando Spector se entusiasmó —demasiado, evidentemente— con todo lo que podría hacer por las fuerzas aéreas, Eitan se negó, accediendo a separarlo del Cuerpo de Inteligencia pero sólo para ponerlo bajo la dependencia del Cuerpo de Infantería y Paracaidistas, cuyo hábil jefe, el general de brigada Uri Simchoni, ya conocía (y apoyaba activamente) el nuevo batallón. Betzer seguía temiendo que la separación del Sayeret Matkal perjudicara a su nuevo batallón, cuyo personal seguía estando compuesto exclusivamente por reservistas del Sayeret Matkal, pero Eitan le aseguró que todo el personal del Sayeret Matkal de todos los rangos sería asignado a su unidad en cuanto cada uno dejara el servicio activo.

Eitan cumplió su promesa y la amplió al permitir que el nuevo batallón compitiera también por los reclutas del servicio regular, transformando así al Shaldag de una fuerza de reserva en una unidad de servicio activo.[34] Eso puso al Shaldag en la dura competencia por reclutar a los mejores de los más brillantes entre los reclutas. De nuevo, Eitan echó una mano: tras hablar con su hijo Yoram, instructor de vuelo, dio instrucciones a las fuerzas aéreas para que enviaran a todos los cadetes despedidos del curso de piloto a ser entrevistados por Betzer.

El primer curso de adiestramiento de Betzer era similar al de Sayeret Matkal, incluso en su duración extra de veintidós meses y su énfasis en la navegación autónoma, pero el curso pronto empezó a desviarse porque se invitaba a los reclutas a aportar sus propias ideas sobre los métodos de adiestramiento, las tácticas y los entrenamientos obligatorios. A partir de 2021, el itinerario de entrenamiento del Shaldag duró un año y ocho meses, mientras que la obligación de servicio extra, además de los treinta y dos meses de servicio obligatorio, ascendió a sesenta y cuatro meses, alcanzando en total los ocho años, incluyendo el tiempo durante el cual todos los miembros pasarían también por la Escuela de Oficiales y estudiarían para completar una carrera universitaria.

Al final de cada ejercicio se pedía a los soldados que aportaran sus sugerencias; si estaban relacionadas con el equipamiento, la Sección de Desarrollo de Armas y Equipamiento de la propia unidad, una preocupación particular de Betzer, se esforzaba por conseguir productos de trabajo que satisficieran la necesidad. Los desarrolladores eran civiles en situación de reserva, pero, al encontrar sus tareas muy apasionantes, la mayoría sirvió durante unos cincuenta días en lugar de los treinta obligatorios, con los comandantes, tanto oficiales como suboficiales superiores, haciendo hasta ochenta días.

Betzer siguió el ejemplo de Arnan y se aseguró de que el jefe del Estado Mayor, junto con algunos de sus oficiales, estuvieran presentes cuando estuviera listo para demostrar la última incorporación de la unidad a sus capacidades, a menudo obtenida combinando algún equipo nuevo de fabricación casera con tácticas hechas a medida para cumplir una tarea operativa prioritaria. Era una forma de poner al día al Estado Mayor y de obtener financiación para el progreso del Shaldag.[35] Aunque se llamaba Batallón para Tareas de la Fuerza Aérea, la unidad siguió formando parte oficialmente de las fuerzas terrestres durante mucho tiempo, hasta que su quinto comandante decidió que elevaría el estatus del Shaldag para que fuera la unidad de comandos de la FAI, igual que Sayeret Matkal lo era para el Ejército de Tierra y Shayetet 13 lo era para la Marina. Se salió con la suya a mediados de la década de 1980.[36]

En comparación con el Shayetet 13 de la Marina y el Sayeret Matkal, con sus célebres espectáculos, el Shaldag ha tenido muy poca exposición pública y sus veteranos no han escrito libros ni artículos ni concedido entrevistas. Aparte de un exitoso asalto a un cuartel general operativo en el contexto vivo del contraataque israelí contra Hezbolá que comenzó el 11 de abril de 1996, la acción más conocida del Shaldag fue su papel a gran escala en la operación Salomón del 24 de mayo de 1999, cuando cientos de regulares del Shaldag y reservistas retirados volaron a Addis Abeba para evacuar a los judíos en peligro por la sangrienta guerra civil en curso.[37] En treinta y seis horas, con el Shaldag protegiendo todo el aeropuerto, sus accesos por carretera y las operaciones de vuelo, los transbordadores aéreos evacuaron a más de 14.000 judíos de Etiopía a Israel.[38] Otra operación conocida tuvo lugar durante la segunda guerra del Líbano de 2006, cuando unos 200 comandos del Shaldag y Sayeret Matkal se adentraron en el territorio de Hezbolá para llegar a Baalbek para la operación Sharp and Smooth en la noche del 1 de agosto.[39] Sus objetivos eran grandes depósitos de armas descubiertos por la inteligencia israelí. Diecinueve combatientes de Hezbolá resultaron muertos, sin que se conozcan víctimas israelíes.

Mientras que la operación de Baalbek sigue envuelta en la oscuridad, la destrucción el 6 de septiembre de 2007 del complejo del reactor nuclear suministrado por Corea del Norte en Al Kibar (también conocido como Dair Alzour), en la región siria de Deir ez-Zor, por parte de las fuerzas F-16 y F-15 israelíes está bien documentada. Lo que permanece oscuro es el papel del Shaldag, porque los informes de prensa al respecto se refieren al uso de designadores láser por parte de sus hombres para guiar los misiles lanzados desde el aire hacia sus objetivos —una técnica obsoleta—, mientras que otros se refieren a la «evaluación de daños», sin duda importante para determinar si era necesario un ataque de seguimiento, pero difícilmente se realizaría en tierra, dada la disponibilidad de fotografía aérea multiespectral.[40] A pesar del secretismo, está claro que el sueño de Betzer de un batallón de comandos diferente pero igualmente eficaz para complementar el Sayeret Matkal se ha cumplido. Es notable que después de tantos años cada unidad siga conservando la impronta del fundador, con la unidad del oficial de inteligencia Arnan todavía centrada en nuevas e ingeniosas formas de recopilar información, mientras que la unidad del técnico Betzer sigue siendo la que utiliza nuevas armas de nuevas formas, e incluso nuevos conceptos de armas, sobre todo para llevar a cabo operaciones a gran distancia de Israel.

XIV.
EL CUERPO BLINDADO. DISCIPLINA E IMPROVISACIÓN TECNOLÓGICA

Mientras que la infantería, con sus unidades de élite, así como la fuerza aérea hicieron la mayor parte de los combates entre guerras reales, fueron las fuerzas blindadas las que dominaron las guerras de Israel desde la campaña del Sinaí de 1956 hasta la guerra de junio de 1967, la guerra de octubre de 1973 y, finalmente, la guerra del Líbano de 1982, la primera y hasta ahora única vez en la que las FDI alinearon más de mil carros de combate bajo un comandante a nivel de cuerpo, el MG Avigdor Ben-Gal. Sin embargo, desde su creación en 1948 hasta después de la guerra de 1967, las fuerzas acorazadas israelíes tuvieron que conformarse con piezas de segunda mano. Incluso después de que empezara a recibir los tanques M60A1 Patton de último modelo comprados a Estados Unidos, no podía permitirse sustituir todos los modelos antiguos. Así que comprar chatarra o material de segunda mano, reacondicionarlo y mejorarlo se convirtió en una forma de vida.

Al comienzo, en 1948, las recientes batallas de tanques de la Segunda Guerra Mundial acababan de definir a las fuerzas blindadas como vencedoras decisivas de la guerra. Eran malas noticias para los israelíes: el ejército egipcio que invadía desde el sur disponía de unos formidables carros de combate Sherman; la Legión Árabe que avanzaba hacia el oeste contaba con blindados

MarmonHerrington Mark IV y Daimler, bastante modestos pero con cañones de dos libras (40 mm); los sirios tenían carros ligeros Renault 35 con cañones de 37 mm, e incluso el variopinto Ejército Árabe de Liberación se dirigía desde Siria con algunos blindados Canadian Otter. Mientras tanto, las FDI no disponían al principio de vehículos blindados propiamente dichos, sólo de camiones civiles parcialmente protegidos con placas de acero atornilladas sin torretas de armamento, y muy pocas armas antitanque.

Eso no disuadió al oficial de mayor rango de las FDI, Yitzhak Sadeh (nacido Izaak Landoberg), un veterano condecorado del Ejército Imperial Ruso y antiguo comandante del Palmaj, de establecer la 8.ª Brigada Blindada. En lugar de los tres batallones con el centenar de carros de combate de una brigada normal, la creación de Sadeh sólo contaba con dos batallones: el 89.º, equipado en su mayoría con *jeeps* abiertos equipados con ametralladoras (el comandante Moshe Dayan planeaba conducir rápido en lugar de blindados), y el muy ambicioso 82.º Batallón de Tanques, que realmente no podía existir sin al menos algunos tanques reales. Dado el estricto embargo de armas angloamericano que interceptaba hasta los revólveres con mango de perla de los jugadores, no había posibilidad de importar ninguno de los miles de tanques que había en los depósitos de excedentes de guerra de Europa. En su lugar, se inició una búsqueda desesperada de cualquier vehículo blindado.

La primera adquisición fue un único blindado GMC con un cañón de 37 mm robado de una base de las tropas británicas en evacuación. Estaba entero y venía con su carga de munición, a diferencia del botín que dejó atrás el ejército en rápida evacuación: extraños blindados de distintos tipos, sin motor u oxidados, o ambas cosas, con cañones inoperativos y muchas piezas que faltaban.[1] Sin embargo, también ellos se convirtieron en los poco prometedores objetos de la búsqueda del tesoro en marcha para equipar al 82.º Batallón de Tanques, que consiguió encontrar diez tanques franceses Hotchkiss H-39 muy viejos y muy poco blindados con enclenques cañones de 37 mm, dos tanques medios británicos Cromwell en buen estado —robados por dos intrépidos soldados británicos que simpatizaban con los judíos— y un único

M.4 Sherman reconstruido.[2] En Italia, no menos de treinta y dos Sherman modificados y armados con obuses de 105 mm fueron encontrados abandonados como restos y llevados de contrabando a Israel como «tractores», pero no se pudo hacer mucho con ellos. Con unos escasos trece tanques, diez de ellos ligeros, la 8.ª Brigada Blindada nunca pudo lograr el efecto de choque del «puño de correo» de una fuerza blindada adecuada, sobre todo porque era imposible mantener los tanques en funcionamiento durante tanto tiempo como uno o dos días antes de que se produjeran averías importantes. Los tripulantes entrenados en ejércitos diferentes con poco hebreo compartido no ayudaban a mantener los vehículos en funcionamiento.[3]

No obstante, hubo éxitos modestos que indujeron a las FDI a establecer otra brigada igualmente nominal, la 7.ª Brigada Blindada. Ésta adquiriría gran fama tras un modesto comienzo como fuerza sin tanque equipada con camiones blindados semioruga M.3, un peculiar híbrido con ruedas en la parte delantera para la dirección y *bogies* de oruga en la trasera. El Ejército estadounidense mandó construir 53.000 de esos curiosos vehículos para abastecer rápidamente a sus fuerzas mecanizadas con algo de tracción, aunque sólo sea parcialmente, y blindados, aunque sólo sea contra el fuego de armas pequeñas, sin protección en la parte superior.

Las FDI crecieron muy rápidamente en medio de las presiones extremas de su primera guerra, y a finales de 1948 ya dominaban el arte de la guerra móvil con columnas de camiones y *jeeps* que superaban a los enemigos que se movían más lentamente, y sólo necesitaban unos cuantos carros blindados o semiorugas en el frente para abrirse paso a través de los bloqueos de carreteras y los enredos de alambre de espino. Todo fue muy duro, pero funcionó lo suficientemente bien como para hacer retroceder a los egipcios hasta la frontera internacional y más allá en el Sinaí, para impedir que la Legión Árabe siguiera avanzando, para hacer retroceder a los sirios hasta la frontera internacional y para persuadir al ejército iraquí de que regresara a casa. Lo único que no se logró fue el desarrollo de un cuadro de oficiales y sargentos adecuadamente profesionales capaces de entrenar a las tripulaciones de vehículos blindados para manejarlos con seguridad y mantenerlos en funcionamiento con mantenimiento sobre el terreno según fuera necesario, y de ejecutar tácticas bien entrenadas al mando para permitir la coordinación de la batalla sobre la marcha.

Así pues, una vez finalizada la guerra en 1949, el incipiente Cuerpo Blindado de las FDI, que contaba con unos pocos oficiales en unas cuantas cabañas, empezó de cero intentando formar a los tripulantes de blindados individualmente, y luego como parte de sus equipos de vehículos, progresando a pelotones de tres vehículos, compañías de nueve vehículos y luego batallones, principalmente mediante el uso de manuales de campo del Ejército estadounidense, cuya gran ventaja radicaba en sus amplias ilustraciones, de gran ayuda para muchos que no sabían inglés. Los artilleros de tanques fueron instruidos por inmigrantes que habían servido en unidades de artillería y estaban familiarizados con los cañones antitanque de trayectoria plana y alta velocidad que funcionaban igual que los cañones de los tanques, pero en realidad no se podían practicar las maniobras porque rara vez había suficientes vehículos blindados en orden de marcha. Además, algunos oficiales visitaron la augusta École de Cavalerie de Saumur, Francia, donde la formación de caballería había dado paso a la de blindados, y aprendieron a combinar infantería en camiones, o mejor en semiorugas con varios tanques, para formar un Sous Groupement Blindée, la forma que tenían las tropas francesas de llegar a fuerzas de tarea combinadas de infantería y blindados.[4]

Los jóvenes oficiales del Cuerpo Blindado estaban ansiosos por aprender, y aprendieron, por ensayo y error, en el camino de dos décadas de ascenso profesional que condujo a las consumadas fuerzas blindadas que ganaron la guerra de 1967 junto con la fuerza aérea, superando a números superiores con un entrenamiento superior a todos los niveles. Luego se fue descubriendo que la extrema escasez de equipamiento de los primeros años había dejado un precioso legado: en lugar de habituarse a esperar pasivamente la llegada de nuevos tanques y de todo el resto del equipo en perfecto estado de funcionamiento, con manuales de instrucciones y piezas de recambio, el Cuerpo de Artillería y los oficiales de blindaje de las FDI, con sus ingenieros, técnicos y obreros, tuvieron que hacerlo todo ellos solos. Una vez que cesaron los combates y dejó de ser imperativo enviar a la acción cualquier cosa que se pareciera a un vehículo blindado, el Cuerpo de Artillería aprendió gradualmente a reparar, reacondicionar y volver a montar lotes extraños de viejos tanques y otros vehículos blindados vendidos como chatarra o excedentes para obtener lotes homogéneos de vehículos funcionales. Con todo este duro trabajo llegó una ventaja: mientras que ejércitos mucho más ricos se quedaban atascados con cualquier modelo que tuvieran, sin cambios ni mejoras hasta que llegara el siguiente modelo quizás veinte años más tarde, las FDI, limitadas como estaban por los persistentes embargos de armas y la simple pobreza, no estaban constreñidas por los lentos calendarios de los fabricantes, sino que eran libres de introducir mejoras en cuanto estaban disponibles. Sin una capacidad técnica improvisada, incluso creativa, no habría habido una clamorosa victoria de los blindados en junio de 1967, sencillamente porque las FDI no tenían ni un solo carro de combate nuevo en su inventario: todos eran tanques de segunda mano rehabilitados localmente. Estados Unidos produjo tanques M48 y M60 Patton en las décadas de 1950 y 1960, pero se negó a venderlos a Israel, ya que persistía el embargo impuesto por primera vez en 1947.

Aunque se habló mucho del dinero judío y de los *lobbies* judíos, el *lobby* arabista de las compañías petrolíferas y del Departamento de Estado era mucho más fuerte: el embargo estadounidense sobre las ventas de tanques a Israel continuó sin cambios incluso después de que en 1955 comenzaran los envíos de grandes tanques soviéticos a las bases de los Ejércitos egipcio, sirio e iraquí, que durante la década de 1960 recibieron cientos de tanques soviéticos T-54B y T-55 que llegaron completamente nuevos, con todas las piezas de repuesto necesarias, junto con equipos de técnicos e instructores para entrenar tanto a los combatientes como a los encargados de su mantenimiento. Sin embargo, los Patton llegaron a las FDI porque el Ejército de Alemania Occidental estaba adquiriendo nuevos tanques Leopard, lo que dejaba obsoletos a sus viejos Patton M48A1 con motores de gasolina y cañones de 90 mm. Con el acuerdo de EE. UU., se iban a vender 150 A1 y A2 a Israel. Pero sólo llegaron 40 antes de que los alemanes cancelaran la venta bajo la presión árabe. Sólo entonces cedió Estados Unidos, dados todos los tanques soviéticos que llegaban a Oriente Próximo, y aceptó suministrar los 110 M48A1 que faltaban a las FDI y añadir otros 100 tanques M48A2. Israel planeaba mejorar drásticamente los 250 tanques, sustituyendo sus motores de gasolina por diésel más seguros, potentes y económicos en combustible, y dotándolos del cañón de 105 mm. Sin embargo, cuando comenzó la guerra de junio de 1967 el proyecto apenas había comenzado, por lo que las FDI sólo disponían de un puñado de las versiones mejoradas y lucharon con los viejos.[5] Pero el mayor problema de los Patton de las FDI era que simplemente eran demasiado pocos: 250 tanques formaban una fuerza imponente, pero los ejércitos árabes combinados tenían muchos más tanques.

Los británicos también produjeron carros de combate; a diferencia de Estados Unidos, aceptaron vender unos pocos carros de segunda mano desde principios de los años 50 y luego más, alcanzando finalmente un total de unos 250 en el momento de la guerra de junio de 1967, con más entregados posteriormente o adquiridos de otros ejércitos por compra o captura para un gran total de 660 en 1970.[6] Pero el Centurion a la venta era un diseño de la Segunda Guerra Mundial. Venía con cañones de 84 mm de 20 libras muy inferiores a los entonces estándar de 105 mm de alta velocidad, y con motores Rolls-Royce Meteor de tipo aviación que llevaban incorporado el peligro del combustible de gasolina. Por otro lado, el blindaje del Centurion era muy bueno, al igual que su estabilización cañón-torreta, que mejoraba la precisión al disparar en movimiento; de ahí que mereciera ser adquirido por las FDI.

Los oficiales de artillería y los manitas del depósito de blindaje se dispusieron debidamente a sustituir los obsoletos cañones de veinte libras por cañones de 105 mm de alta velocidad de producción local basados en el diseño británico ROF L7 ganador que se convirtió en un estándar mundial, y a modificar los anillos de la cúpula de la torreta para alojar una ametralladora de 12,7 mm del calibre 50 (en teoría, contra aviones; en la práctica, contra vehículos ligeros). Pero los motores sólo pudieron sustituirse por diésel más tarde: los motores diésel suficientemente potentes para mover tanques de cincuenta toneladas eran demasiado caros. Modernizar cientos de tanques lleva tiempo: todos los Centurion empleados en 1967 y 1973 ya tenían los cañones de 105 mm, pero sustituir los motores llevó hasta mediados de la década de 1970.

Lo único que no se añadió a los carros Centurion de las FDI fue un dispositivo de visión nocturna, una omisión que fácilmente podría haber tenido consecuencias estratégicas en la noche del 6 de octubre de 1973, ya que las unidades blindadas sirias explotaron los dispositivos de visión nocturna por infrarrojos para seguir atacando en los Altos del Golán por la noche mientras los israelíes, dependientes de los proyectiles de iluminación disparados por la artillería y los proyectores de luz blanca, estaban en desventaja técnica y táctica.[7] Suponiendo que no se produciría otra guerra hasta dentro de muchos años, las FDI habían decidido no malgastar dinero en los dispositivos de visión nocturna por infrarrojos existentes, que, aunque eran mejores que nada, tenían una capacidad limitada, y esperar a la próxima tecnología de mejora de la luz estelar, mucho mejor.

Con unos 250 tanques Patton y 293 Centurion operativos en el momento de la guerra de junio de 1967, los blindados de las FDI (y, por tanto, todas las fuerzas terrestres) lo habrían tenido muy difícil contra los ejércitos egipcio y sirio profusamente equipados con tanques soviéticos. Cuando comenzó la guerra el 5 de junio, sólo el ejército egipcio tenía más de 900 tanques desplegados en vanguardia en el Sinaí, con más en reserva en Egipto. Además, cuando la guerra terminó, sólo seis días después, las FDI también tenían que luchar contra los jordanos, que contaban con 200 Patton M48 (A1 no mejorados) y 44 Centurion, así como contra los sirios, que tenían unos 300 tanques soviéticos (y algunos Panzer IV alemanes de la Segunda Guerra Mundial excavados que se utilizaron para bombardear Galilea). Incluso los iraquíes enviaron una división de infantería con 100 tanques a la frontera jordana.

En realidad, los blindados de las FDI no estaban tan maltrechos en 1967, porque su experiencia duramente adquirida en la conversión de viejos tanques, incluso los que carecían de motores, cañones, torretas o eran inoperativos, en vehículos de combate completamente funcionales se aplicó más plenamente a los viejos tanques M4 Sherman de fabricación estadounidense, cuyo blindaje y cañones nuevos readaptados podían ser casi adecuados en combate, con un entrenamiento superior y tácticas superiores. Pero su principal virtud para las embargadas y pobres FDI era que el Sherman se había fabricado en tal abundancia (49.234 de febrero de 1942 a julio de 1945) y distribuido tan ampliamente que ningún embargo podía negar un número amplio a las FDI. De hecho, algunos Sherman de las FDI se importaron de Francia en buen estado, incluso con cañones mejorados; otros se importaron de desguaces de todo el mundo, incluidas las Filipinas; pero el mayor número se había vendido a precios de chatarra cuando los Ejércitos europeos de la OTAN recibieron sus nuevos Patton del programa de asistencia militar estadounidense.

A partir de todas esas fuentes, los artificieros y chapuceros de tanques del Cuerpo de Artillería suministraron a las FDI diferentes lotes de tanques que funcionaban correctamente, cada uno de ellos entregado en cantidades lo suficientemente grandes como para que fuera posible mantener los tanques en buen estado de funcionamiento y entrenar a las tripulaciones de forma razonablemente eficiente. Una estandarización a gran escala de todos los Sherman habría sido imposiblemente cara porque las FDI tenían algunos de cada tipo existente: Sherman M1 con cañones de 76 mm; Super Sherman M1 con cañones de 76 mm y suspensión HVSS (sistema de muelle de voluta horizontal) mejorada; Sherman M3 con los cañones estadounidenses originales de 75 mm; Sherman M4 con un obús de 105 mm, algunos cientos de los cuales habían sido mejorados en Israel para convertirse en Sherman M50 con cañones de 75 mm tomados de los tanques ligeros franceses AMX 13; Sherman M50 Cummings con motores diésel, y, por último, Sherman M51 con una versión más corta del cañón francés de 105 mm (F1).

En la guerra de 1967, los aproximadamente 500 Patton y Centurion se complementaron con 360 Sherman M-50/M-51 mejorados y 145 Sherman de modelos más antiguos.[8] En 1967 las FDI también emplearon 160 tanques franceses AMX-13. Rápidos, pero muy ligeramente blindados, se compraron originalmente en 1956 porque eran el único tanque nuevo que alguien estaba dispuesto a vender a Israel. En 1967 se mostraron incapaces de enfrentarse a los tanques soviéticos más pesados utilizados por los egipcios y las FDI se deshicieron de ellos rápidamente después de esa guerra. Cientos de los Sherman mejorados combatirían con éxito en la guerra de 1973 contra los T55 sirios y los T62 egipcios. Las FDI no los sustituyeron todos hasta la década de 1970, cuando por fin consiguieron suficientes tanques Centurion y Patton.

La mentalidad de improvisación dio realmente sus frutos con la producción de vehículos autopropulsados de artillería y de ingeniería de combate, que, sin duda, eran esenciales pero que las FDI no podían permitirse comprar de nueva producción, si es que existían. Las FDI sí diseñaron y produjeron nuevos tipos de vehículos blindados de combate que se basaban en el blindaje y la propulsión del cada vez más antiguo pero persistentemente útil chasis Sherman.[9]

Durante la guerra de 1967 las FDI pudieron ampliar el rebaño, por así decirlo, con la captura de 30 de los 44 tanques Centurion de Jordania y 100 de sus 200 M48 Patton, pero el botín mucho mayor fueron los T-54 y T-55 soviéticos capturados al ejército egipcio. Inicialmente, muchos de ellos se utilizaron sin más como los T-54 no modificados Tiran 1 y los T-55 no modificados Tiran 2. Sin embargo, en 1973 se les mejoró con cañones de 105 mm idénticos a los de los Centurion y los M60 Patton, ametralladoras Browning del calibre 30 montadas en pivotes y con cajas de estiba adicionales para cambiar su forma y reducir los incidentes de fratricidio. A finales de los años 70 y en los 80 se mejoraron de nuevo con blindaje reactivo y sistemas informatizados de control de tiro. Después de que las FDI decidieran dejar de utilizarlos como tanques, a un par de centenares se les retiraron las torretas y se modificaron drásticamente los cascos para convertirlos en transportes pesados de tropas Achzarit con blindaje pasivo adicional de tecnología Merkava.

La guerra de 1967 puso fin al embargo absoluto de armas estadounidenses, aunque cada compra todavía tenía que ser aprobada o denegada individualmente. Las FDI compraron debidamente 150 nuevos tanques M60A1 en 1971, con otros M60 y M60A1 comprados posteriormente, y todos esos Patton fueron muy necesarios en la guerra de 1973. Pero también sufrieron cambios locales, incluida la sustitución de la cúpula del comandante original por un diseño local y otros cambios menores. Después de la guerra de 1973 se comprarían cientos más a medida que las FDI y los ejércitos árabes llevaban a cabo una carrera armamentística. A partir de la década de 1980, todos ellos sufrirían actualizaciones masivas: motores nuevos y más potentes, controles de fuego informatizados, blindajes masivos y nuevas orugas de acero —las dos últimas, adaptadas de la tecnología del Merkava israelí—. También se adquirieron tanques Centurion de segunda mano en gran número después de la guerra de 1973 y modernizados de forma similar, excepto por el blindaje adicional, que no podían llevar, y en la década de 1990 fueron retirados gradualmente del servicio.

Mientras tanto, en 1969, el «Sr. Tanque» de las FDI —MG Israel Tal, que había sido el líder de las FDI en el codesarrollo Israel-Reino Unido del tanque Chieftain que los británicos se negaron fraudulentamente a entregar— reaccionó a la traición británica persuadiendo a sus superiores tanto civiles como militares para que iniciaran el desarrollo de un tanque israelí, el Merkava («Carro»). Eso había sido posible gracias a la experiencia acumulada en ingeniería durante dos décadas de trabajo en la conversión de vehículos blindados fabricados por otros, con una creciente destreza en el trabajo del metal y el diseño, así como una profunda experiencia en la producción de blindajes compuestos. Lo que fue único en el desarrollo del Merkava fue el liderazgo absoluto del diseño por parte de un solo hombre, el veterano oficial de blindaje Tal, convirtiéndolo muy probablemente en el único gran sistema de armas conceptualizado, diseñado y desarrollado bajo el control de un individuo y no de un comité o, como es más común, de múltiples comités. En el proceso, el Merkava incorporó opciones drásticas que ningún comité podría haber aceptado. Pero las elecciones de Tal fueron aceptadas por colegas y superiores por todo lo que había hecho antes incluso de proponer que las FDI diseñaran y construyeran su propio y diferente carro de combate.

LA REVOLUCIÓN DE TAL: DISCIPLINA, ARTILLERÍA E INICIATIVA

Israel Tal, como otros oficiales de las FDI de su generación, comenzó su carrera a los diecisiete años como voluntario del Ejército británico durante la Segunda Guerra Mundial. Cuando regresó en 1945, completó el curso de «oficiales clandestinos» de la Haganah antes de que comenzara la guerra de la Independencia, comandando unidades de infantería antes de convertirse en oficial de blindados, ascendiendo después rápidamente hasta llegar a ser jefe del Cuerpo de Blindados el 1 de noviembre de 1964.

Dos días después, se enviaron tanques de las FDI para enfrentarse a los sirios en el norte. Al controlar el terreno elevado del Golán, los sirios podían disparar sobre las obras del Acueducto Nacional desde dos posiciones dominantes, una justo al norte de Tel Dan, en la esquina noreste del territorio israelí, y la otra en el terreno elevado de Tel Azzaziat que dominaba el valle. La 7.ª Brigada Blindada de las fuerzas permanentes que entrenaron a los reclutas envió una compañía de tanques Centurion para acallar el fuego sirio. Pero tras disparar unas 200 rondas no habían infligido ningún daño significativo. Algunos oficiales culparon a los Centurion recién adquiridos, pero Tal realizó su propio análisis posterior a la acción y descubrió que los tanques de las FDI se habían colocado demasiado cerca unos de otros, utilizaron el tipo de munición equivocado y apuntaron mal los cañones.

Tal demostró personalmente su método preferido durante el siguiente enfrentamiento, en el que su propio Centurion destruyó dos tanques sirios. En los meses siguientes, sus tripulaciones siguieron mejorando su artillería, alcanzando tanques sirios y equipos de desviación de agua, primero a distancias de dos kilómetros, un alcance decente para las operaciones de blindaje pero lejos de ser excepcional para la artillería estática. Pero, cuando los sirios se replegaron a una distancia de seis kilómetros —una distancia raramente alcanzada en combate—, las tripulaciones de Tal consiguieron más impactos y siguieron haciéndolo, tras otra retirada siria en Korazim, el 12 de agosto de 1965, a la entonces asombrosa distancia de once kilómetros con fuego indirecto parabólico apuntado con telescopios externos. Con ello, Tal acalló a los críticos del cañón L7 de 105 mm del Centurion, ganándose la reputación de ser uno de los mejores artilleros del cuerpo que mandaba, al tiempo que ejemplificaba su liderazgo en el frente de batalla al manejar personalmente uno de los cañones.

Tal se convirtió en un experto en blindados que alcanzaría una reputación mundial empezando por lo más básico de lo básico: ya era coronel cuando fue nombrado jefe del Cuerpo Blindado, y se puso a trabajar como mecánico en los cobertizos de reparación de tanques para familiarizarse con todos los aspectos del mantenimiento y la reparación de los cinco tanques diferentes en servicio.[10] Cuando el Cuerpo Blindado se expandió después de 1956, sufrió un descenso de la calidad, con un aumento de las averías mecánicas causadas por la falta de disciplina en las tareas técnicas de mantenimiento. Ese fue el enemigo que Tal se propuso vencer con una campaña de disciplina integral que definió reglas minuciosas e inflexibles para el funcionamiento y el mantenimiento de los tanques. Relacionó la informalidad y la fácil camaradería del Ejército con la falta de disciplina técnica en su cuerpo. Pero en lugar de aceptar la falta de disciplina como un hecho inmutable de la vida israelí, Tal montó una verdadera campaña para introducir en el Cuerpo Blindado una disciplina formal en la vestimenta (desconocida en las FDI), el saludo y la instrucción. Además, Tal insistió en que las botas estuvieran correctamente atadas y que los uniformes de los oficiales tuvieran la parte superior e inferior a juego. En otras palabras, quería que sus oficiales y hombres blindados tuvieran un aspecto de soldados no demasiado descuidados, en contraposición a las bandas de partisanos de pelo salvaje que aún marcaban la pauta en el resto de las fuerzas terrestres de las FDI.

Las ideas de Tal fueron aceptadas porque colegas, superiores y, cada vez más, subordinados se dieron cuenta de que derivaban de un enfoque filosófico más profundo. Esto comenzó con el cálculo de que el entorno de Israel era un país ideal para los tanques, por lo que el tanque podría convertirse en el brazo decisivo y ganador de la guerra de las FDI si lograba la efectividad requerida.[11] Para ello, sin embargo, las tripulaciones de los tanques y los encargados de su mantenimiento tenían que diferenciarse de la desordenada infantería, para convertir al Cuerpo Blindado en una fuerza disciplinada fiable como condición previa de la competencia técnica, especialmente dada la gran variedad de modelos de tanques que las FDI tenían que reunir, mantener y utilizar de forma efectiva.

Los carros de combate son a la vez complicados y frágiles, por lo que mucho depende del manejo adecuado por parte de sus tripulaciones, que deben tener serias habilidades mecánicas. De ahí que, en la mayoría de los ejércitos, las tripulaciones de los carros de combate sean profesionales de carrera, aunque la infantería siga recurriendo a los reclutas. Pero las fuerzas de tanques de las FDI tenían que ser reclutas o reservistas, así que la solución de Tal fue instituir un alto grado de especialización dentro de su cuerpo e imponer un estricto control disciplinario sobre cada rutina operativa. Significaba que, de forma única en las FDI, el método no consistía en estudiar y comprender lo que se necesitaba desde la base, sino en seguir estrictamente los procedimientos de trabajo establecidos. Como eso iba directamente en contra del culto a la adaptabilidad y la originalidad de las FDI, los métodos, las órdenes rígidas y las restricciones de Tal provocaron tensiones dentro del Ejército y también fuera de él, ya que los reservistas se quejaron.

Pero Tal prevaleció porque todo el mundo podía ver que la disciplina técnica mejoraba con la disciplina formal: las tripulaciones de los tanques reparaban los defectos de forma fiable, en lugar de improvisar soluciones a golpe de acierto o error; los tanques estaban estrictamente bien mantenidos, y los equipos que solían averiarse con frecuencia se manejaban con éxito siguiendo instrucciones precisas. Con un éxito tan visible, Tal se hizo con un cuadro de oficiales de ideas afines; con su apoyo introdujo más innovaciones, junto con más cursos técnicos, y un estricto sistema de inspección para cada elemento del equipo, incluido un detallado diario de mantenimiento para cada tanque. Cuando los reservistas fueron movilizados en 1967, encontraron los tanques esperándolos en los cobertizos de las unidades en perfecto estado de funcionamiento y listos para la acción. Todo el equipo menor, ya fuera personal, de pelotón o de compañía, también estaba pulcramente almacenado y bien mantenido.

Las batallas de 1967 demostraron que la insistencia de Tal en la disciplina y la pericia técnica no mermó la iniciativa de mando y la agilidad táctica de los oficiales de blindados. Las unidades que operaban con Sherman reacondicionados y tanques ligeros AMX-13 escasamente blindados consiguieron mantenerse firmes frente a los mejores tanques soviéticos, mientras que los Centurion y los Patton derrotaron a fuerzas enemigas más grandes para avanzar rápidamente en todos los frentes.[12]

UN CIENTÍFICO ALEMÁN SALVA LOS TANQUES ISRAELÍES: BLINDAJE REACTIVO

La artillería superior de largo alcance y los tanques fuertemente blindados eran la respuesta de Tal a las armas antitanque enemigas. Argumentó que la respuesta aceptada a las armas antitanque —atacarlas con infantería— era correcta para los enfrentamientos generalmente de corto alcance en la Europa cubierta de vegetación y edificada, pero no funcionaría en el desierto abierto, donde las armas antitanque superaban fácilmente a las armas de infantería y la infantería expuesta no podía acercarse lo suficiente a las armas antitanque. La solución era enfrentarse a las armas antitanque a distancias extremadamente largas para que la superior artillería israelí y el grueso blindaje dieran ventaja a los tanques.

Los combates de junio de 1967 reivindicaron las opiniones de Tal. Para el 10 de junio, con victorias en todos los frentes, estaba claro que las fuerzas acorazadas de las FDI habían superado todas las expectativas, precisamente por la insistencia de Tal en los altos niveles de mantenimiento y entrenamiento de las habilidades individuales.[13] Sin embargo, aunque estas habilidades volvieron a demostrarse en la guerra de octubre de 1973, el enemigo había creado una nueva amenaza: un conjunto antitanque varias veces más denso y más avanzado tecnológicamente que en 1967. A pesar de los reveses iniciales, las FDI volvieron a derrotar a los ejércitos árabes, con los tanques liderando las batallas, pero a un coste en sangre mucho mayor. Contra la artillería de largo alcance, el enemigo opuso misiles teledirigidos de largo alcance; contra los asaltos cuerpo a cuerpo con cañones y ametralladoras, el enemigo opuso una infantería saturada de RPG y dispuesta a gastar muchas vidas por cada tanque destruido. No se podían comprar en el extranjero tanques nuevos y mejor protegidos, y el Merkava aún estaba en fase de desarrollo. Incluso cuando estuviera terminado se tardarían muchos años en fabricar suficientes tanques Merkava para sustituir a los más antiguos. Las FDI tuvieron que mejorar la protección de su arsenal existente con una innovación tecnológica.

El físico experimental de Alemania Occidental Manfred Held, especialista en la ciencia de la detonación, siguió a los pioneros Franz Rudolph Thomanek y Walter Trinks en el desarrollo de cargas huecas para armas antitanque y aplicaciones civiles de explosivos, como la perforación petrolífera.[14] Held empleó la espectrometría de rayos X y la fotografía de *flash* de alta velocidad para medir y visualizar los efectos a escala de nanosegundos, junto con su intuición natural para los efectos de la detonación. Sus conocimientos especializados, sus nuevos métodos de medición y su capacidad para explicar sus conceptos con claridad en cientos de artículos científicos convirtieron a Held en el principal experto en la materia.[15] La idea del blindaje explosivo reactivo (ERA) para romper las municiones entrantes frente a escudos blindados que pudieran resistir las esquirlas nació en 1949 en el Instituto Soviético de Investigación Científica del Acero, pero nunca fue aplicada por el Ejército soviético, que, después de haberla descartado en 1944-1945, no quedó impresionado por el valor operativo de las armas antitanque con carga hueca.

Held visitó los campos de batalla de las FDI entre 1967 y 1969 por encargo del Gobierno de Alemania Occidental, y regresó en 1973 inmediatamente después de la guerra de octubre (Yom Kippur), examinando numerosos tanques árabes e israelíes alcanzados por cargas huecas. Estas visitas inspiraron a Held la idea del blindaje reactivo y forjaron sus amistades en Israel. Su nueva idea consistía en encerrar explosivos en una caja ligera de chapa de acero que detonaría si recibía el impacto de una carga hueca u otro explosivo, haciendo que la chapa de acero exterior se atornillara hacia fuera, contrarrestando la carga hueca y aumentando así la distancia que el chorro explosivo, o el penetrador formado por la explosión del revestimiento de la ojiva, tenía que recorrer para atravesar la carcasa del ERA. Cuando se instalaba en un tanque, este efecto de contrarresto significaba que, para cuando el chorro de alto explosivo alcanzaba el blindaje de acero del tanque, ya habría agotado gran parte de su energía cinética, por lo que no penetraría en el blindaje.

Tal cimentó personalmente las relaciones entre Held y la industria israelí. Habiendo experimentado en los combates de 1973 la devastadora vulnerabilidad del blindaje de acero simple frente a los misiles guiados antitanque soviéticos AT-3 Sagger e incluso a cohetes antitanque como el RPG-7 —presentes en un número tan elevado que sus limitaciones individuales de alcance quedaban anuladas—, Tal acogió el invento de Held con entusiasmo, poniéndolo en contacto con la industria israelí para apresurar la producción de sus cajas ERA. También fue una salvación personal para Tal, entonces en descrédito por su fácil desestimación antes de 1973 de la amenaza de los misiles antitanque, que ahora podía volver a desestimar. El resultado fue que el Cuerpo Blindado de las FDI fue el primero en desplegar cajas de blindaje reactivo explosivo en grandes cantidades, desde principios de 1978.[16]

Los tanques podían acomodar fácilmente las ligeras cajas modulares ERA, que se sujetaban individualmente con pernos a accesorios que a su vez se soldaban en lugares críticos del casco y la torreta del tanque. Además, los bloques ERA alcanzados y detonados en combate podían ser sustituidos individualmente por las cuadrillas de reparación sobre el terreno. Mientras que los herrajes para las cajas ERA se instalaban en la mayoría de los tanques de primera línea, tanto en las unidades de reclutas como en las de reserva, los propios módulos de blindaje ERA se mantenían fuera para ocultar su existencia.

En la guerra del Líbano de 1982, operación Paz para Galilea, los tanques equipados con ERA de las FDI se desplegaron en gran número por primera vez, salvando la vida de muchos tripulantes de tanques israelíes. Cazadores de tanques sirios y guerrilleros palestinos atacaron unos 60 tanques de las FDI con misiles antitanque, algunos varias veces, durante los primeros cuatro días.[17] Entre el 6 y el 25 de junio de 1982, un total de 203 tanques de las FDI fueron alcanzados, el 22 % de los 1025 tanques que habían sido enviados al combate.[18] Pero las cajas del ERA frustraron la mayoría de los ataques —sólo dos de los 60 tanques de las FDI alcanzados por comandos sirios al principio fueron destruidos, mientras que los demás siguieron funcionando incluso después de repetidos impactos—.[19] Los índices de penetración fueron un 50 % más bajos; las armas antitanque penetraron sólo 108 de los 203 tanques que alcanzaron, y destruyeron sólo 52.[20] Durante la guerra, tres tanques con cajas ERA fueron capturados por los sirios y enviados rápidamente a la URSS, que pronto realizó ingeniería inversa y reprodujo la tecnología para producir su propio ERA, el Kontakt-5.[21] Las fuerzas soviéticas también introdujeron cohetes antitanque de cabeza tándem para superar las cajas ERA.

XV.
POR QUÉ EL MERKAVA ES DIFERENTE

A finales de la década de 1950, Gran Bretaña comenzó a desarrollar un nuevo tanque con blindaje extrapesado y un potente cañón estriado de 120 mm: el Chieftain. A mediados de la década de 1960, los británicos ofrecieron suministrarlos a las FDI si los israelíes compraban los viejos tanques Centurion y accedían a ayudar en el desarrollo del siguiente modelo de Chieftain, aportando el beneficio de su experiencia de combate reciente y en curso.[1] Por ejemplo, cuando los sirios intentaron desviar el río Banias que desemboca en el Jordán, las FDI pudieron dañar e incluso destruir las excavadoras sirias a distancias extremas de hasta 5000 metros con los cañones de 105 mm que instalaron en sus Centurion. Pero descubrieron que, con un grado tan alto de elevación, el cañón no volvía de su retroceso, ya que el peso del cañón combinado con la gravedad era demasiado para el sistema de retroceso. Eso se corrigió debidamente en el Chieftain.

Los oficiales de blindados de las FDI estaban extasiados ante la perspectiva de recibir por fin nuevos y potentes tanques recién salidos de fábrica, así que hicieron todo lo posible por colaborar con los británicos, que enviaron dos preciosos prototipos Chieftain, con ingenieros, a una base de pruebas secreta que las FDI proporcionaron y dotaron de personal, mientras que los ingenieros de tanques de las FDI se unieron a la unidad de desarrollo en Inglaterra, comandada por el jefe del Cuerpo Blindado de las FDI MG Israel Tal, que volaba a Inglaterra cada mes para ayudar. Los británicos querían el dinero de las FDI —los pagos por los Centurion iban a parar al presupuesto de desarrollo del Chieftain—, pero sobre todo era la reciente experiencia en combate de las FDI lo que necesitaban, ya que la suya estaba muy anticuada. Además, los israelíes ayudaron a los británicos a vender sus Chieftain a los iraníes, frente a la competencia alemana, para lo que Tal viajó con éxito a la Escuela de Blindados de Irán.

Pero los británicos no habían decidido de hecho vender tanques Chieftain a las FDI. Estaban debatiendo el asunto en Consejos de Gobierno clandestinos sin informar a los israelíes, que siguieron compartiendo sus secretos y trabajando duro para mejorar un tanque que los británicos decidieron finalmente vender sólo a sus oponentes árabes, siendo la Libia del coronel Muammar Ghadafy la perspectiva inmediata y el Ejército jordano el que realmente los recibió.[2] Cuando los británicos exigieron la devolución de sus prototipos, poniendo fin finalmente a la farsa en 1969, la reacción del jefe de desarrollo de código de las FDI fue empezar a trabajar en un tanque autóctono, el Merkava, cuya primera versión fue operativa en 1978. En versiones sucesivamente mejoradas se convertiría en el único carro de combate de las FDI.

Tras la traición británica, tanto más pérfida por la concurrente presión británica sobre el Gobierno estadounidense para que negara la venta de tanques a Israel con el fin de salvaguardar las valiosas ventas de Centurion, las FDI se enfrentaron a la llegada de avanzados tanques soviéticos T-62 a los ejércitos árabes en cantidades muy elevadas, sin nada nuevo con lo que contrarrestarlos.[3] Estados Unidos sí ofreció una solución ingeniosa: las FDI recibirían los M48 Patton excedentes del Ejército de Alemania Occidental, desplazados por el nuevo tanque Leopard, que sería potenciado con el eficaz cañón británico L7 de 105 mm y reequipado con motores diésel AVDS-1790 de fabricación estadounidense. El trabajo de conversión lo realizaría la línea de montaje de tanques Oto Melara de Italia en La Spezia, herencia del Programa de Asistencia Militar estadounidense de los primeros años de la OTAN.

Tal recibió el encargo de supervisar esta empresa de cuatro países y de encontrar soluciones para las numerosas dificultades técnicas que ya se estaban poniendo de manifiesto. Enviado a Italia para supervisar la planta secreta de conversión, descubrió que sus homólogos italianos, tanto en la empresa como en la fábrica, se oponían a la línea de producción que su Gobierno había acordado establecer. (En La Spezia, el Partido Comunista tenía una presencia dominante y también se había inscrito en la campaña soviética contra Israel posterior a 1967; una empresa estatal como Oto Melara no podía despedir a sus empleados por negarse a trabajar). En medio de todo esto, un primer transporte ferroviario de tanques procedentes de Alemania quedó bloqueado por la intensa nevada en los Alpes, siendo visibles los contornos de los tanques bajo sus lonas; a un revuelo mediático siguió un escándalo diplomático.

En 1969, Tal decidió retirarse del servicio activo como consecuencia de serias desavenencias con el jefe del Estado Mayor de las FDI, Haim Bar Lev. Regresó al servicio activo en 1972 para servir como jefe adjunto de las FDI a las órdenes de David Elazar hasta después de la guerra de 1973, y dimitió de nuevo en marzo de 1974 debido a una discusión sobre estrategia con Moshe Dayan, el entonces ministro de Defensa. No obstante, el liderazgo de Tal en el desarrollo del blindaje de las FDI persistió porque se convirtió en jefe de Mantak (acrónimo de Minhelet HaTank [Programa de Administración de Tanques del Ministerio de Defensa]), la Dirección del Programa de Tanques del Ministerio de Defensa de Israel. Tras su primera dimisión, como reservista civil y después de la debacle con el Chieftain y los M48 mejorados, Tal decidió que había llegado el momento de que Israel produjera su propio tanque.[4] Antes de tomar esta decisión, Tal había designado al asesor financiero del ministerio Pinkhas Zusman y al ingeniero de artillería Israel Tilan para que evaluaran la valía financiera y la viabilidad tecnológica del proyecto. Ambos asesores concluyeron que un tanque israelí era factible y una inversión que merecía la pena. Al enterarse del proyecto, el Gobierno estadounidense revocó su negativa a suministrar M60 Patton, pero Tal estaba convencido de que podía hacerlo mejor y recibió la aprobación tanto de Dayan como del ministro de Finanzas Pinkhas Sapir en agosto de 1970. Tal fue autorizado a intentar establecer una industria de tanques en Israel.

Los miembros del equipo del proyecto Chieftain fueron rápidamente transferidos para trabajar en el Merkava bajo la dirección exclusiva de Tal, que sólo respondía ante Dayan, un grado de centralización inimaginable en otros lugares. Además, Tal no necesitaría una infraestructura financiera propia, sino que se apoyaría en las Oficinas de Adquisiciones, Jurídica y Financiera del Ministerio de Defensa.[5] En 1979, el proyecto de Tal era un tanque operativo listo para el combate, nueve años después de su autorización, aproximadamente la mitad de años que los programas de nuevos tanques más rápidos de la época en otros lugares. Obviamente, la clave fue la extrema centralización del proyecto: Tal declaró que un componente menor se diseñaba en quince minutos antes de su experimentación y producción en tres semanas, para producir un lote de prueba de cincuenta unidades.[6]

Todo el personal estaba formado por unos 150 ingenieros; algunos pertenecían a la Unidad de Desarrollo de Tanques del Ministerio de Defensa (Mantak) y otros trabajaban en el Departamento de Diseño Técnico de las FDI, con Tal involucrado en cada detalle, el único con la última palabra. Por ejemplo, una de las iniciativas de Tal fue alargar el tiempo de funcionamiento previsto entre averías del motor y la transmisión (también conocido como «grupo motopropulsor») de las 400 horas del fabricante estadounidense, que, de hecho, sólo fue de 300 horas en servicio de las FDI. Tal se sumergió en la termodinámica para averiguar por qué los motores no funcionaban como se esperaba. Hizo que su ingeniero jefe, Shalom Koren, recuperara el motor más antiguo del Cuerpo Blindado para poder desmontarlo —este era muy irregular, pero Tal explicó que la pérdida de 300.000 dólares (una gran suma en los estándares de 1970) podría ahorrar potencialmente millones de dólares—. Finalmente, Tal descubrió las razones del bajo rendimiento y sugirió treinta revisiones del diseño del motor que aumentaron su vida útil entre averías de 300 a 1000 horas. Tras facilitar toda la información al fabricante, Tal solicitó a cambio acceso ilimitado a los planos de los motores, que recibió debidamente.

PROTECCIÓN ANTE TODO

El carro de combate Merkava se diferenciaba de otros carros de combate principales porque el concepto de Tal de lo que debía ser un carro de combate era diferente. Este concepto se derivaba de consideraciones tanto tácticas como técnicas.

Como se ha descrito anteriormente, consideraba que los carros de combate debían liderar la batalla en todo momento, y que la infantería debía seguir su estela sólo para limpiar. Disentía del consenso casi universal de que las fuerzas de tanques debían replegarse para cooperar estrechamente con la infantería mecanizada, menos protegida, y la artillería, más lenta, para contar con su protección contra las armas antitanque. La respuesta universal a los tan proclamados éxitos de la infantería egipcia armada con armas antitanque contra los tanques israelíes durante los primeros días de la guerra de octubre de 1973 había sido reforzar la infantería destinada a proteger a los tanques de la infantería enemiga y de las armas antitanque. Pero Tal era categórico al afirmar que la impresión dejada por las grandes pérdidas de tanques del 6 al 9 de octubre de 1973, cuando las FDI estaban muy superadas en número, era engañosa. Las inspecciones de los tanques dañados a lo largo de la guerra mostraron que la mayoría no habían sido alcanzados por armas antitanque, sino por tanques enemigos. El problema durante los primeros días fue una aplicación errónea de técnicas y tácticas, no la elección de los tanques como fuerza dominante. Parte de la solución consistió en mejorar las técnicas y tácticas contra las armas antitanque de mayor alcance, y parte en mejorar la protección de los tanques más antiguos contra las armas antitanque de la infantería, como hemos visto.

Tal rechazó la noción de que los tanques debían ofrecer un compromiso equilibrado entre movilidad, protección y potencia de fuego. Defendió la prioridad de la protección, que le permite moverse por el campo de batalla a través del fuego enemigo. Un tanque insuficientemente protegido, por muy rápido que sea mecánicamente, no puede moverse cuando se ve amenazado por el fuego enemigo. Por tanto, la protección es movilidad. Además, la protección aumenta la potencia de fuego porque permite a los tanques acercarse al enemigo, haciendo que las armas sean más eficaces.

Tal insistió en que el tanque consta de dos sistemas separados: la tripulación y el propio tanque. La tripulación es más importante, por lo que su protección debe ser la primera prioridad de todos los diseños de tanques. En el diseño de Tal, aproximadamente el 75 % del peso del Merkava participa en la protección de la tripulación del tanque, mientras que en un tanque convencional la proporción podría ser sólo del 50 % al 55 %. Cada componente se diseñó para mejorar aún más la protección de la tripulación, así como para realizar su función designada, de ahí la característica única del Merkava: el motor en la parte delantera para proteger a la tripulación, en lugar de en la parte trasera, como en todos los demás tanques en los que el motor está «protegido» por el compartimento de la tripulación en la parte delantera. Esta disposición tiene algunas desventajas: el calor y los gases de escape del motor aumentan la firma térmica delantera del tanque y el brillo del aire caliente, lo que interfiere en la puntería del artillero. También desplaza el centro de equilibrio del tanque hacia delante, lo que acorta su capacidad para cruzar trincheras (aunque mejora la tracción sobre el terreno al subir pendientes pronunciadas), y la altura total del tanque debe elevarse para permitir que el cañón quede suficientemente hundido sobre el motor. Sin embargo, lo importante, en opinión de Tal, era que el motor añade protección a la tripulación. También permite añadir una escotilla trasera en el casco para evacuar a la tripulación y al personal herido mientras el volumen del tanque los oculta del enemigo, a diferencia de las escotillas en el techo. Las desventajas debían mitigarse de varias maneras, como con un sistema de refrigeración del motor mejorado.

Esta reconceptualización es lo que hace diferente al Merkava: no es un diseño de compromiso, sino un diseño que da prioridad a la protección. También es el único tanque diseñado por soldados de tanques basándose en sus propias experiencias, incluida la experiencia sintetizada de la exhaustiva investigación balística de Tal sobre encuentros con blindados desde 1948. Como vencedor en todas sus guerras, Israel tenía la ventaja adicional de que, como señaló Tal, «el campo de batalla [y sus restos] permanecían con nosotros».[7] Tenía archivadores repletos de informes sobre esos impactos tan estudiados: cada incidente de penetración cuidadosamente fotografiado, medido y acompañado de una evaluación y un informe que explicaba exactamente qué había ocurrido y a qué distancia. La posición poco ortodoxa del motor se derivaba del examen que Tal realizó de unos 500 tanques diferentes dañados en diversos enfrentamientos de combate; descubrió que sólo en el 2 % de los casos en los que el motor fue penetrado el tanque quedó inmediatamente inmovilizado, frente al 100 % una vez que el compartimento de combate fue violado.

Las ideas de Tal sobre el tanque óptimo fueron objeto de numerosas críticas, pero éstas amainaron tras la guerra de 1982 en el Líbano, cuando el Merkava fue reconocido universalmente como un éxito: un tanque de primera línea por un coste mucho menor que cualquiera de sus contrapartidas.[8] Desde el punto de vista operativo, en combate, el enfoque de Israel Tal de dar prioridad a la protección se vio ciertamente reivindicado: permitía tácticas audaces y salvaba vidas. Incluso cuando un Merkava era alcanzado más allá de lo recuperable por asaltos frontales, la tripulación podía salir ilesa por la parte trasera. También se observó que los tanques Merkava proporcionaban escudos antiexplosivos móviles a la infantería de a pie contra el fuego de granadas propulsadas por cohetes (RPG).

Tras los combates de 1982, muchos oficiales del Cuerpo Blindado quisieron trasladarse a unidades Merkava, y algunos padres incluso solicitaron el traslado de sus hijos. Ello provocó tensiones entre Tal y el jefe del Estado Mayor Rafael Eitan, que quería declarar públicamente que el Merkava no estaba mejor protegido que los demás tanques de las FDI, mientras que Tal quería mejorar los demás tanques con la tecnología del Merkava. Los primeros M60 Patton mejorados (Magach 7) estuvieron listos a finales de la década de 1980. Los Centurion no podían soportar el peso adicional, por lo que fueron eliminados gradualmente. Para el Merkava Mk 3, introducido en 1990, se desarrolló un nuevo blindaje y un nuevo concepto: una superestructura básica de tanque sobre la que se fijaban módulos de blindaje. Éstos podían sustituirse por nuevos módulos cada vez que se desarrollara una tecnología de blindaje mejorada. De ese modo, el blindaje del tanque siempre podía actualizarse sin necesidad de construir un nuevo tanque.[9]

DE LA PROTECCIÓN PASIVA A LA PROTECCIÓN ACTIVA

El Mark 4 fue el primer modelo de Merkava desarrollado después de que Tal dimitiera como asesor especial de blindaje del ministro de Defensa en 1989, aunque siguió implicado extraoficialmente en el proyecto hasta su muerte en 2010. Desarrollado a partir de 1999 y en producción desde 2004, el Mark 4 fue por tanto el primer diseño «postTalik», y equipó a una brigada de tanques (la n.º 410) en la segunda guerra del Líbano de 2006. Cuando Tal diseñó el Merkava, previó la protección del tanque principalmente contra otros tanques (a pesar de las impresiones contrarias, la mayoría de los tanques de las FDI dañados en octubre de 1973 fueron alcanzados por tanques), pero el Mark 4 fue el primer diseño adaptado específicamente para contrarrestar otras amenazas; concretamente, los misiles guiados antitanque y los artefactos explosivos improvisados típicos de los campos de batalla irregulares actuales.

Durante las cuatro décadas transcurridas desde que el primer Merkava entró en servicio, el panorama estratégico de Israel experimentó un cambio espectacular. Egipto (en 1979) y Jordania (en 1994) firmaron sendos acuerdos de paz, y la probabilidad de grandes colisiones de tanques en el desierto del Sinaí, como en 1967 y 1973, se había reducido considerablemente. Sadam Husein esperaba reemplazar a Egipto como líder de la coalición árabe antiisraelí, pero el Ejército iraquí fue aplastado en 1991 y luego disuelto en 2003 en las guerras contra Estados Unidos. La última vez que las FDI lucharon contra tanques enemigos fue en 1982, contra los sirios en la operación Paz para Galilea; pero, después de que Egipto abandonara el conflicto contra Israel, Siria no pudo iniciar una guerra por su cuenta, y desde 2011 el Ejército sirio está sumido en una guerra civil.

Al disminuir la amenaza de los ejércitos estatales, la atención israelí pasó a centrarse en la amenaza restante: las ofensivas terroristas y guerrilleras palestinas y de Hezbolá. De ahí que muchos en las FDI sostuvieran que la composición interna de las fuerzas terrestres de las FDI debía cambiar de una infantería blindada y mecanizada a una infantería ligera apoyada por armas de precisión. Se impusieron, lo que condujo a una gran reducción del número de unidades de artillería y blindadas: la flota de tanques de las FDI se redujo drásticamente en número, todos los tanques más antiguos que el Merkava Mk 3 fueron retirados del servicio y se debatió sobre el cese de la producción de los Mark 4.[10]

Pero Hezbolá y Hamás aumentaron sus capacidades militares desde el terror de baja intensidad y la guerra de guerrillas hasta la guerra regular de intensidad media. Se centraron en la artillería de largo alcance para atacar la retaguardia civil de Israel y en una infantería bien armada con armas antitanque, atrincherada en terrenos favorables —zonas montañosas en Líbano y densas zonas urbanas en la Franja de Gaza— para impedir que las fuerzas terrestres de las FDI interrumpieran su bombardeo con cohetes. Esto condujo a una serie de guerras de intensidad media, que obligaron a las FDI a emplear fuerzas blindadas y mecanizadas, exponiendo la falacia de la teoría del «fin de la necesidad de tanques». Los tanques Merkava Mk 3 y Merkava Mk 4 se emplearon en la segunda guerra del Líbano (2006), y en las operaciones Plomo Fundido (2008-2009) y Borde Protector (2014) en Gaza contra fuerzas de infantería armadas con RPG y una variedad de misiles guiados antitanque (ATGM), incluidos los últimos Kornet rusos, que pueden alcanzar a un tanque desde más de cinco kilómetros y penetrar más de un metro de acero blindado. También emplearon enormes artefactos explosivos improvisados enterrados para detonar bajo los tanques que avanzaban hacia ellos, morteros y otras armas. La destrucción de los tanques israelíes se convirtió en un símbolo psicológico del éxito en la batalla. Las FDI entraron en la segunda guerra del Líbano bajo el supuesto de que sería una guerra de fuego cruzado o, como mucho, una guerra de infantería ligera de operaciones de contraguerrilla; en palabras de un comandante de Batallón de Paracaidistas de las FDI: «Entré en el Líbano [como si] fuera a detener a [terroristas] palestinos, pero choqué con un ejército regular».[11] El choque con la realidad se tradujo en fracasos tácticos y más bajas.

La amarga experiencia durante la segunda guerra del Líbano despertó a las FDI al hecho de que sus capacidades de maniobra estaban seriamente obstaculizadas, ya que los escuadrones de Hezbolá utilizaban hábilmente el terreno montañoso del Líbano para ocultar sus posiciones y emboscar con éxito a muchos tanques israelíes. Durante los treinta y cuatro días de combates en el Líbano, Hezbolá desplegó 600 especialistas antitanque bien entrenados. Las FDI entraron en el Líbano con 250 tanques, de los cuales 50 fueron alcanzados y 22 penetrados; tres de ellos, irreparables.[12]

Así, en la batalla de Wadi Saluki, conocida como la batalla de Wadi al-Hujeir en el Líbano, una columna de veinticuatro tanques Merkava Mk 4 de la Brigada 401 avanzó hacia el oeste desde Tayyiba. Cuando la fuerza descendió por un barranco escarpado, fue atacada por todos lados, incluida la retaguardia. Hizbulá había preparado una emboscada y lanzaba misiles desde posiciones ocultas en las cimas de las colinas con bastante seguridad, a unos kilómetros de distancia. Andanadas de misiles Kornet alcanzaron a los tanques, de los que once fueron alcanzados y unos cuantos ardieron en llamas. En otras acciones fueron alcanzados otros seis Merkava Mk 4. En total fueron penetrados seis Merkava Mk 4; siete quedaron inutilizados, de los cuales cinco fueron reparados sobre el terreno y dos tuvieron que ser remolcados, mientras que los otros cuatro sólo sufrieron daños superficiales y siguieron combatiendo. La brigada perdió un total de doce soldados en la guerra, ocho de ellos tripulantes de los tanques penetrados. La investigación posterior a la acción sobre la conducta de las unidades de tanques en la guerra atribuyó algunos de los impactos a tácticas deficientes, resultado de una larga negligencia en el entrenamiento. Habilidades básicas como el uso de cortinas de humo o la utilización del terreno como cobertura se habían degradado por la falta de práctica en los últimos años.[13]

La mejora de las tácticas podría reducir el número de impactos, pero no la proporción que penetró el blindaje. Aunque, a pesar de la mejora de las ojivas antitanque, la proporción de tanques penetrados era menor en 2006 que en 1982 (44 % de impactos frente a 47 %) y la proporción destruida era aún menor (6 % frente a 23 %), el Cuerpo Blindado de las FDI seguía considerando que el resultado era inaceptable.[14] Estaba decidido a inclinar de nuevo la balanza a favor del tanque frente al misil. Un blindaje más pasivo o reactivo no era una solución viable dadas las restricciones de peso y la tecnología existente, así que tenía que idear un avance tecnológico. La respuesta final sería el sistema de protección activa conocido en inglés como Trophy (nombre de las FDI Me'il Rooakh, «Cortavientos»).[15] Su historia comenzó en realidad en la guerra de octubre de 1973, cuando más del 50 % de las bajas de las FDI eran tripulaciones de tanques cuyos carros fueron alcanzados por una amplia variedad de municiones antitanque. El trauma de esa guerra espoleó a Yiftakh, una unidad de desarrollo de armamento dentro de las FDI, a empezar a trabajar en un sistema de defensa activa para vehículos blindados de combate (AFV) que detectaría los proyectiles u ojivas entrantes y de alguna manera los golpearía en vuelo, algo nunca antes considerado.

Su primer prototipo fue el Sartan («Cangrejo»), seguido del Akrabut (un tipo de escorpión). Pero ambos proyectos se abortaron finalmente en 1988 porque se consideró que los nuevos vehículos de transporte de tropas Merkava y Achzarit (un vehículo de transporte de personal fuertemente blindado basado en el casco de un tanque T55) tenían suficientes capacidades de defensa pasiva.[16] Los rusos estaban trabajando en una solución similar y fueron los primeros en montar sistemas de protección activa en sus tanques: los sistemas Drozd (empleado por primera vez en 1981) y Arena (1997). Sin embargo, estos sistemas tenían problemas técnicos, por lo que sólo se adquirieron y emplearon en cantidades limitadas. El primer sistema con éxito, Trophy, fue desarrollado por Rafael, el principal desarrollador de misiles de Israel, basándose en los prototipos desarrollados previamente por Yiftakh.[17]

Rafael superó dos grandes retos: el sistema debía ser totalmente autónomo, es decir, debía funcionar de forma automática siempre que estuviera encendido, y debía evitar daños colaterales a las fuerzas amigas que se encontraran en el tanque o en sus alrededores (un gran problema de los sistemas rusos). En 2005, Rafael presentó el primer prototipo de Trophy.[18] El desarrollo se aceleró poco después, debido al éxito de las tácticas antitanque de Hezbolá durante la segunda guerra del Líbano.[19] Trophy emplea una red de cuatro pequeños sensores de radar que cubren un hemisferio de 360 grados alrededor del tanque protegido. Los radares están integrados en el sistema de gestión de combate del Merkava Mk 4, proporcionando una detección instantánea de un misil o proyectil entrante disparado contra el tanque. Si está equipado con un sistema de detección láser, el sistema puede identificar la ubicación de la amenaza antes del despliegue del misil o proyectil enemigo (los ATGM como el Kornet-E utilizan un rayo láser para rastrear sus objetivos). El sistema informa a la tripulación de la ubicación de la fuente de disparo, incluso mientras el misil está en el aire, lo que les permite atacar y suprimir la amenaza o eliminarla por completo.

Gracias a la conectividad centrada en la red, la localización del objetivo también puede transferirse a otros sistemas de armas y plataformas para iniciar un contraataque inmediato. El mecanismo de destrucción del sistema Trophy se activa cuando el misil enemigo alcanza una distancia determinada del tanque: entonces se apuntan múltiples proyectiles explosivos contra el misil entrante. Montado sobre un pedestal giratorio, el dispositivo gira en la dirección de la amenaza entrante para proyectar una vaina de fragmentos fundidos para destruirlo. Esta letal contramedida es eficaz contra todo tipo de ATGM, cohetes antitanque y también proyectiles antitanque de alto poder explosivo (pero no proyectiles cinéticos).

Las primeras pruebas se llevaron a cabo en el año 2009, y las FDI declararon que Trophy estaba cualificado para su uso operativo. Poco después, la Brigada 401 de las FDI comenzó a equipar sus tanques con el sistema, la misma brigada que había sufrido grandes pérdidas en la batalla de Wadi Saluki.[20] En marzo de

2011, Trophy se utilizó por primera vez de forma operativa, interceptando con éxito un RPG-7 dirigido contra un tanque.[21] Más tarde, ese mismo mes, el sistema volvió a demostrar su eficacia al avisar a la tripulación del tanque de la llegada de un proyectil. Esta vez, el sistema no interceptó la amenaza porque sus cálculos determinaron que no alcanzaría al tanque.[22] Tras esos éxitos, la 401.ª Brigada adoptó formalmente el Trophy y reequipó el sistema en sus tanques.[23] En 2014, la 7.ª Brigada Blindada inició un proceso de dos años para sustituir sus anticuados Mk 2 por Mk 4 que ya contaban con el sistema Trophy APS.[24]

La operación Margen Protector en Gaza (8 de julio-26 de agosto de 2014) dio lugar a la prueba más intensiva de Trophy hasta la fecha. En la operación participaron 505 tanques Merkava; 66 Merkavas se desplegaron a lo largo de la frontera con la infantería defensora para bloquear las incursiones de Hamás en Israel. 439 Merkavas escoltaron a unidades de infantería y de ingenieros de combate que entraban en la Franja de Gaza para localizar y destruir túneles ofensivos que conducían desde el interior de Gaza a Israel, y para localizar y destruir depósitos de armas y unidades de combate enemigas. Proporcionaban apoyo de fuego directo a corta distancia en lugar de la artillería, menos precisa; cubrían a la infantería mientras buscaba, y a veces servían de transporte de tropas, bajas y suministros.[25]

Un punto clave de los esfuerzos de Hamás era demostrar que sus hombres podían detener al Merkava, que tenía un significado tanto operativo como simbólico. Hamás formó unidades antitanque especializadas equipadas con las mejores armas antitanque que pudo encontrar, incluidos misiles antitanque rusos Konkurs (AT-5 Spandrel), Fagot (AT-4 Spigot) y Kornet (AT-14 Spriggan). Con ellos, Hamás adoptó una táctica múltiple atacando a los tanques de las FDI a larga distancia con ATGM mientras enviaba pequeños destacamentos antitanque para el combate cuerpo a cuerpo con cohetes RPG. Además, Hamás también utilizó artefactos explosivos improvisados y minas contra las formaciones de Merkava para atraerlos a emboscadas preparadas en las que se pudieran utilizar todas las armas antitanque.

Durante más de tres semanas de operaciones de maniobra de alta amenaza en zonas densamente edificadas, no se produjo ni un solo impacto en un tanque defendido por el Trophy y, al parecer, sin falsas alarmas.[26] En un episodio grabado, el tanque de un comandante de compañía fue blanco de un misil antitanque Kornet desde una distancia de unos 3,5 kilómetros. «Sabíamos que el tanque era el objetivo, pero el sistema funcionó a las mil maravillas. Gracias a [Trophy], la amenaza fue neutralizada. Todo fue automático».[27] No todos los Merkavas de Gaza tenían el sistema Trophy; los demás tuvieron que conformarse con un blindaje pasivo y buenas tácticas. Aunque algunos comandantes y tripulantes de tanques murieron por disparos de armas pequeñas o fragmentos de explosivos cuando estaban fuera de los tanques, ni un solo comandante o tripulante de tanque resultó muerto o herido por armas antitanque que penetraran en los tanques.

Tal y como está configurado actualmente, el Trophy incluye un radar, cuatro antenas de radar, un sistema informático y un sistema de interceptación. En acción, el sistema escanea primero los alrededores del tanque y rastrea las amenazas potenciales. Cuando detecta una amenaza que podría alcanzar la plataforma, envía una andanada de perdigones metálicos para interceptar la amenaza entrante. El sistema cubre 360 grados, es lo suficientemente rápido como para enfrentarse a amenazas a corta distancia y es totalmente funcional mientras está en movimiento.[28] En el momento de redactar este informe, el Trophy se considera la única contramedida eficaz contra los sistemas de ojivas en tándem, como el Kornet ruso y el RPG-29 Vampir, y puede enfrentarse simultáneamente a múltiples amenazas que lleguen desde distintas direcciones, ya estén estacionadas o en movimiento. Tras su éxito, ahora también se están desarrollando diferentes versiones del Trophy para su uso en vehículos blindados medios y ligeros.[29]

Otro sistema de defensa activa desarrollado al mismo tiempo que el Trophy es el Puño de Hierro (Hetz Dorban; literalmente, «Flecha Puercoespín»). Detecta las amenazas entrantes mediante un sensor de radar instalado, pero también dispone de un detector pasivo de infrarrojos opcional. Cuando una amenaza es inminente, el Puño de Hierro lanza hacia ella un proyectil explosivo interceptor. El interceptor explota muy cerca de la amenaza, destruyéndola o desviándola y desestabilizándola, pero sin detonar su ojiva. Eso es posible porque Puño de Hierro utiliza únicamente el efecto de explosión del explosivo. La carcasa del interceptor está hecha de materiales combustibles, por lo que no se forma fragmentación en la explosión, lo que ayuda a minimizar los daños colaterales.[30] Tiene un diseño modular que permite su instalación en una amplia gama de plataformas, desde camiones ligeros hasta vehículos de combate blindados pesados. El sistema se ha probado con éxito contra una amplia variedad de amenazas, como RPG, ATGM, munición HEAT (antitanque de alto explosivo) disparada desde tanques y penetradores de energía cinética. La adquisición del sistema de protección activa Puño de Hierro fue aprobada en junio de 2009 para su instalación en el vehículo pesado de combate de infantería Namer.[31]

En diciembre de 2014, se reveló que se iba a desarrollar un sistema de defensa activa de próxima generación combinando el sistema Trophy y la tecnología Iron Fist.[32] A diferencia del método de interceptación del Trophy, consistente en perdigones metálicos que se esparcen por una amplia zona, el interceptor de Israel Military Industries (IMI) lanza un misil antimisiles. En junio de 2016, el Ejército estadounidense eligió la configuración Iron Fist Light para proteger sus vehículos blindados ligeros y medios, una decisión tomada por el peso ligero del sistema, su capacidad para disparar interceptores sin choque y su bajo coste.[33] En junio de 2018, Rafael anunció que el Ejército estadounidense había adjudicado un contrato por valor de casi 200 millones de dólares para que el sistema de defensa israelí Trophy blindara sus carros de combate M1 Abrams.[34] En junio de 2021, el Ejército británico también eligió Trophy para toda su flota de 148 carros de combate principales Challenger 3.[35]

MOVILIDAD

Una de las críticas recurrentes al Merkava era la relativa debilidad del motor en comparación con su peso, por lo que en general era más lento tanto en aceleración como en velocidad máxima. También en este caso el concepto de Tal era diferente: la velocidad máxima al viajar campo a través, especialmente sobre el terreno rocoso típico de la mayoría de los esperados campos de batalla israelíes, estaba determinada más por la comodidad de la tripulación que por la potencia del motor. Conducir rápido sobre rocas es una experiencia violenta para una tripulación, una violencia reducida a niveles tolerables por la calidad del sistema de suspensión. El sistema de suspensión mejorado del Merkava, basado en muelles, ofrecía una conducción más suave que otros tanques en terrenos similares, lo que permitía a la tripulación conducir más rápido. Otro factor importante en un terreno accidentado es la capacidad de subir pendientes pronunciadas, una capacidad que depende en parte de la tracción al suelo: el motor colocado hacia delante y el diseño de las orugas de acero mejoraron la tracción, de modo que los Merkava pudieron escalar crestas y atravesar terrenos inaccesibles para otros tanques. En un caso en el Líbano en 1982, esto permitió alcanzar posiciones que ningún otro tanque podía y, desde allí, destruir una unidad T62 siria.

A medida que se introdujeron los sucesivos modelos del Merkava, llevaban motores más potentes, en parte también para compensar el aumento de peso a medida que se engrosaba la protección del blindaje. El Mk 1 tenía un propulsor Continental AVDS 1790 de 750 caballos, y el Mk 2, una versión de 900 caballos del mismo motor; el Mk 3 introdujo un nuevo motor de 1200 caballos con una nueva transmisión de fabricación local, y el Mk 4, una versión de 1500 caballos de ese motor.

POTENCIA DE FUEGO

Los Merkava Mk 1 y Mk 2 llevaban una versión de producción local del cañón británico de 105 mm; los Merkava Mk 3 y Mk 4, un cañón de 120 mm de diseño local. Todos los modelos llevaban sistemas informatizados de control de tiro que se actualizaban constantemente y se adaptaban a los modelos más antiguos. El Merkava Mk 4 incluye un doble sistema de observación y puntería que permite al artillero apuntar y disparar a objetivos específicos, mientras que el comandante del carro de combate puede observar de forma más amplia el campo de batalla.[36] El Merkava Mk 4 también está equipado con más y mejores periscopios y cámaras de televisión panorámicas para operaciones en zonas urbanas.

Más allá de estos cambios incrementales, el Merkava Mk 4 introdujo mejoras totalmente actualizadas o, más correctamente, de vanguardia, en el mando, el control y la conciencia situacional de las amenazas tanto visibles como invisibles, resultado de la aplicación de nuevas técnicas de inteligencia artificial al procesamiento de las entradas de datos. El efecto general fue mejorar enormemente el conocimiento de la situación de toda la tripulación, a la que se proporcionan imágenes continuas del terreno, la ubicación de las fuerzas amigas, la ubicación de las fuerzas enemigas conocidas y datos sobre objetivos individuales; estos últimos pueden asignarse rápida y eficazmente entre los tanques minimizando al mismo tiempo los incidentes de fuego amigo.[37] En 2011 el sistema Tsayad 600 (literalmente, «Cazador», pero también el acrónimo hebreo de fuerzas terrestres digitales) conectaba todas las unidades de maniobra con el alto mando de las FDI, con una actualización posterior del Tsayad 680.[38]

Durante la operación Borde Protector en Gaza en 2014, el sistema de datos demostró su utilidad. Se notificó a un tanque la ubicación del enemigo a través de los datos en pantalla. Entonces el tanque se posicionó mientras su cañón se fijaba automáticamente en el objetivo según las indicaciones automáticas del sistema, listo para disparar. Anteriormente, sólo los cazas o los helicópteros de ataque disponían de este tipo de capacidad, que ahora estaba presente en toda la flota Merkava.[39]

La capacidad de sobrevivir al fuego enemigo permitió a las tripulaciones de los Merkava acercarse a sus objetivos, a fin de garantizar un mejor discernimiento entre objetivos y no objetivos en un entorno confuso de edificios, civiles y combatientes enemigos, y mejorar la precisión del fuego. Entre todos ellos, los 505 tanques Merkava que participaron en la operación Margen Protector dispararon 22.269 proyectiles, incluidos proyectiles M339 para tanques polivalentes. Esto nos lleva a otro aspecto de la potencia de fuego del tanque, la munición, empezando por los proyectiles cinéticos Hetz («Flecha») de desarrollo propio y mejora gradual para perforar blindajes y los proyectiles explosivos de carga hueca de doble uso (Halul para cañones de 105 mm y Halulan para cañones de 120 mm) que combinaban funciones antitanque y antipersona. Esto continuó con balas antipersona mejoradas en una serie incongruentemente bautizada con nombres de flores locales: Rakefet, Kalanit y Hatzav. Mientras que Hetz, Halul y Halulan eran meros derivados locales de municiones ya existentes, estas últimas eran nuevos conceptos en respuesta a la mejora de las armas antitanque portátiles en precisión, alcance y poder de penetración y al desplazamiento de la mayoría de las batallas de terreno abierto a terreno edificado.[40]

A partir de la década de 1980, el productor local Israel Military Industries comenzó a desarrollar el Rakefet (cartucho APAMMP-T M117/1), un proyectil de 105 mm diseñado específicamente para atacar a escuadrones antitanque escondidos tras una cobertura. El proyectil está dirigido a sobrevolar la cobertura y luego a eyectar seis subcargas que explotan sobre el objetivo. La segunda guerra del Líbano de 2006 sirvió como bautismo de fuego del proyectil, en la que demostró su eficacia contra una gran cantidad de objetivos. El obús Kalanit (APAMMP-T, cartucho M329) se desplegó en 2009.[41] Introdujo un cambio importante, derivado en última instancia de la inmersión genérica del país en técnicas informatizadas para todos los aspectos prosaicos de la vida, incluida la base de datos sanitaria total disponible para cada residente individual desde su nacimiento (algo no disponible en países mucho más ricos y avanzados en otros aspectos). En este caso, la Kalanit puede adquirir digitalmente datos actualizados del objetivo mientras ya está cargada en la cámara.

Se trataba de una innovación basada en una lección aprendida durante la segunda guerra del Líbano y la operación Plomo Fundido en Gaza en 2008-2009 para resolver el mayor problema de los vehículos blindados, que es disparar con precisión y rapidez en movimiento.[42] La introducción manual de un rango de objetivos en el ordenador del proyectil significaba que maniobrar con la cámara cargada era casi imposible. Con el nuevo sistema de comunicación integrado en el proyectil, el tanque puede circular con la recámara cargada y responder más rápidamente a la aparición repentina de un objetivo.[43]

Incluso después de la segunda guerra del Líbano, el arsenal del Cuerpo Blindado israelí seguía estando diseñado principalmente para luchar contra tanques enemigos que no se veían por ninguna parte. Muchos tanques seguían cargados con el Halulan.[44] Debido a que las ojivas de carga de forma canalizan la mayor parte de su explosión en un chorro estrecho para penetrar en el blindaje, su efecto antipersona es limitado en comparación con otros proyectiles explosivos de tamaño similar. Cuando el objetivo está dentro de un edificio, estos proyectiles explotan en la pared exterior, por lo que la mayor parte de la explosión y fragmentación antipersona se desperdicia fuera del edificio, y el efecto sobre el enemigo en el interior se minimiza considerablemente.[45]

Pero en 2011 se introdujo un segundo proyectil innovador, el Hatzav (120 mm HE-MP-T, cartucho M339), para la lucha urbana. Tiene una ojiva en tándem en la que la primera carga en forma de proyectil penetra en la pared y la segunda explota en el interior. Fue durante la operación Borde Protector en 2014 cuando se introdujo el Hatzav. El Cuerpo Blindado suministró a sus tripulaciones de tanques 500 proyectiles de este tipo; dispararon unos 450 y se comprobaron los efectos. El mayor Barak Asraf, jefe del Departamento de Artillería del Cuerpo Blindado, informó de que el Hatzav era «tres veces más letal que el Kalanit, y la mitad de caro».[46] Desde entonces, las FDI han comprado grandes cantidades de este proyectil dual.

VEHÍCULOS BLINDADOS PESADOS DE TRANSPORTE DE TROPAS

La mayoría de los debates sobre la guerra de octubre de 1973 se centraron en los efectos mejorados de las armas antitanque de infantería contra los tanques. Pero los expertos soviéticos consideraban que la principal amenaza de esas armas era su efecto sobre los vehículos blindados de transporte de tropas (APC-BTR) y los vehículos de combate de infantería (IFV-BMP), mucho más delgados. Un investigador de Rafael, Dan Rogal, llegó a una conclusión similar y sugirió que, dado el número de personal que se convertiría en bajas si se destruía un APC y dada la necesidad de que los APC viajaran con los tanques o cerca de ellos, se necesitaba una nueva generación de APC que llevaran un blindaje más grueso que el de un tanque. La guerra de 1982 convenció a las FDI de que estaba en lo cierto, y las FDI comenzaron a construir APC fuertemente blindados. La mayoría de los APC tienen el motor en la parte delantera y las escotillas en la trasera, lo que sugirió aprovechar los cascos de los Merkava para el nuevo vehículo. Pero la capacidad de producción no permitía construir tanto tanques Merkava como APC Merkava. La solución fue tomar tanques más antiguos, quitarles las torretas, utilizar el peso ahorrado para blindar sus cascos con tecnología de blindaje Merkava y rehacer el casco para permitir que los pelotones de infantería pudieran montar en ellos. Los primeros tanques transformados fueron Centurion rebautizados Nagmashot. Se mejoraron sucesivamente con el nuevo blindaje utilizado en los tanques Merkava de modelo posterior. Más tarde, cuando los T55 capturados fueron dados de baja, también se transformaron, creando el Achzarit. Sin embargo, cada una de estas improvisaciones tenía varias limitaciones, especialmente una capacidad limitada para actualizarse constantemente con un blindaje más pesado para adaptarse a las armas antitanque mejoradas, por lo que la solución preferida siguió siendo el APC Merkava (acrónimo hebreo Namer). Una importante ventaja táctica del Namer es que permite a la infantería desplazarse con rapidez y relativa seguridad por zonas letales del campo de batalla en las que antes sólo podían operar los tanques Merkava, lo que permite a los equipos de armas combinadas luchar juntos con mayor eficacia.

La decisión final de construir realmente tanques Namer se tomó tras la segunda guerra del Líbano de 2006, y el primero entró en servicio en 2009. Las consideraciones presupuestarias y los debates sobre la necesidad de un vehículo de este tipo cuando se lucha sobre todo contra guerrillas y terroristas ralentizaron la adquisición hasta el infame caso de la batalla de Shuja'iyya, en la Franja de Gaza, del 19 al 23 de julio de 2014. Siete soldados de las FDI murieron en un solo vehículo blindado de transporte de tropas M-113, lo que provocó una protesta pública y sirvió como terrible ejemplo de las consecuencias de una protección inadecuada.[47] Como parte de la investigación posterior a la acción, el Ministerio de Defensa anunció que aumentaría la tasa de producción y equiparía cada nuevo APC Namer que entrara en servicio con un sistema de protección de este tipo, a pesar de que el Namer ya era el vehículo de combate de infantería más protegido del mundo.[48]

XVI.

UNIDADES 8200 Y 81

En 1993, tres jóvenes israelíes de poco más de veinte años, Gil Shwed, Marius Nacht y Shlomo Kramer, veteranos todos ellos de la Unidad 8200 del Cuerpo de Inteligencia de las FDI, lanzaron su empresa de nueva creación Check Point Software Technologies Ltd., con el objetivo de mejorar la seguridad de su red de comunicaciones. Su principal producto, Firewall 1, era un filtro de seguridad para el tráfico entrante de Internet, derivado directamente de la tarea de Shwed en la 8200, que consistía en asegurar la propia red de comunicaciones de la unidad mientras trabajaba afanosamente para penetrar en las comunicaciones de los adversarios de Israel. Convertido en el líder mundial del mercado de cortafuegos a los tres años de su inicio, con una cuota de mercado del 40 %, Check Point siguió creciendo hasta alcanzar en 2021 un valor de mercado de 16.200 millones de dólares.

A lo largo de los años, muchos otros antiguos alumnos de la 8200 crearon otras empresas. Un artículo que los enumeraba en 2013 comentaba que «la mejor escuela de tecnología del planeta es la Unidad 8200 del Ejército israelí», y eso fue antes del auge posterior.[1] Según una encuesta de 2013, el 10 % de todos los trabajadores de la industria de alta tecnología en Israel declararon haber servido en la Unidad 8200.[2] Y las mayores empresas israelíes de alta tecnología de la actualidad —incluidas NICE, Verint y

Comverse, así como Check Point— fueron creadas por antiguos alumnos de la unidad.

Pero la Unidad 8200 del Cuerpo de Inteligencia, actualmente el mayor proveedor de inteligencia de las FDI —cuya función abarca la inteligencia de señales (SIGINT), el descifrado, la ciberguerra y la ciberseguridad— no se creó para educar a tecnólogos emprendedores.[3] Su trabajo fundamental es proporcionar aviso previo de las amenazas para el Gobierno y las Fuerzas Armadas de un país con fronteras muy estrechas y sin profundidad geográfica para absorber los ataques, que además depende de la movilización de sus fuerzas de reserva. Por lo tanto, Israel depende excepcionalmente de las alertas previas, así como de la inteligencia que puede ayudar a prevenir y, si es necesario, adelantarse a las amenazas que nunca han faltado de enemigos pequeños y grandes, ya presentes en el lugar o a tiro de pistola, o a mil millas náuticas de distancia en Irán o incluso al doble si se consideran dignas de atención las amenazas yihadistas del sur de Asia. Sólo esa amenazadora concatenación puede justificar la concentración de los mejores recursos humanos de Israel en sus organizaciones de inteligencia en general, en el Cuerpo de Inteligencia de las FDI más particularmente, y especialmente en la Unidad 8200, cuyas funciones centrales de inteligencia de señales en todas sus formas proporcionan la información más definitiva disponible en un mundo lleno de información poco fiable.

Todo empezó con los peculiares requisitos de inteligencia de las FDI como sistema centrado en las reservas: tenía que disponer de inteligencia anticipada para movilizar sus fuerzas para defender el país. A lo largo de los años, las amenazas a las que se enfrentaba Israel variaron, evolucionaron y se transformaron en diversas formas, desde la infiltración transfronteriza hasta los programas nucleares de países hostiles como Irak, Siria e Irán. Las prioridades de la Unidad 8200 cambiaron en consecuencia, pero siempre participó en las operaciones especiales de las FDI, desde la planificación inicial hasta la ejecución. Puede hacerse una idea de las actividades de la unidad a partir de lo que se ha revelado públicamente a lo largo de los años.

- *La llamada Nasser-Hussein*, junio de 1967. La unidad interceptó una llamada telefónica de gran importancia política entre el rey Hussein de Jordania y el presidente egipcio Gamal Abdel Nasser el 6 de junio.[4] El día anterior, las fuerzas aéreas de ambos países habían sido aniquiladas. En la llamada, Nasser sugirió a Hussein que ambos anunciaran que los ataques aéreos del día anterior habían sido ejecutados no sólo por aviones israelíes, sino también por aviones británicos y estadounidenses. En consecuencia, en la mañana del 7 de junio, los medios de comunicación árabes anunciaron que aviones estadounidenses y británicos habían participado en los ataques aéreos israelíes contra aeródromos egipcios y jordanos, lo que provocó ataques masivos contra embajadas estadounidenses y británicas en varios países árabes, y en algunos lugares también se atacó a otros extranjeros y a judíos residuales.

  Como la Unidad 8200 interceptó la llamada y transmitió la información, el Gobierno estadounidense supo inmediatamente quién era el responsable y reaccionó en consecuencia. Fue Moshe Dayan, ministro de Defensa de Israel, quien provocó la publicación del texto de la llamada telefónica, a pesar del agudo disgusto de los profesionales de inteligencia militar, que querían seguir escuchando las llamadas de Nasser. Pero la prioridad de Dayan era asegurarse de que el Gobierno estadounidense supiera exactamente quién había fabricado la perjudicial acusación.

- *Operación Entebbe*, 4 de julio de 1976. La noche anterior, cuatro transportes Hércules C-130 volaron de Israel a Uganda para liberar con éxito a 102 rehenes retenidos por terroristas alemanes y palestinos bajo la protección del gobernante del país, Idi Amin. En uno de los C-130 viajaban veinte soldados de la Unidad 8200 que conocían el árabe, el ruso, el inglés y el swahili, la lengua oficial de Uganda. Su contribución a la operación fue fundamental porque controlaban todos los movimientos aéreos así como las comunicaciones del ejército ugandés sobre el terreno, reduciendo la vulnerabilidad inherente a una fuerza muy pequeña que podría haberse visto desbordada fácilmente.[5]

- *Frustración de un complot terrorista contra un avión de pasajeros en Australia*, julio de 2017. La Unidad 8200 interceptó la comunicación entre terroristas del ISIS que planeaban hacer estallar un vuelo de Etihad Airways que viajaba de Sidney a Abu Dabi. La información que Israel pasó a las autoridades australianas condujo a la detención de dos sospechosos en Sidney, los hermanos libanés-australianos Khaled Khayat, de cuarenta y nueve años, y Mahmoud Khayat, de treinta y dos, que fueron acusados de «preparar o planear un ataque terrorista», posteriormente declarados culpables y condenados a largas penas de prisión. El ministro del Interior australiano Peter Dutton declaró en una entrevista que Israel participó «directamente» en el descubrimiento del supuesto complot y que «el vuelo de Etihad estuvo a punto de saltar por los aires y habría provocado la pérdida de cientos de vidas humanas, por lo que estamos muy agradecidos por la ayuda que Israel prestó en ese asunto».[6]

- *Stuxnet.* La existencia de un gusano informático que saboteó la instalación iraní de separación de uranio-235 en Natanz salió a la luz en 2010 y fue identificado como Stuxnet. La exposición se produjo a raíz de la filtración de documentos de la Agencia de Seguridad Nacional (NSA) estadounidense por parte de Edward Snowden que mostraban que Stuxnet había sido desarrollado conjuntamente por Israel y Estados Unidos.[7] Dado que la Unidad 8200 es la única organización encargada de llevar a cabo la ciberguerra, el vínculo entre la 8200 y Stuxnet fue inmediato.[8] Su objetivo eran los sistemas SCADA de Siemens, que controlan y supervisan a distancia las máquinas industriales; en este caso, las centrifugadoras de separación de uranio. Stuxnet saboteó el programa nuclear iraní al desbaratar el *software* que supervisaba las centrifugadoras, provocando su sobreaceleración, sobrecalentamiento y combustión. Además, Stuxnet disimuló su propia actividad enviando información errónea a los operadores de las centrifugadoras que les mostraba que todo funcionaba correctamente. La sofisticación de Stuxnet fue de tal forma que incluso, si los operarios se hubieran percatado de la avería, Stuxnet les habría bloqueado el acceso y la corrección del problema.[9]

- *Flamer.* Otro ciberataque contra Irán atribuido a la Unidad 8200 está relacionado con el *malware* Flamer, o Flame. Fue descubierto por el laboratorio Kaspersky Lab, con sede en Moscú, que admitió que no había logrado comprender del todo a Flamer porque su código era cien veces más largo que el de cualquier *malware* que hubiera encontrado hasta entonces.[10] La Universidad de Tecnología y Economía de Budapest se refirió a él como «el *malware* más sofisticado que hemos encontrado durante nuestras prácticas; podría decirse que es el *malware* más complejo jamás encontrado».[11]

El *malware* Flamer tenía los atributos de un troyano, un gusano malicioso y un virus. Se ejecuta en el sistema operativo Microsoft Windows y permite al atacante recopilar información sobre el ordenador infectado. Flamer accede a información que incluye grabaciones de vídeo y audio, capturas de pantalla, registro de la actividad del teclado e incluso cambios en la configuración del ordenador.[12] El *malware* no sólo recopilaba información de los ordenadores iraníes, sino que también infligía daños reales; por ejemplo, saboteó terminales petrolíferas iraníes en abril de 2012, obligando a cerrarlas durante varias semanas.[13] La Universidad de Tecnología y Economía de Budapest estimó que, cuando se descubrió Flamer, ya llevaba cinco años activo.[14] Una vez desvelado el *malware*, quedó claro que su principal zona de interés había sido Oriente Próximo.[15] Los países dañados por el *malware*, además de Irán, fueron Siria, Líbano, Arabia Saudí y Sudán, así como la Autoridad Palestina. Una semana después de su exposición, el *malware* comenzó a autodestruirse, lo que planteó la posibilidad de que su difusión hubiera sido aún mayor de lo que se estimó en un principio.[16]

Según el equipo nacional iraní de respuesta a emergencias informáticas, MAHER, existe un vínculo entre Flamer y Stuxnet, ya que compartían algunos atributos comunes exclusivos de ambos. MAHER confirmó que Flamer había logrado superar cuarenta y tres programas antivirus y había causado una grave pérdida de información.[17] Según diversas fuentes, Flamer, al igual que Stuxnet, estaba vinculado a la Unidad 8200 porque se encarga de las ciberoperaciones defensivas.[18]

Originada en una época en la que la palabra *virus* sólo tenía connotaciones médicas, la Unidad 8200 es la expresión actual de un esfuerzo sostenido que comenzó antes de que existiera un Estado de Israel. Su designación original era Shin-Mem 2, como sucesor lineal de la vertiente de inteligencia de comunicaciones de la organización de inteligencia SHY de la Haganah preestatal, acrónimo de Sherut Yediot («Servicios de Información»). Originalmente SHY recopilaba sobre todo inteligencia humana, pero adquirió algunas capacidades SIGINT que acabaron evolucionando hasta convertirse en la Unidad 8200.[19] Ante la insistencia de Ephraim Dekel, jefe del SHY, se compró la primera antena de captación y se instaló en la calle Ben-Yehuda de Tel Aviv.[20] El objetivo de la antena era una comisaría británica cercana. En cuanto se recogieron sus señales, se descubrió inmediatamente que los británicos encriptaban sus transmisiones, por lo que la unidad SIGINT necesitaba también un equipo de desencriptación. A la manera informal de aquellos días, pronto se reunió y se puso manos a la obra. Tras la compra de la primera antena, muy pronto el Departamento SIGINT del SHY estaba interceptando setenta y cuatro emisoras de radio inalámbricas de la Policía británica, lo que proporcionó mucha información a la Haganah en su lucha contra el Mandato Británico, permitiéndole salvaguardar los cursos de entrenamiento clandestinos y sus modestos alijos de armas ocultas de las incursiones policiales.[21] El número de objetivos SIGINT creció porque, además de la Policía británica, el SHY también escuchaba a escondidas a cualquier persona considerada hostil a la causa, incluidos cónsules extranjeros, periodistas y miembros de las dos organizaciones paramilitares judías paralelas (pero rivales), la más pequeña Irgún y la minúscula pero peligrosa Lehi (también conocida por los británicos como la banda Stern).[22]

En 1948, con el estallido de la guerra, se tomó la decisión de desmantelar el Departamento SIGINT del SHY, ya que se necesitaba cada centavo y a cualquiera que pudiera disparar para la lucha. Pero el fundador y jefe del departamento, Mordechai Almog, insistió en que el SIGINT era crucial para la naciente inteligencia israelí, y decidió seguir financiándolo él mismo con ayuda de otros miembros del departamento. En 1952, Isser Be'eri, el primer jefe de la Dirección de Inteligencia Militar de las FDI, descubrió que el Departamento SIGINT había estado trabajando sin ninguna autorización legal. Decidió restablecer oficialmente la unidad bajo las FDI como Shin-Mem 2, abreviatura de Sherutey Modi'in 2 («Servicios de Inteligencia 2»). Su primer cuartel general en Jafa incluía barracones, así como laboratorios técnicos y oficinas para los equipos de descifrado. En 1953, la creciente unidad y su cuartel general se trasladaron a Ramat Hasharon, justo al norte de Tel Aviv, donde permanece hasta hoy.[23] Al principio, el personal de la unidad estaba compuesto principalmente por judíos de países árabes, sobre todo de Irak, que podían utilizar sus conocimientos de árabe para producir información de inteligencia crucial que ayudó inmensamente a la seguridad nacional de Israel.[24]

En sus primeros días, el objetivo del Shin-Mem 2 era recopilar información de inteligencia de señales de las redes de comunicación de los ejércitos árabes y obtener información sobre armas y radares a través de la vigilancia electrónica y el descifrado. Pero incluso cuando la unidad tenía antenas instaladas en las fronteras, quedaba una distancia considerable entre la frontera egipcio-israelí y el delta del Nilo. Para cerrar la brecha y aumentar en general la cobertura de la unidad, se creó una nueva rama para la inteligencia aérea, que inicialmente adquirió las plataformas más baratas disponibles, los DC-3 Dakota, así como globos antiaéreos excedentarios. Estos últimos fueron sustituidos por globos nuevos en la década de 1970, que se utilizaron durante treinta años hasta la llegada de nuevos vehículos aéreos.[25] En el momento de redactar este informe, la Unidad 8200 dispone de diversos aviones, entre ellos, *jets* Gulfstream.

Durante las décadas de 1980 y 1990, el mundo experimentó la revolución de los teléfonos móviles, y la Unidad 8200 se convirtió en pionera en el procesamiento digital de señales, desarrollando sus propios receptores de señales que mejoraron el seguimiento de los teléfonos móviles.[26] Las misiones actuales abarcan desde la clásica recopilación de señales de inteligencia hasta la vigilancia y el seguimiento de redes de telefonía móvil y fija, redes militares tácticas, sistemas de armamento y radares. Al igual que antes, la unidad es responsable de descifrar lo que intercepta, por lo que se ve inmersa en una carrera de armamentos criptológicos, ya que la seguridad de la información y el cifrado siguen evolucionando rápidamente.

En Israel, como en otros lugares, la guerra cibernética es ahora un fenómeno en curso junto con la guerra naval, aérea y terrestre.[27] En consecuencia, existe una mayor presión sobre los recursos totales de la 8200, especialmente porque Hatzav —la Unidad OSINT (de fuente abierta) de las FDI— ha sido puesta bajo el mando de la 8200. Se puede disponer de su material previa solicitud, pero su explotación requiere habilidades lingüísticas, así como un conocimiento lingüístico de la situación.[28]

Sin embargo, la Unidad 8200 ha seguido siendo en todo momento una organización de combate, cuyos soldados aptos de ambos sexos reciben algún tipo de entrenamiento con armas antes de pasar a otras cosas. Además, la 8200 cuenta con una unidad de sus propios combatientes entrenados para reunir y recopilar información de inteligencia tras las líneas enemigas.[29] En la actualidad, es la unidad más grande de las FDI.[30] Se calcula que el personal de la Unidad 8200 asciende a unos seis mil efectivos.[31] A pesar de su tamaño, sigue siendo pequeña en comparación con sus homólogas, de modo que, aunque sea tan buena como su equivalente británico GCHQ o la colosal NSA en calidad, no puede igualar a ninguna de las dos en cantidad.[32] Existe mucha cooperación con la NSA y el GCHQ, pero evidentemente no en todos los asuntos, sólo en las amenazas comunes.[33]

El secreto persiste. El nombre del comandante de la unidad, un general de brigada y uno de los oficiales más importantes de las FDI, nunca se hace público, y la estructura de la unidad también es un secreto muy bien guardado, salvo por el hecho de que cambia según lo requiera la situación —la plasticidad de las FDI también persiste—. Según se informa, hay tres centros:

El Centro de Inteligencia es el más grande, con departamentos y secciones de recopilación, análisis, geográficos, por países y funcionales. El Despliegue de Inteligencia se encarga de las bases y puestos de la unidad, incluidos los situados en las fronteras. Una base de la Unidad 8200 fue revelada por el periódico francés *Le Monde Diplomatique* en 2010, que describió la base del Negev occidental con sus treinta antenas y parabólicas para la recogida de señales globales.[34] El Centro Tecnológico es parte integrante de la 8200, con laboratorios y talleres: «Cuanto más avanzados eran nuestros equipos, más capaces éramos de proporcionar inteligencia fiable en tiempo real». Para desarrollar sus propios equipos y modificar los de otros, la 8200 se esfuerza por participar en los avances de la industria celular y de otras industrias de alta tecnología y cibernética.[35] El Centro de Descifrado evolucionó a partir de los equipos de descifrado del SHY y, al igual que su prototipo, es la parte más secreta de una organización secreta, con acceso limitado incluso para el resto del personal de la 8200. Dada la proliferación de la encriptación, el Centro de Descifrado se enfrenta a un desafío de gran volumen que sólo puede superarse con métodos de inteligencia artificial altamente desarrollados. Los soldados de la Unidad 8200 siempre han estado sujetos a estrictos procedimientos de autorización de seguridad, pero su acceso a otros secretos de las FDI no estuvo limitado hasta 1973, con el caso particular de un oficial de inteligencia.

El desdichado protagonista era Amos Levinberg, un joven oficial de la 8200 destinado en el monte Hermón, en la frontera entre Israel y Siria. El 6 de octubre de 1973, el primer día de la guerra, el puesto de Levinberg fue tomado por el ejército sirio y él fue capturado con otros trece soldados. En cautiverio, Levinberg cayó bajo la manipulación de los sirios. Éstos le dijeron que el Estado de Israel había sido derrotado; que la primera ministra Golda Meir y el ministro de Defensa Moshe Dayan se habían suicidado, y que no quedaba nada de la población. Levinberg, dotado de una fenomenal memoria fotográfica, respondió contándoles a los sirios todo lo que sabía.[36] Recordaba todos los nombres en clave, mapas, planos de oficinas e incluso cientos de números de matrícula de varios oficiales de las FDI.[37] Cuando fue devuelto a Israel en un intercambio de prisioneros de guerra confesó todo; se hicieron necesarias medidas correctivas masivas, pero no fue procesado. Tras el incidente, comenzó la compartimentación dentro de la Unidad 8200, como de hecho en todas las FDI, en lugar de la ingenua confianza anterior en la discreción de todos. Evidentemente, Levinberg sabía demasiado, incluida mucha información que no tenía nada que ver con su trabajo. Ahora, como en todas partes, el acceso a la información coincide con el área de responsabilidad de cada persona.

Los numerosos ingenieros eléctricos, electrónicos y de *software* de la Unidad 8200, junto con otros especialistas, obtuvieron sus títulos como soldados en activo en instituciones académicas civiles, pero con financiación del Ejército, lo que conlleva una obligación de servicio. Los reclutas de la vía académica (*atuda academit*; literalmente, «reserva académica») comienzan a los dieciocho años, como todos los demás reclutas, pero luego son enviados a estudiar a expensas de las FDI.[38] Los ingenieros que no siguen la vía académica son conocidos en la 8200 como *academizators*, soldados que consiguieron terminar sus licenciaturas en Ciencias por su cuenta. A diferencia de otras unidades de las FDI, la 8200 no acepta voluntarios; supervisa a los estudiantes de secundaria y de otras escuelas, y elige a quién invitar para las pruebas y la selección. Al hacerlo, la unidad 8200 tiene prioridad sobre todas las demás unidades de las FDI.

Según se informa, los soldados que hablen farsi tendrán prioridad para la 8200, aunque también estén cualificados para el entrenamiento de vuelo o el programa Talpiot, por lo demás, las vías más prestigiosas de las FDI, con derecho preferente de rechazo en todos los asuntos de selección de personal. Pero la 8200 somete a sus seleccionados preliminares a requisitos estandarizados: una prueba de aptitud y un rango de perfil de al menos cincuenta y tres sobre cincuenta y seis, es decir, en la décima parte superior de todos los reclutas. Una vez superadas las pruebas generales, los pocos reclutas que dan la talla son convocados para otro examen que pone a prueba su potencial tecnológico, y los que obtienen puntuaciones especialmente altas son asignados al Centro Tecnológico. A continuación, se realizan pruebas cognitivas y sociales, una entrevista y, por último, el proceso de autorización de seguridad. Después, todos los que aprueban son recibidos calurosamente en la Unidad 8200.

La formación posterior comienza en el campo de entrenamiento básico del Cuerpo de Inteligencia con algo de formación elemental en combate de infantería. Después comienzan los diferentes cursos profesionales, y cada uno consta de varios meses de duración, durante los cuales los soldados viven bajo un intenso horario de 08:00 a 22:00 y pasan la mayor parte del día estudiando. Un graduado relató: «Me reclutaron en la 8200 justo después de terminar el bachillerato. Puedo garantizarle que los pocos meses de estudio que hice en la unidad fueron más intensos que todo lo que había experimentado en años de instituto».[39] Al final de este curso, los soldados son enviados a puestos designados en las distintas bases de la 8200.

Una vía alternativa de formación en el empleo es la de los soldados que son enviados inmediatamente a sus puestos de destino al terminar la formación básica de tipo infantería. Estos soldados pueden ser enviados primero a cursar estudios académicos o ser plenamente cualificados en sus departamentos operativos. Los estudios pueden incluir formación lingüística; por ejemplo, en árabe, farsi y otros idiomas de interés. El programa Bandera de la Unidad 8200 es también un curso de preparación para el Ejército. Forma a los oficiales de inteligencia de red de la unidad, que supervisan y traducen los mensajes.

Los estudiantes de secundaria israelíes interesados se esfuerzan por descifrar las últimas prioridades de la 8200 para aumentar sus posibilidades de ser seleccionados. Los que saben idiomas más raros de Oriente Medio pueden contar con ser convocados sin impedimentos, y lo mismo ocurre con los estudiantes con notas excelentes, especialmente en las asignaturas de Matemáticas, Física o Informática, un poderoso incentivo para trabajar duro en la escuela. El proceso de selección dura algunos meses y puede terminar en un rechazo, pero se permiten candidaturas concurrentes para la Academia de Vuelo y las unidades de operaciones especiales de alto nivel.

La ideología esencial de la 8200 es que nada es imposible. En su cultura se asemeja más a una versión de alta energía de una empresa emergente de alta tecnología que a una unidad regular del Ejército. Los mandos de la unidad 8200 son muy conscientes de ello y hacen lo que pueden para fomentar la ambición sin límites. Inevitablemente, el entorno disciplinario de la 8200 es laxo, y la división entre soldados y oficiales no es sólo de papel, como en muchas unidades ordinarias de las FDI, sino casi inexistente. El exteniente G., que sirvió cinco años en el Centro de Inteligencia de la 8200, definió el ambiente como libre y complaciente, una experiencia absolutamente diferente a la de servir en otras unidades, incluso en las FDI informales.[40]

Además, los oficiales de la 8200 siguen una política de puertas abiertas que se extiende a su oficial al mando. Cualquiera en la unidad, incluido un nuevo recluta convencido de que un asunto requiere atención de un nivel superior, es libre de presentarse a la puerta (o utilizar un dispositivo de comunicación comparable) del oficial de mayor rango, hasta el oficial al mando inclusive, sin tener que respetar la cadena oficial de mando. Esta política no se deriva de una liberalidad genérica, sino de la prudencia. La guerra de octubre de 1973 comenzó con un colosal fallo de los servicios de inteligencia, un Pearl Harbor israelí o una operación Barbarroja, en la que la enorme acumulación de fuerzas del enemigo no pasó desapercibida, sino que fue desastrosamente malinterpretada. Los jefes del Cuerpo de Inteligencia de las FDI fracasaron en el desempeño de su tarea más crítica: proporcionar una alerta temprana de guerra que permitiera la movilización de las fuerzas de reserva de las FDI. Detectaron pero explicaron los indicadores más fuertes de que los egipcios y los sirios se preparaban para la guerra. Esto se debió a que estaban cautivos de la teoría de que los egipcios no iniciarían ninguna guerra porque no tenían esperanzas de conseguir los medios para contrarrestar la superioridad aérea de Israel, porque sabían que no podrían ganar una guerra sin ella y, por último, porque no iniciarían una guerra que no pudieran ganar. Los jefes de las FDI pasaron por alto la posibilidad de que se iniciara una guerra para activar reacciones internacionales que rescataran a Egipto de su apuro tras la pérdida del Sinaí en 1967, aunque el resultado inmediato fuera una derrota militar. Que el resultado final fuera efectivamente una derrota para los egipcios y más aún para los sirios no disminuyó los costes y las pérdidas de la falta de preparación. Ha pasado ya medio siglo desde el fracaso de la inteligencia de 1973, causado no por inadvertencia, sino por una arrogancia intelectual desmesurada, pero sigue siendo un acontecimiento definitorio para la inteligencia israelí. Las investigaciones de posguerra descubrieron que un teniente coronel del Cuartel General de Inteligencia Militar había reunido pruebas persuasivas de que una guerra a gran escala era inminente, pero su superior no estaba de acuerdo y él no tenía acceso más arriba en la jerarquía.

El ambiente abierto de la 8200 se puso de manifiesto en una serie de sucesos ocurridos en enero de 2003. Un oficial de la 8200, A, se negó a facilitar información sobre el paradero de un objetivo para una operación en Cisjordania debido a una «objeción de conciencia». La Unidad 8200 recibió la orden del Estado Mayor de recabar información sobre un objetivo concreto, y el oficial A estaba a cargo de la misión. El día de la operación, el oficial debía pasar la inteligencia pertinente al Departamento de Investigación de la Dirección de Inteligencia Militar, pero se negó a hacerlo porque civiles desarmados podrían resultar heridos si se atacaba el objetivo. Como la División de Investigación no pudo obtener la información necesaria del oficial A, se dirigió directamente al comandante de la Unidad 8200, quien ordenó al oficial que proporcionara personalmente la información. Incluso después de la orden directa, el oficial A se negó durante veinticinco minutos más, cuando otro oficial llegó a la sala de operaciones y proporcionó la información necesaria.[41] Finalmente, la operación no se ejecutó porque se aceptó la valoración del oficial A sobre los posibles daños colaterales. A pesar de su desobediencia, se le elogió por su buen juicio, pero también se le reprochó no haber proporcionado la información de inteligencia necesaria en tiempo real. El episodio revela que la unidad realmente anima a sus oficiales a utilizar el sentido común en todo lo que hacen.

Para estimular las mentes y aliviar la presión de los que se ven obligados a aplicarse durante días enteros para descubrir un pequeño detalle de entre muchos, la unidad organiza conferencias, seminarios y diversos programas de enriquecimiento en una variedad de campos, con días de diversión para romper la rutina.[42] Estas actividades extracurriculares son tanto para soldados como para oficiales, con el fin de estrechar los lazos entre todos. Un ejemplo de este tipo de actividad es un proyecto de TED Talks incorporado por los soldados de la unidad en el que pueden elegir sus campos de interés, ya estén relacionados con su trabajo militar o no, y luego ofrecen conferencias a sus colegas, abriéndoles una ventana en otros campos de interés. Este proyecto ha tenido un gran éxito en la 8200, y un joven teniente llegó a declarar que había puesto en práctica en su trabajo militar una idea inspirada en una conferencia.[43]

Otro proyecto singular de la Unidad 8200 es SOOT —SIGINT Outside the Box—. Una reciente iniciativa de abajo arriba, SOOT es de hecho un *hackathon*, un encuentro colaborativo. En cada uno de ellos participan unos treinta soldados y oficiales, con el objetivo de abordar obstáculos resistentes mediante una lluvia de ideas de orden abierto. A veces se plantean incluso cuestiones administrativas, como el reparto de tareas entre distintos departamentos. Para cada sesión, los soldados se toman unas semanas para investigar el tema lo más profundamente posible; después se reúnen para buscar posibles soluciones.[44]

UNA ÉLITE DIFERENTE: «VER LEJOS» Y LA UNIDAD 9900

Nadav Rotenberg era un típico adolescente israelí lleno de vida y energía al que le encantaban los deportes, la vida al aire libre y pasar tiempo con sus muchos amigos y su querida novia. Cuando llegó el momento de alistarse, se presentó voluntario para servir en el Batallón 202 de la 35.ª Brigada de Paracaidistas. El 7 de noviembre de 2011, su unidad se enfrentó a militantes armados en la frontera de Gaza. En la batalla subsiguiente resultó muerto.[45] Poco después, el padre de Nadav, Dror, se reunió con varios de sus compañeros. Buscaban una forma de conmemorar a Nadav. Mientras los hombres hablaban, compartieron historias sobre sus hijos e hijas. Uno de los padres habló abiertamente de sus dos hijos autistas, que tenían dificultades. Al escuchar su historia, Tal Vardi, antiguo oficial del Mossad, decidió hacer algo al respecto con las FDI.

El autismo es un fenómeno creciente, o al menos ha crecido su reconocimiento. Un estudio publicado en abril de 2018 por los Centros para el Control y la Prevención de Enfermedades de EE. UU. reveló que uno de cada cincuenta y nueve niños en Estados Unidos se encontraba dentro del espectro autista, lo que supone un aumento del 15 % con respecto a dos años antes y del 150 % con respecto a catorce años antes. En total, unos 3,5 millones de estadounidenses padecen un trastorno del espectro autista (TEA) según lo que es, obviamente, una definición ampliada. Tampoco se trata de un fenómeno exclusivamente estadounidense; se dan porcentajes similares en todo el mundo. Casi el 42 % de las personas de veintipocos años con autismo nunca han trabajado, y los que lo hacen ganan sueldos exiguos.[46] Para los jóvenes autistas israelíes la frustración se agrava porque, a diferencia de sus compañeros, están exentos del servicio militar y, por tanto, se les niega una parte importante de la experiencia formativa de la mayoría de los jóvenes israelíes.

Las FDI tienen una larga tradición de asumir misiones que no son puramente militares por el bien de la sociedad y de la nación. Pero Tal Vardi tenía que encontrar alguna justificación válida para los elevados costes de alistar a reclutas autistas. La encontró dentro de su propia área de especialización: la inteligencia.

Un reto central de nuestra era es la creciente brecha entre la capacidad técnica de recopilación y producción de datos y la capacidad humana de seleccionar y procesar la avalancha de información para convertirla en conocimiento significativo que pueda ser realmente útil. Ahí es donde algunos individuos con TEA pueden tener una clara ventaja. En formas que aún no han sido descubiertas por la ciencia, parece que sus cerebros están cableados de forma diferente, lo que les permite realizar ciertas tareas de forma más eficaz. Lo más notable es que pueden concentrarse en un solo elemento durante un tiempo relativamente largo, y también realizar tareas repetitivas que requieren cribar grandes cantidades de información con discrepancias muy pequeñas, una tarea que agotaría rápidamente a otras personas.

Vardi llamó a su amigo y colega Tamir Pardo, entonces jefe del Mossad, que organizó una reunión con investigadores y oficiales de las FDI para averiguar si se podría emplear de forma útil a israelíes autistas en edad militar. Cuando Vardi y Pardo empezaron a indagar sobre el asunto, descubrieron que otra colega del Mossad, Leora Sali, física a cargo del equipo de tecnología del Mossad, les había precedido. Sali, que tiene un hijo autista, persuadió a algunos oficiales de las FDI para que reunieran un pequeño equipo de investigadores con el fin de explorar cómo las FDI podían utilizar las capacidades especiales de los sujetos con TEA. Vardi se unió a Sali, pero sugirió un curso de acción diferente; en lugar de investigar, deberían poner en marcha un programa piloto. En 2012 comenzó debidamente el programa piloto Roim Rachok («Vemos lejos»).[47]

El equipo identificó la Unidad de Inteligencia 9900 como el ajuste perfecto. La Unidad 9900 recopila inteligencia visual, incluidos datos geográficos procedentes de satélites y aviones, y se encarga de cartografiar e interpretar la inteligencia visual para las tropas en el campo de batalla, así como para los mandos superiores. Una tarea clave de la 9900 consiste en examinar un gran número de fotos del mismo objeto para detectar variaciones muy pequeñas entre ellas, como un pequeño montón de tierra que se ha movido o un nuevo camino de tierra que aparentemente no lleva a ninguna parte. En entornos urbanos densos, los cambios son aún más difíciles de descifrar.

No es infrecuente que los sujetos con TEA se concentren obsesivamente en el mismo objeto durante horas y que posean una memoria magnífica para los pequeños detalles. Por lo tanto, se esperaba que, al comparar las fotos, pudieran detectar las variaciones más pequeñas.[48] En una visita a la Unidad 9900, cuando LG Gadi Eisenkot (jefe de personal de las FDI en 2015-2019) se detuvo ante el escritorio de uno de los soldados autistas, éste le mostró con gran orgullo algo de importancia que había encontrado en una foto aérea. Eisenkot miró la foto de cerca: «¿Dónde lo ves?», le preguntó. «Ahí, está muy claro», dijo el soldado a su jefe de personal, señalando en la pantalla del ordenador. Eisenkot, por mucho que lo intentó, no pudo ver nada raro.[49]

Había muchas barreras; entre ellas, cómo seleccionar a los que podrían adaptarse a la vida militar. ¿Cómo exponerlos a los secretos militares, sabiendo que pueden ser más vulnerables a la manipulación de los extraños? No había respuestas, pero Vardi y Sali siguieron adelante. El programa comienza con un curso de tres meses en un colegio civil, donde los candidatos aprenden habilidades sociales básicas y estudian temas académicos que los prepararán para el servicio militar. Los candidatos se encuentran en el extremo de alto funcionamiento del espectro. De los aproximadamente cien solicitantes que hay cada año, alrededor del 80 % son aceptados. Muchos poseen conocimientos especializados sobre diversos temas a un alto nivel, ya sea en relación con la arqueología, las lenguas o la música. Después del programa, los que cumplen los requisitos se alistan en la Unidad 9900, donde pasan por un entrenamiento especial para cualificarse como analistas.

Los dividendos fueron casi inmediatos. Antes de la operación Margen Protector de 2014 en Gaza, se encargó a los soldados de la ASD que compararan decenas de miles de fotografías aéreas para descubrir indicios de una posible actividad terrorista de Hamás y la yihad islámica, como explosivos, minas o túneles. Sus mandos esperaban que el trabajo les llevara un año y medio, pero los resultados estuvieron listos en tres meses, a tiempo para que los hallazgos pudieran ser utilizados por las unidades sobre el terreno.[50] De hecho, a diferencia de los soldados regulares, a los miembros de la unidad se les tuvo que decir que dejaran de trabajar después de muchas horas, porque pueden sobrecargarse de trabajo. Mientras trabajan, los soldados TEA de la 9900 suelen llevar auriculares para escuchar música, neutralizando así cualquier cosa que pueda distraerlos.[51]

El programa funciona ahora con múltiples fines: proporciona a estos reclutas un sentimiento de pertenencia y normalidad al servir en el Ejército como lo hacen otros jóvenes; facilita su entrada en el mercado laboral, y puede generar una inteligencia muy valiosa. Además, las habilidades que aprenden son directamente aplicables en muchas empresas de alta tecnología. Las sucursales israelíes de Intel y eBay fueron las primeras empresas en contratar a jóvenes del programa.[52] Otras grandes corporaciones de fuera de Israel han tomado nota. «Es una reserva de talento que realmente no se ha aprovechado», dijo Jenny Lay-Flurrie, directora de Accesibilidad de Microsoft.[53]

De momento, el programa se ha aplicado en otras partes de las FDI, incluidas las fuerzas aéreas. Pero las FDI ya habían recorrido este camino antes. El mismo jefe de personal de las FDI Rafael Eitan, que estableció el programa de élite Talpiot, también fue el responsable de poner en marcha otro programa continuo, esta vez para los menos privilegiados. Denominado oficialmente MAKAM, acrónimo hebreo de Centro para el Avance de la Población con Necesidades Especiales, aunque el programa es más conocido por su nombre no oficial, «Los chicos de Raful» (del apodo de Rafael Eitan). Está destinado a soldados que proceden de entornos difíciles; muchos de ellos, desertores escolares con antecedentes penales por delitos menores, lo que los exime —y excluye— del servicio militar.

Tras vencer mucha resistencia en poco tiempo, Eitan, uno de los oficiales más duros de la historia de las FDI, se salió con la suya y los primeros reclutas se alistaron en 1981 en un programa de entrenamiento básico de tres meses diseñado específicamente para ellos.[54] El lugar de entrenamiento tiene un significado simbólico: Havat Hashomer («Granja de los Guardias», también conocida como «Granja Sejera»). Fue el emplazamiento de la primera organización sionista de autodefensa, Bar-Giora, que se puso en marcha en 1907 bajo el dominio otomano. Dos años más tarde creció y se conoció como Hashomer («la Guardia»), una pequeña organización de élite muy selectiva (sus miembros no aceptaron en sus filas ni siquiera a David Ben-Gurion, algo que éste nunca olvidó ni perdonó). Cuando en 1920 se hizo evidente la necesidad de una organización de ámbito nacional, Hashomer se fusionó con la Haganah, que más tarde se convertiría en las FDI.

Las comandantes de unidad, desde las líderes de escuadrón hasta la comandante de compañía, son todas mujeres soldado altamente cualificadas y meticulosamente seleccionadas: la primera elección de las FDI para entrenadoras en general. La admisión para convertirse en comandante es altamente selectiva, y las seleccionadas poseen una rara combinación de dureza con una gran sensibilidad para atender las necesidades psicológicas especiales de sus soldados. El comandante de todo el programa, un teniente coronel, suele ser un oficial con años de experiencia en unidades de combate como los paracaidistas o la Brigada Golani, y el puesto se considera bastante prestigioso. El programa en sí incluye un plan de estudios básico de entrenamiento de combate con contenidos educativos adicionales de nivel de secundaria, como clases de historia y geografía, así como apoyo psicológico y emocional individual. El joven personal de mando cuenta con el apoyo y el asesoramiento de psicólogos y trabajadores sociales que supervisan todo el proceso.

Tras cuatro décadas de ensayo y error, el programa se considera un éxito. Cada año participan entre 1000 y 1500 soldados, el 85 % de los cuales completan con éxito el curso y se incorporan a las filas de las FDI en diversos puestos. Muchos reciben formación en oficios que pueden proporcionarles un medio de vida tras su servicio en las FDI: camioneros, operadores de maquinaria pesada, cocineros. Pero cada año alrededor del 15 % se alista en unidades de combate.[55] Después de completar su servicio de reclutamiento, los soldados permanecen, por supuesto, en las reservas durante muchos años más, justificando así el programa incluso con la métrica más estrecha de generar soldados a partir de delincuentes potenciales. Algunos ascienden de rango e incluso se convierten en oficiales, y sus historias inspiran a otros candidatos.[56] La mayor contribución es, por supuesto, para la sociedad civil israelí, ya que cada año cientos de chicos jóvenes que tenían una alta probabilidad de pasar el resto de su vida en interminables ciclos de delincuencia y prisión se transforman en ciudadanos productivos respetuosos con la ley.[57]

OTROS TIPOS DE INNOVACIONES

Desde el estallido del COVID-19, las FDI, al igual que otras Fuerzas Armadas de todo el mundo, se han enrolado en una respuesta nacional. Las FDI pueden hacer más que la mayoría debido a la amplia base de sus fuerzas de reserva. Aunque ayudaron como otras fuerzas militares, con hospitales de campaña, por ejemplo (aunque en realidad el sistema sanitario israelí no exigía ninguno), su papel pronto se hizo más central. Cuando la pandemia empezó a propagarse rápidamente en Israel en marzo de 2020, se aplicaron rápidamente medidas de control, y la pandemia parecía estar bajo control en mayo. Pero durante junio y julio se produjo un segundo brote, y quedó claro que las medidas de marzo no serían suficientes. En agosto de 2020, la magnitud de la tarea había quedado clara. Se pidió al Mando del Frente Interior de las FDI, la organización de defensa civil, que creara y dirigiera rápidamente un centro de mando nacional, el Cuartel General Allon.[58] Aunque dirigido por el Mando del Frente Interior de las FDI, el Cuartel General Allon coordina los esfuerzos de las organizaciones civiles, incluidos el Ministerio de Sanidad y el Ministerio de Defensa, y de las autoridades locales. Los 2000 soldados que componían el Cuartel General Allon incluían a los del Mando del Frente Interior, el Cuerpo Médico, la Dirección de Informática y Comunicaciones y la Dirección de Inteligencia; muchos eran reservistas que aportaron variados conocimientos civiles. La tarea, obviamente, consistía en cortar la cadena de contagio. Para ello, el Cuartel General Allon se organizó en cuatro centros: el Centro de Pruebas, encargado de la gestión de los laboratorios nacionales; el Centro de Muestreo y Transporte, que aumenta las capacidades de muestreo del Ministerio de Sanidad y entrega rápidamente las muestras a los laboratorios; la unidad Ella para investigaciones epidemiológicas, realizada por 300 reservistas con conocimientos profesionales para la tarea, y el Centro de Cuarentena, responsable de la gestión de los hoteles de recuperación y cuarentena.[59] El Cuartel General Allon utiliza una plataforma de datos común, desarrollada por la Unidad 8200 y la Dirección de Informática y Comunicaciones de las FDI, que integra los datos de las cuatro organizaciones de mantenimiento de la salud sin ánimo de lucro de Israel (Kupat Holim) que inscriben a todos los ciudadanos (la inscripción en una de las cuatro es legalmente obligatoria) y deben aceptar a todos los solicitantes independientemente de sus afecciones preexistentes. Otros organismos que colaboran con el Cuartel General Allon son el Ministerio de Sanidad y el servicio médico de urgencias de Israel Magen David Adom, junto con otros organismos y ministerios.[60]

No satisfecha con un papel operativo, la organización de I+D de las FDI, MaFat de la famosa Cúpula de Hierro, se propuso hacer lo que mejor sabe hacer —innovar— bajo la dirección de su jefe, el Dr. Daniel Gold. Al MaFat no le falta ambición.[61] Una de las ideas que persiguió es Magen («Escudo»), una aplicación desarrollada por la Agencia de Seguridad Interna de Israel, el personal del Shabak y expertos de la empresa de *software* Matrix que correlaciona los datos de localización de los teléfonos móviles con los datos de las investigaciones epidemiológicas y alerta al usuario si hay una persona infectada cerca. De este modo, ayuda a traer a las personas que han estado en contacto con los pacientes para aislarlas rápidamente.

Otro equipo desarrolló un *software* llamado Indor para responder al problema de los pacientes coronarios descubiertos dentro de una sala de hospital, lo que puede provocar el cierre de toda la sala. La nueva tecnología proporciona un sistema de monitorización avanzado que detecta —mediante señales Bluetooth, redes inalámbricas de Internet, etc.— quién acaba de pasar junto al paciente dentro de la sala, lo que permite poner en cuarentena sólo a los que se acercaron, mientras la sala sigue funcionando con normalidad. Otra herramienta más es un *software* de integración que llega a las bases de datos de las organizaciones de mantenimiento de la salud y del Ministerio de Sanidad utilizando herramientas de inteligencia artificial para identificar los primeros signos de propagación con el fin de suprimir los brotes locales en las primeras fases, proporcionar una imagen clara de la propagación viral y ofrecer a los responsables de la toma de decisiones un mapa de control de la evolución en tiempo real.

Paralelamente a las medidas de vigilancia y alerta, los equipos también trabajaron en el desarrollo de diversos desinfectantes.

Uno de los desarrollos es un guante que impide la transferencia de virus entre superficies y contiene un antiséptico. Esto responde al hecho de que los guantes de goma que utiliza mucha gente evitan el contacto de las bacterias con el cuerpo, pero no impiden la transferencia a la siguiente superficie que toque la persona.

Otro foco de atención es la identificación de los pacientes. Entre los desarrollos en la agenda se encuentran formas de detectar el virus fuera del laboratorio con la ayuda de medios electroópticos o pruebas de aliento, y otro intento para identificar a las personas infectadas por el olor. Un socio principal en este esfuerzo concentrado es la Unidad 81.[62]

LA UNIDAD 81

Cada pocos años las FDI desvelan el manto de secretismo que rodea a una unidad hasta ahora secreta, principalmente para atraer candidatos en la feroz competencia por los reclutas con talento entre Talpiot, la Academia de Vuelo, la Atuda y la 8200. A finales de 2020, en plena epidemia de COVID-19, le llegó el turno a la que algunos consideran la hermana pequeña de la Unidad 8200: la Unidad 81.

Mientras que la Unidad 8200 es una productora en masa de innovaciones, la Unidad 81 se dedica a las innovaciones a medida, un conjunto *boutique* de investigación y desarrollo. Conocida originalmente como Rama n.º 8 (Anaf 8) y luego Unidad 432 antes de que finalmente se le cambiara el nombre, estuvo tripulada por ingenieros y científicos de distintas disciplinas (muchos, procedentes del programa Talpiot) a los que se considera solucionadores de problemas. Su tarea colectiva consiste en proporcionar soluciones a medida principalmente para la inteligencia de las FDI, pero también para otros mandos. Su virtud (su «propuesta de valor», en la jerga de Silicon Valley) es la capacidad de entrega rápida. A diferencia de otras operaciones de I+D que podrían medir los progresos en años, el horizonte temporal de la Unidad 81 para una solución en marcha se extiende como mucho a meses y, a veces, sólo semanas. Dispuesta a plantearse cualquier reto, pero preferiblemente retos del estilo de *Misión Imposible*, su enfoque implica la búsqueda de la eficacia a toda costa, aunque se trate de una eficacia ineficaz que sólo tenga valor práctico para problemas únicos.

Uno de los fundadores de la unidad fue el mismo Avraham Arnan que fundó Sayeret Matkal, cuyo propósito era proporcionar rápidamente el equipo ad hoc necesario. Arnan ideó el lema de la unidad: «El conocimiento, el deseo y la dedicación harán posible lo imposible». Uno de sus primeros éxitos fue añadir una pequeña cámara invisible a los primeros teléfonos portátiles Motorola utilizados por los agentes de campo, décadas antes de que todos los teléfonos móviles tuvieran una. Otro fue acoplar cámaras a aviones de juguete teledirigidos antes de que llegaran los primeros drones. A lo largo de los años, la unidad fue galardonada con el Premio Israel de Seguridad en treinta y siete ocasiones, más que la Unidad 8200, que es muchas veces mayor. De hecho, ninguna otra unidad de las FDI ha ganado tantos premios.

En los últimos años, el centro de atención de la Unidad 81 se había desplazado a las ciberoperaciones antes de cambiar de nuevo a las aplicaciones de inteligencia artificial que evolucionan hacia máquinas de inteligencia autónoma. Otra distinción de la 81 es el impresionante número de *start-ups* que han fundado sus antiguos alumnos. «Somos la verdadera incubadora de *start-ups*», les gusta presumir. Una encuesta realizada en 2021 por el periódico financiero israelí *Calcalist* mostró que, durante los años 2003-2010, unos cien soldados y oficiales de la Unidad 81 lanzaron cincuenta *start-ups* que atrajeron unos 4000 millones de dólares en financiación y tuvieron un valor de capital de mercado de 10.000 millones de dólares.[63]

La Unidad 81 no sigue ningún protocolo militar, sus soldados rara vez llevan uniforme y a sus comandantes se les llama por su nombre de pila. Las lucrativas oportunidades que se presentan fuera de ella suponen un grave problema de retención para las FDI, especialmente para unidades como la 8200 y, de forma más crítica, para la 81, mucho más pequeña. Pero parece que sus apasionantes y convincentes retos, así como la satisfacción personal de superarlos, mantienen en uniforme a suficientes talentos.

CONCLUSIÓN

La visión de jóvenes de pelo salvaje con uniformes harapientos horrorizó a los dos oficiales de la Marina estadounidense que debían ponerse en contacto con sus homólogos israelíes en Beirut en septiembre de 1982.[1] Su tarea consistía en organizar una reunión formal con el oficial al mando israelí para asegurarse de que las respectivas patrullas se mantuvieran bien alejadas unas de otras, para evitar incidentes de fuego amigo, por supuesto, pero también porque los marines no estaban allí para ayudar a los israelíes, sino más bien para acelerar su partida, y todos los observadores debían saberlo y, de hecho, verlo con sus propios ojos.[2] Los marines encontraron a un oficial subalterno que los llevó hasta el coronel con el que debían reunirse: con marcas descoloridas en los hombros que sustituían a sus charreteras de teniente, estaba sentado en el suelo, con la espalda apoyada contra una pared y tan desaliñado y sin afeitar como los soldados que lo rodeaban; comía una ración de carne directamente de la lata, el abrelatas le servía de tenedor.

Enseñados a que la disciplina interior empieza por la apariencia exterior, los pulcros y aseados marines perdieron enseguida todo respeto por el ejército israelí, a pesar de que éste acababa de realizar un avance de 150 kilómetros muy rápidamente, con apenas un puñado de bajas.[3] Pero lo que ocurrió a continuación podría haberles hecho cambiar de opinión: cuando el desaliñado oficial reaccionó al sonido de una explosión soltando la lata para empuñar su arma mientras escrutaba la escena, sus soldados, aún más desaliñados, se movieron instantáneamente con él, formando un conjunto bien practicado para observar a su alrededor, con las armas en la mano listas para disparar.

Esa es la diferencia más fácilmente observable entre el Ejército israelí y sus homólogos de todo el mundo. Es decididamente más informal en apariencia y conducta, y no sólo por preferencias individuales. Nunca se ve a sus oficiales con uniformes de gala por la sencilla razón de que no se expide ninguno, salvo a un puñado de agregados militares en capitales extranjeras, a un equipo de instrucción en aeropuertos y al jefe de personal para los encuentros oficiales con visitantes extranjeros. En cuanto al saludo correcto y los ejercicios de desfile, los programas de entrenamiento sencillamente no dejan tiempo para ellos. La otra diferencia es que las FDI han sido persistente y notablemente innovadoras en muchos aspectos diferentes, no meramente de forma incremental mediante versiones actualizadas y mejoradas de lo que ya existía, sino más bien con una secuencia de macroinnovaciones genuinamente nuevas: algunas organizativas, como con las FDI, que siguen siendo las únicas Fuerzas Armadas de servicio único; algunas operativas, como con la ofensiva aérea de 1982, la primera acción militar dirigida por ordenador en cualquier lugar, y algunas tecnológicas, como con el misil antibuque Gabriel, desarrollado en los primeros días de extrema escasez, y el mucho más reciente blindaje invisible de defensas activas para tanques.

¿Están relacionados la informalidad, los uniformes de trapo y la macroinnovación? ¿Son facetas de un mismo fenómeno más profundo? Una respuesta la sugiere una anécdota contada por un oficial de la reserva de las FDI:

> A finales de 1982, mi batallón de reserva… fue reforzado… con una compañía de nuevos reclutas —inmigrantes de diversos países que habían llegado superando el límite de edad para el servicio militar obligatorio completo—. Habían realizado sólo unas semanas de entrenamiento básico antes de ser asignados a una unidad de reserva.
>
> Bastantes ya habían servido en los ejércitos de los países de los que procedían. Empecé a hacerles preguntas sobre sus experiencias militares. Todos coincidieron en que ninguno de ellos había experimentado un ejército tan desordenado y desorganizado como las

FDI. A modo de broma les respondí: «Bueno, por eso ganamos guerras: la guerra es un desorden desorganizado y aprendemos a lidiar con él todo el tiempo».

Todos nos reímos, pero uno de mis soldados que había emigrado a Israel desde Rodesia, país al que había emigrado previamente desde Sudáfrica, habiendo formado parte de los ejércitos de ambos, interrumpió las risas: «En realidad, no tiene gracia, tiene usted razón. Serví en el Ejército sudafricano cuando empezó la guerra en Namibia; tardamos medio año en adaptarnos de las normas y el estilo de vida de los tiempos de paz a los de la guerra. Por ejemplo, al principio, cada vez que acampábamos en algún sitio nos construiríamos un campamento normal, con banderas y piedras encaladas que marcaran nuestra ubicación, etc. Tardamos meses en darnos cuenta de que en realidad estábamos ayudando al enemigo a localizarnos y a poner fin a esto. Lo mismo con… otras tonterías del Ejército».[4]

Esa es, en realidad, la razón fundamental por la que las FDI han sido tan persistentemente innovadoras: no por una presencia, sino por una ausencia. Nacidas en la guerra por declaración oficial antes de que tuvieran una estructura definida, moldeadas por sucesivas improvisaciones desde entonces, las FAI no están compuestas por instituciones militares sólidamente atrincheradas que puedan valorarse por su resistencia pero que se resistan al cambio. Tampoco ha habido nunca una abundancia de financiación que ofrezca remedios fáciles para cada problema que surja. Estas dos ausencias no aseguran nada en sí mismas, pero dejan abiertas puertas a la innovación que de otro modo podrían estar cerradas: la necesidad, nos dice el proverbio, es la madre de la invención, pero también hay impedimentos. Como resultado, tal y como hemos visto, cuando los individuos se dirigen a oficiales de las FDI, incluso remotamente relevantes, con una nueva idea, es mucho más probable que reciban una audiencia de lo que sería el caso en cualquier otro lugar, y eso se extiende a individuos sin cualificaciones previas o pretensiones de experiencia.

Es indiscutible que la guerra inspira poderosamente la innovación, pero las instituciones militares en guerra absorbidas por sus propias tareas urgentes se resisten naturalmente a las distracciones, incluidas las innovaciones propuestas que pueden o no dar resultados en el futuro, pero que sin duda desviarían la atención y los recursos que se necesitan urgentemente para una guerra en curso. En el caso de Israel, se está librando una guerra prolongada desde antes de su nacimiento, aunque con un elenco de enemigos cada vez menor, pero con combates de baja intensidad que duran mucho más que breves episodios de combate de alta intensidad. De ahí que, como ocurre con otras Fuerzas Armadas en guerra, en las FDI haya muchos que se esfuerzan por prevalecer sobre el enemigo no sólo cumpliendo con su deber, sino también ideando sus propias soluciones personales para los problemas que encuentran a cada paso. Éstas van desde botas inadaptadas al terreno (las botas siempre son inadaptadas al terreno) hasta tácticas que pueden ser mejores que las establecidas para las circunstancias del momento; nuevos métodos operativos que aprovechan mejor las fuerzas disponibles; nuevos tipos de unidades militares, o nuevos sensores, sistemas o configuraciones de armas que aprovechan mejor la tecnología del momento.

Como sabemos por diarios, memorias de guerra y propuestas técnicas archivadas, tales pensamientos se les han ocurrido a los soldados, oficiales e incluso jefes del Estado Mayor de muchas Fuerzas Armadas de todo el mundo, así como a muchos científicos, ingenieros y observadores civiles dotados de mentes inventivas.[5] La diferencia de las FDI es que han permanecido abiertas a lo nuevo, hasta el punto de que su historia desde 1948 se ha caracterizado por una serie de innovaciones bruscas más que por la aplicación sin problemas de planes de desarrollo bien trazados.

En años más recientes, las FDI han evolucionado aún más en la búsqueda de la innovación, desde una disposición al cambio interno y, lo que es más inusual, a examinar con facilidad las propuestas externas, hasta la creación de unidades militares cuyo propósito mismo es innovar, lo que constituye una innovación en sí mismo. Algunas están centradas en la tecnología para empezar, como la Unidad 81; otras son fuerzas de combate en primer y último lugar, pero especialmente atentas a las nuevas opciones tecnológicas, como en el caso de la unidad de comandos 5101 Shaldag; una es un programa, Talpiot, que existe específicamente para aprovechar el talento de reclutas excepcionales, mientras que la Unidad 8200 debe innovar constantemente para poder funcionar.

En Estados Unidos, donde se reconoce desde hace tiempo la necesidad de promover la innovación dentro de las unidades de defensa, se han creado sucesivas organizaciones de alto nivel con este fin, dirigidas por oficiales superiores especialmente cualificados y con credenciales probadas como innovadores. Una de ellas fue la Organización para la Iniciativa de Defensa Estratégica (SDIO), anunciada el 23 de marzo de 1983 y establecida en 1984, cuyo propósito era desarrollar sistemas innovadores de defensa basados en el espacio y de otro tipo contra misiles balísticos intercontinentales y misiles balísticos lanzados desde submarinos con armamento nuclear. Su objetivo era encontrar mejores alternativas a los radares terrestres de defensa balística y a los interceptores propulsados por cohetes que se habían desarrollado desde 1957 en diversas configuraciones (Sentinel, Safeguard), sin alcanzar nunca resultados suficientemente satisfactorios. Su primer director fue el teniente general de la USAF James Alan Abrahamson, bien cualificado para la tarea como antiguo director del programa del transbordador espacial de la NASA. Un ejemplo más reciente es el Centro Conjunto de Inteligencia Artificial (JAIC) anunciado en junio de 2018 como una nueva subdivisión de las Fuerzas Armadas de Estados Unidos, cuyo primer director a partir de diciembre de 2018 fue el teniente general John N. T. Shanahan, altamente cualificado para la tarea por su supervisión del Proyecto Maven («un equipo interfuncional de guerra algorítmica»), que Shanahan definió en 2017 como «un proyecto piloto para servir de *pathfinder*, esa chispa que enciende el frente de llamas de la inteligencia artificial en el resto del Departamento [de Defensa]».[6]

Las estimaciones contemporáneas de la calidad del liderazgo y los instintos tecnológicos de los generales James Alan Abrahamson y John N. T. Shanahan fueron muy positivas, y la opinión posterior ha coincidido. Sin embargo, esas cualidades personales no pudieron alterar las estructuras esencialmente jerárquicas y descendentes de las organizaciones que dirigían; como partes integrantes del Departamento de Defensa estadounidense, no podía ser de otro modo.

Las unidades de las FDI que persiguen la macroinnovación como hizo el SDIO y hace el JAIC son mucho más pequeñas, por supuesto, y sin duda sólo disponen de una pequeña fracción de sus recursos, pero se diferencian más fundamentalmente porque están formadas en su mayoría por reclutas adolescentes supervisados por reclutas de poco más de veinte años, con pocos oficiales de carrera de más de treinta años y, como mucho, uno o dos mandos ligeramente mayores, que a su vez se adhieren a políticas de puertas abiertas. Ninguna de esas cosas, incluido el inevitable cliché de un ambiente de puesta en marcha, garantiza la creatividad, pero tomadas en conjunto eliminan el obstáculo más obvio para la innovación, la autoridad de lo viejo sobre lo nuevo. Esa era la ventaja bien oculta de los orígenes de las FDI allá por 1948, cuando todos los implicados habrían preferido tener unas Fuerzas Armadas sólidamente establecidas, aunque fueran un poco anticuadas. Es una ventaja que aún se conserva hoy en día.

Notas

INTRODUCCIÓN

1. Tzavah Ha'Haganah le Israel es literalmente «Ejército para la Defensa de Israel». Zahal es el acrónimo cotidiano.

2. La batalla de la 7.ª Brigada Blindada en los Altos del Golán, del 6 al 9 de octubre de 1973, fue citada explícitamente como modelo en el Manual de Campo del Ejército de EE. UU. FM 100-5, 14 de junio de 1993, Secciones 6-20, 6-21, 6-22.

3. El primer vehículo aéreo pilotado por control remoto de las FDI, el Tadiran Mastif, voló por primera vez en 1973, convirtiéndose en operativo poco después, mientras que hasta la guerra del Golfo de 1991 los únicos RPV en servicio en EE. UU. eran importaciones israelíes.

4. El 31 de octubre de 1968, los objetivos eran el puente de Nag Hammadi sobre el Nilo, una estación transformadora y un segundo puente en Qena. Elizar Cohen, *La mejor defensa de Israel* (Nueva York: Crown, 1993), 366-373.

5. La Unión Soviética fue la primera en desplegar misiles antibuque (el KSShch Shchuka OTAN, reportado como el SS-N-1 Scrubber) en 1955, seguido por el Termit-15 que la OTAN reportó como el Styx; en realidad, un pequeño avión a reacción. Pero el Gabriel que entró en funcionamiento en 1969 era un hidroavión, mucho menos vulnerable a la interceptación que el Styx.

6. El primer sistema de protección activa para vehículos blindados fue el Drozd soviético, desplegado en Afganistán como Komplex 1030M-01.

7.   Por ejemplo, el ingeniero Manfred Held, creador alemán del concepto de «blindaje reactivo» en Occidente. No recibió ningún apoyo en su Alemania natal a pesar de sus conocimientos sobre explosivos reconocidos en todo el mundo, pero el jefe de blindaje de las FDI lo adoptó de inmediato.

LEVANTAR UN EJÉRCITO BAJO EL FUEGO

1.   Suiza y Finlandia, no por casualidad dos países incondicionalmente independientes, también tienen fuerzas centradas en la reserva, en las que la parte en servicio activo es aún menor que en las FDI porque sus reclutas sirven menos de un año.

2.   Jehuda L. Wallach, *El hadegel: Hakamat tsava amami tokh kedei lehima: Hatsava hafederali be'artsot habrit bemilhemet ha'ezrahim vetsahal bemilhemet ha'atsma'ut- mehkar mashveh* (Tel Aviv: Ma'arachot, 1997), 50.

3.   Ley de Defensa Nacional (R. S. C., 1985, c N-5), https://laws-lois. justice.gc.ca/eng/acts/n-5/página-3.htm.

4.   *Instrucciones de vestuario de las Fuerzas Canadienses* (Ottawa: Departamento de Defensa Nacional, 2011), 5-1-2.

5.   Todavía no es un servicio separado, ahora se llama «Ejército del Aire y del Espacio», Zroa HaAvir VeHahalal.

6.   Fue entonces cuando Aryeh Dvoretzky, un destacado matemático que ejercía entonces como jefe científico de las FDI, propuso el uso de miniaviones controlados por radio con cámaras de vídeo estabilizadas para fotografiar las baterías de misiles antiaéreos egipcias, en lugar de aviones tripulados. Edward Luttwak le presentó la idea en junio de 1970.

7.   El Comité de Jefes del Estado Mayor, formado en 1923, era una mera tertulia: carecía de un G-3 multiservicio que coordinara las operaciones. Su predecesor de 1936, el Ministerio de Coordinación de la Defensa, sin personal ni presupuesto, era ineficaz.

8.   La Ley Goldwater-Nichols de Reorganización del Departamento de Defensa del 4 de octubre de 1986.

9.   Las canciones del Ejército Rojo se cantaban con fervor, pero se desconocía su estructura de mando.

10. Al igual que en las fuerzas egipcias e iraquíes, que más tarde adoptaron el modelo soviético. Michael J. Eisenstadt y Kenneth M. Pollack, «Ejércitos de nieve y ejércitos de arena: The Impact of Soviet Military Doctrine on Arab Militaries», en Emily Goldman y Leslie Eliason, eds., *The Diffusion of Military Technology and Ideas* (Palo Alto, CA: Stanford University Press, 2003).

11. El Palmaj fue creado por los británicos en 1941, equipado y entrenado para servirles como comandos y unidades de reconocimiento; tras la derrota de Rommel a finales de 1942, los británicos intentaron desmantelar la fuerza. El Palmaj pasó a la clandestinidad, haciéndose pasar por una organización voluntaria de asistencia agrícola para los kibbutzim israelíes. El entrenamiento continuó en secreto tal y como lo habían impartido originalmente los británicos, aunque con menos recursos.

12. Ken Jefery, La *historia secreta del MI6* (Nueva York: Penguin Press, 2010), 689-697.

13. Cuando el protagonismo de los oficiales británicos en los combates se convirtió en un escándalo en Londres, se retiraron públicamente, sólo para regresar inmediatamente en silencio. *The Spectator*, «La Legión Árabe, por uno de sus oficiales», 18 de junio de 1948, 6.

14. Gerald M. Pops, «Marshall, el reconocimiento de Israel», http://marshallfoundation.org/library/wp-ntent/uploads/sites/16/2015/01/Israel_Pops.pdf.

15. A diferencia de sus subordinados del Departamento de Estado, Marshall estaba a favor de la inmigración judía a Estados Unidos.

16. La CIA preveía que la resistencia judía no podría durar más de dos años: «Las consecuencias de la partición de Palestina». *SECRET* 28, 1 de noviembre de 1947, https://www.jewishvirtuallibrary.org/cia-report-on-the-consequences-of-partición.

17. Una figura muy subestimada, Ehud Avriel, alias Georg Überall, a los treinta años fue enviado a Praga para comprar armas, con el apoyo del ministro de Asuntos Exteriores Jan Garrigue Masaryk hasta su defenestración el 10 de marzo de 1948. La falta de entusiasmo de Stalin por los judíos se vio superada por sus prioridades antibritánicas, y las ventas continuaron tras el asesinato de Masaryk y la toma comunista de Checoslovaquia.

18. Los Messerschmitt Bf 109 reequipados que siguieron en producción, cuando se agotaron los motores originales, fueron reequipados

con sustitutos Jumo 211F mal adaptados que provocaron accidentes de aterrizaje. No obstante, las cinco primeras victorias en combate aéreo de las FDI se lograron precisamente con esos Avia S-199.

19. Https://blog.nli.org.il/en/hoi_egypt_tel-aviv/.

20. Vea la descripción y las fotos del Museo del Cuerpo Blindado de las FDI en Latrun: https:// yadlashiryon.com/armored-corps/armored-corps-ever-since/armored-corps-establishment.

21. Moshe Dayan fue jefe de las FDI durante la campaña del Sinaí de 1956 y ministro de Defensa en las guerras de 1967 y 1973; como ministro de Asuntos Exteriores de 1977 a 1979 dirigió las negociaciones secretas que condujeron a la visita de Anwar Sadat a Israel.

22. «La Administración para el Desarrollo de Armas e Infraestructura Tecnológica», abreviada MaFat, un organismo conjunto del Ministerio de Defensa civil y las Fuerzas de Defensa de Israel uniformadas.

CÓMO LA ESCASEZ PUEDE FORZAR LA INNOVACIÓN

1. Heyl Avir, «Cuerpo Aéreo», es ahora oficialmente Zro'a HaAvir VeHahalal, «Brazo Aéreo y Espacial». Una «fuerza», no un servicio separado, que sigue contando con el apoyo de todas las FDI y sigue estando sujeto al Estado Mayor de las FDI.

2. Vea el revelador relato del ex-RAF Derek O'Connor en https://www.historynet.com/spitfire-vs-spitfire-aerial-combat-israels-war-independence.htm.

3. Tolkowsky sirvió en la guerra de Independencia, se retiró y se reincorporó en 1951. Fue jefe al mando del Cuerpo Aéreo durante la campaña del Sinaí de 1956.

4. Jefrey L. Ethell, *Mustang: A Documentary History of the P-51* (Londres: Jane's Publishing, 1981).

5. Mikoyan y Gurevich, que superaron a otros diseñadores soviéticos en la utilización de tecnología alemana capturada, sorprendieron a Estados Unidos con su MiG-15 (más rápido que el F-86 estadounidense en Corea), luego el MiG-17, seguido por el MiG 19, equipado con radar, y después el MiG-21, de éxito mundial.

6. Aplicaba la mejor tecnología alemana de ala de barrido, con un motor Tumansky R-11 de flujo axial derivado del BMW 003 alemán, y permaneció en servicio durante unos sesenta años.

7. Por ejemplo, el bombardero ligero Sud-Ouest Aviation Vautour II; el Heyl Avir compró treinta y uno a regañadientes en 1967 a falta de algo mejor.

8. Weizman fue un as del aire en la guerra de Independencia, subjefe de las FDI en 1966, ministro de Defensa en 1977-1980 y presidente de Israel entre 1996 y 2000. Véase Ezer Weizman, *On Eagles' Wings* (Nueva York: Macmillan, 1977).

9. El turborreactor de postcombustión Atar 09B con 13.200 lbf de empuje, otro derivado del BMW 003 alemán. El cañón DEFA de 30 mm también era un derivado del Mauser alemán.

10. Ze'ev Lakhish y Meir Amitai, ed., *Asor lo shaket: Prakim betoldot heyl ha'avir bashanim 1956-1967* (Tel Aviv: Ministerio de Defensa, 1995).

11. Dassault nunca repitió el éxito mundial del Mirage III.

12. El subsistema de visualización montado en el casco del F-35, desarrollado en Israel y producido por una empresa conjunta.

UN CUERPO DE OFICIALES JOVEN

1. Shabtai Tevet, *Moshe Dayan: El soldado, el hombre, la leyenda* (Tel Aviv: Schocken, 1971), 415.

2. Martin Van Creveld, *Moshe Dayan* (Londres: Weidenfeld & Nicholson, 2004), 97.

3. Amiram Bareket, «Batsava mitkonenim: Anshei keva yetsu lepensiya begil 42?», *Globes*, 19 de mayo de 2015, http://www.globes.co.il/news/article.aspx?did=1001037877.

4. Edward N. Luttwak, «Reinventar la innovación: Teorías sencillas, remedios complicados», manuscrito inédito.

5. Discurso de Douglas Haig ante la reunión anual del Real Colegio de Veterinarios, 4 de junio de 1925, https://quoteinvestigator.com/2012/11/30/horse-in-war.

6. 10 USC 526: los límites están fijados actualmente en 652 generales/almirantes de rango de bandera, con sublímites de 20 oficiales de cuatro estrellas, 68 de tres estrellas y 144 de dos estrellas, siendo el resto generales de brigada o contralmirantes; pero se permiten oficiales de rango de bandera adicionales para los mandos conjuntos multiservicio.

7. La armada de Bolivia, país sin salida al mar (desde 1879), cuenta con varios almirantes de cuatro estrellas.

8. HaKirya también alberga el Ministerio de Defensa civil, al igual que el Departamento de Defensa, dirigido por civiles, está ubicado en el Pentágono con los jefes y cuarteles generales de cada servicio.

9. En el sistema estadounidense, todas las fuerzas están dirigidas por los comandantes de teatro para el Indo-Pacífico, Oriente Medio (Mando Central), Europa y América Latina (Mando Sur), mientras que el presidente del Estado Mayor Conjunto es el asesor principal del secretario de Defensa, que asesora al comandante en jefe, el presidente. Su homólogo israelí no es el primer ministro, sino el conjunto del gabinete de ministros.

10. Los estrategas israelíes definen tres anillos de amenaza. Primer anillo: Estados hostiles con una frontera común con Israel (ejemplo: Siria). Segundo anillo: Estados hostiles con otro Estado entre ellos e Israel (ejemplo: Irak). Tercer anillo: todos los Estados hostiles más allá de los Estados del segundo anillo (ejemplo: Irán).

11. Edward Luttwak recuerda que la pretendida informalidad se desvaneció por la insistencia del Ejército británico en lustrar con saliva las botas, soldar con la técnica del «braseado» los detalles metálicos y blanquear los cinturones.

12. Las Fuerzas Armadas holandesas, mucho más pequeñas (unos 41.000 soldados en activo y 6000 en la reserva), contaban en 2021 con un general de cuatro estrellas y ocho generales y almirantes de tres estrellas, además de unos sesenta oficiales de dos estrellas y una estrella. Profesor Coronel Ret. Frans Osinga, Academia Militar Holandesa, correspondencia privada, 27 de abril de 2021.

13. Las Fuerzas Armadas extranjeras que carecen de un cuerpo de suboficiales fuerte son habitualmente degradadas en las estimaciones de capacidad de EE. UU., erróneamente en el caso de las Fuerzas Armadas que forman a sus oficiales subalternos como líderes de combate.

14. De ahí los incidentes diarios entre soldados de las FDI y civiles palestinos que aparecen en videoclips tendenciosamente editados (los lanzadores de piedras convocan previamente a las cámaras de TV).

15. Todd South, «El entrenamiento extendido está aquí para quedarse para los soldados de infantería y blindados», *Armytimes.com*, 15 de octubre de 2020.

16. Daniel Kahneman, «El Premio Sveriges Riksbank de Ciencias Económicas en memoria de Alfred Nobel 2002: Biographical», http://www.nobelprize.org/nobel_prizes/ciencias-economicas/laureates/2002/kahneman-bio.html.

17. Equivalen aproximadamente a 200 dólares al mes, y el doble para los soldados de combate. Los soldados inmigrantes sin padres en el país reciben pagos por alojamiento y comida cuando están de permiso. Teniente coronel (retirado) Dori Pinkas, antiguo instructor jefe, entrevista en *Ba'had Ehad*, Tel Aviv, 15 de marzo de 2016.

18. OCS Branch Descriptions, Fort Benning Maneuver Center of Excellence, 9 de enero de 2018.

19. Kenneth R. Tatum y asociados, «Liderazgo y ética a través del continuo de aprendizaje», *Air and Space Power Journal*, invierno de 2019, 43.

20. A menos que comenzaran la escuela de vuelo tras haber servido primero en otros servicios, ramas o unidades: véase FAI, http://www.iaf.org.il/4428-45785-he/IAF.aspx.

INNOVACIÓN DESDE ABAJO

1. Véase el veredicto del preeminente historiador militar Martin Van Creveld: «Históricamente hablando, han tenido más éxito aquellos ejércitos que no convirtieron a sus tropas en autómatas, no intentaron controlarlo todo desde arriba y permitieron a los comandantes subordinados una latitud considerable». Martin Van Creveld, *El mando en la guerra* (Cambridge, MA: Harvard University Press, 1985), 273.

2. Sobre las órdenes de misión y la cultura de la iniciativa, véase Eitan Shamir, *Transforming Command: The Pursuit of Mission Command in the US, British and Israeli Armies* (Palo Alto, CA: Stanford University Press, 2011).

3. En las Fuerzas Armadas menos avanzadas, los propios oficiales se muestran reacios a tomar la iniciativa, temiendo los riesgos profesionales del fracaso. Por ejemplo, en la intervención turca de marzo de 2018 en Afrin (operación Zeytin Dalı Harekâtı), las unidades que avanzaban contaban con un abrumador apoyo de artillería

pero actuaban visiblemente en rígidos movimientos a balón parado bajo control vertical.

4. Véase la página web del Museo Haganah: http://www.irgon-haagana.co.il/info/hi_show.aspx?id=21814.

5. Encabezada por el juez retirado Eliyahu Winograd, de ahí el nombre de «Comisión Winograd»: https://online.wsj.com/public/resources/documents/winogradreport-04302007.pdf.

6. Como señala Martin Van Creveld, «la guerra de Israel contra Hezbolá no fue un fracaso», *Jewish Daily Forward*, 30 de enero de 2008.

7. Véase Dan Senor y Saul Singer, *Start-Up Nation: The Story of Israel's Economic Miracle* (Nueva York: McClelland & Stewart, 2009), 67-83.

8. Nir Barkat, «Tsava vehitek», *Ma'ariv*, 18 de septiembre de 2000.

9. Esta mentalidad no se vio mermada décadas más tarde, cuando Edward Luttwak, en una visita en 2019, tuvo otra sugerencia de *hardware* que motivó un contrato de desarrollo conceptual en cuestión de días.

10. Moshe Dayan, *Yoman Vietnam* (Tel Aviv: Dvir Co. Ltd, 1977), 62-63. Un día antes del comienzo de la guerra de junio de 1967, el ministro de Asuntos Exteriores Abba Eban leyó en voz alta un mensaje de Robert McNamara, secretario de Defensa: «Aprecio mucho y respeto personalmente a Dayan, que ha proporcionado el informe más equilibrado sobre la situación en Vietnam que jamás haya llegado a mi conocimiento». *Moshe Dayan: Avney derekh* (Tel Aviv: Dvir Co. Ltd, 1977), 427.

11. Moshe Dayan, *Breakthrough: A Personal Account of the Egypt-Israel Peace Negotiations* (Londres: Weidenfeld and Nicolson, 1981), 169-170.

12. Comenzó en 1979 bajo el mando del jefe del Estado Mayor Rafael Eitan (1978-1983) a sugerencia de dos profesores de Física de la Universidad Hebrea, Felix Dothan y Shaul Yatziv. «Talpiot» o «Torretas» procede del Cantar de los Cantares 4:4, que describe la majestuosidad de las torretas de un castillo, la altura de los logros.

13. Estas unidades son secretas, pero las FDI proporcionan información básica en su página web.

14. Este principio se atribuye a menudo al mariscal de campo prusiano Von Moltke. Cuando uno de sus oficiales excusó un error alegando que sólo seguía órdenes, von Moltke replicó: «Su Majestad le hizo oficial porque creía que usted sabría cuándo no seguir órdenes».

Trevor N. Dupuy, *A Genius for War: The German Army and General Staff, 1807-1945* (Englewood Clifs, NJ: Prentice-Hall, 1977), 116.

15. Richard A. Gabriel, *Operación Paz para Galilea: La guerra entre Israel y la OLP en el Líbano* (Nueva York: Hill & Wang, 1984), 102.

16. Doron Avital, *Logika bife'ula* (Or Yehuda, Israel: Kinnert, Zmora Bitan, Editorial Dvir, 2012), 56-58. Avital también contó la historia en detalle a los autores en una reunión privada en 2016.

17. La Unidad de Reconocimiento del Estado Mayor, o Unidad 269, creada originalmente para la recopilación de información de inteligencia tras las líneas enemigas. Avital se retiró como teniente coronel, completó un doctorado en Filosofía en la Universidad de Columbia, se convirtió en socio de una empresa de capital riesgo y fue elegido miembro de la Knesset, el Parlamento israelí.

UN EJÉRCITO DE RESERVA DE INNOVADORES

1. Consulte la página web www.archives.mod.gov.il/pages/exhibitions/bengurion/bigImages/hakamat_tzahal.jp.

2. Dov Tamari, *Ha'uma hehamusha: Aliyata vesh'ki'ata shel tofa'at hamiluim beyisrael* (Moshav Ben Shemen, Israel: Editorial Modan y Ma'arachot, 2012), 59-214.

3. El autor Edward Luttwak intentó utilizarla, pero su potente muelle era casi imposible de amartillar.

4. Archivo UPI, «Las naciones árabes atacan Israel», 15 de mayo de 1948, https://www.upi.com/Archives/1948/05/15/Arab-nations-Attack-Israel/6118818754330/.

5. Incluso tras los recientes recortes. Sólo las Fuerzas Armadas finlandesas son comparables: en 2016 contaban con unos 24.000 soldados en servicio activo y 230.000 en formaciones de reserva equipadas.

6. Maram, más tarde, Mamram, acrónimo de Centro de Computación y Sistemas de Información (*Merkaz Mahshevim UMa'arahot Media*), que proporciona todo el procesamiento de datos de las FDI. Alexander Speiser, *Mamram-mador hafala*, Asociación para la Conmemoración de los Soldados Caídos del Cuerpo de Señales de las FDI (Israel: Yehud Monson, 2020), 60-85.

UN COMPLEJO MILITAR-INDUSTRIAL DIFERENTE

1.   Incluida la empresa privada Elbit Systems, cuya tecnología patentada incluye el principal avance del F-35 —su sistema de visualización montado en el casco— y diversas entidades estatales.

2.   Según le contó a Eitan Shamir.

3.   En el caso de Japón, la distorsión causada por el tabú de los portaaviones es extrema: sus buques de la clase Izumo son en realidad portaaviones de tamaño justo, con 27.000 toneladas de desplazamiento total, pero su categorización internacional es DDH, que indica un destructor con cierta capacidad aérea, que en japonés se reduce además a *goei-kan*, que significa simplemente «escolta».

4.   Casi todas las grandes compras militares son «de origen» porque los componentes de los principales sistemas de armamento se compran muy deliberadamente en el mayor número posible de distritos del Congreso; sin duda, los de los miembros de la Cámara de Representantes o del Senado del Comité de Servicios Armados o del Subcomité de Defensa del Comité de Asignaciones.

5.   Véase información sobre el MaFat en la página web del Ministerio de Defensa: http://www.mod.gov.il/Departments/Pages/Research_and_Development_Agency_Mafaat.aspx.

6.   Uzi Eilam, *Keshet Eilam* (Tel Aviv: Miskal, Yedioth Aharonoth, Chemed Books, 2009), 153-162.

7.   Eilam, *Keshet Eilam*, 354-370.

8.   En el Museo Patton de Fort Knox, Kentucky, alto templo de la fraternidad del blindaje, la foto de Peled se exhibe junto a las de Patton, Erwin Rommel, Creighton Abrams, Georgy Zhukov e Israel Tal.

9.   Eilam, *Keshet Eilam*, 374-378.

DESARROLLO A ALTA VELOCIDAD

1.   La financiación del proyecto dependía de la ayuda estadounidense. John F. Golan, *Lavi: The United States, Israel, and a Controversial Fighter Jet* (Lincoln: University of Nebraska Press, Potomac Books, 2016).

2.   Uzi Eilam, *Keshet Eilam* (Tel Aviv: Miskal, Yedioth Aharonoth, Chemed Books, 2009), 371.

3. Shlomo Erell, *Lefanekha hayam* (Tel Aviv: Ministerio de Defensa, 1998), 217-218.

4. Ben-Nun (1924-1994) fue el fundador de los comandos de hombres rana de Israel. El 22 de octubre de 1948 condujo una lancha explosiva que hundió el balandro *El Amir Farouq*, de 1400 toneladas, buque insignia de la Marina egipcia, saltando justo a tiempo. En 1956, como comandante de un destructor-escolta, capturó un destructor egipcio. Retirado en 1966, combatió en 1967 en los Altos del Golán como voluntario. Se le conmemora con el Fundación Yohai Ben-Nun para la Investigación Marina y de Agua Dulce.

5. Luciano Garibaldi y Gaspare Di Sclafani, *L'incredibile vicenda di Fiorenzo Capriotti eroe della Decima ed eroe di Israele*, en *Così affondammo la Valiant*, 1.ª ed. (Turín: Edizioni Lindau, 2010).

6. Mike Eldar, *Shayetet 13: Sipuro shel hakomando hayami* (Tel Aviv: Ma'ariv Book Guild, 1993), 109-162.

7. Avner Shur, Aviram Halevi y Tal Bashan, *Ha'esh vehademama: Sipuro shel Yohai Bin-Nun, meyased shayetet 13* (Ben Shemen, Israel: Keter Press 2017), 218.

8. Descripción del barco Jaguar, originalmente con casco de madera, de los astilleros Lürssen de Bremen: Shlomo Erell, *Lefanekha hayam* (Tel Aviv: Ministerio de Defensa, 1998), 217.

9. Shur, Halevi, y Bashan, *Ha'esh vehademama*, 221, 225.

10. Uno era el actual jefe de la inteligencia naval alemana Otto Kretzmer, ganador de la Cruz de Hierro; otro era el profesor Gabler, planificador de submarinos en tiempos de guerra. Haim Shahal, ingeniero jefe del proyecto, creía que un colega alemán había estado en las SS.

11. Es decir, relaciones diplomáticas plenas. El primer ministro de Israel David Ben-Gurion y el canciller Konrad Adenauer de la República Federal de Alemania (RFA) habían firmado un Acuerdo de Reparaciones en 1952; en virtud de un acuerdo secreto de 1960, la RFA aceptó proporcionar armas por valor de 60 millones de dólares, incluidos 12 millones para lanchas torpederas.

12. Shur, Halevi y Bashan, *Ha'esh vehademama*, 226.

13. Shur, Halevi y Bashan, *Ha'esh vehademama*, 226-227.

14. Fue sincero en cuanto a los motivos franceses: «M. Maurice Schumann: Notre politique a abouti au regain de notre influence dans le monde arabe», *Le Monde*, 14 de enero de 1970.

15. Véase Mike Eldar, *Ha'oyev vehayam* (Tel Aviv: Ministerio de Defensa, 1991), 170-182; Moshe Imbar, *Shayetet 3: Sfinot hatilim beheyl hayam* (Tel Aviv: Ministerio de Defensa, 2005), 32-33.

16. Shlomo Erell, *Lefanekha hayam* (Tel Aviv: Ministerio de Defensa, 1998), 312-313; Imbar, *Shayetet 3*, 36-37; Eldar, *Ha'oyev vehayam*, 191-199.

17. Uzi Rubin, «Israel's Air and Missile Defense During the 2014 Gaza War», BESA Center for Strategic Studies, Mideast Security and Policy Studies n.º 111, febrero de 2015, 18.

18. Ulrike Putz, «Turno de cementerio para la Yihad Islámica: Una visita a una fábrica de cohetes de Gaza», *Spiegel Online International*, 29 de enero de 2008, http://www.spiegel.de/international/world/graveyard-shift-for-islamic-jihad-a-visit-to-a-gaza-rocket-factory-a-531578.html.

19. Theodore A. Postol («An Explanation of the Evidence of Weaknesses in the Iron Dome Defense System», *MIT Technology Review*, 15 de julio de 2014) citó las reclamaciones de daños de los seguros para describir el sistema como ineficaz porque las ojivas de cohetes separadas seguían detonando. Es decir, la Cúpula de Hierro no pudo anular el ataque, pero desplazó los daños para salvar vidas y propiedades, aunque las ojivas separadas explotaran.

20. Michael Gilmore, director de Pruebas y Evaluación Operativa del Departamento de Defensa de Estados Unidos, citado en Bill Sweetman, «Not Combat Ready», *Aviation Week and Space Technology*, 15 de febrero de 2016, 34.

21. Carmel Liberman, «Mefaked heyl ha'avir: Anahnu harishonim lehishtamesh ba-F35 bemivtsa hetkefi», *Bamachane' Journal*, 22 de mayo de 2018.

22. Desde el principio, los radares aéreos de apertura sintética podrían revelar el contorno de cualquier avión furtivo que se encuentre bajo ellos porque sus fuselajes ocluyen el terreno detectado de otro modo.

23. Véase Reuven Pedatzur, «Ma kara lekipat barzel», *Ha'aretz*, 28 de agosto de 2013, disponible en https://www.haaretz.co.il/opinions/.premium-1.2107807.

24. Avi Kober, «Cúpula de Hierro: ¿Se ha justificado la euforia?», BESA Center Perspectives Paper n.º 199, 25 de febrero de 2013.

25. BG (Res.) Dr. Danny Gold sirvió en las fuerzas aéreas y, después, en el Departamento de Desarrollo de Armamento. Tras desarrollar

el sistema Cúpula de Hierro, se retiró como general de brigada y se convirtió en jefe de MaFat.

26. BBC News, *Preguntas y respuestas: Conflicto de Gaza,* 18 de enero de 2009, http://news.bbc.co.uk/2/hi/middle_east/7818022.stm.

27. Uzi Rubin, «Kosher histagluta shel ma'arekhet habitahon beyisrael leshinuyim mahap'khani'im basviva ha'estrategit: Hahagana ha'aktivit kemikreh bohan» (tesis doctoral, Universidad Bar-Ilan, 2018), 161-172.

28. «Mesirut, tsiyonut vekhama halakim mi-Toys R Us: Re'ayon im hatsevet hamovil shel kipat barzel shekol haverav bogrei hatekhniyon, al sod hahatslaha shel haproyekt», *The Expert News,* 9 de julio de 2014, http://tracks.roojoom.com/r/12638#/trek?page=1; véase también Ilan Kfir y Danny Dor, *Kipat barzel veha'anashim she'asu et habilti ye'uman* (Or-Yehudah, Israel: Kineret Zmura-Bitan, 2014), 130.

29. «Hahmtzot shel Yisrael», *Ynet,* 15 de abril de 2018, https://www.ynet.co.il/articles/0,7340,L-5227361,00.html#autoplay.

30. BG (Ret.) Dr. Uzi Rubin, entrevista, Tel Aviv, 9 de mayo de 2016. Fundó y dirigió la organización israelí de defensa antimisiles, Minhelet Chuma (1991-1999), supervisando el sistema de defensa antimisiles Arrow, por el que recibió el Premio Israel de Defensa en 1996. Todas las entrevistas del libro fueron realizadas por Eitan Shamir.

31. En realidad, la FAI nunca aprobó el sistema. Uzi Rubin, «Iron Dome Versus Grad Rockets Dress Rehearsal for an All-Out War», BESA Perspectives Papers n.º 173, 3 de julio de 2012, https://besacenter.org/perspectives-papers/iron-dome-vs-grad-rocketsa-vestir-ensayo-para-una-guerra-de-todos/.

32. A., desarrollador principal de la Cúpula de Hierro en MaFat, entrevista, Tel Aviv, 15 de junio de 2016.

33. Uzi Rubin, entrevista.

34. Desarrollador senior en MaFat, correspondencia personal por correo electrónico con los autores, 15 de agosto de 2016.

35. Avigdor Zonnenshain y Shuki Stauber, *Mehakonkord lekipat barzel: Nihul ma'arakhot tekhnologiyot bame'ah ha-21* (Haifa, Israel: The Technion Institute for Research & Development, 2014), 92-94.

36. Zonnenshain y Stauber, *Mehakonkord lekipat barzel,* 89.

37. Zonnenshain y Stauber, *Mehakonkord lekipat barzel,* 95-96.

38. «Mesirut, tsiyonut vekhama halakim», 124, 125.

39. Kfir y Dor, *Kipat barzel*, 126, 143.

40. «Mesirut, tsiyonut vekhama halakim».

41. Zonnenshain y Stauber, *Mehakonkord lekipat barzel*, 97.

42. Zonnenshain y Stauber, *Mehakonkord lekipat barzel*, 97-99.

43. Israel bajo fuego, página web de las FDI, https://www.idf.il/en/articles/defense-and-security/israel-under-fire/.

44. Duah mevaker hamedina, *Mukhanut lizman herum-tahalikh kabalat hahahlatot lefitu'ah ul'hitstaydut bema'arakhot lehagana aktivit keneged raketot karka-karka (RKK); duah shanti 51alef 2009* [Preparación para emergencias, Informe anual n.º 51A 2009, El Contralor del Estado y Defensor del Pueblo de Israel], 85, https://www.mevaker.gov.il/he/Reports/Report_335/ReportFiles/fullreport_2.pdf.

45. Duah mevaker hamedina, *Mukhanut lizman herum*, 93.

46. Edward Luttwak conoció a Burke cuando inspiró un grupo de reflexión entonces innovador cuyo nombre es mejor dejar en el anonimato.

47. Había serias imperfecciones: la ojiva W-47 de Teller tenía un mecanismo de disparo poco fiable y el misil A2 iba con retraso. Pero Burke y Raborn no fueron despedidos. En su lugar, dirigieron los esfuerzos correctores, de modo que a finales de 1961 la versión A2 estaba lista, y el W-47 fue modificado con éxito.

48. Judah Hari Gross, «US Army Receives 1st of 2 Iron Dome Batteries, but Future Unclear», *Times of Israel*, 30 de septiembre de 2020. Durante la operación Borde Protector, los interceptores Cúpula de Hierro ejecutaron 735 intercepciones con éxito: Ben Hartman, «50 Days of Israel's Gaza Operation, "Protective Edge" by the Numbers», *Jerusalem Post*, 28 de agosto de 2014.

LAS MUJERES DE LAS FDI COMO INNOVADORAS

1. Noruega le siguió en 2015, pero sólo una sexta parte de la cohorte de edad se alista realmente. Véase Coronel Ode Inge Botillen, «El servicio militar obligatorio universal en Noruega», Fuerzas Armadas noruegas, Defense Staf Norway, https://www.defmin.fi/files/3825/BOTILLE_2017-06-12_Conscripción_Universal_en_Noruega.pdf.

2. Un ejemplo entre muchos es la pieza central del «Asedio al castillo de Eger» de Béla Vizkelety.

3. El primer instructor de armaduras fue Racheli Bar-Ziv. Véase Shaul Nagr, «Mahzor rishon shel madrikhot shiryon», *Shiryon* 37 (marzo de 2011): 62-64.

4. Avishai Katz, *Hayalei shokolad* (Tel Aviv: Carmel Press, 2011).

5. Un voluntario entrenado para servir como instructor de artillería de tanques tras graduarse en un reputado instituto y una universidad de EE. UU. declaró que las técnicas de entrenamiento de las FDI eran «totalmente más efectivas, de una dimensión diferente». Conversación personal con uno de los autores.

6. Yael Luttwak, antigua instructora de artillería de tanques, Cuerpo Blindado de las FDI, entrevista, Tel Aviv, 2016.

7. Hay algunos suboficiales de carrera en las FDI con responsabilidades administrativas y de mantenimiento, pero las FDI tienen que confiar sobre todo en sus jóvenes reclutas.

8. Aryeh Hashavya, *Tsahal beheylo: Heyl hashiryon* (Tel Aviv: Revivim Press, 1981), 196.

9. Or Heler, «Arayot hayarden: Tsahal yakim g'dud hadash babika», *Hadshot 13*, 14 de noviembre de 2014.

10. Chen Kutz Bar, «Na lehakir: Elinor Joseph, lohemet arviya betsahal», *NRG Online*, 6 de febrero de 2010, https://www.makorrishon. co.il/nrg/online/1/ART2/050/556.html.

DOCTRINA MILITAR E INNOVACIÓN

1. Acrónimo de Mifleget Poalei Eretz Israel, «Partido de los Trabajadores de la Tierra de Israel». Dominó la política, las políticas y las instituciones judías anteriores a la independencia, incluidos los sindicatos, las cooperativas y la mayoría de los asentamientos colectivos, y fue el partido gobernante de Israel desde la independencia hasta 1977.

2. Achdut Haavoda, «Unidad Obrera», se fusionó con el marxista-sionista y prosoviético Mapam en 1948.

3. También conocido como ETZEL, acrónimo de Irgún Tzvayi Leumi, «Organización Militar Nacional».

4. Por el contrario, cuando a Yasir Arafat se le dio el control de un miniestado palestino, se negó a disolver la milicia de su propio partido. Las milicias de los otros partidos persistieron y nunca surgió un ejército unificado. Las organizaciones oficiales de seguridad de la Autoridad Palestina están todas controladas por el partido Fatah hasta el día de hoy.

5. Edward N. Luttwak y Daniel Horowitz, *El ejército israelí* (Londres: Allen Lane, 1975), 74.

6. Eitan Shamir, *Transforming Command: The Pursuit of Mission Command in the US, British and Israeli Armies* (Stanford, CA: Stanford University Press, 2011), 84-85.

7. Durante la operación Najshon y los posteriores combates en Latrun, unos veinticinco combatientes menores de dieciocho años murieron en combate.

8. En 1921, Sadeh estaba al mando de la incipiente milicia de la Haganah en Jerusalén. En 1937, mientras era comandante de la Policía de Asentamientos Judíos asalariada por los británicos, fundó las FO'SH, Plugot Sadeh («Compañías de Campo»), la primera fuerza debidamente entrenada de la Haganah. En 1941, fue uno de los fundadores del Palmaj, dirigiéndolo hasta 1945, cuando fue elevado a jefe de personal de la Haganah. En 1948 formó una brigada blindada de las FDI con tres tanques.

9. Existen varias biografías de Wingate bastante contradictorias. Véase Peter Mead, «Orde Wingate y los historiadores oficiales», *Journal of Contemporary History* 14, n.º 1 (enero de 1979): 55-82. Se le conmemora en el Instituto Wingate, el Centro Nacional de Educación Física y Deporte de Israel, y en otros lugares de Israel.

10. Moshe Dayan, *Avney derekh: Otobiografiya* (Tel Aviv: Edanim Publishers, 1976), 104.

11. Ezer Weizmann, *Al kanfei nesharim* (Tel Aviv: Ma'ariv, 1975), 101.

12. Véase Yehuda Slutsky, *Sefer toldot hahagana: Mehagana lema'avak* (Tel Aviv: Ma'arachot, 1959), 2: 230-231.

13. Yigal Shefy, *Sikat mem-mem: Hamahshava hatsva'it bakursim lek'tsinim bahagana* (Tel Aviv: Ministerio de Defensa, 1991), 32.

14. Yosef Avidar (1906-1995), nacido en Rusia, se unió a la Haganah a los diecinueve años. Fue fundador del Instituto Ayalon (la fábrica secreta de municiones de la Haganah), jefe del Cuerpo de Intendencia en 1948-1949, comandante del Mando Norte y, después, del

Mando Central. Tras su jubilación, fue embajador en la URSS y, más tarde, en Argentina.

15. Shefy, *Sikat mem-mem,* 56-57.

16. Anita Shapira, *Yigal Allon: Aviv heldo-biografiya* (Tel Aviv: HaKibbutz HaMeuchad, 2004), 141.

17. Dori Pinkas, «Mekorot Hamtakal Bt'shal» (Tesis de maestría, Universidad Bar-Ilan, 2006), 43.

18. Zehava Ostfeld, *Tsava nolad* (Tel Aviv: Ministerio de Defensa, 1994), 560.

19. Mordechai Naor, *Laskov* (Jerusalén: Keter, 1988), 177-178. Haim Laskov fue jefe de personal de las FDI de 1958 a 1961.

20. Isaac Rabin, *Pinkas sherut* (Tel Aviv: Sifriyat Ma'ariv, 1979), 1: 94.

21. Aryeh J. S. Nusacher, *Sweet Irony: The German Origins of Israel Maneuver Warfare Doctrine* (Tesis de maestría, Royal Military College, Canadá, 1996).

22. Eric Hammel, *Seis días de junio: Cómo ganó Israel la guerra árabe-israelí de 1967* (Nueva York: Scribner, 1992), 24; Haim Bar Lev, «Defusey lohamat shiryon: Beshuley hatimrun», *Ma'arachot* 130 (agosto de 1960): 13-15, y Uri Ben Ari, «¡Nua nua! Sof». *Hama'avak al derekh hashiryon* (Tel Aviv: Ma'arachot 1998), 50, 102-104, 114.

23. Martin L. Van Creveld, *La espada y el olivo: A Critical History of the Israeli Defense Forces* (Nueva York: Public Afairs, 1998), 159.

24. BG Julian Thompson, «Prólogo», en Martin L. Van Creveld, *Moshe Dayan* (Londres: Weidenfeld y Nicolson, 2004), 11.

25. La *Decima Flottiglia Motoscafi Armati Siluranti,* alias X MAS, la primera unidad de hombres rana de combate del mundo.

26. No obstante, Shayetet 13 mantuvo contacto con Fiorenzo Capriotti hasta su muerte en 2009. Mike Eldar, *Shayetet 13: Sipuro shel hakomando hayami* (Tel Aviv: Ma'ariv Book Guild, 1993), 138-152. Véase también el propio *Diario di un fascista alla corte di Gerusalemme* de Capriotti, publicado privadamente y distribuido por Alto Mare Blu, disponible en https://www.altomareblu.com/diario-di-un-fascista-alla-corte-di-gerusalemme-fiorenzo-capriotti/.

27. Motty Basuk, «Haramatkal Eisenkot metakhnen mahapekha benihul taktsiv tsahal», *The Marker,* 16 de abril de 2015; Editorial, «Kol ma sheratsitem lada'at al tarsh Gideon», *IDF Online,* 26 de julio de 2015.

28. A modo de ejemplo, en 2019 Edward Luttwak visitó un lugar de entrenamiento de las FDI donde vio cómo había que resolver un grave problema táctico, un proceso que requería mucho valor y habilidad. Comunicó al oficial de escolta una solución de modificación más segura basada en *hardware*. En poco tiempo, el MG a cargo de la rama correspondiente acudió a su hotel, se firmó un contrato de desarrollo conceptual en tres días y los trabajos de ingeniería se pusieron en marcha en meses.

DEL TRIUNFO AL FRACASO EN EL AIRE, 1967 Y 1973

1. A 29 de octubre de 1956: dieciséis Gloster Meteors, veintidós Dassault Ouragan y dieciséis Dassault Mystère IVA. Yizthak Shtigman, *Me'atsmaut lekadesh: Heyl ha'avir bashanim 1949-1956* (Tel Aviv: The IAF History Branch, 1990), 322.

2. Una técnica sugerida por un accidente aéreo: un entrenador había cortado cables de alta tensión, provocando un corte de electricidad. Avigdor Shachan, *Kanfei hanitsahon: Letoldot heyl ha'avir vemahal* (Tel Aviv: Ministerio de Defensa, 1966), 236, 239; Shtigman, *Me'atsmaut lekadesh*, 199-201.

3. La FAI recibió su primer avión de combate suministrado por Estados Unidos, el A-4 Skyhawks, en 1968.

4. Diez C-47 Skytrain/Dakotas y tres N-2501 IS Noratlas. Sobre el Batallón 890 de la 35.ª Brigada Paracaidista, véase Ehud Yonay, *Air Supremacy* (Tel Aviv: Keter Publishing, 1999), 126-127; Shtigman, *Me'atsmaut lekadesh*, 195-199, y Shachan, *Kanfei hanitsahon*, 236.

5. Yonay, *La supremacía aérea*, 184. La cifra total incluía 65 Mirage IIICJ; 35 Super Mystère B.2; 21 Vautour IIA/B/N; 33 Mystère IVA y 51 Ouragan de primera generación. Véase también Ze'ev Lakhish y Meir Amitai, ed., *Asor lo shaket: Prakim betoldot heyl ha'avir bashanim 1956-1967* (Tel Aviv: Ministerio de Defensa, 1995), 436.

6. Merav Halprin y Aharon Lapidot, *Halifat lahats* (Tel Aviv: MoD/Keter, 2000), 43.

7. Egipto disponía de 299 cazabombarderos (102 MiG-21, 28 MiG-19, 96 MiG-17 y MiG-15, y 16 Sukhoi SU-7), 57 bombarderos (30 Tu-16 y 27 IL-28), 58 transportes (IL-14 y AN-12) y 37 helicópteros (Mi-6/4). Siria tenía 61 MiG-21, 35 MiG-17 y MiG-15, 2 bombarderos

IL-28, 5 transportes IL-14 y 10 helicópteros Mi-6/Mi-4. Jordania disponía de 24 cazas Hawker Hunter y 7 C-47, mientras que Irak contaba con 32 MiG-21, 30 MiG-17 y MiG-15, y 48 Hawker Hunter, así como 11 IL-28 y 10 bombarderos Tu-16. Lakhish y Amitai, *Asor lo shaket*, 438-439.

8. En el Sinaí: Al-Arish, Bir Gifgafa, Bir Tmade, Jabal Libni; en el canal de Suez: Fayid, Kibrit, Abu-Swer; en el Delta: Inshas, El Cairo-Oeste, El Cairo-Internacional, Beni Suef, Helwan, Mansoura; en zonas alejadas: Al-Minya, Luxor, Guardaqa, Bilbays y Ras Banas. Danny Shalom, *Kera'am beyom bahir* (Baavir: Aviation Publications, 2002), 221-462.

9. Las bases aéreas sirias estaban en Al-Dumayr, Damasco, Marj Ruhayyil, Sayqal y Tiyas (también conocida como T4). Shalom, *Kera'am beyom bahir*, 473-518.

10. Yonay, *La supremacía aérea*, 184.

11. Cuartel General de la FAI, *50 lemilhemet sheshet hayamim* (Tel Aviv, 2017), 235.

12. Teniente coronel Moti Havakuk, historiador jefe de las FAI, comunicación por correo electrónico, 12 de mayo de 2018; Lakhish y Amitai, *Asor lo shaket*, 68.

13. Lakhish y Amitai, *Asor lo shaket*, 68.

14. Fue identificado erróneamente de forma persistente incluso por historiadores reputados como Durendal; véase, Michael B. Oren, *Six Days of War: June 1967 and the Making of the Modern Middle East* (Nueva York: Oxford University Press, 2002), 174.

15. BG (Ret.) Yeshayahu («Shaike») Bareket, entrevista, Tel Aviv, 15 de marzo de 2016.

16. Algunos de los principales aviones destruidos fueron 90 MiG-21, 20 MiG-19, 75 MiG-17, 30 bombarderos medios Tu-16, 27 bombarderos ligeros IL-28 y 12 cazabombarderos Sukhoi-7.

17. El autor Edward Luttwak fue uno de los beneficiados cuando en el frente de la Alta Galilea se vio bajo fuego de artillería pero no vio ningún avión hostil.

18. Se fabricaron localmente 61 fuselajes, al igual que los motores SNEMCA Atar 9C, cortando el metal para imprimirlo; el 7 de octubre de 1969, los suizos expulsaron al agregado militar israelí, el coronel Zvi Alon, después de que Alfred Frauenknecht fuera

detenido el 23 de septiembre de 1969, acusado de haber robado los planos del Atar 9C de la planta Sulzer de Winterthur.

19. En 1976 se creó otra escuela técnica de las fuerzas aéreas en Be'er Sheva.

20. Cuartel General de la FAI, *50 lemilhemet sheshet hayamim*, 235.

21. Cuartel General de la FAI, *50 lemilhemet sheshet hayamim*, 278.

22. Centro de Información Técnica de Defensa, informe técnico AFFDL-TR-77-115 (diciembre de 1977), http://www.dtic.mil/dtic/tr/fulltext/u2/c016682.pdf.

23. El mejor relato en inglés es Oren, *Six Days of War,* 171. El primer misil antiaéreo soviético, el S-25 Berkut, nunca se exportó.

24. Chris Hobson, *Vietnam Air Losses, United States Air Force, Navy and Marine Corps Fixed-Wing Aircraft Losses in Southeast Asia 1961-1973* (Hinckley, Reino Unido: Midland Publishing, 2001), 270, 271.

25. Cuatro aviones se perdieron en accidentes operativos. Cuartel General de la FAI, *50 lemilhemet sheshet hayamim,* 281-286.

26. Edward N. Luttwak, *Estrategia: The Logic of War and Peace* (Cambridge, MA: Harvard University Press, 2003), 238.

27. La inteligencia sobre los soviéticos incluía especialmente el discurso secreto de desestalinización. Véase Matitiahu Mayzel, «La inteligencia israelí y la filtración del "discurso secreto" de Jruschov», *Journal of Israeli History* 32, n.º 2 (septiembre de 2013): 257-283. Sobre la operación Diamante (Mivtza Yahalom), véase Ian Black y Benny Morris, *Israel's Secret Wars: A History of Israel's Intelligence Services* (Nueva York: Grove Press, 2007), 206-209.

28. Jefrey T. Richelson, ed., «Area 51 Secret Aircraft and Soviet MIGs», Archivo de Seguridad Nacional, https://nsarchive.gwu.edu/briefing-book/intelligence/2013-10-29/area-51-archivo-aviones-secretos-soviéticos-migs.

29. Ésa fue también la experiencia de Edward Luttwak como asesor del plan de ataque Instant Thunder del coronel J. Warden para Escudo del Desierto, la preparación de 1990 que precedió al ataque de Tormenta del Desierto contra Irak, y después para el jefe del Estado Mayor de las Fuerzas Aéreas estadounidenses, el general Merrill A. McPeak, durante Tormenta del Desierto: la comunidad de inteligencia sólo ofrecía generalidades, mientras que los planificadores necesitaban puntos de mira exactos. Varios aviadores hicieron el

trabajo improvisando; por ejemplo, entrevistando a los contratistas extranjeros que construyeron los refugios de los aviones iraquíes.

30. Yeshayahu («Shaike») Bareket fue piloto de caza de la FAI, instructor de la escuela de vuelo, jefe de escuadrón y jefe de inteligencia de la fuerza aérea, y llegaría a ser agregado adjunto de las FDI en Washington, D. C., en agosto de 1973. Véase Yonay, *Air Supremacy,* 188, y Liat Bloombergery Tali Ben-Yosef, «2 tayasot, 50 shana», *IAF Magazine,* n.º 166 (2005).

31. Yeshayahu Bareket, entrevista, 20 de mayo de 2016, Tel Aviv.

32. No había redundancia en el número de pilotos frente al de aviones; por lo tanto, casi todos los pilotos tenían que volar una segunda salida; algunos, una tercera. Moti Havakuk, historiador jefe de las FAI, correspondencia por correo electrónico, 27 de marzo de 2018.

33. Aviem Sella, entrevista, Herzliya, Israel, 6 de agosto de 2016. Su brillante carrera en las fuerzas aéreas se vio interrumpida por su implicación accidental en el caso de espionaje Pollard.

34. David Ivry, «Keytsad hishmadnu et ma'arakh hataka bemilhemet shlom hagalil» (Instituto Fisher para el Estudio de la Estrategia, el Aire y el Espacio, Publicación n.º 36, s. f.), 9.

35. 2K12 Kub; nombre de información de la OTAN: SA-6 Gainful.

36. Martin Van Creveld, *La era de la potencia aérea* (Nueva York: Public Afairs, 2011), 230.

37. En una visita a Checoslovaquia en 1991, Aviem Sella (comandante del Heyl Avir en 1982) conoció a un general checo que había servido en Moscú en 1982. Relató que la guerra aérea del Líbano enseñó a sus homólogos soviéticos que la tecnología occidental era superior. Rebecca Grant, «La guerra del valle del Bekaa», *Air Force Magazine* 85 (junio de 2002): 58-62; Lior Schlein y Noam Ophir, «Shisha yamim», *IAF Magazine* 145 (junio de 2002).

38. Ivry, «Keytsad hishmadnu», 230.

39. Meir Finkel, «Pituah hama'aneh letiley hakarka-avir uletkifat sdot te'ufa mimilhemet hahatasha lemilhemet yom hakippurim», *Yesodot* 3 (2021): 30.

40. David Ivry, «Hashmadat ma'arakh hataka bemilhemet shlom hagalil», *Maarchot* 413 (2007): 71; Van Creveld, *Age of Airpower,* 229.

41. Danny Shalom, *Ruah refa'im me'al kahir: Heyl ha'avir bemilhemet hahatasha 1967-1970* (Rishon-LeZion, Israel: Ba'avir Aviation and Space Publishing), 1: 98-101.

42. Shalom, *Ruah refa'im me'al kahir*, 1: 411-412, 415-420.

43. Arie Avneri, *Ha'mahalumah* (Tel Aviv: Revivim y Yediot Aharonot, 1983), 18-27.

44. Avinoam Miseznivkov, «Hapalat Piper 033», Sky-High.co.il, 11 de enero de 2021, https://sky-high.co.il/2021/01/11/%d7%94%d7%a4%-d7%9c%d7%aa-%d7%a4%d7%99%d7%99%d7%a4%d7%a8-033/; Ze'ev Schif, *Knafayim me'al Suez* (Haifa: Ed. Shikmona, 1970), 184.

45. Danny Shalom, *Ruah refa'im me'al kahir* (Rishon-LeZion, Israel: Ba'avir Aviation and Space Publishing, 2007), 2: 1126.

46. Schif, *Knafayim me'al Suez*, 49-51.

47. Shalom, *Ruah refa'im me'al kahir*, 1: 567, 570.

48. «Gallo 53»: a las 21:00 horas del 26 de diciembre, los A-4 Skyhawks y los F-4 Phantoms atacaron a las fuerzas terrestres egipcias para enmascarar el ruido de tres helicópteros SA 321 Super Frelon que transportaban una fuerza de paracaidistas Nahal y comandos Sayeret Matkal que aterrizaron muy cerca de la instalación del radar. A las 02:00 horas del 27 de diciembre, los componentes del radar habían sido desmontados para su devolución por dos CH-53.

49. Dima Adamsky, *Mivtsa Kavkaz* (Tel Aviv: Ma'arachot, 2006); Isabell Ginor y Gideon Remez, *The Soviet-Israeli War 1967-1973: The USSR's Military Intervention in the Egyptian-Israeli Conflict* (Nueva York: Oxford University Press, 2017).

50. Para evitar que se repitiera, no se apuntó a más edificios, sólo a los emplazamientos de SAM en los alrededores de El Cairo.

51. Danny Shalom, *Ruah refa'im me'al kahir*, 2: 853-854.

52. Shalom, *Ruah refa'im me'al kahir*, 1: 546.

53. Shalom, *Ruah refa'im me'al kahir*, 1: 551.

54. Shalom, *Ruah refa'im me'al kahir*, 2; 855.

55. Shalom, *Ruah refa'im me'al kahir*, 2: 859-860.

56. Shalom, *Ruah refa'im me'al kahir*, 1; 224-227.

57. Shalom, *Ruah refa'im me'al kahir*, 2: 944, 953, 980-984.

58. Shalom, *Ruah refa'im me'al kahir*, 2: 970.

59. Shalom, *Ruah refa'im me'al kahir*, 2: 1002.

60. Shalom, *Ruah refa'im me'al kahir*, 2: 999; Yoav Gelber, *Hahatasha: Hamilhama shenish'k'ha* (Modiin: Zmora Bitan, Dvir, 2017), 461.

61. Shalom, *Ruah refa'im me'al kahir*, 2: 1111.

62. Shmuel Gordon, *Shloshim sha'ot beoktober* (Tel Aviv: Ma'ariv Books, 2008), 154-155.

63. Gordon, *Shloshim sha'ot beoktober,* 267.

64. Shimon Golan, *Milhama beyom hakippurim: Kabalat hahahlatot bapikud ha'elyon bemilhemet yom hakippurim* (Moshav Ben-Shemen, Israel: Editorial Modan y Ministerio de Defensa, 2013), 374, 375, 378-379.

65. Golan, *Milhama beyom hakippurim,* 300.

66. Gordon, *Shloshim sha'ot beoktober,* 316.

67. Gordon, *Shloshim sha'ot beoktober,* 345.

68. Gordon, *Shloshim sha'ot beoktober,* 342.

69. La experiencia de Estados Unidos en guerras recientes ha sido que su superior potencia aérea se vio superada por enemigos que adoptaron modos de acción poco contrastados: en Afganistán o Irak los enemigos no se revelaron hasta que atacaron, o ni siquiera entonces cuando utilizaron artefactos explosivos detonados a distancia. En el caso de Israel, esa etapa no se produjo hasta después de su guerra del Líbano de 1982.

70. Elchanan Oren, *Toldot milhemet yom hakippurim,* volumen 2 (Tel Aviv: Departamento de Historia de las FDI, 2004), Sección Mapas, mapa 41.

71. Oren, *Toldot,* 2: 529-530.

72. Oren, *Toldot,* 1: 531.

73. Oren, *Toldot,* 2: 6.

POTENCIA AÉREA RESTAURADA CON UN SALTO TECNOLÓGICO

1. Arie Avneri, Ha'mahalumah (Tel Aviv: Revivim y Yediot Aharonot, 1983), 18.

2. Eitan Shamir entrevista con BG (Ret.) Fuerza Aérea Israelí, Aviem Sella, Herzliya, Israel, 6 de agosto de 2016.

3. Shmuel Gordon, *Shloshim sha'ot be'oktober* (Tel Aviv: Ma'ariv Books, 2008), 426.

4. Gil Shani, «Yored mahashamayim», *IAF Magazine Online,* 25 de octubre de 2004, http://www.iaf.org.il/1424-22879-he/IAF.aspx.

5. Gordon, *Shloshim sha'ot be'oktober*, 428-431.

6. El UAV MQM-105 Aquila ya había demostrado capacidades útiles cuando fue suspendido en septiembre de 1985 porque no cumplía 21 de las 149 especificaciones de rendimiento; muchas de ellas, necesariamente triviales: una forma nada infrecuente de detener una macroinnovación que (por definición) carece de usuarios actuales que la defiendan.

7. Un Firebee despojado (Shadmit en la FAI) fue utilizado como dron objetivo por las unidades de defensa aérea.

8. «Hatelem hegiu letayeset hactbamio», FAI, http://www.iaf.org.il/3626-4953-he/IAF.aspx.

9. Demasiado modesto para algunos; Abraham Karem, licenciado en el Technion, emigró a Estados Unidos para convertirse en el «padre de los aviones no tripulados» con el diseño ganador del Predator a través primero de su Albatross y después del Amber, experimentando la bancarrota antes del renacimiento de su empresa como adquisición de General Atomics.

10. Dobster continuó en el IAI, desarrollando UAV para Estados Unidos (Pioneer y Hunter), el señuelo armado Harpy, ampliamente exportado, y otros UAV. Eyal Birnberg, «Kesher ayin», FAI, http://iaf.co.il/Shared/Library/Controller.aspx?lang=HE&docID=18389&docfolderID=1102&lobbyID=50.

11. Shani, «Yored mahashamayim».

12. Shani, «Yored mahashamayim».

13. «Tayeset hamalatim harishona», FAI, http://www.iaf.org.il/4968-33518-he/IAF.aspx http://www.iaf.org.il/4968-33518-he/IAF.aspx.

14. 9K33 Osa o Romb; nombre de notificación de la OTAN SA-8 Gecko.

15. David Eshel, «New Tactics Yield Solid Victory in Gaza», *Aviation Week & Space Technology*, 11 de mayo de 2009.

16. David A. Fulghum y Robert Wall, «Israel Starts Reexamining Military Missions and Technology», *Aviation Week & Space Technology*, 20 de agosto de 2006, disponible en https://web.archive.org/web/20061218215607/http://www.aviationnow.com/avnow/news/channel_awst_story.jsp?id=news%2Faw082106p2.xml; «Israel coloca drones de combate contra lanzamisiles en Gaza», *World Tribune*, 8 de mayo de 2007, en http://www.worldtribune.com/worldtribune/07/front2454229.238888889.html.

17. Amnon Barzilay, «Ta'asiyat avirit pit'ha matos lelo tayas lehashmadat tilim balisti'im», *Globes,* 6 de agosto de 2006.

18. Aviel Magnezi y Yoav Zaitun, «Al kanaf hamalat shehitparka ba'avir hutkan rekhiv hadash», *Ynet,* 29 de enero de 2012, http://www.ynet.co.il/articles/0,7340, L-4182254,00.html.

19. «Katbam hadash leheyl ha'avir: ha'kokhav' hamivtsa'I», FAI, 10 de noviembre de 2015, http://www.iaf.org.il/4427-45608-he/IAF.aspx.

20. Sobre los señuelos planeadores, véase Meir Finkel, «Binyan hako'ah lemivtsa "artsav 19" (1973-1982)», *IDF Journal Bein Ha'Ktavim,* n.º 20-21 (2021): 105; y Martin Van Creveld, *The Age of Airpower* (Nueva York: Public Afairs, 2011), 230.

21. Gordon, *Shloshim sha'ot be'oktober,* 427.

22. Finkel, «Binyan hako'ah», 106-109.

23. David Ivry, «Hashmadat ma'arakh hataka bemilhemet shlom hagalil», *Maarchot* 413 (2007): 71.

24. Gordon, *Shloshim sha'ot be'oktober,* 428.

25. Finkel, «Binyan hako'ah», 106-109.

26. Finkel, «Binyan hako'ah», 110-111.

27. Gordon, *Shloshim sha'ot be'oktober,* 282.

28. Eitan Shamir entrevista con BG (Ret.) FAI, Aviem Sella, Herzliya, Israel, 6 de agosto de 2016.

29. Gordon, *Shloshim sha'ot be'oktober,* 91-92.

30. Finkel, «Binyan hako'ah», 94.

31. Ivry, «Hashmadat ma'arakh hataka», 70.

32. Finkel, «Binyan hako'ah», 94.

33. Ivry, «Destruir el conjunto SAM sirio», 69.

34. Eitan Shamir entrevista con BG (Ret.) FAI, Aviem Sella, Herzliya, Israel, 6 de agosto de 2016.

35. Gordon, *Shloshim sha'ot be'oktober,* 458; Ivry, «Hashmadat ma'arakh hataka», 70.

36. Sella, entrevista con los autores.

37. Ivry, «Hashmadat ma'arakh hataka», 71; Van Creveld, *Age of Airpower,* 230.

38. Uri Milstein, «Efekt ha'artsav: Kakh hishmida yisrael et tiliey hasurim ve'et hadoktrina hasoviyetit», *Ma'ariv,* 4 de junio de 2016.

39. Michael Bar Zohar y Nissim Mishal, *Ninguna misión es imposible* (Nueva York: HarperCollins, 2015), 201.

40. Finkel, «Binyan hako'ah», 109.

41. Avneri, *Ha'mahalumah*, 60-61.

42. Finkel, «Binyan hako'ah», 98.

43. Finkel, «Binyan hako'ah», 101.

44. Un año antes, el 7 de junio de 1981, Sella era jefe de operaciones cuando la FAI destruyó el reactor nuclear iraquí de Osirak en la operación Opera.

45. Finkel, «Binyan hako'ah», 112-113.

46. Kraus y los tres miembros de su equipo, Amnon Yoge, Izhak Ben Israel y Zvi Lapidot, fueron galardonados con el prestigioso Premio de Defensa de Israel.

UNIDADES DE ÉLITE

1. Boaz Zalmanovitz, «Hakamat kohot meyuhadim belohama nemukhat atsimut», *Ma'arachot,* n.º 369 (febrero de 2000): 32-35.

2. Para un estudio práctico de la geografía militar de Israel, véase Yigal Allon, *Masakh shel hol* (Tel Aviv: Hakibutz Hameuchad, 1959), 52-82.

3. Shimon Peres, *Hashalav haba* (Tel Aviv: Am Hasefer, 1965), 9-15.

4. Yehuda Wallach, ed., *Atlas Carta letoldot medinat yisrael-shanim rishonot 1940-1948* (Jerusalén: Carta, 1978), 113.

5. Ze'ev Drory, *La política de represalias de Israel, 1953-1956: La dinámica de las represalias militares* (Londres: Frank Cass, 2005), 65.

6. Drory, *La política de represalias de Israel.*

7. Shimon Golan, *Frontera caliente-Guerra fría* (Tel Aviv: editorial Ma'arachot, 2008), 308.

8. Drory, *La política de represalias de Israel,* 96-101.

9. Moshe Dayan, *Avney derekh* (Tel Aviv: Idanim & Dvir 1976), 159.

10. Las FDI contaban con una «unidad de minorías» de voluntarios drusos y circasianos. Pero, en 1956, los dirigentes drusos optaron por el reclutamiento masculino en pie de igualdad con los judíos.

11. Un segundo intento de atacar la aldea los días 28 y 29 de enero también fracasó; véase Drory, *La política de represalias de Israel*, 101.

12. Drory, *La política de represalias de Israel*, 100.

13. Michael Bar Zohar y Eitan Haver, *Sefer hatsanhanim* (Tel Aviv: A' Levin-Epstein Publishers, 1969), 60.

14. Citado en Shabtai Teveth, *Moshe Dayan: Biografia (Moshe Dayan: una biografía)* (Tel Aviv: Shocken, 1971), 384.

15. En 1951, el 62,1 % de los reclutas eran inmigrantes posteriores a 1948. Drory, *La política de represalias de* Israel, 85.

16. Bar Zohar y Haver, *Sefer hatsanhanim*, 63.

17. Dayan había intentado establecer una unidad especial en 1952 cuando era jefe del Mando Sur, Sayeret 30, que no funcionó bien y pronto fue disuelta. Uri Milstein, *Milhmot hatsanhanim* (Tel Aviv: Ramdor, 1968), 13.

1. Ariel Sharon fue posteriormente comandante de la Brigada Paracaidista y jefe del Mando Sur antes de retirarse en julio de 1973. Llamado de nuevo al servicio en octubre de ese mismo año, comandó la 143.ª División Blindada que cruzó el canal de Suez. Ministro de Defensa durante la guerra del Líbano de 1982, más tarde fue primer ministro.

2. Teveth, *Moshe Dayan*, 366.

3. Sobre la Unidad 101: La 101 fue la unidad guerrillera de Charles Orde Wingate durante su campaña etíope. Simon Anglim, *Orde Wingate and the British Army: 1922-1944* (Londres: Routledge, 2015), 124.

4. Benny Morris, *Milhmot hagvul shel yisrael 1949-1956* (Tel Aviv: Am Oved/Biblioteca Afikim, 1996), 411-413.

5. Mivtza Shoshana debe su nombre a Shoshana Kanias, asesinada junto con su hermano y su madre dos días antes, el 12 de octubre de 1953. Efraim Lapid, «Ha'shoshana' shema'adifim lishko'ah», *IsraelDefense*, 14 de octubre de 2014, https://www.israel defense. co.il/content/%D7%94%D7%A9%D7%95%D7%A9%D7%A0%- D7%94-%D7%A9%D7%9E%D7%A2%D7%93%D7%99%- D7%A4%D7%99%D7%9D-%D7%9C%D7%A9%D7%9B%- D7%95%D7%97-%E2%80%93-%D7%A4%D7%A2%D7%95%D7%- 9C%D7%AA-%D7%A7%D7%99%D7%91%D7%99%D7%94

6. Dayan, *Avney derekh*, 115.

7. Morris, Las *guerras fronterizas de Israel*, 291 y 448.

8. El futuro general Mordechai Gur publicó un relato de sus días como joven capitán en *La Compañía D: La historia de una compañía de paracaidistas* (Tel Aviv: Ministerio de Defensa, 1977).

9. El 7 de abril de 1954, contra Husan; el 9 de mayo, en Khirbet Ilin; el 27 de mayo, en Khirbet Jimba, el 28 de junio, en Azzoun; el 1 de agosto, cerca de Yenín; el 13 de agosto, en Shiekh Madhkur (todos en Jordania); el 3 de abril de 1954, cerca de Gaza, y el 15 de agosto, en Bi res Saka (en la Franja de Gaza).

10. Véase Milstein, *Milhmot hatsanhanim*; Arie Avnery, *Pshitot hatagmul* (Tel Aviv: Sifriat Hamachon, 1966), y Bar Zohar y Haver, *Sefer hatsanhanim*.

11. Operación Ojo por ojo, el 10 de julio de 1954, contra un fuerte egipcio en Gaza.

12. Bar-Zohar y Haver, *Sefer hatsanhanim*, 89-90.

13. En junio de 1982, los MG A. Ben-Gal y Uri Simchoni, el BG Yossi Ben Hanan y el mayor Meir Dagan (futuro jefe del Mossad), junto con Edward Luttwak y dos sargentos, se dirigieron hacia el norte, a Biblos (Jbeil), cincuenta kilómetros más allá de las líneas israelíes en Líbano, y luego otros treinta kilómetros hacia el este sólo para observar, poniéndose a tiro de pistola de las tropas sirias.

14. Yotam Amitai y Tamar Barash, «Yehidot meyuhadot betsahal ba'avar uvahoveh: Nitu'ah metahim tsavi'im-hevrati'im», *Ma'arachot* n.º 411 (febrero de 2007): 15-22.

15. Ilan Kfir y Ben Kaspit, *Ehud Barak: Hayal mispar 1* (Tel Aviv: Alpaha Tikshoret, 1998), 39-47, 147-152, 246.

16. «Hativat hakomando shel tsahal yotset laderekh», *Mako*, 27 de diciembre de 2015, https://www.mako.co.il/news-military/security-q4_2015/Article-42880b14824e 151004.htm

17. Keren Hellerman, «Ma meyuhad bayehidot hameyuhadot», *Entre arenas* 3 (2007): 21-29.

18. Idan Soncino, «Esh mitahat la'adama: Kakh yehidot haHIR mitamnot belohama tat-karka'it», *Mako*, 7 de julio de 2012, https://www.mako.co.il/pzm-magazine/Article-a7f54f1dbb49831006.htm.

19. Amos Harel y Gili Cohen, «Bli tokhniyot, imunim vetsiyd: Kakh hitmoded tsahal im haminharot», *Ha'aretz*, 17 de octubre de 2014.

20. Yoav Limor, «Anshey harefa'im», *Israel Today*, 20 de agosto de 2020.

21. Arnon Schwartzman, «Shinuy be'itur halohamim leyehidat tsahal hehadasha: "He kan kedey lehisha'er"», *Mako*, 5 de mayo de 2021, disponible en https://www.mako.co.il/pzm-soldiers/Article-64cc39064bb2971027.htm.

22. Tal Ram Lev, «Rahfan lekhol mem-mem vehafalat esh mehira yoter: Kakh year'eh he'atid shel kohot hayabasha», *Ma'ariv Online*, 18 de marzo de 2021, https://www.maariv.co.il/news/military/Article-828550.

EMPRESARIOS MILITARES Y FUERZAS ESPECIALES

1. Judy Baumel, «Tzava'ato shel Uri Ilan», *Iyunim Be'Tkumot Israel* 15 (2005): 209-238, https://in.bgu.ac.il/bgi/iyunim/15/judy.pdf.

2. Lior Brichta y Eyal Ben-Ari, «Emprendimiento organizativo y fuerzas especiales: The First Israeli Helicopter Squadron and the General Staf Reconnaissance Unit (Sayeret Matkal)», en *Special Operations Forces in the 21st Century: Perspectivas desde las ciencias sociales*, Jessica ed. Glicken Turnley, Kobi Michael y Eyal Ben-Ari (Abingdon, Reino Unido: Routledge, Cass Military Studies, 2017), 213-214.

3. Avner Shor, *Hotseh gvulot: Sayeret matkal umeyasda Avraham Arnan* (Modi'in, Israel: Editorial Kineret Zamor Bitan Dvir, 2008), 76-77.

4. Shor, *Hotseh gvulot*, 90-92. Véase también Amnon Jackont, *Meir Amit: Ha'ish vehamosad* (Tel Aviv: Editorial Yediot Books, 2012), 94.

5. Lior Brichta, Razi Efron y Pinhas Yehezkeally, *Yehidat 101: Ee al saf haka'os* (Be'er Sheva: DNA T. E. C. I., 2012).

6. Shor, *Hotseh gvulot*, 97-101.

7. Brichta, Efron y Yehezkeally, *Yehidat 101*, 22-23; Shor, *Hotseh gvulot*, 102-103.

8. Shor, *Hotseh gvulot*, 106-107.

9. Shor, *Hotseh gvulot*, 121-123.

10. Shor, *Hotseh gvulot*, 108-118. Véase también Moshe Zonder, *Sayaret Matkal* (Jerusalén: editorial Keter), 24.

11. Shor, *Hotseh gvulot*, 118-119.

12. Haim Laskov, que había servido en la Brigada Judía en la Segunda Guerra Mundial, ascendió a jefe del Estado Mayor en 1958 después de Dayan.

13. Shor, *Hotseh gvulot,* 112. Véase también Uri Yarom, *Kanaf renanim* (Tel Aviv: Ministerio de Defensa, 2001), 224.

14. Hanoch Bartov, *Dado-48 shana ve'od 20 yom* (Tel Aviv: Sifriyat Ma'ariv, 1978), 77.

15. Para «requisar», véase Uri Ben-Ari, *«¡Nua nua! Sof». Hama'avak al derekh hashiryon* (Tel Aviv: Ma'arachot, 1998); Shor, *Hotseh gvulot,* 114-116, y Zonder, *Sayaret Matkal,* 24-25.

16. Yigal Shefy, *Hatra'a bemivhan* (Tel Aviv: Ma'arachot, 2008), 71.

17. Shor, *Hotseh gvulot,* 131.

18. Shor, *Hotseh gvulot,* 135.

19. Ofer Drori, «Mivtsa'ey haluts vashrakrak», en http://www.gvura. org/343185-; Yosef Castel, *Hayay-Yoske Castel (Mi vida-Yoske Castel)* (Tek Aviv: Yoske Castel, 2010), 88-89.

20. Amos Gilboa, *Mar modi'in: Areleh, aluf Aharon Yariv, rosh aman* (Tel Aviv: Miskal Yediot Books, 2013), 111-115. Véase también Shor, *Hotseh gvulot,* 181-186.

21. Shor, *Hotseh gvulot,* 203. Véase también Gilboa, *Mar modi'in,* 111.

22. Brichta y Ben-Ari, «Espíritu empresarial organizativo».

23. Yizhak Shteigmann, «La introducción de helicópteros en la Fuerza Aérea israelí 1948-1958», *Cátedra para la Historia de Eretz Israel y su Yishuv* 53 (1989): 131-148.

24. Meir Amitai, *Ad 124: Tayeset hamesokim* (Tel Aviv: Ediciones Zamora Bitan, 1990), 24-25.

25. Yarom, *Kanaf renanim,* 153.

26. Brichta y Ben-Ari, «Espíritu empresarial organizativo», 219.

27. Shor, *Hotseh gvulot,* 212.

28. Shor, *Hotseh gvulot,* 215. En 1967 Arnan creó una organización sin ánimo de lucro, Amutat Misdar Dorshei Hatov, la «Orden de los que quieren hacer el bien», que recluta a veteranos de la unidad para realizar trabajos sociales.

29. Amir Oren, «Mi natan et hapkuda», *Ha'aretz,* 8 de abril de 2012. Véase también Avner Shor, *Tsevet Itamar* [Equipo Itamar]: *Sayeret Matkal, the People, the Operations, the Atmosphere* (Jerusalén: Ediciones Keter, 2003), 65-72, y Zonder, *Sayaret Matkal,* 67.

30. Betzer sirvió en las FDI de 1964 a 1986, empezando en la Brigada de Paracaidistas antes de pasar a la Sayeret Matkal. Muki Betzer, *Lohem hashay* (Jerusalén: Keter Books Ltd., 2015), 345-365.

31. Adam fue el oficial de más alto rango de las FDI muerto en combate, el 10 de junio de 1982, cerca de Damour, al sur de Beirut, cuando se refugiaba del fuego de artillería en un edificio no despejado. Betzer, *Lohem hashay*, 345-365.

32. Tras su jubilación, Yiftach Spector inspiró la investigación sobre el reconocimiento automático de objetivos, publicó la novela premiada *Ram uvarur* (Rishon Le'Tzion, Israel: Miskal Yediot Ahronot, 2008) y se convirtió en activista por la paz.

33. Spector, *Ram uvarur*, 288s. El general de división Rafael («Raful») Eitan fue jefe adjunto del Estado Mayor, convirtiéndose en jefe en 1978, ejerciendo hasta 1983. Spector, Ram uvarur, 290-291.

34. Spector, *Ram uvarur*, 287-289.

35. Spector, *Ram uvarur*, 358.

36. Avichai Becker, «Ptsatsat testosterona», *Ha'aretz*, 13 de agosto de 1999.

37. Revelada por el BG (Ret.) Gal Hirsh, comandante de la unidad. Hirsh y Shaldag fueron condecorados. Gal Hirsh, *Sipur milhama sipur ahava* (Tel Aviv: Miskal Yedioth Ahronoth y Chemed Books, 2009), 113-123.

38. Shai Levy, «Hakomando ha'aviri: Hamivtsa'im hagdolim shel yehidat shaldag», *Mako*, 7 de noviembre de 2012, https://www.mako.co.il/pzm-magazine/army-stories/Article-2e8e84ed23ada31006.htm.

39. Véase Ofer Shelach y Yoav Limor, *Shvuyim bil'vanon* (Tel Aviv: Miskal Yedioth Ahronoth y Chemed Books, 2009), 249-250.

40. Yossi Melman y Dan Raviv, «Hashmadat hakur hasuri: Hasipur shelo supar», *Ha'aretz*, 3 de agosto de 2012.

EL CUERPO BLINDADO

1. David Eshel, *Carros del desierto: La historia del cuerpo blindado israelí* (Londres: Brassey, 1989), 5.

2. Los soldados británicos Mike Flanagan y Harry McDonald condujeron los tanques unos 100 kilómetros desde Haifa hasta un escondite de la Haganah. Los dos permanecieron en Israel; el nieto de Flanagan se convirtió en mayor del cuerpo blindado. Avi Eliyahu, «Sipuro hamadhim shel hatank harishon betsahal», *Mako*,

2 de junio de 2014, en https://www.mako.co.il/pzm-units/armored-corps/Article-0c5a3f9195c5641006.htm; Shabtai Teveth, *The Tanks of Tammuz* (Londres: Weidenfeld & Nicolson, 1969). Es posible que hubiera un segundo Sherman. Yehuda Wallach, «Hitpathut hamah'shava hashiryonit betsahal», *Ma'arachot*, n.º 197 (1961): 15.

3. Teveth, *Tanques de Tammuz*, 41.

4. Eshel, *Carros del desierto*, 25.

5. Finalmente, las FDI operaron cuatro tipos de M48 Patton: Magach 1, el modelo original con motor de gasolina y cañón de 90 mm; Magach 2: M48A2/E48A; Magach 3: modificado en Israel para llevar un cañón L7A1 de 105 mm, una cúpula de comandante de perfil bajo Urdan, un nuevo conjunto de comunicaciones y un motor diésel (AVDS-1790-2A de 750 CV), y la actualización final, *Magach 5*, con AVDS-1790-2D y transmisión mejorados.

6. Minuta de S. L. Egerton, 14 de mayo de 1970, TNA, FCO 17 / 1303.

7. Diseñado por los soviéticos a partir de tecnología alemana capturada en 1945, pero casi ignorado en Occidente, como ocurrió con los visores montados en el casco que equipaban a los MiG-29 y que fueron pasados por alto por la USAF incluso cuando los MiG-29 de Alemania Oriental cayeron en manos occidentales. Pero los expertos de las FDI se lo tomaron muy en serio y desarrollaron el diseño hasta convertirlo en lo que hoy es el mayor avance del F-35.

8. Edward Luttwak vio un batallón de lo que cree que eran Sherman originales camino de los Altos del Golán el 9 de junio de 1967.

9. L-33 Ro'em con obuses autopropulsados Soltam de 155 mm para fuego de artillería móvil; M-50 con el obús francés de 155 mm montado en la parte trasera del casco del M4A4 Sherman; morteros Makmat de 160 mm para fuego aún más pesado aunque de menor alcance; lanzadores móviles MAR-240 para treinta y seis cohetes pesados de bombardeo de 240 mm; lanzadores móviles MAR-290 para cuatro cohetes tierra-tierra de 290 mm; Ambutank, una ambulancia sobre el chasis original del Sherman; Eyal Sherman con una vaina de observación elevable a veintisiete metros; Kilshon, que utiliza el casco del Sherman M-51 con lanzadores de misiles antirradiación AGM-45 Shrike; el vehículo de mayales antiminas Sherman Morag, y el vehículo de recuperación/ingeniería Trail Blazer (Gordon) sobre M4A1 equipados con HVSS.

10. Cuando Tal era comandante del Cuerpo Blindado, una vez sirvió como artillero de tanque (bajo el mando de uno de sus subordinados) en un tiroteo con tanques sirios; destruyó un tanque sirio, pero su propio tanque también resultó dañado.

11. Teveth, *Tanques de Tammuz*, 60.

12. Con un peso en combate de 34-36 toneladas, el chasis del Sherman no podía absorber el retroceso del cañón de alta velocidad L.7 A1. Cañón de 105 mm instalado en el Centurion de 52 toneladas. Los Sherman M50 israelíes mejorados fueron equipados con el cañón AMX-13 de 75 mm, y los Sherman M51, con un cañón francés de 105 mm de velocidad media (800 m/s) que disparaba balas de carga hueca, pero algunas unidades todavía tenían Sherman con cañones más antiguos de 76 mm, cañones de alta velocidad o incluso los cañones originales de 75 mm.

13. Teveth, *Tanques de Tammuz*, 55-57, 63-67, 71-73.

14. Nacido en 1933, Held se doctoró en Fisicoquímica (espectroscopia ultravioleta) en la TU-Muenchen en 1959. Trabajó en Messerschmidt-Boelkow-Blohm, la casa de tanques alemana de la posguerra, en iniciación, detonación, fragmentación, expansión de cilindros, penetración y aceleración de metales. Florian Bouvenot, «The Legacy of Manfred Held with Critique» (Monterey, CA: Naval Post-Graduate School, 2011), xxiii, 2-5; Norbert Eisenreich, «Manfred Held, A Life Devoted to Explosive Science», *Propellants, Explosives, Pyrotechnics* 41, n.º 1 (2016): 7.

15. «Presentación en memoria del Dr. Manfred Held: Una celebración», *Asociación Industrial de Defensa Nacional,* http://www.dtic.mil/ndia/2011ballistics/DrManfredheldMemorial.pdf.

16. Cuando las cajas del ERA se exportaron tras la guerra de 1982, Held obtuvo sustanciosos derechos de autor, ya que Tal había asegurado sus derechos.

17. Tom Cooper y Yaser el-Abed, «Syrian Tank Hunters in Lebanon, 1982», *ACIG, The Middle East Data Base,* 23 de septiembre de 2003, https://web.archive.org/web/20080321015417/http://www.acig.org/artman/publish/article_279.shtml.9

18. Soeren Suenkler y Marsh Gelbart, *Vehículos blindados de las FDI: Blindados sobre orugas de las Fuerzas de Defensa Israelíes modernas* (Erlangen: Tankograd Publishing, Verlag Jochen Vollert, 2006), 10.

19. David Eshel, «¿Desafió el Merkava a su partido?», *Armor* 11, n.º 1 (enero-febrero de 2006): 44-46.

20. Hanan Greenberg, «¿Por qué fracasó el Cuerpo Blindado en Líbano 2006?», *Ynet News,* 30 de agosto de 2006; Suenkler y Gelbart, «Vehículos blindados de las IDF».

21. Shaul Nagar, «Prof. Manfred Held shepite'ah shiryon re'aktivi halakh le'olamo», *Yad LaShiryon.com,* 17 de febrero de 2011.

POR QUÉ EL MERKAVA ES DIFERENTE

1. S. C. Smith, «Centuriones y caciques: La venta de tanques y la política británica hacia Israel tras la guerra de los Seis Días», *Historia Británica Contemporánea* 28, n.º 2 (2014): 219-239.

2. Smith, «Centuriones y caciques», 5s.

3. Saul Bronfeld, «Albion habogdanit: Hatik», *Shiryon*, núm. 37 (marzo de 2011): 26-31, disponible en https://yadlashiryon.com/wp-content/uploads/2017/02/%D7%92%D7%9C%D7%99%-D7%95%D7%9F-%D7%9E%D7%A1%D7%A4%D7%A8-37-1.pdf

4. Israel Tal, entrevista con Mordechai Bar-On y Pinchas Ginosar, *Iyonim Betkomat Yisrael,* Universidad Ben Gurion, vol. 10, 2000, 66, http://in.bgu.ac.il/bgi/iyunim/10/2.pdf.

5. El proyecto transformó el Cuerpo de Artillería Masha (Merkaz Shikum veAkhzaka, «Centro de Reparación y Mantenimiento») en la cadena de montaje del Merkava.

6. Tal, entrevista con Bar-On y Ginosar, 72.

7. Casi siempre, pero no siempre: unos 200 tanques israelíes dañados en el frente del Sinaí los cuatro primeros días de la guerra de octubre de 1973, un puñado perdidos en la batalla por Suez el último día de la guerra y tres tanques Patton M48 dañados en la batalla del Sultán Ya'akub de 1982 permanecieron en manos del enemigo. Los tanques perdidos en 1982 llevaban placas de blindaje reactivo y fueron enviados a la URSS, que realizó copias por ingeniería inversa. Desde entonces, todos los tanques rusos llevan versiones gradualmente mejoradas de esa tecnología israelí.

8. Tal, entrevista con Bar-On y Ginosar, 78.

9. Basado en la entrevista de Tal. Véase también Patrick Wright, *Tank* (Nueva York: Penguin Books, 2003), 323-366.

10. «Kol ma sheratsita lada'at al hatokhnit harav-shntatit Gideon», FDI, 26 de julio de 2015, http://www.idf.il/1133-22449-he/Dover.aspx. Desde 1985, el número de tanques se ha reducido en un 75 %; el de aviones, en un 50 %, y el de vehículos aéreos no tripulados ha aumentado en un 400 %. Véase Amir Rapaport, «El nuevo plan plurianual de las FDI y el acuerdo con Irán», *Israel Defense,* 9 de septiembre de 2015. De 1989 a 2015, el número de brigadas acorazadas en servicio activo se redujo de seis a cuatro, y el número de brigadas de reserva se redujo de dieciocho a ocho. Toda la flota restante de M-60, tanques Centurion y Merkava Mk 1 y Mk 2 de las FDI ha sido dada de baja, quedando sólo unos 1500 Merkava Mk 3 y Mk 4 en el orden de batalla.

11. Proporcionado por el Dr. Eado Hecht, con quien el comandante del batallón habló en octubre de 2006.

12. Nicholas Blanford, *Guerreros de Dios: Inside Hezbollah's Thirty-Year Struggle against Israel* (Nueva York: Random House, 2011), 406-407; «Hipagut usridut tankim bemilhmot yisrael», *Shiryon,* n.º 24 (octubre de 2006): 55, https://yadlashiryon.com/wp-content/uploads/2017/02/%D7%92%D7%9C%D7%99%D7%95%D7%9F-%D7%9E%-D7%A1%D7%A4%D7%A8-24-1.pdf.

13. Coronel Benny Michaelson, «Hashiryon bemilhemet levanon hashniya», *Shiryon,* n.º 30 (diciembre de 2008); 26-33, esp. 33.

14. Hanan Greenberg, «Why Did the Armored Corps Fail in Lebanon 2006», *Ynet News,* 30 de agosto de 2006; Soeren Suenkler y Marsh Gelbart, «IDF Armored Vehicles», *Tracked Armour of the Modern Israeli Defense Forces* (Erlangen: Tankograd Publishing, Verlag Jochen Vollert, 2006).

15. Sistema Trophy (ASPRO: Armored Shield Protection-Active).

16. Nadav Paz, «Hashorashim shel hamigun letankim-me'il ru'ah», *Defensa de Israel,* https://tinyurl.com/kh2vrmo.

17. Paz, «Hashorashim»; Yiftach Klinman, «Me'il ru'ah-neshek hahakhra'a», *Ma'arachot,* n.º 450 (2013): 72-73.

18. «Rafael y Elta presentan el sistema de protección activa Trophy», Rafael Advanced Defense Systems Ltd., http://www.Rafael.co.il/Marketing/192-964-en/Marketing.aspx.

19. Paz, «Hashorashim».

20. Amir Buchbut, «Me'il ru'ah shel tsahal hofekh mivtsa'i lehagana al tankim», *NRG*, 6 de agosto de 2009.

21. «Trophy System Thwartts Missile Fired at IDF Tank», FDI, https://www.idfblog.com/blog/2011/03/01/windbreaker-thwarts-missile-fired-at-idf-tank/.

22. Ron Ben Yishai y Elior Levi, «Muganim im me'il ru'ah: Zuha til sheshugar al tank», *Ynet*, 20 de marzo de 2011, https://www.ynet.co.il/articles/0,7340,L-4044859,00.html.

23. Florit Shoychat, «Hativa shlema im me'il ru'ah: Bemilhama nuchal lehagi'a yoter amok veyoter rahok», FDI, http://www.idf.il/1133-16373-he/Dover.aspx.

24. Or Heller, «Hativa 7 kalta et tank hamerkava siman 4», *Israel Defense*, 28 de octubre de 2014, https://tinyurl.com/ms7xn5q.

25. Michael B. Kim, «The Uncertain Role of the Tank in Modern War: Lessons from the Israeli Experience in Hybrid Warfare» (Land Warfare Paper n.º 109, Institute of Land Warfare, Association of US Army, Arlington, VA, julio de 2016), 15.

26. Amir Buchbut, «Hitsil 15 tankim: Kipat barzel shel hashiryon be'aza», *Walla News*, 6 de junio de 2014; Yossi Yehoshua, «Shuvam shel hatankim, hahatslaha shel me'il ru'ah», *Ynet*, 27 de julio de 2014, https://www.ynet.co.il/articles/0,7340,L-4550567,00.html.

27. Barbara Opall-Rome, «Israel equipará los portaaviones de tropas con APS Trophy», *Defense News*, 28 de enero de 2016.

28. «Trophy», Rafael Advanced Defense Systems Ltd., http://www.Rafael.co.il/Marketing/281-963-es/Marketing.aspx.

29. «Trophy», Rafael Advanced Defense Systems Ltd.

30. «Sistema de protección activa Iron Fist (APS)», *Defense Update*, https://defense-update.com/products/i/iron-fist.htm.

31. «Las FDI aprueban la adquisición de los sistemas de protección activa Iron Fist de IMI para los AIFV Namer», *Defense Update*, http://defense-update.com/features/2009/june/idf_aps090609.html.

32. «Rafael propone su sistema de protección activa Trophy al Ejército de EE. UU.», *Army Recognition*, http://www.armyrecognition.com/october_2014_global_defense_security_news_uk/Rafael_propone_su_trofeo_sistema_activo_de_protección_a_EE.UU.

33. Yaakov Lappin, «US Army Selects Israel Military Industries for APC Active Protection System», *Jerusalem Post*, 7 de junio de 2016.

34. Judah Ari Gross, «US Army Inks $193 Million Deal to Buy Israeli Tank Defense System», *Times of Israel*, 26 de junio de 2018, https://www.timesofisrael.com/us-army-inks-193-million-deal-to-buy-israeli-tank-defense-system/.

35. Colton Jones, «El Ejército británico selecciona el sistema israelí de protección activa Trophy para sus nuevos tanques», *Defense Blogs*, 27 de junio de 2021, https://defence-blog.com/british-army-seleccione-israels-trophy-active-protection-system-for-its-new-tanks/.

36. Meirav Ankori, «Pagaz hakalanit shel hata'asiya hatsva'it yikanes leshimush mivtsa'i betsahal», *Globus*, 28 de julio de 2009, disponible en https://www.globes.co.il/news/article.aspx?did=1000484790; «120mm APAM-MP-T, Cartucho M329», IMI Systems.

37. Daniela Bokor, «Proyekt tsva yabasha digitali memshikh lehoshit yadayim», FDI, https://www.idf.il/1133-11523-he/Dover.aspx.

38. «Hahatsav yahalif et hahalulan», *Defensa de Israel*, http://bit.ly/2mHIa4N.

39. Amir Bar Shalom, «Hidushey TAAS betsuk Eitan», *New Tech Military Magazine*, http://bit.ly/2l8OYft.

40. Rafi Rubin, «Kalanit: Pagaz 120 mm rav-shimushi vehadshani», *Shiryon*, n.º 37 (marzo de 2011), http://www.yadlashiryon.com/show_item.asp?levelId=64566&itemId=2578&itemType=0).

41. «120mm APAM-MP-T, Cartucho M329», Sistemas IMI.

42. Yuval Azulai, «Na lehakir: Ma'arkhot hahagana hamitkadmot beyoter betsahal», *Globes*, 7 de agosto de 2014.

43. «Hakalanit porahat», *Fresh*, http://www.fresh.co.il/vBulletin/showthread.php?t=475282&highlig; «120mm M329 APAM-MP-T Tank Cartridge», IDI, http://www.imi-israel.com/vault/documents/120mm%20m329%20apam-t_nt-001_draft_0034.pdf.

44. Nir Segal, «Heyl hashiryon hisel lemala me-500 mehablim», *Mako*, 28 de agosto de 2014.

45. Yehali Sa'ar, «Kalanit baderekh el hativot hashiryon», *Fresh*, http://www.fresh.co.il/vBulletin/showthread.php?t=475282&highlig post3786292; «Hatzav sustituirá al Halulan», *Israel Defense*, 23 de noviembre de 2011.

46. Shay Levi, «Lo mashirim sikun: Hahimush hehadash shel heyl hashiryon», *Mako*, 23 de septiembre de 2014.

47. Gili Cohen, «Tahkir tsahal: NAGMASH hayaley golani haya taku'a ka'asher safag esh», *Ha'aretz*, 21 de julio de 2014, https://www.haaretz.co.il/news/politics/2014-07-21/ty-article/.premium/0000017f-e230-d75c-a7f-febde6a10000.

48. «Bekarov: Gam HaNAMERim yetsuydu beme'il ru'ah», Ministerio de Defensa, http://www.mod.gov.il/Defence-and-Security/articles/Pages/31.1.16.aspx.

UNIDADES 8200 Y 81

1. Geofrey Ingersoll, «La mejor escuela técnica del mundo es la unidad 8200 del ejército israelí», *Business Insider*, 13 de agosto de 2013.

2. Or Hirshaoga, «Profil hahitek hayisraeli: Bahur tsa'ir yotseh yehidat tsahal tekhnologit o lohemet veboger universita», *The Marker*, 10 de marzo de 2013.

3. «Yehidat 8200», FDI, http://bit.ly/2oCsfIW.

4. «Hasiha hasodit shel Nasser veHussein», Centro de Patrimonio y Conmemoración de la Inteligencia de Israel, http://malam.cet.ac.il/ShowItem.aspx?ItemID=b0351703-4eed-45ee-b3b4-bba7d56d6e-f3&lang=HEB.

5. Nir Dvori, «Biladi: Hakolot meEntebbe neh'safim», *Mako*, 16 de junio de 2016, en https://www.mako.co.il/news-channel2/Channel-2-Newscast-q2_2016/Article-bd44a8ae94a5551004.htm.

6. «Israel frustró un complot terrorista aéreo en Australia», *BBC News*, 22 de febrero de 2018, https://www.bbc.com/news/world-australia-43149722.

7. «Entrevista Snowden *Der* Spiegel», Der Spiegel, http://web.archive.org/web/20130708030634/http://cryptome.org/2013/07/snowden-spiegel-13-0707-en.htm.

8. La ciberseguridad es responsabilidad de otras organizaciones de las FDI.

9. Oded Yaron, «Hokrey bitahon: Stuxnet pa'il me'az 2007», *Ha'aretz*, 26 de febrero de 2013.

10. Dudi Cohen, «Irán de moda: Harbeh meyda avad, yesh kesher leS-tuxnet», *Calcalist*, 29 de mayo de 2012.

11. «Un *malware* complejo para ataques dirigidos», Laboratorio de Criptografía y Seguridad de Sistemas, https://www.crysys.hu/skywiper/skywiper.pdf.

12. Cohen, «Irán a la moda».

13. Oded Yaron, «Irán de moda: Havirus ganav me'itanu harbeh meyda veshibesh yetsu haneft», *Ha'aretz*, 30 de mayo de 2012.

14. Cohen, «Irán a la moda».

15. «*Malware* complejo».

16. Ehud Keinan, «Yotsrey virus lehava gormim lo lehitabed», *Ynet*, 8 de junio de 2012, disponible en https://www.ynet.co.il/articles/0,7340,L-4239985,00.html.

17. Cohen, «Irán a la moda».

18. Véase Amir Rapaport, «Hashin bet be'idan hasiber: Mabat mebifnim», *Defensa de Israel*, 11 de abril de 2014.

19. Michael Danieli, «8200: Hakiru et hayehida hamesuveget hakhi gdola betsahal», *Mako*, 12 de septiembre de 2011, https://www.mako.co.il/pzm-units/intelligence/Article-8547b921354f031006.htm.

20. Danieli, «8200».

21. Danieli, «8200».

22. Danieli, «8200».

23. «Unidad 8200», Centro de Patrimonio y Conmemoración de la Inteligencia de Israel, http://malam.cet.ac.il/ShowItem.aspx?ItemID=e44c41b1-5961-40ec-b8bd-9acaa6d2f6d1&lang=HEB.

24. Suboficial jefe M., entrevista, Herzliya, 9 de junio de 2016. El puesto es clasificado, por lo que la entrevista no pudo revelar el nombre.

25. «Unidad 8200», Centro de Patrimonio y Conmemoración de la Inteligencia de Israel.

26. «Unidad 8200», Centro de Patrimonio y Conmemoración de la Inteligencia de Israel.

27. Subcomisión Parlamentaria de Israel sobre Preparación Militar y Escrutinio General, «Preparación de las FDI para la guerra, HUZBIT-63-458», Jerusalén, 2020.

28. «Yehidat 8200», FDI.

29. Yochai Ofer, «Lohamey 8200 hosfim: Kakh hisalnu mehablim betsuk Eitan», *NRG*, 8 de octubre de 2014, https://www.makorrishon.co.il/nrg/online/1/ART2/630/560.html.

30. Assaf Gilad y Meir Orbach, «8200 pinat emek silicon: Hayehida hagdola betsahal lomedet la'avod kemo start-up», *Calcalist*, 1 de julio de 2012, https://www.calcalist.co.il/internet/articles/0,7340,L-3575727,00.html.

31. Entrevista con agentes de la Unidad 8200.

32. Shay Levi, «¿Ekh po'elet sokhnut harigul hagdola ba'olam?», *Mako*, 20 de octubre de 2013, https://www.mako.co.il/pzm-magazine/foreign-forces/Article-f2f62ba54690241006.htm.

33. Ran Dagoni, «Sarvaney 8200 me'amtim te'anot Snowden al shituf pe'ula im haNSA», *Globes*, 17 de septiembre de 2014, https://www.globes.co.il/news/article.aspx?did=1000972370.

34. Nicky Hager, «Los omniscientes oídos de Israel», *Le Monde Diplomatique*, septiembre de 2010.

35. De entrevistas con oficiales y suboficiales en activo de la Unidad 8200.

36. Mordechai Naor, «Hamehdal hakaful bemutsav haHermon», *Ha'aretz*, 16 de septiembre de 2013, https://www.haaretz.co.il/literature/study/2013-09-16/ty-article/.premium/0000017f-f153-da6f-a77f-f95fddec0000.

37. Amnon Lord, «K'tsin hamodi'in shel haresheth hashara: Amru li shemedinat yisrael kvar lo kayemet», *NRG*, 1 de noviembre de 2013.

38. El término para las fuerzas de reserva que refuerzan al ejército permanente es *miluim:* «relleno».

39. Entrevistas con oficiales y suboficiales en activo de la Unidad 8200.

40. Entrevistas con oficiales y suboficiales en activo de la Unidad 8200.

41. Amos Harel, «Be-8200 meshabhim hasarvan al musariyut akh mevakrim hitnahaguto», *Haaretz*, 30 de enero de 2003, https://www.haaretz.co.il/misc/2003-01-30/ty-article/0000017f-e104-d75c-a7f-fd8d9e4c0000.

42. Teniente coronel Uri, «Lachtzuv ma'yim mh'asela: shinuy vehishtanut bmanganoney ha'mup byisreal», *Entre los polacos: La construcción del poder-Parte 2* 7 (2016): 41-59.

43. Entrevistas con agentes de la 8200 en activo.

44. Uri, «Lachtzuv ma'yim mh'asela».

45. De la página web conmemorativa del Ministerio de Defensa para los soldados caídos, Izkor: https://www.izkor.gov.il.

46. David Kushner, «The Israeli Army's *'Roim Rachok'* Program Is Bigger Than the Military», *Esquire*, 2 de abril de 2019.

47. En hebreo *Roim Rachok* puede tener un doble significado: ver lejos o ver hacia el futuro.

48. Rotem Abrutzky, «Hayalim al hakeshet» (el hebreo puede significar «en el espectro»), *La televisión pública israelí Ka'an 11*, 16 de febrero de 2016.

49. Teniente general Gadi Eisenkot, exjefe del Estado Mayor de las FDI, entrevista, Tel Aviv, marzo de 2021.

50. Abrutzky, «Hayalim al hakeshet».

51. Abrutzky, «Hayalim al hakeshet».

52. Consulte la página de Facebook del programa Roim Rachok: https://www.facebook.com/Roim Rachok/.

53. Kushner, «El programa "Roim Rachok" del Ejército israelí es más grande que los militares».

54. Anshil Pepper, «Ne'arey Raful: Haproyekt hakhi hevrati shel tsahal hogeg 30», *Ha'aretz*, 28 de agosto de 2010, https://www.haaretz.co.il/misc/2010-08-27/ty-article/0000017f-e2f8-d75c-a7f-fefd-2cea0000.

55. Michal Yaakov Yitzchaki, «Miposhe'a lelohem: Hamahapakh shel Lior», *Israel Hoy*, 6 de abril de 2020, https://www.israelhayom.co.il/article/749351.

56. A partir de 2007 se hizo un esfuerzo concentrado para dirigir a los graduados del programa a alistarse en unidades de combate. En 2007, un total de veintisiete soldados se alistaron en unidades de combate; en 2008 esa cifra se duplicó y se triplicó al año siguiente. En 2009, el primer graduado del programa fue comisionado como oficial de combate. Hanan Greenberg, «Hahazon hitgashem: Ktsin kravi rishon mina'arey Raful», *Ynet*, 27 de febrero de 2009, https://www.ynet.co.il/articles/0,7340,L-3677915,00.html. Véanse ejemplos adicionales de años más recientes en Korin Elbaz, «Hana›ar im tikim plili›im hafakh lekatsin mitztayen», *Ynet*, 13 de octubre de 2017, https://www.yediot.co.il/articles/0,7340L-5027777,00.html.

57. Véase Lilach Lev Ari, Michal Razer, Noa Ben Yosef-Azoulay y Rinat Adler, «Meniduy vesikun lehakhala veshiluv: Bogrey tokhni-

yot meyuhadot betsahal mishtalvim ba'ezrahut», *Mifgash: Revista de Trabajo Socioeducativo* 24, n.º 43 (junio de 2016): 59-85.

58. Véase Ministerio de Defensa de Israel: https://www.mod.gov.il/ Society_Economy/articles/Páginas/25.8.20.aspx.

59. «Kakh mifkedet Alon ozeret likto'a et sharsheret hahadbaka», FDI, 27 de abril de 2021.

60. *Kupat Holim* («Fondos para enfermos»): además de este servicio público general, los israelíes pueden aumentar la cobertura médica contratando un seguro médico privado. En 2020, el sistema sanitario israelí se clasificó como el tercero más eficiente del mundo. Véase «Asia Trounces U. S. in Health-Efficiency Index Amid Pandemic», *Bloomberg.com*, 18 de diciembre de 2020, y Yoav Zeiton, «Mifkedet haCorona betsahal hehela lifol: Habdika vektiyat hahadbaka tokh 36 sha'ot», *Calcalist*, 4 de agosto de 2020, https://www. calcalist.co.il/local/articles/0,7340,L-3843423,00.html.

61. Nir Dvori, «Sayeret Corona: Hapituhim hayisraeli'im shel hatsevet hameyuhad yenats'hu et hanagif?», 23 de marzo de 2020, *N12 News*, https://www.mako.co.il/news-military/2020_q1/Article-c3a-8c3be3a60171026.htm.

62. Hanan Greenwood, «Hayehida hamesuveget sheshinta et hatmuna», *Israel Today*, 2 de abril de 2021; Ori Berkowitz, «Kakh yehidat modi'in mesuveget guysa lelhilahem bingif haCorona», *Globes*, 17 de abril de 2020.

63. Sophie Shulman, «Yehida ktana, mapats gadol», *Calcalist*, 7 de enero de 2021, https://newmedia.calcalist.co.il/magazine-07-01-21/ m01.html.

CONCLUSIÓN

1. Edward Luttwak, recuerdos personales (con fotografías), Líbano, 1982.

2. El secretario de Defensa Caspar W. Weinberger fue inequívoco: «Queremos… fuerzas israelíes completamente fuera de Beirut… Todavía hay demasiadas fuerzas extranjeras en Líbano: sirios, israelíes…». «Una entrevista con Caspar Weinberger», *Washington Post*, 26 de septiembre de 1982, https://www.washingtonpost.com/

archive/opinions/1982/09/26/an-interview-with-caspar-weinberger/48e7fd8d-9063-4e55-920a-0493f8415341/.

3. MG Israel Tal del Cuerpo Blindado habría estado de acuerdo con los marines estadounidenses.

4. Dr. (teniente coronel retirado) Eado Hecht, comunicación personal, Tel Aviv, 2016.

5. La Comisión Real de Premios a Inventores del Reino Unido de la posguerra de 1919 determinó que una propuesta de 1912 recibida por la Oficina de Guerra para un vehículo de combate blindado para resistir el fuego de las ametralladoras, y con orugas para aplastar el alambre de espino y pasar por encima de las trincheras, era superior al tanque producido realmente a partir de 1916. Había sido archivado, sin leer. Gray E. Dwyer, «Story of the Tanks», *The West Australian* (Perth WA), 11 de agosto de 1924.

6. Gregory C. Allen, «Project Maven Brings AI to the Fight against ISIS», *Bulletin of the Atomic Scientists*, 21 de diciembre de 2017; Ethan Baron, «Google Backs Of from Pentagon Project after Uproar: Report», *Military.com*, 3 de junio de 2018.

Agradecimientos

Edward Luttwak

Estoy agradecido al MG Aluf Aharon Yariv z. l., que me contrató para ampliar el alcance geográfico de la inteligencia de las FDI y me permitió llegar al frente del Sinaí en octubre de 1973; al MG Uri Simchoni z. l., que me invitó a participar en el diseño de una unidad de operaciones especiales; al MG Israel Tal z. l., que me permitió supervisar el desarrollo de su tanque Merkava; al MG Avigdor Ben-Gal z. l., que me invitó a unirme a su incursión de «superhombres» al norte del Líbano; al Mando de Adiestramiento y Doctrina del Ejército de EE. UU., que me invitó a participar en su introducción de la guerra de maniobras y de mi propio concepto a nivel operativo en la doctrina militar estadounidense, y, sobre todo, a la Oficina de Evaluación de la Red, la Oficina del Secretario de Defensa y el Departamento de Defensa de EE. UU., por apoyar muchas exploraciones geopolíticas (incluida una publicada como *The Rise of China viz the Logic of Strategy*) y luego arriesgarse a financiar un proyecto tecnológico, Reinventing Innovation.

Eitan Shamir

Tuve el privilegio de entrevistar a oficiales superiores de las FDI que hicieron historia: MG Dan Tolkowsky, jefe de las Fuerzas Aéreas de Israel (1953-1958); BG Yeshayahu Bareket; BG Uzi Rubin, y BG Aviam Sela. El teniente coronel Moti Havakuk, historiador de las Fuerzas Aéreas de Israel, fue de gran ayuda.

El libro se benefició de la ayuda de los estudiantes de la Escuela de Diplomacia y Estrategia de la Universidad Reichman, que sirvieron en las FDI en diversas funciones; de Eado Hecht, de la Escuela de Estado Mayor y Mando de las FDI, que aportó muchas ideas, y de Dima Adamsky, de la Universidad Reichman. Efraim Inbar y Efraim Karsh, directores sucesivos del Centro Begin-Sadat de Estudios Estratégicos (BESA), aportaron apoyo y consejos útiles. Elad Erlich, estudiante de posgrado de la Universidad de Bar-Ilan, contribuyó con su detallado conocimiento de la investigación y el desarrollo de las FDI.

Por último, deseamos dar las gracias a nuestra editora en Harvard University Press, Kathleen McDermott, por su ardua labor a la hora de guiar el manuscrito a través del proceso de revisión y ofrecernos muchas sugerencias útiles a lo largo del camino.